関ケ原合戦全史

1582-1615

渡邊大門
Daimon Watanabe

草思社

はじめに

慶長五年（一六〇〇）九月十五日、関ヶ原合戦は美濃国不破《ふわ》郡関ヶ原（岐阜県関ケ原町）において、徳川家康が率いる東軍と石田三成が率いる西軍とが激突し、わずか半日で東軍の勝利に終わった。東北や九州でも東軍と西軍が激突したが、最終的に勝利したのは東軍だった。一連の合戦をめぐっては、さまざまな逸話の類が残っており、話題に事欠かない。

関ヶ原合戦の概要については、古くは兵学者・宮川尚古の手になる『関原軍記大成』（正徳《しょうとく》三年〈一七一三〉成立）などの編纂《へんさん》物に書かれ、近代に至っては参謀本部編『日本戦史　関原役』（明治二十六年〈一八九三〉刊行）にも詳細に記されている。『日本戦史　関原役』は参謀本部が総力を挙げて作成したこともあり、関ヶ原合戦のその後の研究に大きな影響を与えた。

文学作品でも、作家・司馬遼太郎が小説『関ヶ原』（新潮社、一九六六年）を著し、昭和五十六年（一九八一）にTBS系列でドラマ化された。平成二十九年（二〇一七）には映画化もされたので、ご存じの方も多いはずだ。司馬の作品はそれぞれの人物が魅力的に描かれていることもあり、世に広く読まれた。皆さんが知る関ヶ原合戦の全体像は、おおむね右の作品に拠《よ》るものだろう。

ところが、『関原軍記大成』などの編纂物や『日本戦史　関原役』には記述内容に誤りが認められ、史料の裏付けがない逸話の類も多々載せている。また、司馬作品はあくまで文学というフィクションであり、後世の編纂物に拠っている記述も多く、必ずしも史実に忠実であるわけではない。関ヶ原合戦に関わる史料は興味深い写しの書状も残っているが、筋の悪いものが多く、偽文書も少なくない。そうした関ヶ原合戦の逸話などは、十分に検証されないまま独り歩きしているのが現状である。

近年に至って、関ヶ原合戦やその周辺をめぐる政治情勢などの研究が進展し、これまでの俗説の修正や新説の提起なども行われている。それらの研究成果には、目を見張るものがある。ただし、ウケを狙ったような突拍子もない説が流布するという、遺憾《いかん》とすべき状況もある。

一方で、いわゆる関ヶ原本戦や、東北や九州における戦いが個別にクローズアップされる反面、前後の政治過程を含めて一貫して書かれた通史は乏しい。関ヶ原合戦に至る道のりは、各大名家の家中の問題、豊臣政権の運営の問題、それらが複雑に絡み合い、矛盾を露呈したことを考慮しなければならない。

本書が起点とするのは、天正《てんしょう》十年（一五八二）六月の本能寺の変である。織田信長の突然の死は、政局に多大な影響を与えた。以後、紆余曲折を経て豊臣秀吉が天下を取り、新時代の幕開けとなった。何より重要なことは、各大名家における家中統制の問題などが関ヶ原合戦の遠因になったことである。本能寺の変以後の政治過程や各大名家の事情に触れているのは、決して関ヶ原合戦と無関係ではないからだ。

さらに、本書では関ヶ原における本戦だけではなく、東北、九州の戦いのほか、丹後《たんご》田辺《たなべ》城の攻防、毛利氏による四国侵攻なども取り上げた。また、関ヶ原合戦後の戦後処理に加えて、慶長八年（一六〇三）の江戸幕府の成立、そして慶長十九年（一六一四）にはじまる大坂の陣までの政治過程や諸政策について、長いスパンで検討した。最終的には、関ヶ原合戦後から江戸幕府の成立展開期を「関ヶ原体制」と位置付けた。「関ヶ原体制」が終焉を迎えるのは、慶長二十年（一六一五）五月の豊臣家滅亡である。本書の書名に「１５８２—１６１５」とあるのは、右の理由による。

本書では、論争になった話題についても多く取り上げた。直江兼続《なおえかねつぐ》による「直江状」の真偽、「小山評定《おやまひょうじょう》」の有無については先行研究や史料に基づき、「直江状」が偽文書であること、「小山評定」に関しては「あった」と結論付けた。慶長四年（一五九九）閏《うるう》三月の黒田長政《くろだながまさ》ら七将による石田三成襲撃事件についても、実際は襲撃を行ったのではなく、三成への処罰を家康に訴えたという事実も先行研究に基づいて紹介した。

また、広大な領域を支配した毛利、宇喜多《うきた》、島津の各氏は、意外にも一族や家臣の統制に苦しみ、態勢を整えられないまま関ヶ原合戦に突入し、本戦では実力を十分に発揮できず、無念の敗北に至ったことを述べた。さらに、関ヶ原本戦における松平忠吉《ただよし》と福島正則《ふくしままさのり》による抜け駆けがなかったこと、小早川秀秋《こばやかわひであき》が合戦前日には東軍に与《くみ》していた事実などについても触れている。

本書により、単に関ヶ原合戦の直接の経緯や合戦の経過を知るにとどまらず、合戦の遠因となった秀吉政権期の政治過程から合戦後の関ヶ原体制の終焉までを含めてご理解いただけると幸いである。

関ヶ原合戦全史　1582-1615　目次

はじめに　1
巻頭図－1　関ヶ原合戦前（1590年代）の主な大名の配置（概図）……20
巻頭図－2　近世の主な地名・交通路（陸路）……22
巻頭図－3　東西両軍関係図（概図）……24

第一章　秀吉の晩年・没後の政治状況

本能寺の変以後の秀吉の履歴……26
秀吉の致命的弱点……27
秀吉の遺言……30
秀吉ファミリーの一員、宇喜多秀家への期待……33
秀吉の最期……33
通説としての五大老と五奉行……35
五「大老」、五「奉行」の意味……37
秀吉への起請文に見る五大老の「原型」……39
秀吉が定めた、五大老連署による「五つの掟」……42

五大老の職務……44
五奉行の職務……45
五奉行に屈服した家康……47
五奉行側に接近する毛利輝元……49

第二章　七将による石田三成への襲撃

前田利家の死と、七将による石田三成襲撃事件……52
七将のメンバーと三成への遺恨……53
朝鮮出兵をめぐる加藤清正と小西行長の対立……55
黒田長政・蜂須賀家政の、三成への恨み……57
三成への遺恨を募らせる朝鮮出陣組の武将たち……59
日記類に見る三成襲撃事件の経過……61
襲撃された三成は家康邸には逃げ込んではいない……62
事件の真相は「襲撃」ではなく「訴訟」……63
三成の敗訴により苦境に立たされた輝元……65
その後の三成と家康の意外な関係……66
襲撃事件を機に政権中枢に躍り出た家康……68
書状のやり取りによる「家康与党」の形成……70
固い絆を結ぶ黒田長政と吉川広家……72

第三章　諸大名が抱える家中問題

家臣団の統制に苦しむ大名たち……76
毛利家一門の状況……77
吉川元春・元長父子の相次ぐ死……79
実子のいなかった小早川隆景の死と、養子・秀秋……80
毛利宗家の後継者問題と秀吉の影……82
輝元の嫡子・秀就誕生がもたらした毛利一門の危機……84
秀吉の寵を得ていた毛利秀元が輝元に出した起請文……86
輝元と五奉行の結託……87
父と兄を亡くした吉川広家の、黒田家・家康とのつながり……88
島津氏の、鎌倉期以来の九州での覇権争い……91
秀吉による九州征伐と、島津氏領国の分割……93
兄弟不和や一揆で弱体化する島津氏……95
島津忠恒（家久）による重臣・伊集院幸侃の暗殺……97
幸侃の子・忠真による庄内の乱、勃発……99
家康の介入を許す島津氏……101
宇喜多氏の来歴と「宇喜多騒動」の勃発……103
日記に見る宇喜多騒動の概要……104
宇喜多家を辞去した秀家の側近を襲撃したのは誰か……106

騒動の背景にあった宇喜多家の過酷な検地……107
騒動以前からあった宇喜多家内部の確執……109
宇喜多家が抱える「国衆型家臣」と「家中型家臣」……110
家中型家臣を求めた秀家……112
宇喜多家中への家康の関与……113
家康に起請文を捧げる秀家と、前田利長の失脚……115

第四章 動揺する上杉氏

東北の押さえとして会津へ移封……118
直江兼続を中心とした領国整備の推進……119
景勝の京から会津への帰国……120
「家康暗殺計画」と家康の大坂城への転居……122
暗殺計画の首謀者とされた前田利長への追及……124
景勝による城の新築・修築を警戒する家康……126
上杉家を出奔した重臣・藤田信吉の来歴……128
家康のもとに走った信吉……129
信吉はなぜ出奔したのか……131
景勝に代わり越後に移った堀秀治の苦境……133

堀氏の家老・堀直政による家康への会津報告……135
家康を警戒する景勝の居城移転計画……137
景勝に冷静に対応した家康……138
家康の腹心・西笑承兌とは……140
西笑承兌が直江兼続に宛てた書状……141
兼続と親しかった承兌……144
承兌が上杉氏に提出を求めた「霊社之起請文」とは……145
「霊社之起請文」に見る家康の真意……147

第五章 「直江状」の真偽をめぐって

西笑承兌への返書「直江状」が抱える多くの問題……150
「直江状」の追而書（追伸）を読む……151
「直江状」の全文意訳……152
戦国時代の書状を読み解くための留意点……158
「直江状」への否定的見解……160
「直江状」への肯定的見解①……162
「直江状」への肯定的見解②……164
「直江状」への肯定的見解③……166

「直江状」は「家康への大胆不敵な挑戦状」ではない……168
「直江状」の不自然な文言①……170
「直江状」の不自然な文言②……171
「直江状」と西笑承兌書状の対応関係……173
景勝への上洛要請と、家康の朝鮮再出兵計画……174
従来説による、承兌書状と「直江状」の発信日付……177
承兌書状と「直江状」の発信日付を検証する……178
景勝が上洛しなかった真意……180
「直江状」は完全なる偽文書か……182
承兌書状の発給から会津征伐までの時系列的整理……183
「直江状」の真偽をめぐる二つの可能性……185

第六章　家康の会津征討

景勝と三成による「家康挟み撃ち」の真偽……188
三成書状に見る「越後口での攪乱作戦」の虚実……189
景勝と三成による事前盟約はなかった……191
真田昌幸を頼り上杉氏への接近を図る三成……193
家康を諫めたとされる「三中老」とは何か……194

会津征討を諫める三中老による連署状 196
三中老の連署状の不審点 198
家康は「景勝は上洛しない」という前提で軍備していた 200
家康が会津征討を決定するまで 201
会津征討計画の内容 203
伏見を発つ家康 206
家康の江戸までの路程と軍令の制定 207
小山へ向かう家康 209
三成、決起す──「内府ちがひの条々」の発出 210
西軍の「二大老四奉行」体制、開始 212
「三奉行と輝元は、三成や吉継に加担せず」との情報 214
輝元の積極果敢な反家康行動 216
ようやく西軍の決起を知った家康 217
小山評定での福島正則と山内一豊 219
小山評定はあったのか、なかったのか 221
慶長五年七月下旬〜八月初旬の黒田長政の動向 223
「小山評定はなかった」説の根拠とそれへの反論 225
福島正則宛の家康書状の日付はいつか 226
慶長五年七月二十五日に家康は小山にいたか 228
家康の軍事指揮権の範囲 229

脚色された小山評定と、会津征討のメンバー 230
「東軍」「西軍」という呼称をめぐる見解 233
家康は私心から三成らと対立したのではない 235
西軍方の諸将の危機感を煽った家康の行為 237

第七章　関ヶ原合戦への道のり

家康・秀忠それぞれの進軍ルート 240
軍隊を構成する基本単位「備」とは 241
兵站を担当する「小荷駄隊」と軍法 244
家康の軍勢の構成と質 246
秀忠の軍勢の構成と質 248
家康・秀忠両軍の「譜代家臣」の人数 249
家康・秀忠両軍の「備の質」の比較 251
京都での開戦――西軍による伏見城の包囲 253
『島津家譜』の矛盾と、伏見城を守備した鳥居元忠の忠節 255
小早川秀秋が西軍に与するまでの経緯 256
家康に心を寄せていた秀秋 258
西軍についた脇坂安治・安元父子の苦悩 260
毛利氏による阿波占拠 261

細川幽斎の籠る丹後田辺城での戦い……263
後陽成天皇による幽斎の助命嘆願……264
幽斎が西軍の赤松広秀に宛てた書状……266
広秀の書状と田辺城戦に臨んだ西軍諸将の本心……268
毛利氏の伊予侵攻作戦……269
伊予侵攻の実行……271
加藤嘉明方による毛利氏奇襲の実際……272
膨大な数の書状で多数派工作をする家康……274
石田三成の本格始動と勝利への執念……275
交通の要衝・伊勢を制圧すべく東進する西軍……279
安濃津城への西軍襲来に備える伊勢の諸将……280
安濃津城の戦いと吉川広家の参戦……282
北陸での前田利長の進撃と大谷吉継の逆襲……284
西軍に与した岐阜城主・織田秀信……285
岐阜に進軍する福島正則隊と池田輝政隊……286
岐阜界隈で織田軍を撃破する東軍……288
岐阜城の落城……291
京極高次の籠る大津城での戦い……292
大津城の落城……294

第八章　関ヶ原合戦の開戦

大垣周辺での決戦を意識していた三成……298
家康の江戸進発……299
大谷吉継が真田父子に宛てた書状……301
秀忠の進軍と上田城攻撃……303
秀忠の関ヶ原遅参の背景……305
決戦前日の衝突、杭瀬川の戦い……307
決戦前日の東軍の軍議と、家康・輝元の和睦……308
関ヶ原での東西両軍の布陣……310
なぜ関ヶ原という場所だったのか……314
井伊直政と松平忠吉の「抜け駆け」による開戦……316
新井白石の「松平忠吉＝家康の名代」説……318
関ヶ原に至るまでの忠吉の行軍ルート……319
忠吉が先鋒を務めた理由……321
抜け駆け説への疑問……323
家康書状に見る、直政と忠吉の抜け駆けの真相……324
福島軍と宇喜多軍の激闘……326
小早川秀秋に向けられた家康の「問鉄砲」の真偽……327
やむなく西軍についていた秀秋……329

決戦前日に秀秋に示された東西両軍からの起請文……331
秀秋を東軍に引き入れた黒田長政の尽力……332
松尾山に着陣した秀秋の逡巡……334
東軍に寝返った諸将への戦後の処遇……335
黒田長政とその家臣たちの奮戦……337
三成の参謀・島清興（左近）の最期……339
西軍壊滅の背景……341

第九章　東北の戦い

伊達政宗、上杉方の白石城を攻撃……346
家康に会津方面への出陣要請をする政宗……348
家康・秀忠が政宗に宛てた書状……350
直江兼続による越後侵攻作戦と上杉遺民一揆……352
兼続は遺民一揆に期待をかけていたのか……353
兼続は、三成誅伐に向かう家康を討つべしと進言したか……355
家康より政宗を警戒していた兼続……357
家康が政宗に与えた「百万石のお墨付き」……358
敵に四方を囲まれた上杉方の備え……361
上杉氏による最上氏攻めの開始……363

最上領・長谷堂での戦い……365
最上勢の援軍として伊達氏参戦……366
兼続書状「上方散々ニ罷成候由」は西軍敗北の意味か……367
「上方散々ニ罷成候由」の別の解釈……369
景勝、政宗それぞれに西軍敗報が届いた時期……370

第十章　九州の戦い

西軍勢が多くを占めた九州……374
復権した大友吉統の履歴……376
吉統の豊後入部のいきさつ……378
黒田孝高が家康に要望した「九州の切り取り自由」……379
加藤清正と黒田孝高の強固な協力関係……381
吉統を東軍に引き入れようとする孝高……382
吉統入部で窮地に立たされた杵築城代・松井康之……383
清正の援助で西軍への抗戦を決意した康之……384
九州における東軍の生命線だった杵築城……386
吉統の豊後上陸……387
孝高の快進撃と吉統生け捕り……388
孝高の驚嘆すべき進撃プラン……390

九州平定を目論んでいた孝高と清正……391
捕らわれた吉統のその後……392
吉統の配流先の諸説と、大友氏の滅亡……393
孝高による安岐城・富来城攻め……394
怒濤の勢いで進撃を続ける孝高……396
小西行景の宇土城を「はだか城」にする清正……398
持ちこたえた行景と、島津氏・相良氏の動き……400
島津氏以外の西軍勢力の降伏……401
家康の薩摩への進軍計画……402
島津氏のなりふり構わぬ弁明……404
黒田長政の仲裁と薩摩侵攻の中止……405
家康の決定に抗議する清正……406

第十一章　戦後処理と大名配置

島津惟新らの関ヶ原からの脱出劇「島津退き口」……410
「捨て奸」による逃亡……411
惟新らの複数説ある逃亡ルート……412
苦難の末、薩摩に帰還……414

家康による時間をかけた領知配分決め……416
家康が「領知宛行状」を発給しなかった理由……417
領知をめぐり大名の意向を事前確認……419
豊臣系武将の西国への配置……420
徳川一門・譜代への知行配分……421
豊臣秀頼は「摂河泉の一大名」に没落したのか……422
伊達政宗書状に見る秀頼の威光……424
石田三成の最期……425
安国寺恵瓊の最期……427
スケープゴートにされた三成、恵瓊、小西行長……428
所領安堵を懇望する毛利輝元……430
輝元の大坂城西の丸退去……431
家康への背信を暴露された輝元……433
毛利氏の処遇に苦悩する黒田孝高・長政父子……435
毛利氏への裁定下る……436
幻となった「百万石のお墨付き」……438
「お墨付き」が反故にされた背景……440
問題視された政宗の和賀一揆扇動……442
上杉氏の上洛と大減封……443
宇喜多秀家の逃亡……445

秀家、薩摩で匿われる 446
秀家が滞在した大隅郡牛根郷 448
助命を願う秀家 449
島津氏による秀家の助命嘆願運動 450
秀家、駿河国久能から、下田、八丈島へ 452
八丈島への同行者 454
秀家が暮らした八丈島大賀郷 455
旧臣たちから秀家への仕送り 456
秀家の最期と、宇喜多一族のその後 458

第十二章 関ヶ原体制から徳川公儀の確立へ

家康の征夷大将軍就任と江戸幕府の成立 462
家康や諸大名は秀頼にどう対したか 463
秀忠の将軍就任の祝賀セレモニー 465
家康による鉱山直轄化と都市部への奉行配置 467
京都所司代設置の意味 469
諸大名と姻戚関係を結ぶ家康 470
関白就任を取り沙汰された秀頼 472

秀頼の関白就任を家康は妨害したか 474
家康による武家官位の推挙権の独占 475
御前帳と国絵図の徴収 478
江戸城の天下普請と秀頼の協力 479
駿府城の普請と「五百石夫」というシステム 482
秀頼に「普請役」を課さなかった家康 484
筒井定次の改易と藤堂高虎の入封 485
前田茂勝の改易と松平康重の入封 486
西国への大名移封による豊臣包囲網の形成 488
家康の上洛と後陽成天皇の譲位 490
家康への挨拶のため二条城に向かう秀頼 492
家康が諸大名に誓約させた三ヵ条の法令 494
三ヵ条の法令に唯一誓約しなかった秀頼 495
家康・秀頼は対等だったとする「二重公儀体制」説 497
二重公儀体制説への批判 498
二重公儀体制はいつまで続いたか 500
関ヶ原体制の終焉 501

おわりに 503
主要参考文献 505

巻頭図－1
関ヶ原合戦前（1590年代）の主な大名の配置（概図）

出所：『標準日本史地図』（吉川弘文館）収載図などをもとに作成

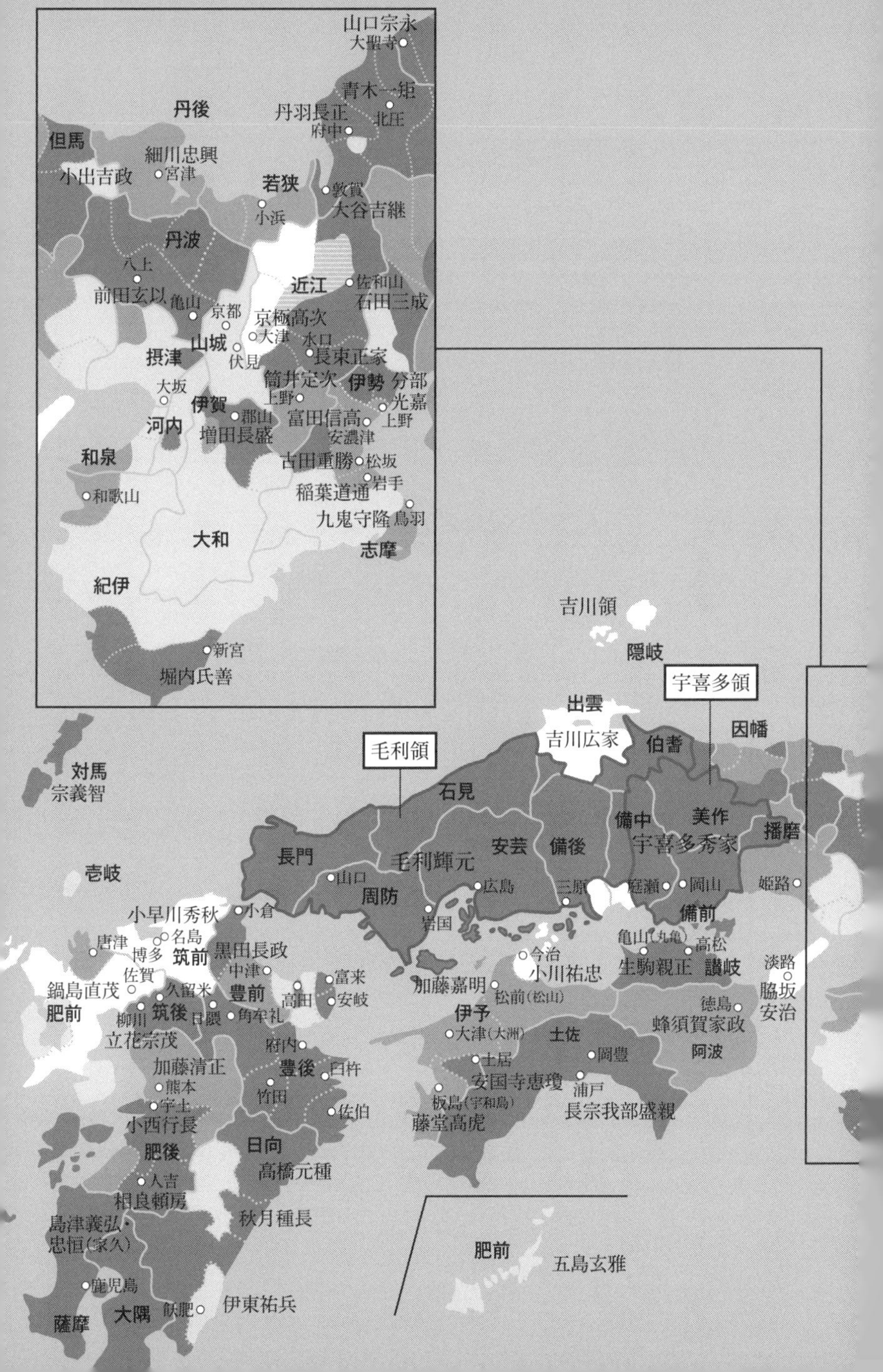

山口宗永
大聖寺
青木一矩
北庄
丹羽長正
府中
丹後
但馬
細川忠興
宮津
小出吉政
若狭
敦賀
小浜
大谷吉継
丹波
八上
近江
佐和山
石田三成
前田玄以
亀山
京都
京極高次
大津
水口
山城
摂津
伏見
長束正家
筒井定次
伊勢
分部
光嘉
大坂
上野
伊賀
郡山
富田信高
上野
河内
増田長盛
安濃津
和泉
古田重勝
松坂
岩手
稲葉道通
和歌山
九鬼守隆
鳥羽
大和
志摩
紀伊
新宮
堀内氏善
吉川領
隠岐
宇喜多領
出雲
吉川広家
伯耆
因幡
毛利領
対馬
宗義智
石見
美作
備中
宇喜多秀家
播磨
長門
安芸
備後
壱岐
毛利輝元
山口
広島
三原
庭瀬
岡山
姫路
周防
小早川秀秋
小倉
岩国
備前
名島
唐津
博多
筑前
黒田長政
亀山(丸亀)
高松
今治
淡路
中津
小川祐忠
生駒親正
讃岐
佐賀
富来
鍋島直茂
久留米
豊前
高田
安岐
加藤嘉明
松前(松山)
脇坂
安治
肥前
柳川
筑後
日隈
角牟礼
徳島
伊予
蜂須賀家政
立花宗茂
府内
大津(大洲)
土佐
阿波
加藤清正
豊後
臼杵
士居
岡豊
熊本
安国寺恵瓊
竹田
浦戸
宇土
板島(宇和島)
佐伯
小西行長
藤堂高虎
長宗我部盛親
肥後
日向
入吉
高橋元種
相良頼房
島津義弘・
忠恒(家久)
秋月種長
肥前
五島玄雅
鹿児島
伊東祐兵
飫肥
薩摩
大隅

巻頭図－2　近世の主な地名・交通路(陸路)

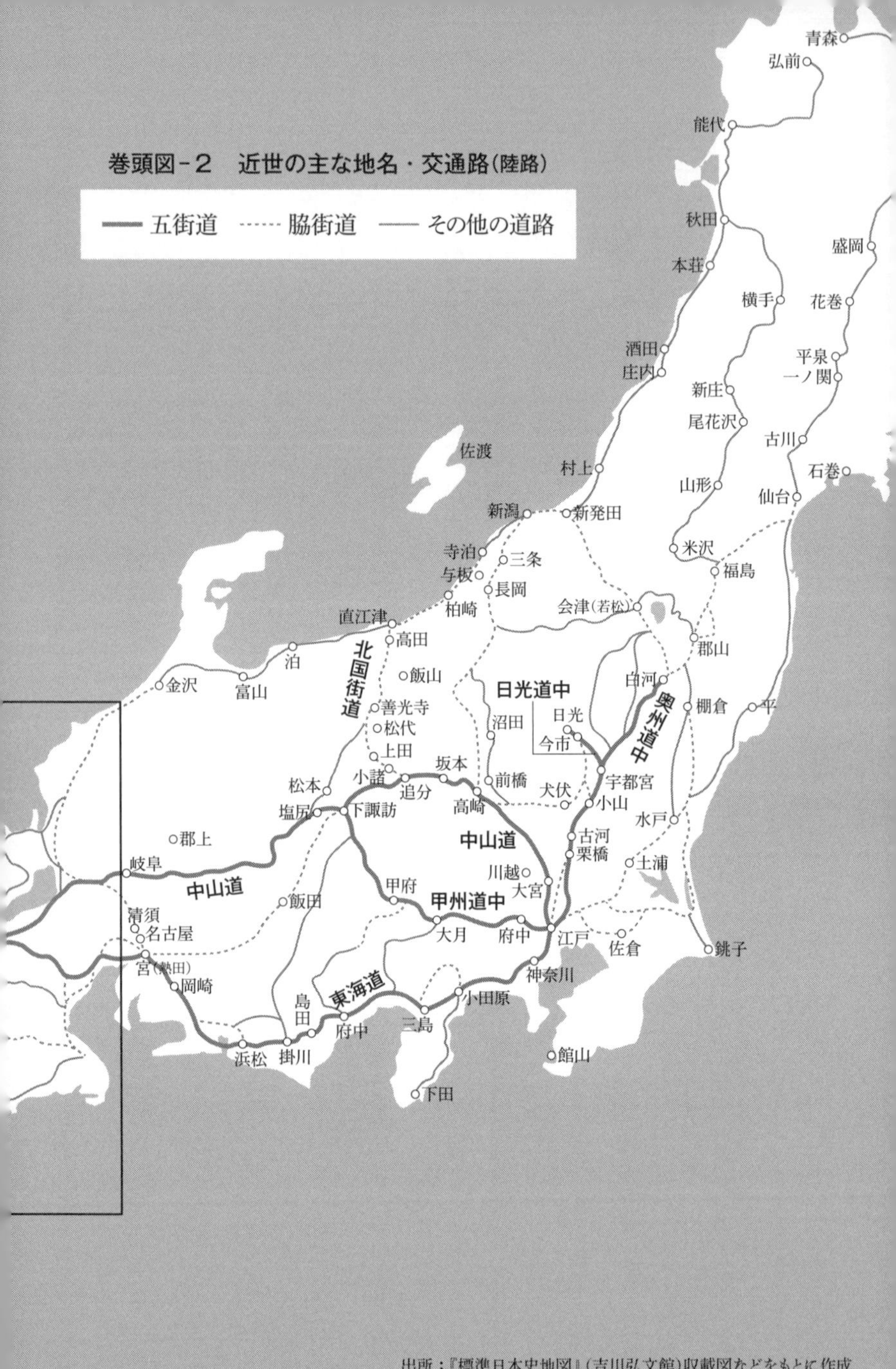

出所：『標準日本史地図』(吉川弘文館)収載図などをもとに作成

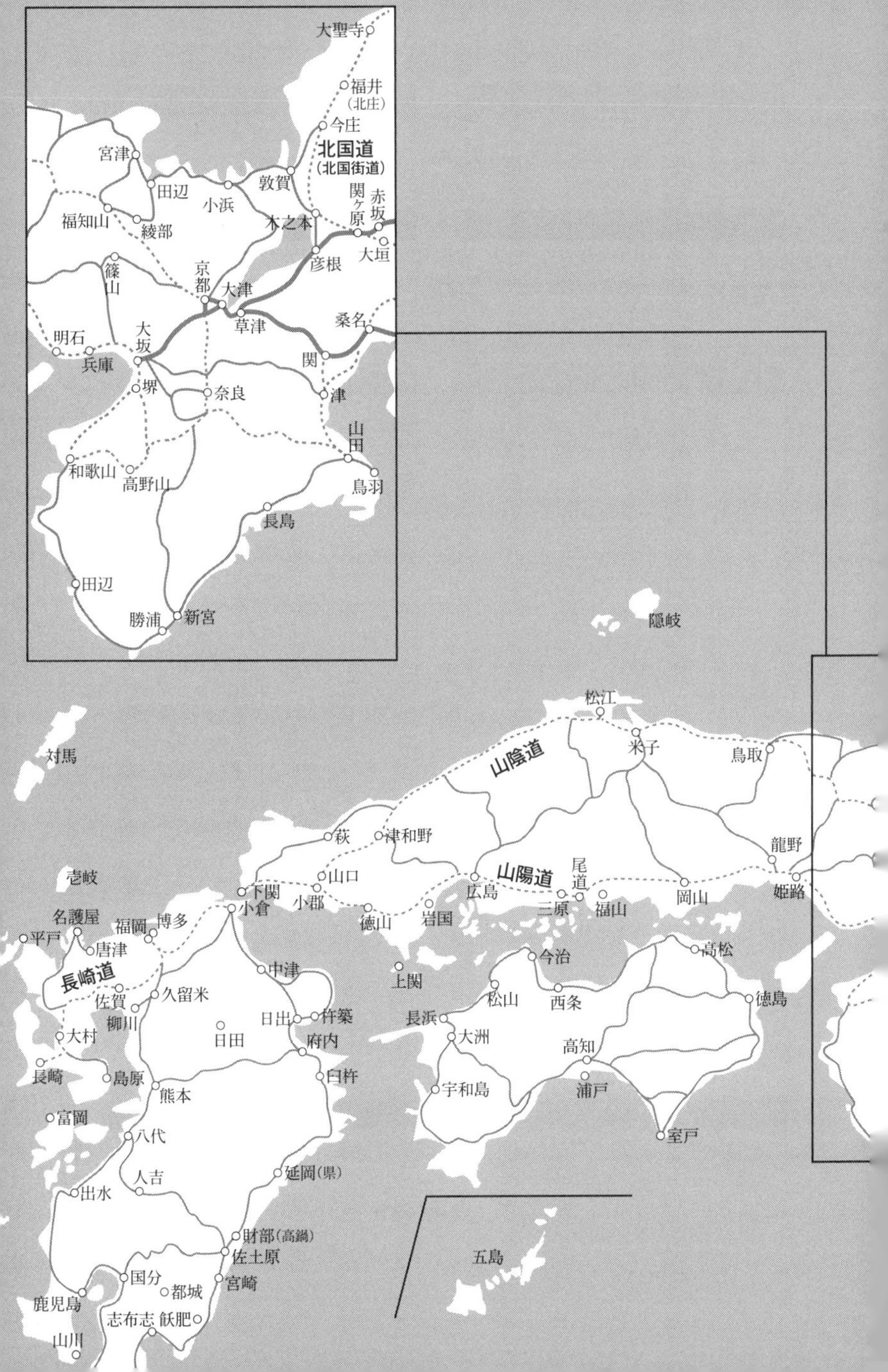
大聖寺
福井
（北庄）
今庄
北国道
（北国街道）
敦賀
関ヶ原
赤坂
宮津
田辺
小浜
福知山
綾部
木之本
大垣
彦根
篠山
京都
大津
草津
桑名
明石
兵庫
大坂
関
堺
奈良
津
山田
和歌山
高野山
鳥羽
長島
田辺
勝浦
新宮
隠岐
松江
対馬
米子
鳥取
山陰道
萩
津和野
龍野
壱岐
山口
山陽道
尾道
下関
小郡
広島
三原
福山
岡山
姫路
名護屋
福岡
博多
小倉
平戸
唐津
徳山
岩国
高松
長崎道
中津
上関
今治
佐賀
久留米
松山
西条
徳島
柳川
日出
杵築
長浜
大村
日田
府内
大洲
高知
長崎
島原
臼杵
熊本
宇和島
浦戸
富岡
八代
室戸
人吉
延岡（県）
出水
財部（高鍋）
佐土原
五島
国分
都城
宮崎
鹿児島
志布志
飫肥
山川

巻頭図－3　東西両軍関係図（概図）　※年齢は関ヶ原合戦時点での数え年

西軍		年齢
五大老	毛利輝元	48
	宇喜多秀家	29
	上杉景勝	46

↔

東軍		年齢
五大老	徳川家康	59
	前田利長	39

西軍		年齢
五奉行	石田三成	41
	増田長盛	56
	長束正家	?
	前田玄以	62

↔

東軍		年齢
五奉行	浅野長政	54

西軍		年齢
主な武将	大谷吉継	42
	吉川広家*	40
	安国寺恵瓊	63?
	小西行長	?
	直江兼続	41
	織田秀信	21
	長宗我部盛親	26
	立花宗茂	32or33?
	島津義弘	66
	島津豊久	31
	大友吉統(義統)	43
	佐竹義宣	31
	小早川秀秋*	19
	脇坂安治*	47
	脇坂安元*	17
	京極高次*	38
	小川祐忠*	?
	赤座直保*	?

↔

東軍		年齢
主な武将	徳川秀忠	22
	本多忠勝	53
	井伊直政	40
	藤堂高虎※	45
	福島正則※	40
	浅野幸長※	25
	加藤清正※	39
	黒田長政※	33
	黒田孝高(如水)	55
	細川忠興※	38
	細川幽斎	67
	蜂須賀家政※	43
	蜂須賀至鎮	15
	池田輝政	37
	加藤嘉明	38
	山内一豊	56
	田中吉政	53
	堀尾忠氏	24
	森忠政	31
	伊達政宗	34
	最上義光	55
	堀秀治	25

*は途中で東軍側についた

※は石田三成を訴訟した七将

父子で対立

西軍		年齢
真田昌幸	(父)	54
真田信繁(幸村)	(子)	34
九鬼嘉隆	(父)	59
鍋島勝茂*	(子)	21
生駒親正	(父)	75
仙石秀範	(子)	?

↔

東軍		年齢
真田信幸	(子)	35
九鬼守隆	(子)	28
鍋島直茂	(父)	63
生駒一正	(子)	46
仙石秀久	(父)	50

第一章

秀吉の晩年・没後の政治状況

本能寺の変以後の秀吉の履歴

関ヶ原合戦がはじまった原因は、慶長三年（一五九八）八月に豊臣秀吉が亡くなったことが大きく関係している。そもそも秀吉は、どのような経緯で天下人まで上り詰めたのだろうか。以下、本能寺の変以降を中心にして、簡単に経過を取り上げておこう。

天正十年（一五八二）六月、織田信長は本能寺の変で明智光秀に急襲され、非業の死を遂げた。そのとき羽柴（豊臣）秀吉は山崎《やまざき》の戦いで光秀を討つと、直後の清須《きよす》会議で山城《やましろ》国などを支配下に収めるなどし、名立たる織田家臣団のなかで一歩抜きん出た存在となった。しかし、まだこの段階では信長の後継者になったとは言えず、いくつかのステップが必要である。

天正十一年（一五八三）四月、秀吉は越前北庄《きたのしょう》（福井市）で柴田勝家を滅亡に追い込むと、岐阜城主の信孝《のぶたか》（信長の三男）を放逐した。勝家は信長の重臣で、秀吉に比肩《ひけん》する存在だった。翌年には、小牧《こまき》・長久手《ながくて》の戦いで織田信雄《のぶかつ》（信長の次男）、徳川家康を屈服させることに成功した。

天正十三年（一五八五）七月、秀吉は関白相論《そうろん》（近衛信尹《このえのぶただ》と二条昭実《にじょうあきざね》の関白の座をめぐる争い）に乗じて、ついに関白の座についた。摂関家以外で関白の座についたのは、秀吉が初めてである。豊臣姓を後陽成《ごようぜい》天皇から下賜《かし》されたのは、翌年のことである。こうして秀吉は、本格的に天下取りの第一歩を踏み出した。

天正十三年、秀吉は紀州征伐により根来衆《ねごろしゅう》、雑賀衆《さいかしゅう》などの抵抗勢力を押さえ込み、続く四国征伐では長宗我部《ちょうそかべ》元親《もとちか》を敗北に追い込んだ。天正十四年（一五八六）十二月に開始された九州征伐は、翌年に薩摩などを支配する島津義久《よしひさ》・義弘《よしひろ》兄弟が降参し、あっけなく幕を閉じた。天正十八年（一五九〇）七月、秀吉は小田原征伐を敢行すると、北条氏政《うじまさ》・氏直《うじなお》父子は降伏勧告に応じて開城した。その後の奥州仕置《しおき》を経て、秀吉の天下統一はほぼ完成に至ったのである。

やがて、秀吉の目は中国の明《みん》征服に向けられた。その際、朝鮮に対して、明へ攻め込むため道を空けるよう要求したが、それは拒否された。こうして開始されたのが、文禄・慶長の役である。文禄・慶長の役のはじまった原因については諸説あり、いまだに議論が続いている。天正二十年（一五九二）三月、秀吉は朝鮮に軍勢を出したが、やがて戦いは膠着《こうちゃく》状態に陥り、翌年には朝鮮と和睦《わぼく》する。朝鮮側の抵抗は頑強だった。

慶長二年（一五九七）、明との和睦が決裂し、秀吉は再び朝鮮に派兵した。ところが、出陣を要請された諸大名は、軍費の負担などで疲弊しており、最初から厭戦《えんせん》ムードに陥っていた。戦いは一進一退の攻防を繰り広げたが、朝鮮に出兵した諸大名からは撤退の意見すら出た。秀吉は諸将を叱咤《しった》激励して戦闘を続けるが、慶長三年八月に没する。秀吉の死により、豊臣政権は大きく動揺した。

秀吉の致命的弱点

豊臣政権を継続していくうえでは、いくつかの致命的な問題があった。第一には、秀吉が武士の出身ではなく、一介の百姓だったことである。秀吉は信長に登用されたものの、譜代の家臣を持たなかった。したがって、自らの立身出世とともに、家臣団を編成しなくてはならなかった。とはいえ、家臣すべてに全面的な信が置けるのかは、まったく別の問題である。ほとんど唯一頼りにできる弟の秀長《ひでなが》は、天正十九年（一五九一）に亡くなっていた。唯一の救いは、後述する五奉行（浅野長政《あさのながまさ》、前田玄以《まえだげんい》、石田三成、増田長盛《ましたながもり》、長束正家《なつかまさいえ》）の存在だけだった。

第二に重要なのは、後継者の問題である。永禄四年（一五六一）、秀吉は織田家の弓衆・浅野長《なが》勝《かつ》の養女「おね」（木下《きのした》〈杉原《すぎはら》〉定利《さだとし》の次女。「ねね」とも。北政所《きたのまんどころ》、高台院《こうだいいん》）を妻としていたが、実子には恵まれなかった。そのような事情から、他家から養子を迎えなければならなかった。養子に迎えた男子を順に示すと、次のとおりである。

①秀次《ひでつぐ》（三好吉房《みよしよしふさ》の子。文禄四年没）
②秀康《ひでやす》（徳川家康の子。のちに結城《ゆうき》家の養子に）
③秀俊《ひでとし》（のちの秀秋《ひであき》、木下家定《いえさだ》の子。のちに小早川家の養子に）
④秀勝《ひでかつ》（秀次の弟、三好吉房の子。文禄元年没）
⑤秀勝《ひでかつ》（織田信長の子。天正十三年没）

このほか、秀吉の養女・豪《ごう》（前田利家《としいえ》の娘）の婿である、宇喜多秀家《うきたひでいえ》も豊臣ファミリーの一員とみなしてよいだろう。なお、三好吉房は出自が不明であるが、秀吉の姉・とも（日秀尼《にっしゅうに》）を妻として迎え、のちに清須城（愛知県清須市）主を務めた。木下家定は秀吉の妻・おねの兄で、関ヶ原合戦後は足守城《あしもり》（岡山市北区）主になった。

図1-1　秀吉の系図(概図)

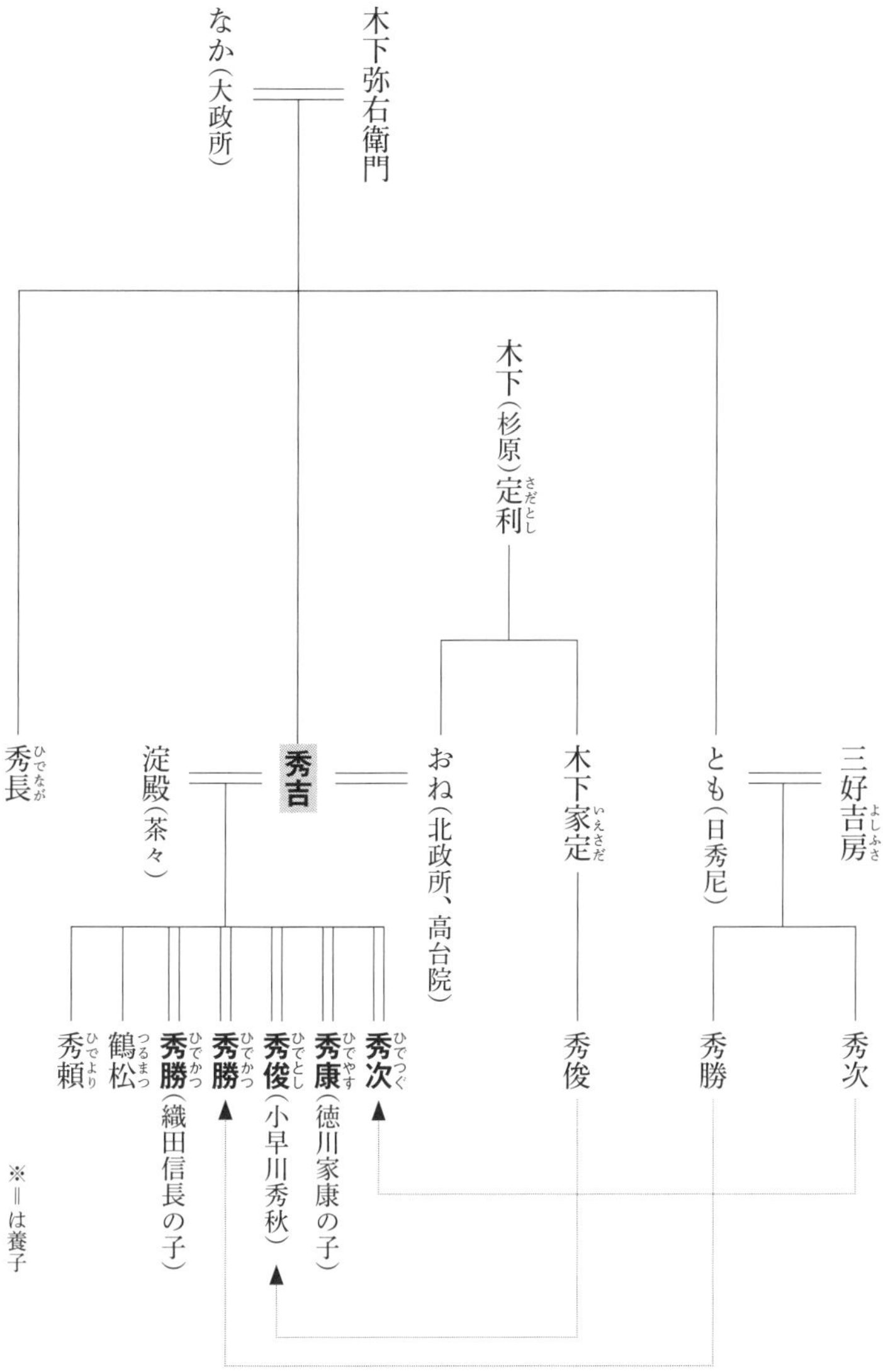
木下弥右衛門
なか(大政所)
木下(杉原)定利《さだとし》
秀長《ひでなが》
淀殿(茶々)
秀吉
おね(北政所、高台院)
木下家定《いえさだ》
とも(日秀尼)
三好吉房《よしふさ》
秀頼《ひでより》
鶴松《つるまつ》
秀勝《ひでかつ》(織田信長の子)
秀勝《ひでかつ》
秀俊《ひでとし》(小早川秀秋)
秀康《ひでやす》(徳川家康の子)
秀次《ひでつぐ》
秀俊
秀勝
秀次
※=は養子

右記を見ればわかるとおり、せっかく秀吉が養子に迎えた男子は早く亡くなるか、再び養子に出されるかで、後継者として定着しなかった。もっとも期待された秀次は秀吉から関白の座を受け継いだが、文禄四年（一五九五）に謀反の嫌疑をかけられた。最終的に秀次は高野山《こうやさん》（和歌山県高野町《こうやちょう》）に追放されて、切腹を命じられた（秀次が切腹した理由は諸説あり）。

気が付けば、秀吉には天正十六年（一五八八）頃に側室となった淀殿との間に生まれた、実子の拾丸《ひろいまる》（のちの秀頼《ひでより》）だけが残った。秀頼が誕生したのは、文禄二年のことである。秀吉が没した慶長三年（一五九八）八月の段階で、秀頼はわずか満五歳の幼子だった。支えるべき親族はなく、家臣団は存在したものの、どこまで頼りになるかわからない。晩年の秀吉は、いかにして豊臣政権を維持するかに腐心せざるを得なくなった。そして、そのことが関ヶ原合戦の勃発に少なからず関係してくるのである。

秀吉の遺言

右のような事情を考慮すれば、晩年の秀吉の脳裏を常にかすめたのは、いかにして豊臣政権を維持していくかだったに違いない。それは、我が子の秀頼の将来を案じるものでもあった。自身の死後の豊臣政権と豊臣家はどうなるのか、考えただけでも夜も眠れないほど心配だったに違いない。したがって秀吉の晩年は、自身の死後における豊臣政権の維持発展と秀頼の栄達を考えることに費やされた。

晩年の秀吉は諸大名の行動を規制するさまざまな掟を定め、さらに自身に忠誠を誓う起請文《きしょうもん》（神仏への誓いを記した文書）の提出を各大名に要求した。秀吉は自分の死後、諸大名が政権から離反することを恐れたのか、徹底して彼らに忠節を誓わせたのである。

慶長三年（一五九八）八月五日、秀吉は遺言を残した（「早稲田大学図書館所蔵文書」）。これが「豊臣秀吉遺言覚書案」と称されるもので、死の二週間前に書かれたものである（遺言状は、これ以外に複数残っている）。この遺言では、秀吉没後の五大老（徳川家康、前田利家、毛利輝元《てるもと》、上杉景《かげ》勝《かつ》、宇喜多秀家）らの行動を規制した。次に、その概要を取り上げることにしよう。

第一に、五大老の徳川家康、前田利家、毛利輝元、上杉景勝、宇喜多秀家は、秀吉の口頭での遺言を守り、また互いに婚姻関係を結ぶことにより、紐帯《ちゅうたい》を強めることである。秀吉は、彼ら五大老が互いに対立することを恐れたのだろう。それゆえ、互いに婚姻を結ぶことにより、友好関係を築かせようとしたと推測される。なお、五大老だった小早川隆景は慶長二年（一五九七）六月に死去していた。

第二に、家康が三年間は在京しなくてはならないとし、家康に所用のあるときは、子の秀忠を京都に呼ぶことである。家康を江戸に下向させないよう伏見城（京都市伏見区）に滞在を義務付け、関東で自由にさせないことを企図したのだろう。いずれにしても、家康か秀忠が常に上洛し、秀頼の補佐を行わせようとしたのだ。秀忠が家康の名代的な位置にあることは、注目される。

第三に、家康を伏見城の留守居の責任者とすること、また五奉行（浅野長政、前田玄以、石田三成、増田長盛、長束正家）のうち前田玄以・長束正家を筆頭にもう一人を伏見に置くことである。五奉行の前田玄以と長束正家は、家康の監視役と考えてよく、さらにもう一人の五奉行が伏見に詰めた。玄以と正家が筆頭の地位にあるのは、誠に興味深い。

第四に、五奉行の残り二人は、大坂城（大阪市中央区）の留守居を務めることである。後述するとおり、五奉行よりも五大老が上であるという認識は誤っている。したがって、五大老に秀頼を守り立てるよう要求しながらも、五奉行の役割が重視されていたことがわかる。五奉行は、五大老を牽制《けんせい》しうる存在だった。

第五に、秀頼の大坂城入城後は、武家衆（諸大名）の妻子も大坂に移ることが定められた。これは武家衆が秀頼への忠節を誓った証でもあり、のちに江戸に諸大名の妻子が住んだことの嚆矢《こうし》である。

遺言状（「毛利家文書」）には、追而書《おってがき》（追伸）も記されている。そこには、秀頼を支えることについては、五奉行たちにも申し付けてある、と書かれている。この事実をもってしても、五奉行が五大老を牽制するほどの力があったことが判明する。こうして秀吉は繰り返し繰り返し、何度も後事を五大老や五奉行に託したのである。

秀吉は自身の死後、家康をもっとも頼りになると考えたようである。家康は関東八州を支配しており、加賀の前田利家よりも威勢があった。とはいえ、家康に全幅の信頼を寄せているわけではなく、その動きを注視する必要があった。

秀吉ファミリーの一員、宇喜多秀家への期待

ほぼ同じ頃、秀吉が別に遺言の覚書を残したことが判明する（「浅野家文書」）。この覚書では、特に備前《びぜん》岡山城（岡山市北区）に本拠を置く宇喜多秀家のことに論及されている。秀家の妻は、秀吉の養女・豪（前田利家の娘）だったので、大いに期待するところがあったと考えられる。

秀吉は秀家を幼少時から取り立てていたので、特に秀頼を守り立てるよう希望していた。宇喜多氏は備前の小さな大名に過ぎなかったが、秀家は若くして中納言になるなど、秀吉から贔屓《ひいき》にされていた。それは、異例の大出世だったといえる。さらに、五大老の一人に秀家を加えた以上、政権維持のために政策を実行し、贔屓・偏頗《へんぱ》なく諸事に取り組むことを要望している。

このように秀吉が秀家に多くのことを期待したのは、豊臣ファミリーの一員と認識していたからだろう。秀吉には、もはや頼みとなる親族は少なかったのだ。秀家は秀吉の期待に違《たが》わず、関ヶ原合戦では西軍の将として指導的な役割を果たした。

秀吉の最期

やがて、秀吉にも死期が訪れた。秀吉の病名は詳しくわかっていないが、脳梅毒説、痢《り》病（赤痢・疫痢の類）説、尿毒症説、脚気《かっけ》説などの諸説がある。その最期は、多くの史料に書き残されている。

慶長三年（一五九八）六月、秀吉の病状が重篤化したことが知られる（「多田厚隆氏所蔵文書」）。朝廷では神楽《かぐら》を催して、秀吉の病が平癒することを祈願しているが、当時は現代のような効果的な薬がないので方法はこれ以外になかった（『御湯殿上日記《おゆどののうえのにっき》』）。その後、各地の寺社で平癒の祈願が執り行われたが、決して秀吉の病は治らなかった。

先に触れたとおり、秀吉が後事を託すべく、たびたび五大老や五奉行を呼び出したのは、ちょうどこの頃からである。

小瀬甫庵《おぜほあん》の『甫庵太閤記』によると、秀吉は死に際して、自身が所有していた茶器、名画、名刀、黄金を家康や利家ら有力な諸大名だけではなく、家中の下々の者にまで与えたという。この行動もまた、秀吉が諸大名の歓心を得る目的なのは明らかで、我が子の秀頼のためである。

秀吉の臨終の状況については、イタリア人のイエズス会宣教師、フランシスコ・パシオが残した貴重な報告がある（ルイス・フロイス『日本史』に記載）。その記録によると、秀吉は臨終間際になっても息を吹き返し、狂乱状態になって愚かしいことをしゃべったと書かれている。晩年の秀吉は失禁したとの記録もあり、認知症を患っていた可能性がある。秀頼のことを考えて、錯乱状態に陥ったのだろうか。

秀吉は天正十五年（一五八七）六月にバテレン追放令（宣教師の国外退去を求めた法令）を発布するなどし、キリスト教の布教を歓迎しなかった。したがって、パシオは秀吉が神の罰を受け、悲惨な最期を遂げたことを大袈裟に記録した可能性もあろう。

こうして、秀吉は慶長三年八月十八日に没した。ここまで述べたとおり、秀吉が一番頼りにしたのは家康だった。同時に、もっとも恐れたのも家康だった。秀吉は五大老間の相互協力、および五奉行による五大老への掣肘《せいちゅう》によって、豊臣政権を維持できるに違いないと考えたのだろう。ところが、秀吉のわずかな期待は、見事なまでに裏切られてしまう。次に、五大老と五奉行について考えてみよう。

通説としての五大老と五奉行

豊臣政権と関ヶ原合戦を語るうえで重要なことは、五大老と五奉行の存在である。秀吉没後の政権維持には欠かせない存在だった。なお、五大老と五奉行の呼称については後述するとおり、逆となる理解もあるが、煩雑になるので従来どおりの定義で用いる。通説では、五大老と五奉行がどのように認識されていたのだろうか。

最初の五大老のメンバーは、徳川家康、前田利家、毛利輝元、宇喜多秀家、小早川隆景の五名だった。慶長二年（一五九七）六月に小早川隆景が没すると、上杉景勝が代わりに五大老に加わった。慶長四年（一五九九）閏三月に前田利家が死去すると、嫡男の利長《としなが》が前田家の家督を継いで五大老に加わった。こうして五大老の面々が固定化する。

五奉行のメンバーは、最初から前田玄以、浅野長政、石田三成、増田長盛、長束正家の五名で構成されていた。五奉行制が成立した時期は、おおむね秀吉が亡くなった慶長三年（一五九八）

八月前後とされている。ただし、五奉行制の成立以前において、五人の面々は豊臣政権で検地奉行などの重職を担っていた。

なお、豊臣政権には三中老という職制があったといわれているが、普通の歴史用語辞典には立項されていない。三中老の面々は生駒親正《いこまちかまさ》、堀尾吉晴《ほりおよしはる》、中村一氏《なかむらかずうじ》の三名とされ、後世の史料であるが、『甫庵太閤記』『武家事紀《ぶけじき》』『徳川実紀《じっき》』などに存在をうかがわせる記述がある。ただし、『歴代古案《れきだいこあん》』などに載せる三中老と三奉行が連署した文書は内容が疑わしく、偽文書であると評価されている。

ちなみに、生駒親正は讃岐《さぬき》高松城（香川県高松市）主、堀尾吉晴は遠江《とおとうみ》浜松城（静岡県浜松市）主、中村一氏は駿河駿府城（静岡市葵《あおい》区）主をそれぞれ務めており、かつては秀吉からの信任の厚い人物だった。

そもそも三中老の具体的な職制は不明であり、五大老や五奉行のように連署して発給した文書などはほとんど見当たらない。したがって、現在では三中老なる職制はなかったと指摘されている。

五大老や五奉行が設置された理由は、秀吉の病そして死に伴って、後継者である幼い秀頼をサポートする必要が生じたからだった。とはいいながらも、五大老と五奉行については、巷間《こうかん》ではかなりの誤解があるようだ。

いささか古い説によると、格上の五大老が豊臣政権の中枢を担い、格下の五奉行がその下で実

図1-2　五大老と五奉行

五大老	五奉行
●徳川家康(1543-1616)	●浅野長政(1547-1611)
●前田利家(1538-1599) ⇨前田利長(1562-1614)	●前田玄以(1539-1602)
●毛利輝元(1553-1625)	●石田三成(1560-1600)
●小早川隆景(1533-1597) ⇨上杉景勝(1556-1623)	●増田長盛(1545-1615)
●宇喜多秀家(1572-1655)	●長束正家(？-1600)

務を担当したように説明されている。五大老は数十万石以上の大名なので格上、五奉行は数万石から十数万石程度の大名なので格下、という考え方になろう。ごく普通に考えると、所領規模や動員できる軍勢を評価するのだから、そのようなイメージを持つのはいたしかたがない。

ところが、最新の研究では、五大老が格上で五奉行が格下という見解に異議が唱えられている。そのカギを握るのは、五大老と五奉行の職務上の役割になる。その前に、まず五大老と五奉行の呼称について考えておきたい。

五「大老」、五「奉行」の意味

五大老、五奉行という呼称は、そもそも江戸時代以降に用いられた一般的な名称に過ぎない。当時の史料には、明確に「五大老」「五奉行」という名称であらわれることはない。特に、五大老という名称は、江戸幕府の大老をイメージして、江戸時代に作られた用語ではないかと推測されている。江戸時代の大老は老中の上に置かれた最高の職で、政務を総轄《そうかつ》した。ただし、常置ではなく、臨時の職だった。

当時、五大老は「奉行」、五奉行は「年寄《としより》」と呼ばれていたと指摘し、通説に異議を唱えたのが阿部勝則氏の研究である（阿部：一九八九）。この説をもとにして、学界で五大老、五奉行の呼称についての議論が盛り上がったが、一般的には混乱を避けるため従来のまま呼ばれてきた。

「年寄」は「宿老《しゅくろう》」とも称され、大名家の重臣に相当した。そもそも年寄とは、年齢の高い人、経験・知識の豊かな人を示していたが、転じて組織のなかで経験豊富な指導者を意味するようになった。宿老には、年老いて経験を積んだ人、あるいは宿徳老成《しゅくとくろうせい》の人を意味した。ともに重職を示すのに変わりはない。

一方、「奉行」はそれよりも一段低く、上位者の命令を執行する立場にあった。まさしく、命令を奉じて事を執行することを意味しよう。「年寄」のほうが、「奉行」よりも一段高い存在だったといえる。つまり、阿部氏の指摘に従えば、これまでの五大老、五奉行の呼称が覆ることになる。

右の阿部氏の研究を批判したのが、堀越祐一氏である（堀越：二〇一六）。堀越氏は五奉行を「年寄」とする史料が存在する一方、あるときは五奉行を「奉行」とする史料も数多く確認できたという注目すべき事実を指摘した。したがって、阿部氏によって指摘されたことは、決して正しいとは言えなくなったのである。では、どのような場面で、五奉行は「年寄」あるいは「奉行」と呼ばれたのだろうか。

石田三成ら五奉行のメンバーは、五大老のことを「奉行」と呼んでいた。しかも彼ら五奉行は、自分たちのことを決して「奉行」とは呼ばず、「年寄」と呼んでいたことがわかっている。逆に、家康らの面々は、五大老を決して「奉行」と呼ぶことはなく、五奉行のことは「奉行」と呼んでいた。そして、五奉行のことを決して「年寄」と呼ばなかったことが明らかになっている。

つまり、家康ら五大老は三成らが重職である「年寄」であるとは認めておらず、逆に自分たちが「奉行」であるとは思いもしなかっただろう。五大老にとって、三成ら五奉行は命令を執行する格下の存在に過ぎなかった。

一方、三成ら五奉行は、相対的に自分たちのほうが身分の高い「年寄」であることを自任し、家康ら五大老を格下の「奉行」と呼んでいたのである。三成らは、五奉行こそが豊臣家の重臣たる「年寄」であることを強調する一方、家康ら五大老は秀頼に仕える「奉行」に過ぎなかったことを示したかったと考えられる。

結論を言えば、「年寄」あるいは「奉行」という呼称は、それぞれの政治的な立場を自任して用いられたということになろう。

秀吉への起請文に見る五大老の「原型」

天正十六年（一五八八）四月、秀吉は自邸の聚楽第《じゅらくだい》に後陽成天皇の行幸《ぎょうこう》を仰ぎ、自らの権力を誇示しようとした。

聚楽第とは、天正十三年（一五八五）に豊臣秀吉が関白に就任した際、京都内野《うちの》（京都市上京《かみぎょう》区）の大内裏《だいだいり》跡に建てた邸宅である。なお、聚楽第はのちに養子の秀次《ひでつぐ》に譲られたが、文禄四年（一五九五）七月の秀次の死後に破却された。ちょうど秀吉が関白になった頃から、五大老の原型となるシステムを確認することができる。後陽成天皇の行幸を記した『聚楽行幸記』という史料には、天正十三年四月十五日付の二通の起請文が記載されている。

二通の起請文は同じ内容もので、諸大名は起請文を秀吉に捧げることにより、豊臣政権に完全に組み入れられた。起請文の内容で一番重要なことは、諸大名が「関白（＝秀吉）」に対して服従と忠誠を誓約することである。二通の決定的な相違点は、起請文に連署（署名し花押《かおう》を据える）したメンバーである。

一通目に署名したのは、①織田信雄《のぶかつ》（織田信長の次男）、②徳川家康、③豊臣秀長（秀吉の弟）、④豊臣秀次（秀吉の甥で養子）、⑤宇喜多秀家（秀吉の養女・豪の夫）、⑥前田利家の六名である。あえて分類を試みるならば、秀吉の血縁に連なる者が二名（秀長、秀次）、養子縁組などにより関係が深い者が一名（秀家）、外様が三名（信雄、家康、利家）ということになろう。

ただし、家康の妻は秀吉の異父妹だったので、純粋な外様とは言えないかもしれない。彼らは、豊臣政権を支える重臣とみなされた。うち三名（家康、利家、秀家）は、のちに五大老に就任した。なお、織田信雄は天正十八年（一五九〇）の小田原合戦後、秀吉から命じられた転封を拒否したため改易となった。秀吉がもっとも頼りにした弟の秀長は、天正十九年(一五九一)一月に病没した。

文禄四年七月、秀吉は甥の秀次を高野山(和歌山県高野町)で切腹させると、改めて重臣らに起請文を提出させた。徳川家康、毛利輝元、小早川隆景の三名が連署した五ヵ条の起請文案(「毛利家文書」)は、非常に興味深いものである。

前半の三ヵ条の内容は①秀頼を別心なく守り立てていくこと、②諸事につき秀吉の定めた法度を守ること、③秀頼を疎略に扱い、また秀吉の定めた法度に背いた場合は、誰であっても調べたうえで処罰を申し付けること、そして秀吉と秀頼に対して忠誠を誓うことであり、特記すべきほどのことではない。秀頼が誕生したのは、この二年前である。注目すべきは、後段の二ヵ条である。

残り二ヵ条の④東国方面は家康に任せ、西国方面は輝元と隆景に任せること、⑤二人は在京して秀頼に奉公し、下国するときは家康と輝元が交代で暇《いとま》を取ることという規定は、注目すべき点である。秀吉は東国を家康、西国を輝元と隆景に任せ、この三人に豊臣政権における地方統治の一環を担わせようとしたと考えられる。慶長二年(一五九七)に小早川隆景は亡くなるので、実質的に家康と輝元の二人が政権の中枢となる。

実は、前田利家と宇喜多秀家も、ほぼ同趣旨の起請文を捧げている。とはいえ、利家と秀家に対しては、家康や輝元・隆景ほどのことを要求していない。それぞれの大名には、秀吉から与えられた役割分担があったようである。むろん一人で全権を担うのは大変なことであり、一人に権力が集中するのを避けるというリスク管理からいっても、このような形式を取るのは必然だったといえよう。

秀吉が定めた、五大老連署による「五つの掟」

その後も秀吉は、さまざまな場面で掟を定めている。文禄四年（一五九五）八月三日、五大老（徳川家康・前田利家・上杉景勝・毛利輝元・小早川隆景・宇喜多秀家）が連署した掟が制定された。景勝が加わっているのは、隆景が老齢であり、出兵中の朝鮮から帰国して臥《ふ》せるなど、体調が思わしくなかったからだろう。しばらくして隆景は、家督を養子の秀秋（木下家定の子。秀吉の養子）に譲り、自らは備後《びんご》国三原《みはら》（広島県三原市）に引退した。次に、掟の内容を確認しておこう。

第一に諸大名の婚姻は、秀吉の許可を得たうえで決定することとし、第二に諸大名が誓紙を交わすことを禁止することが定められた。この二ヵ条は、諸大名が勝手に婚姻関係を結んだり、同盟関係を結ぶことを禁止したものである。こうした例は、戦国大名が家臣の婚姻を誓約したり、ほかの大名と無断で交信することを禁じたことに酷似している。分国法に明記されているケースもあった。なお、慶長三年（一五九八）八月の秀吉の遺言によって、五大老間の婚姻のみは例外的な措置になったことを申し添えておく。

第三に、喧嘩口論に至った場合は、我慢したほうに理があること、第四に、無実であることを主張する者があれば、双方（原告・被告）を召し寄せて、究明を行うことが規定されている。以上の二ヵ条は大名らの私闘を禁止し、豊臣政権の裁判によって解決を図るようにしたものである。つまり、豊臣政権の優越性を示したものであり、政策基調の一つ惣無事《そうぶじ》に沿ったものである。

天正十三年（一五八五）七月、関白に就任した秀吉は、戦国大名間の領土紛争の解決を豊臣政権に委ねることとした。同時に、すべての戦争（私戦）を「惣無事の儀」と称して禁止したのである。これを受け入れた大名は、秀吉から所領を安堵されるが、違反すれば征伐されることになった。海賊行為を禁止した「海賊停止《ちょうじ》」、百姓の武装解除を促した「刀狩」もその一環なのである。

第五に、乗物を許可するのは、家康・利家・景勝・輝元・隆景、そして古公家（老齢の公家）、長老（長老格の僧侶）、出世衆とすることである。これは駕籠に乗ることができる面々を規定したもので、格式を定めることでもあった。五大老の一人・宇喜多秀家の名前がない理由は、五大老のなかでもっとも若く、まだ二十四歳だったからだろう。当時は格式を重んじる気風があったので、これは一種の身分標識にもなった。

この掟は大名統制の一環でもあり、諸大名に豊臣政権への従属を強く迫ったものと考えられる。また、五大老制の原型を整備したのは、秀次処刑後の混乱を収めるためだったのかもしれない。秀次が亡くなった以上、秀頼と豊臣政権の後見を五大老に託さざるを得なくなった。こうして徐々に五大老が制度化され、隆景が亡くなったのちは、徳川家康・前田利家・毛利輝元・上杉景勝・宇喜多秀家の五名に固定化されたのである。

五大老の職務

ここまで五大老制の成立について述べてきたが、五大老や五奉行の職掌についてはご存じない方も多いだろう。具体的に五大老はどのような役割を担ったのだろうか。同じく五奉行の職掌はどのようなものだったのだろうか。

以上の点は、これまでさまざまな議論がなされてきたが、最近では堀越祐一氏が整理を行った（堀越：二〇一六）。以下、堀越氏の研究に基づき、五大老、五奉行の役割について考えてみよう。最初は、五大老の職務である。

第一の職務は、秀吉の時代に引き起こされた文禄・慶長の役後、朝鮮半島から日本軍を引き上げることである。文禄・慶長の役は秀吉の死によって終結したが、以後も局地的に戦闘が続くなど、朝鮮半島からの撤兵は大変な仕事だった。九州諸大名へ明や朝鮮の追撃を想定した警護の指示をし、同時に朝鮮に渡海した大軍を日本へ運ぶための船の準備などが必要だった。これが五大老の最初の大仕事だったが、あくまで臨時的なものに過ぎなかったと考えてよいだろう。

第二の職務は、慶長四年（一五九九）三月に薩摩島津氏の領国で勃発した庄内《しょうない》の乱など、謀反《むほん》や反乱への対処である。乱に対処したのは、徳川家康だった。庄内の乱とは、薩摩の島津忠恒《ただつね》（家久《いえひさ》）が重臣の伊集院幸侃《いじゅういんこうかん》（忠棟《ただむね》）を伏見（京都市伏見区）の島津邸で殺害したことに対して、幸侃の子・忠真《ただざね》が都城《みやこのじょう》（宮崎県都城市）を本拠として反旗を翻した事件である。乱には家康が調停に入ることによって、翌慶長五年（一六〇〇）三月頃に鎮圧した。

この職務についても、恒常的な五大老の職務ではなかった。あくまで、突発した事態に対する臨時的なものだったと解すべきだろう。とはいえ、家康が島津氏の家中騒動に介入することにより、存在感を高めたことには注意すべきだろう。

第三の職務は、諸大名へ領地を与えることだった。こちらが恒常的な職務として、もっとも重要である。秀吉の生前、豊臣家の専権事項の一つが諸大名に対する領地の給与だった。ところが、後継者の秀頼が幼かったため、五大老が職務を代行していたのである。五大老の発給文書の約六割は、各大名への領知宛行《あてがい》（充行）状だったので、中心的な職務だったのは明らかだろう。

しかし、五大老が判断して領地を宛てがう権限はなく、秀頼の意を奉じる必要があり、その点には注意が必要である。形式であるかもしれないが、豊臣政権の主宰者はあくまで秀頼だったのである。

五奉行の職務

五奉行の職掌についても種々議論が重ねられたが、こちらも堀越氏によって整理された（堀越：二〇一六）。

その内容は、第一に主要都市（京都、大坂、堺、長崎）の支配である。主要都市は経済の面でも中心地だったので、当然のことといえるだろう。

もっとも重要な職務は、豊臣家直轄領（蔵入地《くらいりち》）の統括だった。豊臣家の直轄領のうち、畿内に所在するものは豊臣家直属の家臣や寺社を、地方に所在するものは大名をそれぞれ代官に任命し、五奉行がこれを統括した。そして、五奉行が米を金銀に交換させたり、蔵米を納入させるよう指示していたのである。これはすなわち、五奉行が豊臣家あるいは豊臣政権の財政を掌握していたということになろう。五奉行の面々は、太閤検地において中心的な役割を果たしていたのだから、当然といえば当然かもしれない。

さらに重要なことは、諸大名への知行《ちぎょう》給与は、五奉行の主導のもとで行われ、五大老は秀頼の代行として知行宛行状に署名するだけだったと指摘されている。つまり、五奉行が決めたことを五大老が執行していたのが実情だった。五大老の重要な職務が五奉行の指示によってなされたのだから、実際の豊臣政権の運営は、五奉行が中心になって行われていたといってよい。堀越氏は、それを豊臣家「年寄」を自任する「五奉行」による、「奉行—年寄体制」と指摘する。

堀越氏の指摘を参考にすれば、従来の五大老が格上、五奉行が格下という考え方には再考が迫られる。実質的に豊臣政権を担ったのは五奉行であり、五大老はその指示に従わざるを得ない側面があったといえよう。それは次に取り上げる徳川家康の横暴に対して、五奉行がすぐに対応した点でも確認できる。

五奉行に屈服した家康

五奉行は五大老よりも格下ではなく、むしろ豊臣政権の中枢にあって、五大老に掣肘を加えることが可能な存在だった。それは、家康が無断で私婚を進めた一件で確認できる。この事件について、確認しておこう。

慶長三年（一五九八）八月に秀吉が病没すると、家康の行動をめぐって、五奉行らと対立する事件が勃発した。それは、家康がほかの大名と無断で縁組をしたことである。秀吉は大名間の縁組が同盟関係の構築につながることを恐れ、文禄四年（一五九五）八月に御掟（「周南市美術博物館寄託文書」など）を定め、あらかじめ大名間の縁組には秀吉の許可を得ること、大名間で盟約を結ぶことを禁止した。この規定は、秀吉の死後も有効だった。

家康の私婚は、この「掟」に抵触するものだった。一方で、秀吉は、先述のとおり五大老間の婚姻関係による結束を勧めた掟を定めていた。しかし、家康が結んだ婚姻関係の相手は五大老の面々ではなく、家康与党の伊達政宗、蜂須賀家政《はちすかいえまさ》、福島正則《ふくしままさのり》らだった。つまり、家康が婚姻を通して、多数派工作、与党形勢をしたと思われたのである。

一例を挙げると、家康は堺の町衆で茶人の今井宗薫《いまいそうくん》の仲介によって、政宗と昵懇《じっこん》の関係となり、それが縁でそれぞれ子の婚姻が成立した（『伊達成実記』など）。両者の婚儀については、無断で秘密裏に実行されたこともあり、五奉行たちは怒り心頭だったという。五奉行は秀吉の「掟」を理由にして、婚儀を斡旋《あっせん》した宗薫を死罪にするとまで言った。ここまで五奉行が強い態度で臨んだのは、彼らが家康に対抗しうる存在だったことを自任していたからだろう。

ところが、家康と政宗は宗薫を死罪とするならば、合戦に及ぶことも辞さないという強硬な姿勢を見せた。すると、家康らの強い覚悟を恐れた五奉行は、結果的に宗薫の死罪を不問としたのである。しかし、慶長四年（一五九九）二月、家康は最終的に「掟」への違反を認め、五奉行に「掟」を遵守する旨を誓約した（「慶長三年誓紙前書」など）。こうして、家康の私婚問題は解決したのである。

水野伍貴《ともき》氏の研究によると、武将間の対立構造がこの事件の背景にあり、それが表面化したものだったと指摘されている（水野：二〇一六）。まず、毛利氏と四奉行（石田三成、増田長盛、長束正家、前田玄以）、そして前田利家、浅野長政、宇喜多秀家のグループが形成され、家康の動きを牽制していたという。特に、四奉行が頼りにしたのは、前田利家だった。家康が政権の主導権を掌握し、多数派工作を展開していたことに強い危機感を抱いていたのだろう。

一方、縁組問題では家康を支持する大名がおり、池田輝政《いけだてるまさ》、福島正則、黒田孝高《くろだよしたか》（如水《じょすい》、官兵衛《かんべえ》）・長政《ながまさ》父子、藤堂高虎《とうどうたかとら》、森忠政《もりただまさ》、有馬則頼《ありまのりより》、金森長近《かなもりながちか》らがその主要なメンバーとして、グループを形成していた。彼らは家康与党として、その後も重要な役割を果たすことになり、関ヶ原合戦では東軍に与《くみ》した。五奉行のなかでは、一人浅野長政だけが前田利家のグループに属していたことに注意すべきだろう。

秀吉の死後は、家康や輝元を中心にして、政権内部で大名の派閥、系列化が図られていたのである。そして、以後はそれぞれが政権の主導権を握るべく、陰に陽に権力闘争が繰り広げられたのである。

五奉行側に接近する毛利輝元

右のような事情を考慮すれば、気になるのが石田三成と毛利輝元がいつ結託したのかということである。

慶長三年（一五九八）八月に秀吉が没すると、その段階ですでに家康と五奉行（浅野長政を除く）の面々は対立していた。五大老の一人の毛利輝元は、五奉行（実際は四奉行）に与するべきか、家康に味方すべきか悩んでいた様子がうかがえる（『萩藩閥閲録』）。判断を誤ると、毛利家の存亡に関わる問題だった。しかし、秀吉が亡くなってからわずか十日後、輝元の揺れる心中を察した三成は、自陣に引き入れることに成功する。

輝元は五奉行（浅野長政を除く）と結ぶことを決めたとき、四奉行に起請文を提出した（「毛利家文書」）。輝元が捧げた起請文は、自ら差し出すと申し出たものではなく、三成の要望によって書かされたものだった。つまり、奉行衆にはそれだけの力があったとみなさなければならないだろう。

起請文の内容は、「五大老のうち」で四奉行に「心得違い」をする者があらわれた際は、輝元が四奉行に協力することを誓約したものだった。「心得違い」というのは、豊臣政権の主導権を掌握しようとする動きにほかならない。また、「五大老のうち」とあえて人名を書いていないが、家康であることは明白である。なお、三成ら四奉行の面々は、浅野長政を親家康派とみなしていたようである。

輝元は起請文の内容を履行するため、家康と四奉行が不和になることを想定し、上方《かみがた》（京都・大坂方面）に兵を集結させていた。その後、輝元は反家康の急先鋒として行動するが、実際に輝元を突き動かしたのは、三成であったことに注意すべきであろう。こうして秘密裏のうちに、輝元と四奉行は起請文を交わし、同盟関係を結んだのである。のちの西軍は石田三成の存在ばかりがクローズアップされるが、むしろ輝元も積極的に反家康の行動を取ることに注意すべきだろう。

このように見ると、決して五奉行の存在は侮ることができず、家康に対抗し得るだけの力を十分に持っていたことが判明する。

豊臣政権において、五大老と五奉行に職務上の分担はあったが、明確な上下関係は特になかった。諸大名への知行宛行の例を見れば、実際に五大老に指示を出していたのは五奉行なのだから、実権を掌握していたのは五奉行のほうだったのかもしれない。そうでなければ、五奉行はあえて家康に対抗しようなどとは考えもしなかっただろう。

五大老と五奉行の関係性は、従来説から大きく変わっており、実際の職務や政治情勢から力学を看取する必要がある。そうなると、秀吉死後の豊臣政権の運営のあり方も、従来の見方とは違ったものになろう。

第二章

七将による石田三成への襲撃

前田利家の死と、七将による石田三成襲撃事件

豊臣政権では、家康派と三成・輝元派に分裂して大名の系列化が進行し、対立の溝が徐々に深まりつつあった。加えて、五大老と五奉行には上下関係はなく、互いが上だと考えるありさまだった。しかし、慶長四年（一五九九）閏三月三日、五大老の重鎮である前田利家が病で亡くなると、豊臣政権下における政治的なバランスは一気に崩壊してしまう。利家は家康よりも五歳年長であり、当時は加賀・能登・越中に約八十三万石を領し、所領規模でも家康に引けを取らない存在だった。

五奉行の一人の石田三成は、毛利輝元を味方に引き入れたとはいえ、利家が亡くなったのは大きな痛手だった。重鎮である利家は家康を牽制できる存在だったので、後ろ盾を失ったといえる。豊臣政権の押さえとなっていた利家の死によって噴出したのが、反三成の立場にある武将たちの不満だった。それが、七将（それぞれの武将については後述）による石田三成襲撃事件である（実際には襲撃ではないと指摘がある。後述）。次に、その背景などを考えてみよう。

まずは、通説的な見解を取り上げておく。文禄・慶長の役において、七人の武将たちが三成から不当な扱いを受けたので、常日頃から三成に対する怒りを内に秘めていた。怒りの原因とは、三成による秀吉への讒言《ざんげん》（他人を陥れるため、事実を曲げたり、偽って悪しざまに告げ口すること）である。七人の武将は利家が没したことを好機と捉え、大坂に居を構える三成を襲撃したのである。この一連の流れが七将による石田三成襲撃事件の端緒である。三成は七将の襲撃に対して、どの

ように対処したのだろうか。次に、従来指摘されてきた説を取り上げておこう。

七将に襲撃された三成は、まったく予想していなかったので大いに驚いた。三成は大坂の屋敷を飛び出すと、自邸のある伏見（京都市伏見区）へと逃亡した。しかし、三成には彼らに対抗できるだけの軍勢がおらず、すっかり窮地に陥ってしまった。そこで、三成は伏見屋敷にいた敵対する徳川家康に助けを求めるという、奇策を用いて危機を脱しようとしたのである。

三成に助けを求められた家康は意外なことに驚いたが、意を決して三成を七将の襲撃から守った。この話は家康の懐の深さ、三成の優れた機転を示すエピソードとして知られている。ところが、この逸話は、二次史料も含めて史料的な根拠が皆無であると指摘されている。小説、映画、テレビドラマなどでは、三成が「死中に活を求めた」ことになっているが、それは単なる創作に過ぎないのだ。

三成が伏見の家康邸に逃げ込んだのではなかったならば、石田三成襲撃事件は単なるフィクションに過ぎないので、改めて真相を検討する必要があるだろう。

七将のメンバーと三成への遺恨

そもそも三成を襲撃した七将のメンバーは、諸説あって一致していなかった。その理由は諸書によって、メンバーの記載が異なっているからである。しかし、現在では細川《ほそかわ》（長岡《ながおか》）忠興《ただおき》、蜂須賀家政、福島正則、藤堂高虎、加藤清正《かとうきよまさ》、浅野幸長《よしなが》（長慶《ながよし》。浅野長政の子）、黒田長政の七人がもっとも有力視されている。では、七将たちが三成に恨みを抱いた理由とは、どういうものだったのだろうか。

秀吉が亡くなる以前から、大名たちの間では軋轢《あつれき》が生じていた。とりわけ文禄・慶長の役では、出陣した大名と石田三成との関係が悪化していた。三成は朝鮮半島に渡海し、増田長盛や大谷吉《おおたによし》継《つぐ》とともに総奉行を務めたが、日本にいた秀吉との意思疎通が十分でなかったといわれている。三成が諸大名と軋轢を生んだことは、関ヶ原合戦に至るまで尾を引くことになった。少し時間をさかのぼって、代表的な事例を確認することにしよう。

文禄元年（一五九二）の開戦以降、清正は鍋島直茂《なべしまなおしげ》、相良頼房《さがらよりふさ》などを従えて、釜山《プサン》から漢城《ハンソン》を経て北上していた。朝鮮での戦いが厳しくなっていたが、加藤清正は咸鏡道《ハムギョンド》で事実上の敗北に追い込まれていた。この年の十二月、鍋島直茂は咸鏡道からの撤退を朝鮮奉行から言い渡された（『高麗日記』）。清正は戦況が不利であることを隠し、朝鮮奉行との会談に応じなかったという。清正がそのような行動に出たのは、失態を知られたくなかったからにほかならない。

結局、明軍は小西行長《こにしゆきなが》らの劣勢を突いて、平壌《ピョンヤン》でその軍勢を打ち破った。翌年一月、清正の先述の背信行為は、朝鮮奉行である増田長盛と大谷吉継から強く非難された。そして、長盛と吉継の二人は同道した鍋島直茂に対して、清正に加担しないように伝えたのである（「鍋島直茂譜考補」所収文書）。清正に非があったのかもしれないが、奉行衆と対立したことはのちに大きな禍根を残したのである。

朝鮮出兵をめぐる加藤清正と小西行長の対立

清正が奉行衆と確執した要因は、小西行長との関係にもあった。行長は先導役の宗義智《そうよしとし》（対馬国の大名）とともに、諸将を率いて朝鮮半島に上陸していた。清正と行長は肥後を半分ずつ領していたが、天正十七年（一五八九）の天草一揆（行長の領内）で清正が出兵を強行したこともあり、関係は必ずしも良かったわけではない。文禄元年（一五九二）九月、清正は一通の注進状を肥前名護屋《なごや》（佐賀県唐津市）の馬廻衆の組頭《くみがしら》だった木下吉隆に送っている（「尊経閣文庫所蔵文書」）。次に、注進状の概要を示しておこう。

①行長が攻略する平安道《ピョンアンド》では置目《おきめ》（法律）・法度が徹底せず、治安に不安がある。

②清正を除く主要な部将が軍議を開き、秀吉の明への動座（出陣）は困難であると報告しているが、清正は承知していない。

③秀吉の明への動座は、清正が攻略する咸鏡道のように静謐《せいひつ》になれば可能であるが、（行長の担当する）平安道は治安が悪いので（そのルートからの）秀吉の明への動座は受けかねる。

①については、行長の行政手腕を批判したものになる。③もその延長線上にあるもので、行長の失態を責めている印象を受ける。

②の今後の対策について、朝鮮奉行の石田三成・増田長盛・大谷吉継と秀吉から派遣された黒田孝高は、諸将を集めて軍議を開いた。しかし、清正はオランカイ（中国と朝鮮の国境付近）に出

図2-1　文禄の役

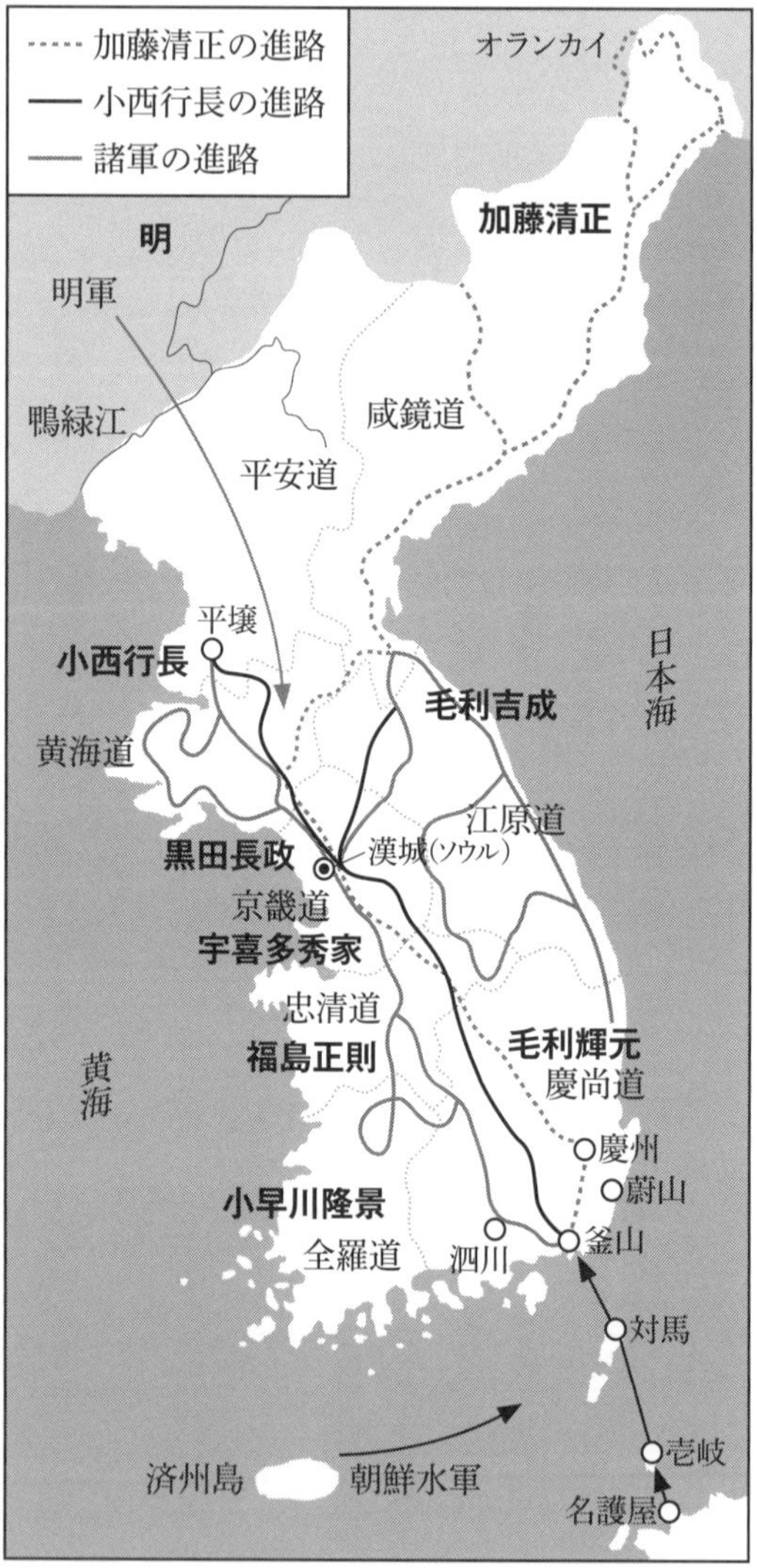

加藤清正の進路
小西行長の進路
諸軍の進路
オランカイ
加藤清正
明
明軍
鴨緑江
咸鏡道
平安道
平壌
小西行長
日本海
毛利吉成
黄海道
江原道
黒田長政
漢城(ソウル)
京畿道
宇喜多秀家
忠清道
毛利輝元
黄海
福島正則
慶尚道
慶州
蔚山
小早川隆景
釜山
全羅道
泗川
対馬
壱岐
済州島
朝鮮水軍
名護屋

陣していたため、軍議へ出席することができなかった。清正は自らが与《あずか》り知らぬところで軍議が催されたことについて、強い不快感を示したのである。この一件は、清正と行長との関係が悪化していたことを示している。

それ以前において、清正は浅野長政に対して、今後の自らの処遇について意見をしている（「浅野家文書」）。清正はオランカイに攻め込んだが、明への侵攻ルートが困難であることを悟った。そこで、清正は平安道への攻撃を志願し、それ以外の担当を拒絶したのである。なお、平安道の攻略を担当していたのは行長だった。こうして清正は、咸鏡道の治安を維持したことを誇示し、逆に行長の不手際をあげつらうことによって、自らの立場を際立たせようとしたのである。

しかし、朝鮮奉行の増田長盛と大谷吉継は、清正の咸鏡道における敗北を非難したのも事実である。その後、清正は行長と対立したこともあり、帰国と京都での謹慎を命じられた。清正を処分した背景には、三成の意向があったといわれている。こうしたこともあり、清正と三成との関係に大きな亀裂が生じた。そして、この関係の決裂は、関ヶ原合戦にも大きく作用したのである。

黒田長政・蜂須賀家政の、三成への恨み

加藤清正の場合は、作戦行動を通して行長と不仲になり、やがて豊臣五奉行との決裂という事態に進展したことが判明する。清正と同じようなことは、黒田孝高の子・長政の身にも降りかかってきた。いったい長政に何があったのか、次に確認しておきたい。慶長三年（一五九八）五

月、目付として朝鮮に渡っていた福原直高《なおたか》（長堯《ながたか》）、垣見一直《かきみかずなお》、熊谷直盛《くまがいなおもり》の三人の武将は、島津氏に対して次のように報告を行った（「島津家文書」）。

①黒田長政と蜂須賀家政は、蔚山《ウルサン》城の救援に向かったが、ついに合戦をすることがなかった。臆病なことである。

②長政と家政は不興を被り、秀吉の逆鱗に触れた。家政は阿波《あわ》での蟄居《ちっきょ》を命じられた。

③目付である早川長政《はやかわながまさ》、竹中重利《たけなかしげとし》、毛利高政《たかまさ》もそれぞれ所領での逼塞《ひっそく》を命じられた。

④三成には、筑後と筑前が与えられようとした（結局は与えられず）。

⑤福原直高、垣見一直、熊谷直盛の三人は、豊後《ぶんご》で新しい所領を与えられた。

三人の報告によって、長政と家政は窮地に陥り、家政に至っては蟄居を命じられる始末だった。早川長政、竹中重利、毛利高政も苦しい立場に追い込まれた。早川長政は旧大友《おおとも》館（大分市）、重利は高田《たかだ》城（大分県豊後高田市）主、高政は豊後日田《ひた》（大分県日田市）に本拠を置く大名だった。逆に、三成は実現しなかったとはいえ、筑後・筑前が与えられることが検討され、福原直高ら目付の三人も豊後で新たな所領を得た。なお、福原直高は府内城（大分市）主、垣見一直は富来《とみく》城（大分県国東《くにさき》市）主、熊谷直盛は安岐《あき》城（同）主をそれぞれ務めるなど、先述した早川長政、重利、高政と同じ豊後に基盤を置いていた。

この背景には、いかなるものがあったのであろうか。実は次に示すとおり、三成は三人の目付と濃密な人間関係が認められる。

①福原直高――石田三成の妹婿。
②熊谷直盛――石田三成の娘婿。
③垣見一直――石田三成と昵懇の関係にあった。

つまり、三成と福原直高、熊谷直盛とは姻戚関係にあり、垣見一直とは良好な関係にあった。仮に、三人が三成の意向を受けて、先の報告がなされたのならば、こうした人間関係が影響したのかもしれない。いずれにしても、長政ら諸将は三成に遺恨を抱いたに違いない。

もちろん、処遇に納得しないのは長政と家政である。この一件に関してはのちに取調べがなされた。その結果、五大老の連署によって、蔚山城における長政と家政の行動は落ち度ではないと結論付けられた(「毛利家文書」)。そして、早川長政、重利、高政の処分も解かれたのである。こうして諸将にかけられた嫌疑は、何とか晴れた。ただ、嫌疑をかけられた諸将の三成に対する怨《えん》嗟《さ》は、残ったと言わざるを得ない。

三成への遺恨を募らせる朝鮮出陣組の武将たち

七将が三成に遺恨の念を抱いたといわれているのは、文禄・慶長の役における三成の対応である。加藤清正・浅野幸長は慶長二年(一五九七)から翌三年の朝鮮出兵で、蔚山城に籠城していた。清正らは明・朝鮮連合軍の大軍により攻囲されると、兵糧が乏しいこともあって苦境に陥っていた。やがて、釜山から日本の援軍がやって来ると、明・朝鮮連合軍は敗北して撤退した。清正らは九死に一生を得たのであるが、日本軍が不利な戦いを強いられていたのは自明のことだった。

日本側の援軍はすぐさま撤退を開始して、総崩れとなった明・朝鮮連合軍を追撃することがなかった。また、朝鮮で戦っていた加藤清正ら武将たちは、明・朝鮮との和睦を検討しており、戦線の縮小をも考えていた。戦いが長期化するのと同時に、多大な兵糧や軍備の負担や激しく抵抗する明・朝鮮軍との戦いで、武将間には厭戦ムードが漂っていたのである。ところが、秀吉はあくまで戦い続けることを命じていたので、これが武将間の関係に疑心暗鬼や誤解を招く要因となった。

朝鮮在陣の武将らが和睦や戦線縮小を検討しているとの情報は、石田三成と関係の深い軍《いくさ》目付・福原直高（三成の妹婿）から、秀吉のもとに伝わった。その一報を耳にした秀吉は怒り狂い、黒田長政、蜂須賀家政、加藤清正、藤堂高虎らを激しく責め立てた。秀吉は戦闘の継続に固執しており、弱気な姿勢を見せた武将を次々と処断した。豊後の大友吉統《おおともよしむね》（義統）もその一人で、戦線から撤退したことが秀吉の逆鱗に触れ、改易処分となった。こうしたことが積み重なり、清正らは三成へ強い恨みを抱いたのである。以上の理由は諸史料に書かれており、もっとも有力視されている。

しかし、近年の水野伍貴氏の研究によると、七将全員が文禄・慶長の役における三成との対立が原因となって、三成を襲撃したわけではないと指摘する（水野：二〇一六）。たとえば、細川忠興、福島正則は文禄・慶長の役の一件と無関係なのが明らかなので、それが原因にはならないという。あくまで七将のうち、三成から不利益を受けた武将に限られたといえよう。

日記類に見る三成襲撃事件の経過

石田三成襲撃事件に関しては、日記類に断片的な記述しか残っておらず、残念ながらまとまった詳細な史料はない。その流れを改めて確認すると、事件は利家が亡くなった翌日の慶長四年（一五九九）閏三月四日に勃発した。

三成はあらかじめ七将の動きを察知して、盟友の小西行長や宇喜多秀家と対策を協議した。さらに佐竹義宣《さたけよしのぶ》の支援を受けて大坂を逃れ、伏見城内にある自身の屋敷に立て籠ったといわれている。家康の屋敷ではないことに注意すべきだろう。ここで三成と七将は一触即発の事態になったが、両者の和睦を仲介したのが家康だった。家康の助勢によって、劣勢の三成は窮地を脱したのである（『慶長見聞集』など）。襲撃事件とはいえ、それらの記述からは武力により、三成を制しようとしたとは感じられない。

家康によって三成と七将の仲裁が行われたことは、奈良興福寺の多聞院英俊《たもんいんえいしゅん》の『多聞院日記』慶長四年閏三月九日条にも記されており、ほぼ間違いないといえよう。なお、『多聞院日記』には、ほかの五奉行の増田長盛と前田玄以も同じ場所に籠っていたと書かれており、誠に興味深い点である。長盛も玄以も三成に与同して、逃げていたのかもしれない。

三成が逃亡した場所は、いったいどこだったのだろうか。残念ながら、一次史料にはその点の具体的な記述がない。軍記物語である宮川尚古の『関原軍記大成』には、「三成は伏見城内に入って、自分の屋敷に立て籠った」と書かれている。後世の編纂物にすら、三成は伏見の自邸に立て籠っていたと記されている。三成が家康の屋敷に逃げ込んだという史料は、二次史料も含めて、まったく存在しないのが実情である。

襲撃された三成は家康邸には逃げ込んではいない

笠谷和比古氏によると、伏見城内には「右衛門丸（増田右衛門尉《うえもんのじょう》長盛）」、「大蔵丸（長束大蔵大輔《おおくらたいふ》正家）」といった五奉行の曲輪《くるわ》が存在していたという（笠谷：二〇〇八）。三成の「治部少輔丸（石田治部少輔《じぶのしょう》三成）」もその一つであった。三成が自身の曲輪にある屋敷に逃げ込んだということは、まず間違いないであろう。当時、多くの戦国大名は、伏見城下に屋敷を構えていた。

さらに補足すると、比較的信頼性が高いという編纂物の『慶長年中卜斎《ぼくさい》記』には、「三成は伏見城の西の丸の向かいの屋敷に到着した」と書かれている。『慶長見聞集』にも三成が伏見城に赴いたことに続けて、「伏見の三成の屋敷は、伏見城の本丸の次の一段高いところにある」と記載されている。伏見には、三成の自邸があったのはたしかなことである。事件当時、前田玄以が伏見城の在番をしていたことも指摘されており、先の『多聞院日記』の記述も裏付けとなる。

七将に襲撃された三成は、家康の屋敷にあえて助けを求めたという説は、まったく史料的な根拠がなく、単なる創作に過ぎない。どんなに質の悪い二次史料にすら、そうした事実は書かれていないと指摘されている。三成が家康に助けを求めた逸話は、誠に劇的で当時の緊迫感が伝わるが、現在の研究では史実ではないと否定されている。

事件から約二週間を経過した同年閏三月十九日、蔚山城の一件について調査が実施され、蜂須賀家政、黒田長政らの嫌疑が晴れて名誉が回復された。この結果を受けて、七将はこれ以上三成を糾問することを諦めた。こうして三成は家康の裁定を受け入れて、居城の佐和山《さわやま》城（滋賀県彦根市）へ退き、引退したのである。

事件の真相は「襲撃」ではなく「訴訟」

近年、石田三成襲撃事件は、白峰旬氏（白峰：二〇一九）、光成準治氏（光成：二〇一八）、そして先述した水野伍貴氏によって、詳しく検討されている。改めて確認することにしよう。

襲撃事件の際、実は浅野幸長も伏見に軍勢を率いてやって来ていた。家康は幸長を歓迎し、指示を積極的に与えている。また、加藤清正、蜂須賀家政だけではなく、黒田孝高が伏見に来ていたことも明らかになっている。彼らは、文禄・慶長の役において、三成に遺恨を持つ面々だったといえる。

黒田孝高・長政父子が家康与党として行動していたのは、誠に興味深い。孝高は文禄二年（一五九三）に朝鮮に渡海した際、秀吉が計画した晋州《チンジュ》城攻略計画に反対し、石田三成、増田長盛らと激しく対立したという。そこで孝高は、一時帰国して秀吉に相談をしようとしたが、かえって秀吉は孝高が朝鮮から無断で帰国したことを責め、決して面会することはなかった。秀吉は孝高が軍令に従わず、無断で戦線を離脱したとみなしたのである（「益田孝氏所蔵文書」）。

この一件により、孝高は秀吉の勘気を蒙《こうむ》り、危うく一命を落しかねない状況に陥った。その際、秀吉は孝高や長政のこれまでの軍功を考慮して赦免したが、二人が三成に対して悪い感情を抱いた可能性は高い。三成と作戦をめぐって対立したことは、二人の決裂を決定的なものにしたと推測される。以後、孝高・長政父子は三成らのグループと袂《たもと》を分かち、家康与党として重要な役割を果たすようになる。

当時、藤堂高虎は大坂にいたとされており、また福島正則、細川忠興は一次史料により、積極的に襲撃に加担した様子はうかがえない。どちらかといえば、三成襲撃に同意したという程度になろう。藤堂高虎、福島正則、細川忠興も、完全に家康の与党だった。とはいいながらも、三成を襲撃した具体的な行為は判明していない。少なくとも、大規模な軍事行動が伴っていたとは考えにくい。

襲撃の実態については、水野氏、白峰氏が具体的に明らかにしている。二人の研究によると、七将による三成への襲撃もしくは暗殺事件はなかったことが指摘されている。襲撃と言われているのは、三成に政治的責任を負わせて、切腹という制裁を加えるため、訴訟に及んだというのが本質だったという。また、訴訟に際しては、北政所（秀吉の妻）の仲裁があったことも明白になった。つまり、三成は七将との訴訟に負けて、家康の仲裁によって佐和山城に引退したというのが真相だったのである。

とはいいながらも、家康のもとですでに系列化された彼ら諸大名は、三成を敵視していたのは疑いないことであろう。三成が佐和山に逼塞したことは、毛利輝元らに少なからず影響を与えた。なお、この事件は襲撃事件ではないことが明確になったが、以後も紛らわしさを避けるため、同じ名称を引き続き使うことにしたい。

三成の敗訴により苦境に立たされた輝元

三成が訴訟に負けたことにより、毛利輝元と三成を除く五奉行の面々は、たちまち苦しい立場に追い込まれた。特に、家康との関係が懸念された。最終的に三成、輝元と家康の関係を取り持つため、かつて秀吉の御伽衆《おとぎしゅう》を務めていた山名禅高《やまなぜんこう》（豊国《とよくに》）、上杉景勝が仲裁に手を差し伸べた。山名禅高は、かつて山陰地方に勢力を保持した山名氏の子孫であった。もはや当事者間では解決が困難だったので、利害関係がない第三者の禅高と景勝が仲裁に入ったのである。

家康は三成一人を処分し、三成に与した増田長盛については不問とすることで事態を収拾しようとした。処分は切腹などの厳罰ではなく、あくまで三成の政権からの引退だった。おそらく処分する者が増えた場合、三成与党に悪影響を及ぼすことが懸念されたのだろう。ところが、処分案は七将の考え方次第で変更される可能性もあり、家康の考えに過ぎなかった面もある。結果は先述のとおり、三成は佐和山に逼塞したので、家康の思惑どおりに事が進んだといえよう。

事件の終結後、家康と輝元は誓紙を交換して関係を修復した。その誓紙には、輝元は家康を「親子」（輝元が子）、家康は輝元を「兄弟」（輝元が弟）と書かれている。あくまで擬制的な関係・表現に過ぎないが、輝元は家康の下位に位置付けられた。これは輝元にとって、非常に屈辱的なことだったに違いなく、同時に三成を失ったことは大きな痛手となったのである。

このとき輝元は、四十七歳。立派な壮年武将だったが、内実は苦しかったといえる。祖父の毛利元就《もとなり》が亡くなったのは元亀《げんき》二年（一五七一）六月のことで、若き輝元を支えたのは吉川元春《きっかわもとはる》と小早川隆景という二人の叔父だった（毛利両川）。しかし、元春は天正十四年（一五八六）十一月に病死し、隆景も慶長二年（一五九七）六月に亡くなった。その後も輝元を支えたのは吉川広家《ひろいえ》（元春の三男）と政僧の安国寺恵瓊《あんこくじえけい》だったが、家臣団を統制するのに苦しみ、ほかにも多くの問題を抱えていたのである。

その後の三成と家康の意外な関係

三成が逼塞に追い込まれたとはいえ、その後の三成と家康の動静を見ると、必ずしも両者の関係は悪くなかったようである。その点を確認しておこう。

慶長四年（一五九九）九月七日、重陽《ちょうよう》の節句を迎えたので、家康は秀頼に祝詞《のりと》（祝いの言葉）を述べるため伏見から大坂へと向かった。重陽の節句とは五節句（ほかは人日《じんじつ》＝一月七日、上巳《じょうし》＝三月三日、端午＝五月五日、七夕＝七月七日）の一つで、陰暦の九月九日のことを示す。秀頼は幼いとはいえ豊臣政権の主宰者であり、家康が年長であってもわざわざ出向く必要があった。

大坂に到着後、家康が宿所としたのは意外にも三成の邸宅だった。同月十二日になると、三成の兄・正澄《まさずみ》の邸宅に移っている（『鹿苑日録《ろくおんにちろく》』）。三成の大坂屋敷があったのは大坂城三の丸付近で、現在の大阪府立大手前高校、大阪府庁に近い至便な場所だった。その後、大坂城西の丸に移った家康は、家臣の平岩親吉《ちかよし》を正澄邸に入れ置いた。つまり、三成と正澄は大坂を訪れた家康に対して、自らの宿所を提供しているのだ。

正澄の邸宅の場所は不明だが、やはり大坂城に近い至便な地であったことは疑いない。『鹿苑日録』には、立地条件の良さを家康が宿所に選んだ理由に挙げている。三成と正澄の兄弟は、仮に家康との関係が悪かったとするならば、大坂を訪れた家康に邸宅を宿所として提供しないはずである。逆に言えば、互いに多少の遺恨があったかもしれないが、表面的には両者の関係は悪いとは言えなかったといえよう。

その直後、五大老の前田利長（利家の長男）による家康暗殺計画が露見した際、家康は利長の上洛を阻止するため軍勢を派遣した。そこにも、三成が登場するのである。以上の概要については、慶長九年（一六〇四）九月二十一日付の島津惟新《いしん》（義弘）書状（島津忠恒〈家久〉宛）に詳しく記されている（「旧記雑録後編三」）。

そのなかでもっとも興味深いのは、家康が大谷吉継の子の吉治《よしはる》と石田三成の内衆《うちしゅ》一千騎を越前方面に向かわせた事実である。すでに指摘があるように、家康と三成が敵対しているとするならば、あえて三成の兵を用いることはないはずである。三成は家康の出陣要請に応じたのだから、少なくとも険悪な関係にはなかったのだろう。

それだけではない。三成の佐和山引退後の慶長四年閏三月、家康は三成の子の重家《しげいえ》を迎え入れた（「浅野家文書」）。その様子について輝元は、三成が佐和山へ引き退く一方、子の重家が秀頼に奉公するため、大坂にやって来たことを叔父の元康《もとやす》に報告している（「厚狭《あさ》毛利家文書」）。三成は豊臣政権の運営から退いたが、決して石田家が改易されたわけではない。重家が豊臣家に仕官することにより、石田家は存続したのである。

家康はことさら三成を排除しようとしたのではなく、むしろ代わりに子の重家を登用することにより、豊臣政権の安定化を図ったと考えられる。そうでなければ、三成の家康への怨嗟という火種だけが残ってしまう。

以上のような点を考慮すれば、特段、三成は家康に悪感情を抱いておらず、その逆も同様にいえる。襲撃事件は、あくまで七将と三成との問題であって、家康は仲裁に入ったに過ぎない。つまり、両者の間には大きな確執は見られなかったと指摘できよう。

襲撃事件を機に政権中枢に躍り出た家康

七将による石田三成襲撃事件は突発的に起きたが、家康は事件を解決に導くことにより、豊臣政権内での発言権を高めることに成功した。さらに家康は、以後に起こる謀反の嫌疑（前田家）や他家（宇喜多氏、島津氏）の家中騒動にも積極的に介入し、それらを円滑に解決することによって、豊臣政権内で強い存在感とリーダーシップを示した。その点は、次章で取り上げることにしよう。

石田三成襲撃事件は、家康を盟主と仰ぐグループと、三成・輝元を盟主と仰ぐグループとの抗争だった。家康を盟主とする七将たちは三成の訴訟に及んだが、七将は実質的に家康の統制下に置かれていた。三成の処分についても、七将は家康の意向を汲む必要があり、七将の行動も家康の判断に規制された。この事件を契機にして、家康は七将ら諸大名から確固たる信頼を得ることに成功したのである。

輝元を中心とする反家康派は、家康が輝元を屈服させたことにより、急速に影響力を失っていった。それだけにとどまらず、豊臣家の有力な吏僚層（寺沢広高《てらざわひろたか》、小西行長、大谷吉継）をはじめ、かつて三成や輝元に与していた三奉行（前田玄以、増田長盛、長束正家）らは、すべて家康方に与したのである。家康は吏僚層らを自陣に引き込むことにより、豊臣政権内での発言権を獲得したのである。

慶長四年（一五九九）閏三月十三日、七将や豊臣家の吏僚層らの尽力によって、家康は伏見城に入城した。そして、家康はこの直後から、前田利長を排斥すべく画策し、翌年には上杉景勝を討伐しようとするのである。それらの動きは、次章以降で取り上げることにしたい。

これまで五大老の面々はフラットな関係を維持していたが、襲撃事件をきっかけにして、家康は豊臣政権で中枢の地位を占めた。それは意図的ではなく、偶然だったのかもしれない。五大老と五奉行の関係が変わったことにより、豊臣政権は本来の姿から大きく変質したのである。

書状のやり取りによる「家康与党」の形成

三成の失脚後、家康は有力大名に誓書を送り、互いの親密な関係を強調した。その例をいくつか見ておきたい。

慶長四年（一五九九）閏三月、家康は毛利輝元に対して、先述のとおり「今度の天下の儀（三成の失脚）、それぞれに申し分があるでしょうが、秀頼様に対して疎略な態度を取らないのがもっともなことです。そのようなことで、今後いかなることが起こっても、貴殿（輝元）に対して、裏切りの気持ちがなく、兄弟のごとき関係であることをお伝えします」という内容の起請文を送った（『譜牒《ふちょう》余録』）。

三成と輝元は良好な関係にあったが、その事実は家康も十分承知していたことであろう。三成襲撃事件が解決したのち、家康は互いの関係を維持するため、輝元にすかさず誓書を送っているのである。

同様のことは、薩摩の島津氏にも行われた（「旧記雑録後編三」）。家康は島津義弘・忠恒（家久）父子に誓書を送った。要点は、次のとおりである。

①秀頼に対して疎略な態度を取らないこと。
②家康自身が島津氏に疎略な態度を取ったり、裏切りの気持ちがないこと。
③佞人《ねいじん》が両家の間を妨げるようなことがあった場合は、互いに直接話し合うこと。

毛利氏も島津氏も西国の大規模な大名であるが、家康は厚誼《こうぎ》を結ぶため、実質的な豊臣政権の主宰者である秀頼を拠り所にしているのが注目される。

今後の政治的な展開を考慮すれば、家康はいたずらに軍事的な衝突を繰り返すのは無意味であると考えたのだろう。むしろ、家康は有力な諸大名と良好な関係を築くことにより、自らの権力基盤を固める方策を採用した。とりわけ大規模な大名に対しては、秀頼を支えるという名目を持ち出し、より慎重にならざるを得なかったと推測される。

一方で、逆に相手から家康のほうに起請文を差し出す場合もあった。東北の有力大名の一人・伊達政宗が該当する。それは、慶長四年四月五日のことだった。起請文の内容は、次のように要約できる（『伊達政宗記録事績考記』）。

①家康に対して、裏切りの気持ちがないこと。
②機密事項を他言しないこと。
③今後いかなることがあろうとも、家康に命を捧げ奉公すること。

政宗は、秀吉の時代から旗幟《きし》が不鮮明なところがあった。ところが、今回に限ってはいち早く「親家康」という態度を鮮明にし、家康に擦《す》り寄ったのである。

やや時間を置いた同年十一月、細川忠興も家康に起請文を捧げている（『細川家記』所収文書）。一条目は秀頼を取り立てたうえで、家康・秀忠父子を疎略に扱うことがないとし、二条目で親類縁者に至るまで家康に背くことなく、命令に従うことが明記されている。細川忠興もまた、最初から家康与党だった。

このように、家康は形式的には秀頼を立てているが、内実は家康への絶対服従を求めたと考えられよう。秀頼が健在とはいえ、家康は少しずつ諸大名を与党として引き入れ、豊臣政権における確固たる基盤を築こうとしたのだ。

固い絆を結ぶ黒田長政と吉川広家

家康は諸大名と起請文などを交わすことにより、連携を強めることに腐心したことがわかる。同時に、ほかの大名間の連携も急速に進むことになった。黒田長政も例外なく、諸大名と起請文を交わし、同盟関係の構築に腐心した。慶長四年（一五九九）閏三月、長政は吉川広家に宛てて起請文を差し出している（「吉川家文書」）。広家は安国寺恵瓊と並び、毛利家を支える重臣だった。その内容は、次の三ヵ条になる。

①公私において問題が生じたときは、とにかく相談すること。
②両者で交わした話の内容は、一切他言してはならないこと。
③何事も相談したとおりに行い、裏切ってはならないこと。

この起請文の末尾の神文《しんもん》（神仏に誓った言葉）は、黒田長政の自筆によるもので、花押に相当する部分には血判が押されている。わざわざ血判を押したのだから、黒田長政の相当な強い覚悟がうかがえる。父の孝高と広家が親密な関係にあったことは、二人の間で何度も書状が交わされたことにより明らかである（「吉川家文書」など）。長政は広家と起請文を交わすことにより、いっそう関係を強めたのである。

この二ヵ月後、孝高は広家に手紙を送っているが、その内容は自分（孝高）と同様に子の長政と付き合いをお願いしたいというものであった（「吉川家文書」）。この一連の流れを見ればわかるとおり、黒田長政と広家は切っても切れない関係を結んだといってもよい。こうして、黒田家と吉川家は、強固な関係を築き上げたのである。

長政と広家との関係が密であったことは、ある一つの事件からもうかがうことができる。慶長四年七月、広家は五奉行の一人・浅野長政と伏見で喧嘩に及ぶことがあった（「吉川家文書」）。喧嘩に至った事情は不明である。毛利宗家の輝元は、ことのほかこの事件を心配していた様子がうかがえる。

輝元は自ら仲介役を務め、広家に助言を与えるなど解決に懸命であった。輝元からすれば、豊臣政権の中枢に位置する、浅野長政との関係に亀裂が入ることは得策ではない。そのような状況下で、問題解決に力を発揮したのは、広家と起請文を交わした黒田長政であったことに注目すべきだろう。

同年八月、黒田長政は広家に対して書状を送っているが、その内容とは浅野長政の一件が和解したことを告げるものであった（「吉川家文書」）。いかなる手段によって、和解に持ち込んだかはわからない。黒田長政は家康と懇意であったので、そのルートを用いて解決に導いた可能性も考えられる。仮にそうであるならば、家康にとって両者の仲裁の労を取ることは損にはならない。長政と広家の関係は、さらに強固なものになったと考えてよいだろう。

しかし、戦国の世にあって、事は簡単には進まない。いざ関ヶ原合戦が近づくと、広家そして毛利氏の動きは一筋縄ではいかないのである。とりわけ毛利氏家中は、一枚岩だったわけではなかった。それは黒田氏も同じであり、書状を送り様子を探りながら、東西両軍のいずれに与するかを決めたのである。

黒田長政はもう一人、肥後の相良頼房と起請文を交わした（「黒田家文書」）。頼房は、肥後人《ひと》吉《よし》（熊本県人吉市）に本拠を置く大名である。一条目は秀頼を守り立てるよう家康が依頼したので、秀吉の遺言に従い、秀頼に疎略がないことを承知したとある。続けて、家康に対して忠節を尽くすことを誓っている。ほかの条文は、これまでの起請文と同じである。長政と頼房は盟約を結んだのであるが、頼房は関ヶ原合戦で西軍に与し、戦いの途中で東軍に転じた。いずれにしても、秀頼への忠節は名目であって、家康への忠誠を誓うというのが実態であった。

豊臣公儀を支える家康への忠誠が、秀頼を守り立てるという巧みなロジックによって構築されたことに注目すべきだろう。

第三章

諸大名が抱える家中問題

家臣団の統制に苦しむ大名たち

家康が豊臣政権下で抜きん出た存在となる一方、ほかの大名たちはさまざまな問題を家中に抱えていた。その問題は実に多岐にわたる。

一番大きな問題は、大名当主と家臣団との関係である。一口に家臣と言ってもさまざまである。もっとも典型的な家臣は、大名に昔から譜代として仕えた、官僚型である。彼らは、奉行人として訴訟裁定に関わるなど、実務的な面で大名当主を支えた。実務内容は親から子へと継承されるので、一種の世襲と考えてよい。こうした家臣は家中型家臣に分類され、大名家中に包括された存在だったといえる。

家臣は家中型家臣だけではなく、国衆《くにしゅう》型家臣というものも存在する。国衆は一郡から数郡あるいは一郡よりも狭い領域を支配した、一個の独立した領主である。支配領域は狭いとはいえ、ある意味で大名とは同等な存在だった。大名と同等だったというのは、判物《はんもつ》（花押を据えた文書）を発給して寺社や家臣らに所領を給付・安堵すること、裁判権を有していること、一定の経済圏を形成していることなどが一つの目安になる。

彼ら国衆は大名と婚姻や同盟などで関係を結び、家臣として仕えるようになった。国衆は大名の支配下にあるとはいえ、独立した領主なので、実際には同盟関係といったほうがいいのかもしれない。したがって、大名当主や大名家そのものに問題が生じた場合、家中型家臣よりも離反する可能性が高かった。

大名がもっとも苦労したのは、国衆型家臣のコントロールだった。彼らは自立した領主なので、その統制には多くの労苦が伴った。それは、同時に譜代の家臣を含めた家中統制の問題となり、何らかの不測の事態が生じたときに措置を誤ると、家そのものが崩壊しかねないこともあった。したがって、名前を聞けば有名な大名であっても、家臣や家中統制の問題を抱えていた例は枚挙に暇がない。

とりわけ西軍の諸大名は、家臣や家中統制の問題に苦しみ、問題の解決ができないまま関ヶ原合戦に突入した。本章では、毛利氏、島津氏、宇喜多氏の例を挙げて、彼ら諸大名の弱体ぶりを確認することにしよう。

毛利家一門の状況

最初に、毛利氏の状況を確認しておこう。毛利氏の先祖は、鎌倉幕府で政所別当《まんどころべっとう》を務めた大江広元《おおえのひろもと》で、相模国毛利荘《もうりのしょう》（神奈川県厚木市）を所領としていた。広元の四男・季光《すえみつ》が毛利荘を領するようになり、やがて毛利氏と称した。南北朝に至り、経光《つねみつ》（季光の四男）の四男・時親《ときちか》が吉田荘《よしだのしょう》の郡山《こおりやま》（広島県安芸高田市《あきたかた》）に居を構えた。

もともと毛利氏は安芸国の一国人《こくじん》に過ぎず、元就の代になって勢力を拡大した。しかし、それは周辺の中小領主に盟主として支えられたものであって、絶対的な権力のもとに彼らを家臣団に編成したわけではない。元就よりも所領規模の大きい領主も存在した。以後、近世初頭に至るま

図3-1　毛利家系図（概図）

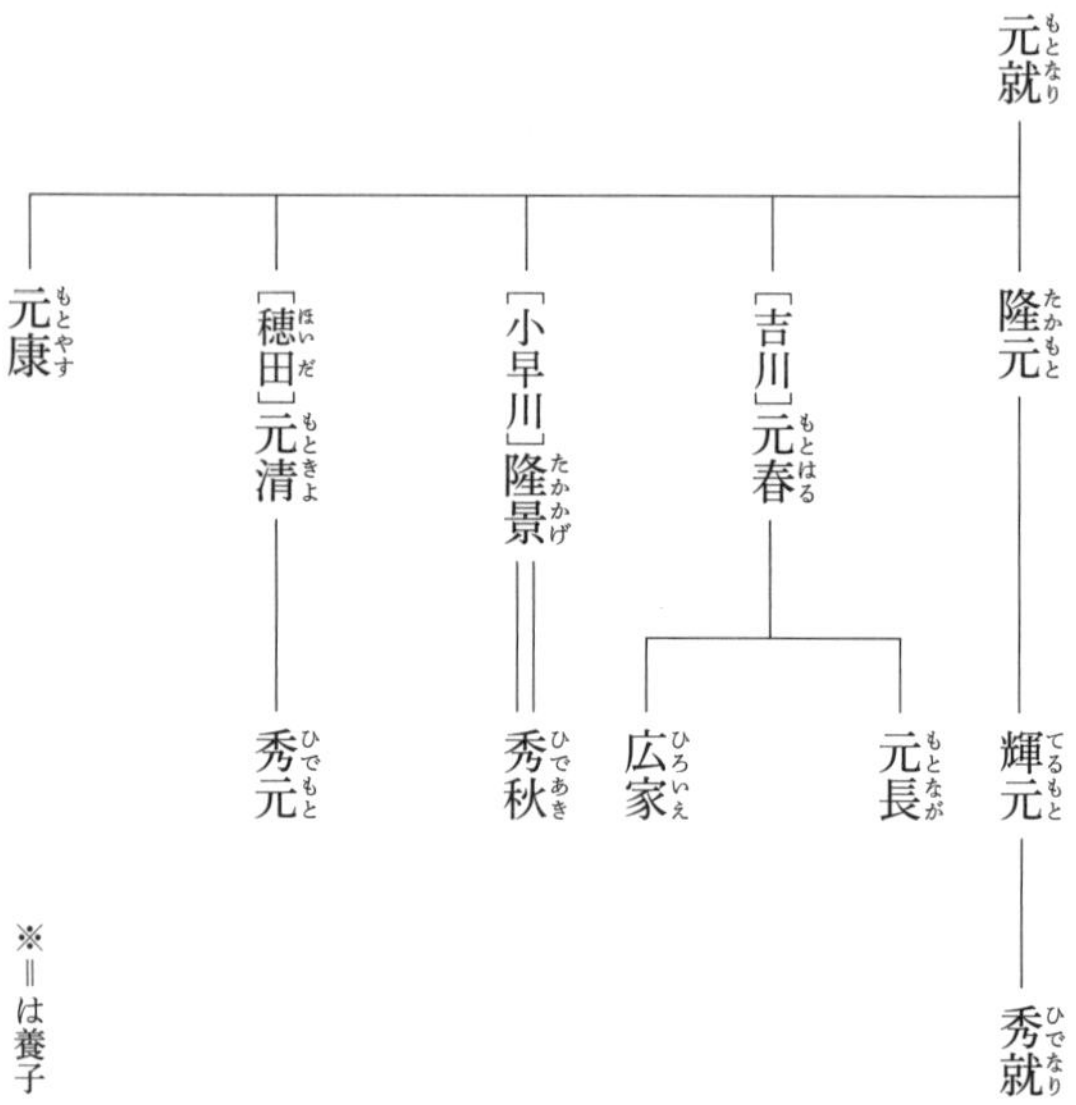

で、家臣団統制が毛利氏の大きな課題になった。

元亀二年（一五七一）六月、毛利家中興の祖の元就が亡くなった。本来、元就の後継者は長男の隆元《たかもと》だったが、その八年前に若くして没しており、代わりに幼い輝元（隆元の長男）が毛利家の跡を継いだ。そして、隆元の弟の吉川元春、小早川隆景の二人の叔父が輝元をサポートすべく、しっかりと後見したことは有名な話である。この体制は「毛利両川」と称されている。

とはいえ、元春も隆景も幼い輝元より、早く亡くなるのは目に見えたことである。そして、それは毛利家の弱体化を招く要因ともなった。最初に亡くなったのは、吉川元春だった。

吉川元春・元長父子の相次ぐ死

天正十年（一五八二）、山陰方面の軍事を取り仕切っていた元春は当主の座を辞し、家督を長男の元長《もとなが》に譲って引退した。むろん、完全な引退というわけではなく、早めに家督を譲って元長を後見し、スムーズな権限移譲を行うためだろう。一説によると、元春が家督を譲った理由は、秀吉の配下で働くことを潔しとしなかったといわれているが、それは俗説に過ぎない。

天正十四・十五年（一五八六・八七）にわたって、秀吉は九州征伐（薩摩島津氏の討伐）を敢行するが、その際には百戦錬磨の元春の力が必要であった。元春は秀吉からの強い意向と輝元の要請に応じて、九州の戦地へ赴いた。ところが、すでに元春は五十七歳という年齢になっており、病を抱えていたといわれている。加えて戦地での過酷な生活に体を蝕まれたのか、天正十四年十一月、元春は豊前国小倉（福岡県北九州市）の地で病没した。

すでに元春の跡を継いでいた元長は、父に代わって山陰方面の軍事指揮を担当していた。元長は文学・仏教・儒教に造詣が深く、豊かな教養をもって知られた人物である。元春と比べても能力的に遜色はなく、輝元を支える人材として申し分はなかった。ところが、吉川家には悲劇が続いた。

元長は父に代わって、九州征伐に出陣し、大いに秀吉の期待に応えた。しかし、慣れない土地での合戦は、意外と体にこたえたのかもしれない。天正十五年六月、元長は日向国《ひゅうが》都於郡《とのこおり》（宮崎県西都市《さいと》）の陣中において、元春のあとを追うかのようにして病没した。まだ四十歳という若さだった。元春、元長の相次ぐ死は、吉川家のみならず、毛利家にとっても大きな打撃となった。

元長の遺言によって、吉川家の家督を継承したのは元春の三男・広家で、当時まだ二十七歳の青年に過ぎなかった。広家は秀吉の養女（宇喜多秀家の姉）を娶《めと》り、天正十九年（一五九一）には秀吉から、出雲国の複数の郡、隠岐《おき》国一国などを与えられ、十四万石の大名として出雲国富田《とだ》城（島根県安来市《やすぎ》）を本拠とした。広家は文禄・慶長の役にも参陣し、数々の軍功を挙げた。関ヶ原合戦に至る過程において、広家の動向は非常に重要である。

実子のいなかった小早川隆景の死と、養子・秀秋

吉川家の世代交代が進むなかで、小早川家も似たような事態に直面していた。ところが、事情は少し異なっており、大きな問題となったのは隆景に実子がいなかったことである。後継者の不在は家の存続にも大きく関わるので、小早川家の後継者問題は、重要かつ喫緊の課題であったといえる。

状況は、秀吉も同じだった。秀吉も子に恵まれなかったため、他家から多くの養子を迎えていた。その養子の一人が、妻「おね（ねね）」の兄・木下家定の五男・秀俊（のちの秀秋。以下、秀秋で統一）である。秀吉の養子になった秀秋は栄達の道を歩み、満九歳という幼さで異例の従四位《じゅしい》

下《げ》・参議に叙位任官された。その後の秀秋は、従三位《じゅさんみ》・権中納言《ごんの》に叙位任官され、豊臣一門の一角を担う存在となった。秀秋は、その将来を大いに嘱望《しょくぼう》されていたといえよう。

文禄三年（一五九四）、秀秋は後継者のいない隆景の養子になった。同年十一月、秀秋は隆景の居城である備後国三原城（広島県三原市）に迎えられた（「小早川家文書」など）。当初、隆景は輝元の従弟（隆景の甥）・毛利秀元《ひでもと》を養子に迎えようと考えた。しかし、秀吉の要請を断ることにより、輝元が不利な扱いを受けることを懸念し、隆景は秀秋をあえて養子に迎えたといわれている。

この養子縁組は、小早川家そして毛利家一門の安泰を重視する観点から結ばれたことは疑いない。秀吉自身は、将来的に毛利家一門に西国支配を任せ、豊臣政権を支えてほしいと願っていたのだから、思惑は一致したと考えてよいだろう。隆景が輝元とともに五大老に加えられたのは、そのような事情があったと推測される。

翌年、隆景はすべてを秀秋に譲り、自らは備後国三原に退いた。秀吉が隠居料として、五万石を筑前国に与えたのは、長年の労に報いるためだっただろう。しかし、慶長二年（一五九七）六月、隆景は毛利家一門でもっとも信頼の厚い長老格の存在だったが、病により三原城でこの世を去った。享年六十五。隆景は毛利家一門を支える大きな屋台骨であっただけに、今後の行く末が心配された。

秀吉の小早川家への対応は、実に穏便なもので何ら干渉するところはなかった（「毛利家文書」）。その手続きは、秀秋を後継者にするという輝元の上申を許可しただけである。もともと秀秋が秀吉の養子なのであるから、当然といえば当然のことである。秀秋には、秀吉の家臣・山口宗永《むねなが》（正弘《まさひろ》）が付家老として送り込まれた。秀秋は、関ヶ原合戦におけるキーマンの一人になる。

毛利宗家の後継者問題と秀吉の影

後継者問題が深刻化していたのは、毛利宗家でも同様だった。実は、輝元も実子に恵まれなかったため、天正十三年（一五八五）に毛利元就の四男・穂田《ほいだ》元清《もときよ》の子を養子を迎えていたのである。天正十八年（一五九〇）、迎えた養子（前項で取り上げた小早川隆景の甥）は元服して秀元と名乗った。実子がいない場合、一族の有力者から養子を迎えることは決して珍しくない。ところが、この養子縁組は、その後の毛利家に暗い影を落とした。

そのことを示しているのが、毛利秀元が天正二十年（一五九二）四月十三日にしたためた起請文である（「毛利家文書」）。内容を確認しておこう。

まず、秀元が輝元の養子に迎えられたのは、秀吉の恩命（情ある命令）であると記されている。そして、もし輝元に実子が誕生したならば、秀元の代わりに輝元の実子を毛利家の後継者に据えると書かれている。宛先は輝元の政僧・安国寺恵瓊と小早川隆景で、秀元は右の旨を了承して誓約させられているのである。

輝元に後継者がいなかったため、秀元がやむなく養子に迎えられたが、輝元に実子が誕生すれば、養子縁組は破棄される取り決めだった。この事実は、恵瓊らの起請文の「輝元に実子が誕生すれば、秀元には相応の扶持《ふち》を与えればよい」との記述によって確認することができる（「毛利家文書」）。秀元にとっては、決して良い条件ではなかったといえよう。

なぜ毛利家では、このような措置を行ったのであろうか。先述の恵瓊らの起請文によると、輝元に継嗣《けいし》がないことを理由にして、秀吉から何らかの形で毛利家の家督の問題に介入されることを恐れていたと考えられる。たとえば、秀吉の養子が輝元の後継者に送り込まれるような事態ではないだろうか。それは、同じく後継者がいなかった、隆景のケースと同じだったといえよう。

秀吉の介入（秀吉の意を汲んだ養子が送り込まれるなど）が現実のものとなれば、毛利家そのものの存続が危うくなり、実質的に家が乗っ取られる可能性すらある。そこで、毛利氏を支えていた恵瓊と隆景は輝元とも相談のうえ、秀元を養子に迎えることとし、同時に秀元にとって不利な条件を飲ませたのだろう。ある意味で、秀吉の介入を防ぐための苦肉の策だったといえる。

天正二十年四月十一日、豊臣秀吉は肥前名護屋城（佐賀県唐津市）に向かう途中で広島城（広島市中区）に立ち寄った。秀吉は秀元に面会し、輝元の後継者として認めた。そして、秀吉は偏諱《へんき》の「秀」の字を与えて秀元と名乗らせ、豊臣姓・羽柴氏も与えた。秀元は秀吉と対面した際、輝元を差し置いて、五大老と同格の位置に着座した。着座の位置は身分に応じて決まるので、決して無視できないことである。いずれにしても、輝元が秀元を養子に迎えたのは、秀吉の「恩命」だった。

こうして秀元は、名実ともに毛利家の家督を継承する権利を得たといえよう。毛利家の後継候補について、秀吉の影響が少なからずあったのは、注目すべき点である。しかし、輝元に実子が誕生することによって、毛利家の家督問題はより複雑化したのである。

輝元の嫡子・秀就誕生がもたらした毛利一門の危機

秀元はせっかく輝元の養子になったものの、輝元に実子が誕生したことが原因となり、毛利家一門は分裂の危機に瀕してしまう。

文禄四年（一五九五）、輝元に嫡子の秀就《ひでなり》が誕生した。輝元の後継者が誕生したことで、秀元は約束どおり後継者の地位を秀就に譲らなくてはならなかった。とはいえ、事は簡単には済まなかった。家督を譲った秀元に対しては、新たな所領を与える必要があった。秀元が後継者の地位を退いた場合は、相応の所領を与えることが当初の約束だったからである。約束は秀吉の生前に交わされたものであり、秀元にとって重要な条件であった。

この点に関しては、光成準治氏の研究（光成：二〇一八）に詳しいので、以下参照しながら考えてみよう。

慶長三年（一五九八）八月一日、秀元には石見《いわみ》銀山（島根県大田《おおだ》市）を除く石見国と出雲国の二ヵ国が与えられることになった（『萩藩閥閲録』）。そこには秀吉の関与があったと考えられる。石見銀山が除かれたのは、毛利家の経済基盤の中心を成すからである。しかし、石見国と出雲国の二ヵ国だけで、毛利氏領国全体の石高の二四％を占めていたのだから、決して問題がなかったわけではない。二ヵ国を与えようとした事実は、秀元が秀吉から厚遇されていたことと、決して無関係ではないだろう。

秀元が秀吉の寵《ちょう》を得ていたことは、いくつかの証左がある。天正二十年（一五九二）十月、秀吉は秀元に右京大夫《うきょうのだいぶ》の官途を与えるため、朝廷に仲介して昇殿の許可を求めた（「毛利家文書」）。さらに、秀吉は秀元の名護屋在陣を輝元に請うなど、秀元を気に入った様子をうかがうことができる。

秀元は文禄・慶長の役で相応の軍功を挙げており、次期毛利家当主としてふさわしい活躍をしていた。秀元が秀吉の寵を受けた可能性は高いといえるが、逆に、輝元は秀元を危険視せざるを得なくなった。秀元に約束を反故にされると、実子が毛利家の家督を継げなくなるからだった。一方、秀元の背後に秀吉がいるならば、強い態度で対応することも困難だったといえる。

秀吉の意図は、いったいどこにあったのか。秀吉は毛利家一門の所領を分割すれば、力を削ぐことが可能であると考えたのではないだろうか。秀元に毛利家の所領を分割して与えたとしても、毛利家一門の所領は総体的に減少することはない。しかし、所領が一門内で分割されることにより、毛利宗家の弱体化は避けられない。つまり、秀吉は毛利氏に西国支配を任せるとはいいながらも、実際には毛利氏を警戒していた可能性がある。輝元にとっては、実に悩ましい問題だった。

秀吉の寵を得ていた毛利秀元が輝元に出した起請文

慶長二年（一五九七）六月に秀元が朝鮮に渡海する際にも、秀元は輝元から何かと疑われるところがあった。それが、毛利家の後継者問題、領土問題であることは察することができる。一方で、朝鮮出兵における秀元の注進は、秀吉から褒められることもあった。秀元の立場は秀吉と輝元との狭間にあって、非常に複雑なものがあったといえる（「吉川家文書」）。秀元がいずれに与しても、問題の解決は困難だった。

このような状況下において、慶長三年（一五九八）四月、秀元は輝元に対して血判起請文をしたためている（「毛利家文書」）。その内容は、だいたい次のようなものである。

①秀吉様の命令があったとしても、輝元様には決して逆らいません。

②輝元様からうかがったことは、決して他言いたしません。

③秀就様には忠節を尽くすようにいたします。

起請文の内容は、秀元が輝元に対して反抗しないことを誓約するものである。この起請文が秀元から自発的に出されたものか不明であるが、そうである可能性は低い。逆に、秀元に対して相当な警戒心を持っていた輝元が、秀元に誓約を迫ったと考えたほうが自然である。この頃、秀吉の病状は思わしくなかったので、その機に乗じて要求したものなのかもしれない。

結局、秀吉による石見国と出雲国の二ヵ国の領土分割の裁定は、慶長三年八月に秀吉自身が亡くなったことによって、実現することはなかった。秀元に不満が残ったことは疑いなく、それは同時に毛利家内部の統制が損なわれる結果となった。秀元による起請文の提出も、本意でなかったかもしれない。その後、輝元は五奉行に急接近し、反家康への傾向を強めることになるが、それは秀元問題を有利に解決するためでもあった。

輝元と五奉行の結託

秀吉の没後、家康に対抗すべく、輝元に急接近したのが五奉行の面々である。五奉行は秀元に関する秀吉の方針を見直すことを条件に、輝元に味方になるよう働きかけた。その仲介役として、輝元の政僧・安国寺恵瓊が関与し、輝元は五奉行に起請文を捧げたのである（「毛利家文書」）。光成準治氏の研究や「厚狭《あさ》毛利家文書」を参考にし、問題を秀元との交渉に絞って考えてみたいと思う。

慶長三年（一五九八）九月、輝元は毛利元康（元就の八男）と協議のうえ、当事者である秀元および恵瓊に領土問題の相談を持ちかけた。詳しい内容は記されていないが、いったん秀吉の裁定を白紙撤回し、秀元に不利な条件で領土問題を解決する提案を行ったと推測される。

秀吉が亡くなったこともあり、輝元は安心して秀元との交渉に臨んだと考えられる。当然ながら、秀元は輝元の提案に強く反発し、恵瓊もまた同じ態度を取っている。当初、恵瓊が反対の態度を示したのは、秀吉の死後間もないことであり、その遺命を守ることにこだわったからかもしれない。

しかし、事態は急変する。秀元が頑《かたく》なに提案を拒むのは仕方がないが、突如として恵瓊が輝元への賛成に回ったのである。輝元・元康の主張する点は、毛利家の将来を前面に押し出したものであり、恵瓊も同意せざるを得なかったと考えられる。毛利家一門の分裂は、絶対に避けなければならなかった。その後、輝元は元康、恵瓊とともに粘り強く秀元と交渉にあたり、領土問題の条件変更を認めさせることに成功したのである。

結果的に輝元は石田三成・増田長盛の助力を得ることにより、秀元が本来得る予定だった所領のうち、出雲、隠岐、伯耆三郡などに三万八千石を与えるという大幅な減少に成功した（「長府毛利家文書」）。同時に、秀就が輝元の後継者となることも決定した。秀元にとってはまったく不利な条件だったが、逆に輝元にとっては大きな成果である。当然ながら、一連の決定がのちに大きな禍根を残した感は否めない。

あくる慶長四年（一五九九）六月、秀元は再び恵瓊に対して血判起請文を提出した（「毛利家文書」）。その理由は、秀元が家康と内談したことに嫌疑をかけられたので、弁解せざるを得なかったのである。これにより、秀元は輝元に何ら反抗できなくなったといえよう。かつて「両川体制」と称えられた毛利家一門の磐石な体制は、吉川元春、小早川隆景の死、毛利家の後継者問題などによって、明らかに綻《ほころ》びを見せていたのである。

父と兄を亡くした吉川広家の、黒田家・家康とのつながり

このように毛利家一門が激しく動揺する状況下で、吉川家の家督を継承した広家は、いかなる行動を取ったのだろうか。先述のとおり、広家は父・元春、兄・元長を相次いで亡くし、急遽、家督を継承することになった。同時に、恵瓊とともに毛利宗家を支える存在になっていた。

広家は慶長三年（一五九八）八月の秀吉の死の直後から、黒田孝高・長政父子と密に連絡を取り合っていた。この点について従来説では、①恵瓊と広家が仲違《なかたが》いしていたこと、②黒田父子とは朝鮮半島でともに戦った仲で昵懇にしていたこと、が理由として挙げられている。このうち①については、後世に成った軍記物語の影響が大きく、とうてい信じるわけにはいかない。では、②についてはどうであろうか。

広家と黒田父子が連絡を密にしていたことは、慶長三年九月の黒田孝高の書状によって明らかである（「吉川家文書」）。内容は、秀吉死後の情勢を見極め、互いに連絡を取り合おうというものである。元春や隆景ら毛利家の重鎮が相次いで亡くなったこともあり、広家はもはや輝元を支えるナンバー2という存在だった。孝高は毛利家中の動揺を見逃さず、早々に広家との緊密な関係を結ぼうとしたと考えられる。孝高・長政父子は家康に心を寄せており、その意向を汲んでいたのだろう。

慶長四年（一五九九）六月、秀元が恵瓊に対して血判起請文を捧げたが、同年七月には広家が恵瓊らに血判起請文を捧げている（「吉川家文書」）。

その内容は、広家が毛利元康と不和になっていたことから、和解を誓約するというものであった。毛利元康は元就の八男であり、輝元の信頼する人物でもあった。先に触れたように、秀元の領土問題がクローズアップされた際、元康は輝元の相談役として解決にも奔走している。この和解は、どのように考えればよいのであろうか。

秀元の例を出すまでもなく、毛利家一門はかつてのまとまりが徐々に崩壊し、各自が一個の独立した大名としての主張をするようになった。こうした傾向が輝元や元康の勘気に触れるところとなり、やがて対立が深刻化したのだろう。毛利家は一門の一体化が失われたことにより、各々が自由に行動を開始し、一門として統率が取れなくなっていたのである。毛利家一門の分裂が進むとともに、その結束力が急速に失われたので、元康は懸念したのだ。こうした厳しい状況にあるなか、広家に一つの事件が起こった。

慶長四年七月、広家は浅野長政と伏見で喧嘩に及んだ（「吉川家文書」）。この一件をもっとも心配をしたのが、ほかならぬ輝元だった。輝元は自ら仲介役を買って出たり、広家の分別を促したりするなど事態の収拾に努めた。元康も同様であり、円満に解決するように伝えている。安国寺恵瓊も大いに頭を悩ませた。

しかし、このとき解決に尽力したのは先述した黒田長政だった。浅野氏と黒田氏はともに家康と昵懇であり、円満な解決を図った可能性が高い。以降、黒田長政と広家の関係は、より緊密になった。

慶長四年十月、黒田孝高は広家に対し、自分と同様に長政とも親しくしてほしいと申し述べている（「吉川家文書」）。さらに、長政は起請文をしたため、広家に二心がないこと、讒言《ざんげん》を慎むことなどを誓約している（「吉川家文書」）。このような一連の流れを見る限り、広家は秀吉の死の直後から黒田氏とつながっており、黒田氏を仲介して家康へと人脈を広げたと推測される。

広家は輝元らの心配をよそに、独自のスタンスで外交活動を展開していたことを確認できるのである。

島津氏の、鎌倉期以来の九州での覇権争い

中世以来、九州には群雄が割拠し覇を競った。大友、龍造寺《りゅうぞうじ》、島津の各氏は、その代表である。本節で取り上げるのは、島津氏である。

島津氏は鎌倉時代以来の名門で、惟宗忠久《これむねただひさ》が近衛家領島津荘下司《げし》職に補任され、島津を姓とするようになった。島津荘は日向国中南部および大隅《おおすみ》国・薩摩国の三ヵ国にまたがる日本最大の荘園だった。鎌倉幕府が成立すると、忠久は御家人となり、薩摩、大隅、日向の守護職に補任された。戦国期に至ると、貴久《たかひさ》が薩摩、大隅を統一し、さらに子の義久が勢力を拡大した。

おおむね天正年間以降になると、九州では豊後に本拠を置く大友氏と島津氏の「二強」に収斂《しゅうれん》されていく。両者の優劣の画期となったのが、天正六年（一五七八）十一月の耳川《みみかわ》の戦いである。耳川の戦いとは、日向国高城《たかじょう》（宮崎県木城町《きじょうちょう》）から耳川（同県北部の主要河川）にかけての地域で行われた戦いである。この戦いで、大友宗麟《そうりん》（義鎮《よししげ》）は島津義久に大敗を喫した。以降、大友氏の

旗色は悪くなり、島津氏の勢力が九州北部にまで伸長することになった。

天正十三年（一五八五）八月、勢いを増した島津氏は肥後国を配下に収め、同年九月に筑後国へ怒濤《どとう》の勢いで攻め込んだ。さらに、島津氏の軍勢は大友氏の領国の豊後国へと迫り、今にも九州統一を実現するかのように見えた。勢いからすれば、島津氏の優勢は明らかで、もはや大友氏の運命は風前の灯火のように思えた。

窮地に陥った宗麟は、畿内で台頭していた羽柴（豊臣）秀吉に助力を求め、事態を打開しようと試みた。同年十月、宗麟の要請を受けた秀吉は、ただちに要請に応じ、勅命（天皇の命令）を奉じて二人に停戦を命じたのである。秀吉は、朝廷の権威を利用したのだ。宗麟はすぐに秀吉の命令を受諾したが、一方の島津義久は家中で激論を交わした末に停戦に応じた。

翌天正十四年（一五八六）一月、義久は家臣の鎌田政広《かまたまさひろ》を使者として秀吉のもとに遣わし、弁明を行わせた。島津氏の言い分は、大友氏が島津氏の領土を侵そうとしたので、やむなく応戦せざるを得なかったという主張である。つまり、戦いは自発的なものではなく、単なる自衛に過ぎなかったというのだった。一方で、このとき義久は家中において、卑しい身分の秀吉を関白として認めない旨の発言をしている。その態度は一見すると弁明しているかのように見えたが、挑戦的だったといえよう。

同年三月、秀吉は使者の鎌田氏に対して、九州の国分案を提示した。それは筑後一国と肥後国・豊前国のそれぞれ半国を大友氏に、肥前一国を毛利氏に、筑前一国を秀吉の直轄領に、そして残りを島津氏に与えるというものだった。明らかに島津氏にとって、不利な国分案だった。島津氏からの回答の期限は、同年七月に定めた。しかし、島津氏は最終的に「神意」によるものとして国分案を拒否。大友氏を攻略すべく、豊後国に攻め込んだのである。それが、秀吉への答えでもあった。

この状況に驚いた大友氏は秀吉を訪ね、泣きつかんばかりに救援を要請した。こうして秀吉は、島津氏との全面戦争を決意する。その前哨《ぜんしょう》戦となったのが、戸次《へつぎ》川の戦いである。戸次川の戦いは、現在の大分市中戸次《なかへつぎ》・竹中《たけなか》付近を流れる戸次川において、豊臣軍と島津軍の間で行われた合戦である。

同年十二月、秀吉は讃岐の仙石秀久《せんごくひでひさ》、土佐の長宗我部元親らを豊後に派遣し、島津氏への攻撃を準備させた。その数は約六千。しかし、仙石氏らは宗麟の子・吉統《よしむね》らと戸次川で島津家久と戦い、敗北を喫した。結果、仙石氏は逃亡。元親の子・信親《のぶちか》は討ち死にし、豊後国は島津氏の支配下に収まったのである。敗因は秀久による無理な作戦にあったといわれ、戦後、秀久は改易処分を受けた。

秀吉による九州征伐と、島津氏領国の分割

同年十二月、秀吉は翌年に島津攻めを実行することを宣言し、二十万の兵卒を大坂に結集させるよう命じた。同時に、兵站《へいたん》の準備も整えさせた。翌天正十五年（一五八七）一月、秀吉は宇喜

多秀家を第一陣として九州に進発させた。

秀吉は前田利家に留守を託すと、同年三月二十八日に豊前の小倉城（福岡県北九州市）に入城した。そして、秀吉は自ら軍勢を率いて、筑前国から肥後国へと進軍したのである。率いた軍勢は、総勢で約二十万といわれており、島津氏を徹底的に叩き潰すつもりだったのは疑いない。

天正十五年四月、弟の秀長は豊前国、豊後国のルートから軍を進め、四月六日に日向国へと怒濤の勢いで攻め込んだ。そして、高城（宮崎県木城町）を取り囲み、救援に来た島津軍を根白坂《ねじろざか》の戦いで撃破したのである。日向国根白坂は宮崎県児湯《こゆ》郡木城町に所在し、着実に本拠の薩摩に迫っていた。

一方、秀吉の軍勢は豊前国の巌《がん》（岩）石城《しゃくじょう》（福岡県添田《そえだ》町）を落とすと、筑前国から筑後国をすさまじい勢いで進軍し、四月十六日に肥後国の隈本（熊本）城（熊本市）に入城する。そして、五月には薩摩国川内《せんだい》（鹿児島県薩摩川内市）に入り、泰平寺《たいへいじ》（同上）に本陣を置いた。秀吉の圧倒的な勢いを前にして、島津氏は窮地に追い込まれたのである。

ここで義久は戦況の不利を悟り、真言宗の僧侶・木食応其《もくじきおうご》、足利義昭《よしあき》の旧臣・一色昭秀《あきひで》による和睦の斡旋を受け入れ、ついに秀吉に降伏したのである。同年五月八日、義久は泰平寺に秀吉を訪ね和睦を乞い、剃髪して「竜伯」と号した。秀吉は義久が在京すること、そして娘の亀寿《かめじゅ》を人質とすることで和睦に合意したのである。

領土については、義久に薩摩国、弟の義弘に大隅国、義弘の子・久保《ひさやす》に日向国の一部を与えた。

つまり、もともとの島津氏の領国は、ほぼ安堵されたと考えてよいだろう。とはいえ、島津氏の内部で分割して領国が与えられたことは、家中の一体感を削ぐことになり、決して良い結果をもたらさなかった。こうして島津氏の処分が終わり、秀吉の九州征伐は完了したのである。以後、島津氏は秀吉の配下に収まった。

兄弟不和や一揆で弱体化する島津氏

九州国分後の天正十六年（一五八八）には、秀吉から義久の弟・義弘に羽柴の名字と豊臣の本姓が授けられた。しかも、豊臣家との取次は、義弘が担当することになった。天正十七年十一月になると、島津家の家督は、秀吉の命により義弘の子・久保が継承者に定められた。一連の流れから、義弘は秀吉から優遇されたのは明らかである。

翌天正十八年、義久は羽柴の名字を授けられたが、豊臣の本姓は与えられなかった。つまり、兄の義久は秀吉から優遇されることがなかった。一連の処遇の差によって、義久・義弘の兄弟間に亀裂が入るのには時間がかからなかった。これが秀吉によって意図的に行われたのかは不明であるが、島津家中にとっては不幸な出来事だった。

文禄元年（一五九二）の文禄の役では、義久が病気のために出陣できず、代わりに義弘が朝鮮へ向かった。しかし、旧態依然とした島津領国は財政状況が芳しくなく、肥前名護屋城の普請、出陣による軍費負担が重荷となっていた。その挙句、「日本一の遅陣」と称される大失態を演じ

図3-2　島津家系図（概図）

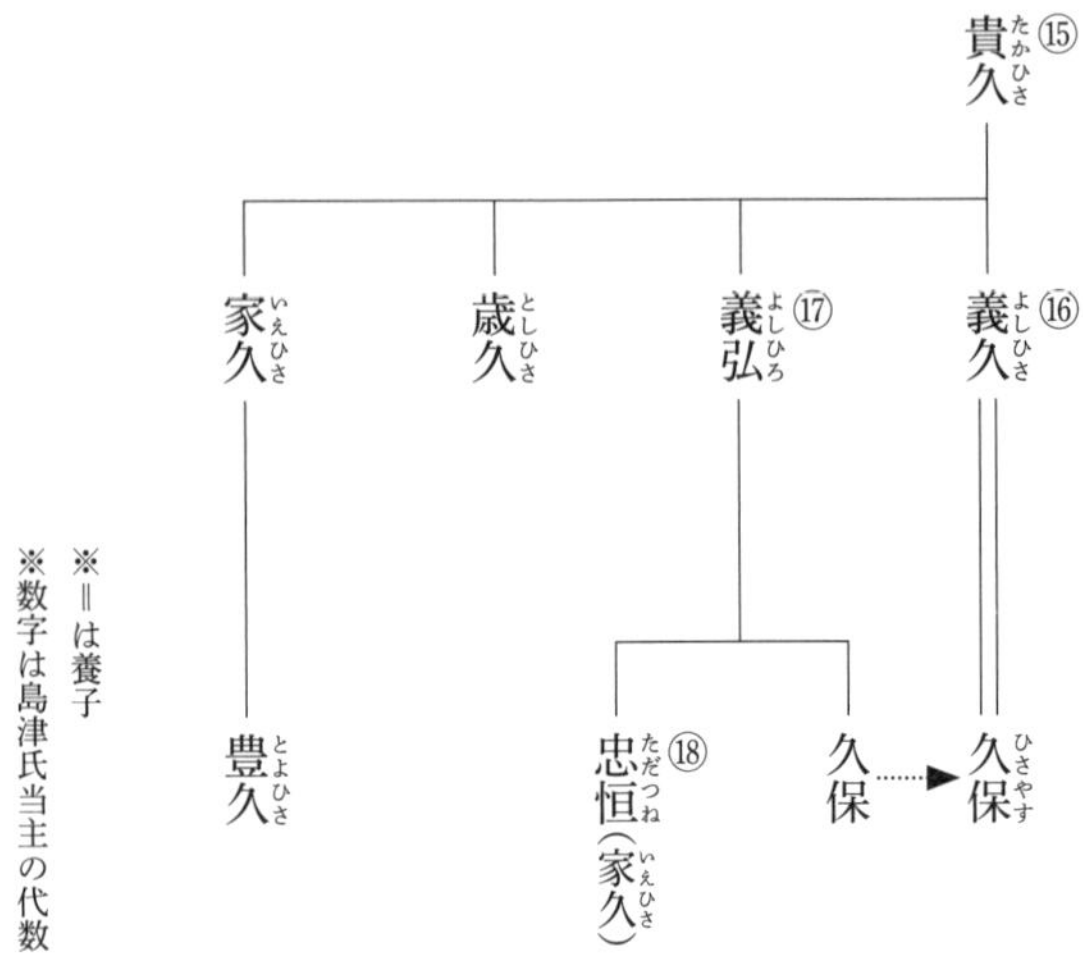

てしまう。以後も財政状況の悪化は尾を引き、義弘の活躍は目立たなかった。しかも義弘の子・久保は、文禄二年九月に朝鮮半島で病没したのである。不幸はこれにとどまらなかった。

文禄の役に際して、歳久《としひさ》（義久、義弘の弟）は中風《ちゅうぶう》（脳卒中の後遺症）により、出陣が叶わなかった。一説によると、歳久は大変な酒好きで、それが中風の原因であったといわれている。ここで、歳久に不幸が訪れた。同年六月、島津氏の家臣・梅北国兼《うめきたくにかね》が一揆を起こしたのである（梅北一揆）。国兼は朝鮮出兵への不満から（あるいは秀吉に対する不満とも）、突如として肥後佐《さ》敷《しき》城（熊本県芦北町《あしきたまち》）を占拠すると、周囲に一揆に応じるよう呼びかけた。一揆は歳久のみならず、島津氏をも苦境に陥れたのである。

国兼には歳久の配下の者が多数味方したといわれたので、歳久は秀吉から一揆との関与を疑われた。結局、秀吉から嫌疑をかけられた歳久は、兄の義久から追討された。攻撃を受けた歳久は自害しようとしたが、中風のためそれすら叶わなかったという。戦いの結果、歳久は配下の原田甚次によって、首を獲られた。その後、二十七名もの家臣が殉死したと伝わっている。梅北一揆そのものも、わずか三日で鎮圧された。

梅北一揆の勃発は予想外のことだったが、九州征伐後の島津家は義久・義弘兄弟の不和も相まって、弱体化する傾向にあった。そうした状況下において勃発したのが、庄内の乱なのである。

島津忠恒（家久）による重臣・伊集院幸侃の暗殺

慶長四年（一五九九）三月、義弘の子・忠恒（家久）が重臣の伊集院幸侃《こうかん》（忠棟《ただむね》）を伏見（京都市伏見区）の島津邸で斬殺した。これが庄内の乱の原因である。庄内の乱は島津氏とその重臣・伊集院忠真《ただざね》（幸侃の子）との戦いで、慶長四年六月に日向国庄内（宮崎県都城市およびその周辺）で勃発した。

事の発端は、天正十五年（一五八七）の九州征伐にさかのぼる。秀吉との戦力差を実感した幸侃は、島津家中で早々に降伏することを主張していた。降伏後、幸侃は戦後処理で尽力し、上洛して自ら折衝役を担当した。こうして島津家は存続するが、幸侃の優れた手腕は秀吉に認められ、大隅国の肝属《きもつき》一郡を与えられたのである。幸侃は才覚をもって、秀吉から厚遇されたといえよう。

文禄三年（一五九四）、島津領内で検地が実施されると、幸侃はその翌年に秀吉から日向国都城（宮崎県都城市）に八万石を与えられた。これは、破格の扱いである。しかも、秀吉は幸侃に対して、検地後の知行を配分させるという大役を担当させた。一連の秀吉による幸侃の重用ぶりは、島津家中に大いに不安を抱かせたといえる。家中に大禄を持つ家臣が存在すると、家中での発言権が増し、脅威になるからである。

ところで、義久には跡継ぎとなる実子がなく、義弘の子・久保が養子となって家督を継いでいた。先述のとおり、文禄の役の出陣中に久保が亡くなったので、その弟の忠恒が代わりに島津家の当主となった。その際、忠恒は義久の娘・亀寿と結婚し、娘婿として迎えられたのである。

それまでの忠恒は酒食と蹴鞠《けまり》に溺れ、放蕩三昧《ほうとうざんまい》の生活を送っていたといわれており、義弘から厳しく叱責する書状が届いたほどである。ところが、忠恒は慶長の役に出陣すると、父・義弘に従って大いに軍功を挙げた。こうして忠恒は、島津家の後継者にふさわしい人物へと成長したという。

一方、島津家中で大きな発言権を持った幸侃は、久保の代わりに島津家の支族の島津彰久《あきひさ》（垂《たる》水《みず》家の祖）を島津宗家の家督に推していたといわれている。結局、彰久も文禄の役の最中の文禄四年（一五九五）に巨済島《コジェ》で病没したので、この話は実現しなかった。幸侃が島津家の家督問題に口出ししたことも、島津家中の面々が幸侃を危険視する要因となった。

幸侃の不穏な動きは、これだけにとどまらなかった。文禄・慶長の役の際、島津氏は財政難から十分な兵力や兵站を準備できないまま、朝鮮半島へと渡っていった。当然ながら、国元からの食糧や武器などの補給が十分に行われなかった。朝鮮に渡海した忠恒は、その原因が国元にいた幸侃の仕業《しわざ》であると考えたのである。

なお、『庄内軍記』などの編纂物には、幸侃が薩摩、大隅、日向を掌中《しょうちゅう》に収めようとしており、それを忠恒が知ったなどと書かれているが、現在では否定的な見解が多数を占めている。もちろん、一次史料による裏付けはなく、幸侃を貶《おとし》めるため意図的に書かれたものだろう。

そのようなことが原因となって、慶長四年三月、忠恒は京都伏見の島津邸において、幸侃を殺害したのである。幸侃殺害の実行に際しては、義久と忠恒が計画したという説、義弘と忠恒が計画した説などがあるが、残念ながらそのあたりは詳《つまび》らかではない。幸侃が殺害されたあと、義久は石田三成に手紙を送り、自身はまったく知らなかったこと、忠恒の短慮による突発的な事件だと主張していた。幸侃を殺害した忠恒は、謹慎した。

幸侃の子・忠真による庄内の乱、勃発

幸侃が殺害されたことは、ただちに子の忠真のもとに伝わった。一方の義久は家臣から忠真に与しないという内容の起請文を提出させ、同時に都城への通行を遮断した。義久は断固たる態度で臨もうとしていた。忠真は一族・家臣と今後のことを協議したところ、意見は旧領安堵の保証を要求する案（以後も島津家に仕える）と徹底抗戦の二つに割れたという。結果、忠真は徹底抗戦

の道を選択した。

とは言いながらも、忠真が迷ったのは事実である。忠真は義久に滅ぼされることを恐れ、義弘に島津宗家との仲介を依頼している。しかし、義弘の意見は、忠真に君臣の秩序を守ること、伊集院家を存続させるために困難を忍ぶべきというものだった。つまり、戦争になる前に出頭し、詫びを入れるべきという意見である。この時点で、すでに事件が勃発して約五ヵ月が経過しており、慶長四年（一五九九）八月六日になっていた。

同年五月の段階において、忠真は城の普請をするなどし、飫肥《おび》（宮崎県日南市《にちなん》）の伊東祐兵《すけたか》、肥後の加藤清正から支援するとの約束を得ていた。こうしたことも徹底抗戦に臨んだ理由だろうが、島津氏は伊東、加藤の両氏に抗議をしている。また、都城は梅北城《うめきた》（宮崎県都城市）、志和池《しわち》城（同上）、山之口《やまのくち》城（同上）、月山日和《がっさんひわ》城（高《たか》城。同上）、安永《やすなが》城（同上）、野々美谷《ののみたに》城（同上）、山田《やまだ》城（同上）、梶山《かじやま》城（宮崎県三股町）、勝岡《かつおか》城（同上）、財部《たからべ》（高鍋《たかなべ》）城（鹿児島県曽於市）、恒吉《つねよし》城（同上）、末吉《すえよし》城（同上）という十二の外城《とじょう》に守られており、忠真はそこに約八千の兵を置いて臨戦態勢を整えたという。

当時、在京していた義久は、六十七歳という高齢だった。そこで、義久は家康のいる伏見に使者を遣わし、逼塞中の忠恒の帰国を許してほしいと懇願した。結果、家康は忠恒の帰国を許可するだけでなく、忠真の討伐も許した。義久が家康から忠真の許可を得たという意味は大きく、それは家康にとっても自らの権威を示す機会となった。こうして同年八月十五日、忠恒は忠真討伐を実行するのである。

当初、戦いは忠恒方に有利に運ぶ場面もあったが、忠真も地の利を生かして徹底抗戦した。その後も戦いは膠着状態が続いた。

同年七月、すでに家康は援軍の要請があれば応じる旨の見解を示し、飫肥の伊東祐兵と人吉（熊本県人吉市）の相良頼房に島津家を支援するよう書状を送っていた。家康が島津家を支援した意図は、種々の見解が示されている。なかでも重要なのは国内における私戦の鎮圧が政権の役割の一つであり、五大老筆頭格の家康にしかできないことと自任した気持ちのあらわれという見解である。同時にそうすることで、家康は島津氏へ恩を売ることになり、影響力を保持できる。それはつまり、豊臣政権における家康の存在感を高めることにもつながった。

家康の介入を許す島津氏

忠恒と忠真の戦いは、予想外にも長期化した。その間、家康は家臣の山口直友を庄内に派遣し、状況を報告させていた。

以後も忠恒は忠真の城を攻め続けたが、芳しい成果は得られなかった。これより以前、忠真は豊臣家の家臣だった寺沢広高《てらざわひろたか》に書状を送り、もはや島津氏に奉公する気がないことを伝えていた。忠真は、島津氏と和睦する気持ちはなかったのである。

慶長五年（一六〇〇）二月、危機を感じた義弘は忠恒に書状を送り、山口直友の和睦調停に従うよう説得した。義弘が恐れたのは、家康や直友の心証を悪くする点にもあった。この前後には、後述する宇喜多騒動が勃発したり、加賀前田家の動きも警戒されていた。そのような事情から、義弘は一刻も早く事態を収拾したいと考えたのである。もはや家康の仲介なくしては、事態の収拾ができないと腹をくくったのである。

実際に直友が和睦交渉を開始したのは、慶長五年二月のことである。同年二月二十日、直友は和睦が成立しそうな様子になったので、島津方に戦闘の中断を申し入れた。そして同年二月二十九日、直友は義久・忠恒の二人から起請文を提出させた。その内容は、次の二点に要約されよう。

①忠真が島津家に奉公しないと言ったことは遺恨に思うが、家康様の調停なので遺恨を捨てる。

②忠真が島津家に奉公するならば、以前のように召し使う。

つまり、島津氏は忠真に対する遺恨を捨て、以前のように島津家に仕官することを認めたのである。同年三月になると、忠真方に与した諸城は次々と島津氏に降伏し、いよいよ忠真も和睦を受け入れざるを得なくなった。こうして忠真も起請文を提出し、直友の仲介に従って和睦を受け入れた。そして、慶長五年三月十五日に忠真は都城を退去したのである。このようにして、約七ヵ月にわたる庄内の乱は終結した。

庄内の乱では、第一に島津家の家中統制の問題点が露見した。戦いが長期にわたり、忠真を容易に鎮圧できなかったことも芳しいことではなかった。それより重要なことは、乱の鎮圧のために、家康の介入を許したことであろう。家康は自身の威光を示しえたが、島津氏は体制の不備がクローズアップされた。それは、すべて島津家中の統制の問題に集約されよう。ここから急速に島津家中が結束したとは考えられず、家中が弱体化したままで関ヶ原合戦に突入する。

宇喜多氏の来歴と「宇喜多騒動」の勃発

毛利氏や島津氏が家中統制で苦しむなかで、宇喜多氏にも同様の事態が発生していた。それが慶長四年（一五九九）末から翌年にかけて起こった、宇喜多騒動である。秀吉の没後、秀家は着々と豊臣政権内で地歩を固めたが、思いがけず足をすくわれたのである。

もともと宇喜多氏は備前東部の土豪であり、応仁元年（一四六七）からはじまった応仁・文明の乱以降に史料上に姿をあらわした。中興の祖・能家《よしいえ》が浦上《うらがみ》氏のもとで台頭し、直家《なおいえ》の代に至って浦上宗景《むねかげ》を打倒。以後、東から攻めてくる織田氏、中国地方最大の勢力である毛利氏の狭間にあって、巧みな戦略で生き残った。秀家は、直家の子である。

宇喜多騒動の原因に関しては、いくつかの説が提示されているが、根拠となる一次史料が極端に少なく、多くは二次史料をもとに説明されてきた。二次史料には執筆の意図や背景があり、少なからずバイアスがかかっている。宇喜多騒動を記述する二次史料の多くは、虚飾入り混じっていると考えられ、必ずしも良質な史料とはいえない問題がある。

それらの二次史料を一読すると、いずれも記述内容に一貫性がないうえに、明確な根拠がないままにさまざまな説が書かれている。それゆえに、一次史料の裏付けがないまま、安易に信じるのは危険である。したがって、二次史料をいくつも並べて検討しても、さほど意味がなさそうである。次に、この事件の概要を述べることとしたい。

日記に見る宇喜多騒動の概要

事件の概要を示す一次史料は、京都相国寺《しょうこくじ》（京都市上京区）の塔頭《たっちゅう》・鹿苑院《ろくおんいん》の僧録司《そうろくし》の代々の日記『鹿苑日録』慶長五年（一六〇〇）正月八日の記述である。非常に短い記事であるが、事件の概要を記すと、次のようになろう。

秀家の側近である中村次郎兵衛が去る五日に亡くなった。その理由は、この頃に中村次郎兵衛が宇喜多秀家の年寄衆を差し置いて、専横な振る舞いを行ったためであるという。中村を討ったのは、秀家から放逐された牢人らであった。その後、首謀犯は大谷吉継のもとを訪れた。吉継は、秀家には首謀犯が（自身のもとを）訪れたことを知らせなかった。首謀犯を失った騒動に関与した秀家の七十人の家臣は、各地へ落ち延びていった。

首謀者は名前こそ書かれていないが、複数の宇喜多氏重臣で構成されていたと考えられる。なお、討伐されたという中村次郎兵衛は、もともと前田利家の家臣だった。豪姫が秀家に嫁ぐ際、同行して宇喜多家に仕官したという。中村氏に関する史料も非常に乏しく、宇喜多家の大坂屋敷の家老であったなどといわれているが、詳細は不明な点が多い。実は右の記述のうち、中村次郎兵衛が討たれたというのは誤りである。わずかこれだけの情報では、騒動の原因を探るのは難しい。

宇喜多家を辞去した中村次郎兵衛は、再び慶長七年（一六〇二）頃から加賀藩・前田家に仕えたことがわかっており、事件で殺害されず存命だったのは明らかである。次郎兵衛は加賀藩で寺社の取次役や年貢の算用を行うなどし、二千石の知行を与えられ、名乗りも「次郎兵衛」から途中で「刑部丞《ぎょうぶのじょう》」に変えている。没したのは、寛永十三年（一六三六）七月のことである。

年末詳ではあるが、中村次郎兵衛が宇喜多氏の家臣・池田助左衛門に対して、「宮保の内二百石」を「坂《さか》（酒）折《おり》宮」（岡山市北区）へ奉納し、「神主社僧中」へ引き渡すように命じた史料がある（『黄薇古簡集《きびこかんしゅう》』）。坂（酒）折宮は現在の岡山神社のことで、古くは岡山明神とか坂下《さかおり》明神と称されていた。その際、中村次郎兵衛が宇喜多家の重臣・浮田太郎左衛門や浮田河内守に申し入れを行っているので、家中で高い地位にあったことが明白である。中村次郎兵衛は、少なくとも宇喜多氏家臣団の中核にあったといえるだろう。

事件の五日後には、首謀者が磔《はりつけ》にされたことが確認できる（『時慶卿記《ときよしきょうき》』）。その四ヵ月後の同年五月十二日、大谷吉継、西笑承兌《さいしょうしょうたい》（臨済宗の僧侶で豊臣家の外交などを担当）および奉行衆は長束正家邸において、宇喜多氏の騒動について協議を行った（『鹿苑日録』）。さらにその十日後には、この問題の措置が決定したことが判明する（『武家手鑑《ぶけてかがみ》』）。同年五月下旬の段階で、騒動はいったん収まったと考えてよいであろう。ただ、右に挙げた史料には、事件の具体的な経緯や内容まで詳しく書かれておらず、隔靴《かっか》掻痒《そうよう》の感が残る。

そのなかで一番大きな問題は、首謀者の名前が史料に書かれていないことである。一次史料に事件に関する詳細な顚末《てんまつ》が書かれていない以上、従来説や先行研究を踏まえつつ、もう少し事件の周囲の状況を調べる必要がある。

宇喜多家を辞去した秀家の側近を襲撃したのは誰か

近年の研究によって、次の者が襲撃犯である可能性が高いと指摘されている。なお、下段の知行高は、『宇喜多家分限帳』による。

①戸川達安《とがわみちやす》（一族の助左衛門、又左衛門も含む）――二万五千六百石
②宇喜多詮家《あきいえ》――二万四千七十九石
③岡《おか》越前守――二万三千三百三十石
④花房秀成《はなぶさひでなり》・幸次《ゆきつぐ》父子――一万四千八百六十石
⑤角南隼人《すなみはやと》・如慶《じょけい》兄弟――二千二百八十石
⑥楢村《なおむら》監物――三千石

右の面々の知行高を見ればわかるように、特に①～④の家臣は一万石を超える大身の家臣たちだった。なかでも宇喜多詮家は、父を忠家《ただいえ》とする宇喜多氏の一族の重鎮でもある。⑤⑥の角南氏、

樒村氏はやや石高が低いが、家中では重んじられていた。つまり、騒動を起こした張本人は下級家臣ではなく、宇喜多家中の重臣だったことが判明する。むろん襲撃は突発的に行われたのではなく、それ以前から秀家（あるいは中村次郎兵衛）に不満を抱き、周到な準備のもとで計画的に行われたのだろう。果たして、騒動の原因はどのようなことだったのか。

近世の編纂物の『備前軍記』『戸川記』によると、日蓮宗を信仰する戸川達安を中心とするグループ、そしてキリスト教を信仰する中村次郎兵衛との間では、宗教上の信仰をめぐって対立があったとされる。備前国では日蓮宗が大きな勢力を保持していたが、キリスト教が日本に伝わって以降はキリスト教の信仰者が増えていた。

ところが、この説には難があると指摘されている。たとえば、宇喜多詮家や岡越前守はキリスト教徒だったと考えられるが、それらの編纂物では日蓮宗の信者になっている。つまり、基本的な部分で間違えている。したがって、宗教的な対立を騒動の原因とする説は、今では誤りとして否定されている。そもそも『戸川記』は戸川氏サイドに立脚して書かれているので、割り引いて考える必要がある。

騒動の背景にあった宇喜多家の過酷な検地

そのほかの騒動に関する有力な説としては、徹底した検地による年貢の徴収などが原因として指摘されている。文禄・慶長の役により、宇喜多氏は軍費などを捻出すべく徹底して検地を行った。その結果、年貢は増収となったものの、かえって軍役（派遣する軍勢の数など）の負担も増えたうえに、百姓の不満が高まったのが騒動の原因と考えられる。軍役の負担が増えたのは、検地により領国の総石高が増えたからである。この説については、近世に成立した編纂物にも記されている。

家臣は多大な軍役負担に音を上げ、年貢の重い負担に耐えかねた百姓は土地を捨て逃亡するなど、両者ともに宇喜多氏に対して強い不満を抱いた。その不満は、秀家だけなく重臣にも向けられた。彼らの不満が大爆発した結果が、宇喜多騒動の要因だったということになろう。当時、文禄・慶長の役に伴って、徹底した検地と年貢の厳しい徴収は各地で行われ、諸大名は似たような問題を抱えていた。

戸川達安ら家臣らには、文禄・慶長の役に伴って著しく加増がなされた。加増された理由は、文禄・慶長の役で死亡した者の土地を給与されたとも考えられるが、単にそれだけではないであろう。慶長三年（一五九八）、秀家は達安に対して美作《みまさか》国山内・高田（岡山県真庭《まにわ》市）近辺に五千石を与え、百姓の撫育《ぶいく》、田畑の整備、荒地の開墾を命じ、三年間の軍役（軍事上の役務）を半分にすることを伝えた。つまり、農地の整備や三年間の軍役の免除という政策を採用することにより、将来徴収すべき年貢を確保する目的があったのである。

宇喜多氏の家臣団は自立した領主層によって構成されており、領主の連合体的な意味合いが強かった。大身の家臣は城持ちの領主だったが、末端の家臣はいまだ中世的な土豪的要素が色濃く、兵農未分離の状態だった。土地に根付いていた中小領主は、検地による年貢の増長や軍役負担を避けたいと考えていたのは間違いない。そうでなければ、不満が高まった百姓が逃亡するなどし、破綻するのが目に見えているからである。そうした考えは中小領主を束ねる、戸川氏ら重臣も同意見だったのかもしれない。

秀家や秀家を支える中村氏らは、文禄・慶長の役を控えて徹底して検地を行い、年貢の増長や軍役負担を増やそうとする推進派だった。一方の戸川氏ら重臣は中小領主層の代弁者で、そうした政策を抑え込もうとしていた。つまり、検地の実施をめぐっては、宇喜多氏や秀家を支える中村氏らと、戸川氏らの重臣層の対立があったことも騒動の大きな要因の一つと考えてよいだろう。

騒動以前からあった宇喜多家内部の確執

実は、宇喜多騒動以前に宇喜多家中を辞した重臣もいた。美作方面の支配を任されていた、譜代の花房職之《もとゆき》である。宇喜多家中の軋轢は、騒動以前にも見られたのである。

職之が宇喜多家中を辞したのは、文禄三・四年（一五九四・九五）頃のことである。ちょうど文禄の役のさなかだった。一説によると、職之は文禄四年における豊臣秀次の失脚に連座したといわれているが、それは誤りであると指摘されている。以下、宇喜多家中を職之が辞した経緯について、自身の書状（吉川広家宛）で確認することにしよう（「吉川家文書」）。

職之が宇喜多家中を辞した理由は、秀家との対立にあったとされているが、二人の関係が悪化した詳しい理由は不明である。秀家は職之を厳罰に処する考えだったが、豊臣秀吉から宥《なだ》められたこともあり、命だけは助けることにした。この事実からうかがえるように、重臣の花房氏を処分するには、秀吉の指示や助言なりが必要だった。それは、宇喜多氏権力を考えるうえで重要なことであり、秀吉が宇喜多家中の問題に介入し得る存在だったことがわかる。

最終的な処分は、職之に常陸《ひたち》国での蟄居を命じて堪忍料（主君から客分の者などに給与した禄）を与え、佐竹義宣《よしのぶ》に預けるという措置だった。こうして職之は、子の職則《もとのり》とともに常陸に逼塞したのである。その際には、家康が関与していたというが、蟄居先の選定には何らかの仲介があったと推測される。

慶長五年（一六〇〇）九月に関ヶ原合戦がはじまると、職之は東軍に属して活躍し、戦後は八千石の所領を与えられて旗本寄合に列した。もはや旧主である宇喜多氏には何の未練もなく、家康に与したのであろう。

宇喜多家が抱える「国衆型家臣」と「家中型家臣」

ここまで述べたとおり、宇喜多氏にとって大きな問題なのは、家臣団の統制だった。宇喜多氏の家臣は在地領主的な性格を色濃く残しているような、中小領主層で編成されていた。たとえば、戸川氏はもともと在地に根差して領主権を確立していたが、やがて城持ちとなり、約二万五千石の知行を得ていた。つまり、宇喜多氏は領国内に大名を抱えているようなものだった。むろん宇喜多氏家臣団で大きな発言権を持ったのは戸川氏のような大身の「国衆型家臣」であり、「家中型家臣」は実務を担う存在に過ぎなかった。

文禄・慶長の役に伴って徹底した検地を行ったというが、それがどこまで実効性があったのか疑問が残る。当時の検地は、自己申告の指出《さしだし》による検地が多く、実際に面積などを測る丈量《じょうりょう》による検地は少なかった。

秀家は朝鮮への出兵に備えて、年貢や軍役の負担を増やす必要があった。そこで、無理をして帳面上の石高を増やした可能性も否定できない。軍役は、石高に応じて増える仕組みだった。宇喜多氏は秀吉の期待に応え、文禄・慶長の役の軍役負担に対応すべく、石高を多く見積もっていたのではないだろうか。

宇喜多氏領国の総石高を検地帳の帳面上で増やさない限り、文禄・慶長期に宇喜多氏家臣が年を追うごとに加増された理由が説明できない。帳面上で石高を増やしただけなのに、実際の年貢や軍役の負担が増長するシステムに対しては、家臣も百姓も困惑したに違いない。検地の実態については、さらに検証が必要であろう。

秀家が戸川氏のような大身の家臣を完全にコントロールできたのかについては、少なからず疑問が残る。秀家は戸川氏への知行宛行《あてがい》（所領の付与）を行った際、自身の判物（花押を据えた文書）に秀吉の袖判《そではん》（文書の袖に花押を据えること）を得ていた。これは、極めて異例である。戸川氏が望んで秀吉の袖判を得たのか、ほかに理由があるのかは不明である。

いずれにしても、秀家の大身の家臣が家中で大きな発言権を持っていたのはたしかであり、それぞれが一個の権力体のような存在でもあった。彼らのコントロールに秀吉の助力が必要だったならば、なおさらのことだろう。

家中型家臣を求めた秀家

宇喜多氏の領国支配における課題は、広大な領域をいかに支配するかだった。当初、宇喜多氏の支配は備前国東部が中心であったが、やがて備前一国に加えて、美作国や、備中国・播磨国の一部にも及んだ。天正三年（一五七五）九月、秀家の父・直家は浦上宗景を天神山城《てんじんやま》（岡山県和気町《わけちょう》）から放逐することに成功した。その後、明石氏ら浦上氏家臣の一部を自らの家臣団に迎え、宇喜多氏家臣団は新旧入り混じった編成となる。滅亡した大名の家臣を受け入れることは宇喜多氏だけでなく、ほかの大名も領国拡大化の過程で行っていた。

秀家は譜代の家臣に支えられながらも、自身の手足となる「家中型家臣」を求めた。秀家は有能な家臣に「浮田」姓を与え、実務的な官僚として登用した。さらに、秀家はブレーンとなるべき家臣を欲し、出頭人的《しゅっとうにん》奉行人の中村次郎兵衛を重用し、譜代の家臣の発言権を抑え込もうとした。ある意味で、大身の譜代の家臣は使いにくかったのかもしれない。では、出頭人とは何を意味するのか。

出頭人とは、主君に近侍《きんじ》して権勢を振るった家臣のことである。出頭人は主君からの恩寵を前提として、ときに大きな発言権を持ち、主君と家臣との間を取り次いだ。個人的な寵を受けた出頭人は新参の者も少なくなく、旧臣と対立することもあった。秀家は戸川達安らの譜代の重臣との関係を維持しながらも、一方で中村次郎兵衛のような新参の出頭人を身辺に置き、専制的な領国支配を志向したといえる。

秀家は譜代の家臣を牽制すべく、中村次郎兵衛を登用した。ところが、検地などの政策をめぐって、次郎兵衛が戸川氏ら譜代の重臣たちと対立した可能性がある。そうした秀家と新旧家臣の路線の対立の果てに勃発したのが、宇喜多騒動と考えられる。それは、単に宇喜多家中の問題ではなく、解決に際しては家康が関与したといわれている。

宇喜多家中への家康の関与

光成準治氏の研究によると、宇喜多騒動の解決に際しては、家康の関与があったと指摘されている（光成：二〇一八）。

騒動の勃発後、大谷吉継のもとに首謀者である重臣たちは出頭した。しかし、吉継は処分を公儀に委ねた可能性があり、首謀者を秀家に引き渡さなかったという。その理由としては、①秀家による上級家臣の処分は、家中の弱体化を招くこと、②処分を行ったことにより、秀家の責任が問われる可能性があったこと、③①②を回避するには、穏便な措置が必要であったこと、という三つの可能性が示されている。

それだけ首謀者である重臣たちは力を保持しており、処分を誤った場合は、宇喜多家中が崩壊することも十分に予測された。逆に言えば、秀家が重臣たちをコントロールできれば、このような問題は起こらなかったはずである。いずれにしても、秀家がこの問題を解決するには、いささか力量が不足していたといえる。

この重要事項を裁断できるのは、もはや五大老の筆頭格である徳川家康しか存在しなかった。そこで、事態の収拾を委ねられた家康は、秀家が親豊臣派で反徳川の姿勢が強かったので、牽制・弱体化させるよう目論んだのである。その方策は、厳罰に処すべき首謀者たちを逼塞という軽い処分にとどめたことでわかる。こうすることにより、宇喜多家中における秀家の影響力を薄めた。たとえば、戸川達安の処分は、家康の自領である岩槻《いわつき》（埼玉県さいたま市）に配流《はいる》にした可能性が高いと指摘されている。

家康の宇喜多家中への介入は、その後の関ヶ原合戦に大いに影響した。関ヶ原合戦がはじまると、達安は東軍に属して戦った。戦後、達安は恩賞として、備中国のうち二万九千二百石を与えられた。これが、のちの庭瀬藩《にわせ》（岡山市北区）に発展するのである。達安はすっかり家康派に転じていた。

家康に宇喜多騒動の解決が委ねられたことは、秀家に大きなダメージを与えた。その理由は、宇喜多家中の統制の不十分さが露呈することになり、処分の不徹底さが広く知れ渡ったからである。騒動で中村氏の襲撃に加わったとされる家臣のなかには、宇喜多家への帰参を許された者もあったが、一方で達安のように家康の庇護《ひご》を受けた者もあった。結局、彼らは関ヶ原合戦で家康の味方となり、江戸時代になると大名に取り立てられた。

家康は、早い段階から宇喜多家中の動揺を知っていたのではないだろうか。ゆえに、家康は宇喜多家中を骨抜きにすべく、積極的に騒動の解決に関与した可能性がある。結果的に、騒動の首謀者たちは家康に庇護されたのだが、家康が早くから状況を察知して行動したのでなければ、迅速な対応を説明できないだろう。島津氏の庄内の乱と同じく、家康は宇喜多騒動の鎮圧に関与することにより、豊臣政権内の地位を確固たるものにしたのである。

家康に起請文を捧げる秀家と、前田利長の失脚

慶長四年（一五九九）三月、秀家は家康に対して、起請文を捧げて忠節を誓った（「東京大学史料編纂所所蔵文書」）。秀家は家康と前田利長の話し合いを踏まえて、秀頼を疎略に扱わないのであれば、二人と力を合わせて奉公するという内容のものである。秀家の妻・豪姫は利家の娘である。したがって、宇喜多氏が利家没後に後継者の利長と関係の強化を図り、政権の維持を図るのは当然のことであった。

秀家はもともと反家康的な態度を取っていたが、利家の跡を継いだ利長の尽力によって、豊臣政権維持の協力を確約したということになろう。しかし、その数ヵ月後には、家康によって利長も事実上の失脚をしている。わずか数ヵ月の間に、大きく政局が転換したことには注意すべきだ

ろう。

そもそも宇喜多氏が権力を維持するために秀吉の助力を必要としたならば、家康の台頭や政治状況の変化は宇喜多氏家臣団に大きな動揺を与えただろう。加えて、検地や家臣間の対立の問題だけでなく、秀吉没後の政治路線をめぐる対処についても、家康につくべきか否かなどをめぐって、家臣間で意見が分かれていたのではないかと推測される。

それは、従前どおり豊臣家を守り立てていこうとするグループと、家康側へシフトしようとするグループとの対立である。一連の動きを見る限り、宇喜多氏の家臣のなかから反家康的な体質を改めようと考え、家康に与する優位を説く者がいても不思議ではない。そう考えることが可能ならば、騒動後の宇喜多氏旧臣が続々と東軍に与した理由が明確になるといえる。

家中騒動は主君と対立する者を家中から追放するので、かえって家中の結束を強める効果があったのも事実である。しかし、宇喜多氏のように国衆の連合政権的な性格を持つ家臣団のケースでは、有力な家臣らが多数退去したため、かえって弱体化が進んだと考えられないだろうか。

つまり、騒動により宇喜多家中の結束を高めることができたかどうかは、大いに疑問が残る。こうして宇喜多氏は、家中に不安定な要素を抱えたまま、一丸となることができずに関ヶ原合戦に突入したのである。

第四章

動揺する上杉氏

東北の押さえとして会津へ移封

関ヶ原合戦の端緒となったのは、家康による会津の上杉景勝討伐だった。慶長五年（一六〇〇）七月のことである。上杉氏もまた、家中に問題を抱えていた。

景勝は、越後、佐渡、出羽三郡の約九十万石を領有していた。豊臣政権の中枢に位置し、しかも小早川隆景亡きあとは五大老という重責を担った。慶長三年（一五九八）一月になると、景勝は秀吉から会津（福島県会津若松市など）への移封を申し付けられた。会津は福島県西部の広大な地域で、約百二十万石という大禄を与えられた。景勝は東北の押さえとして、豊臣政権内に確固たる地位を築いたのである。

会津に移封された際の史料としては、「今度の会津への国替えについて、その方の家中は侍は言うに及ばず、中間《ちゅうげん》・小者に至るまでの奉公人は、一人残らず召し連れること。行かない者があれば、速やかに成敗を加えること。ただし、田畠を持ち年貢を納める検地帳に登録された百姓は、一切連れて行ってはならない」と書かれたものがある（「上杉家文書」）。もう少し詳しく内容を見ておこう。

百姓は旧領の越後に残しておいて、会津への移住を禁止することになった。百姓がいなければ、新しく入部した大名が困ってしまうからである。また、史料中の中間・小者とは、侍に従う軽輩者で、カテゴリーとしては武士身分に分類されていた。彼ら武士身分の者を会津に連れて行くことは、彼らがこれまで培ってきた土地との関係を一切絶つことになる。土地との関係を絶たれるのを嫌がり、どうしても越後に残ると主張する武士身分の者は、処罰の対象となった。

会津への国替えにより、景勝は約百二十万石の大名になり、五大老にふさわしい所領の規模となった。景勝の会津への国替えは、当然ながらほかの大名の国替えをも意味した。景勝が会津に移ったあとの越後には、堀秀治《ほりひではる》が越前北庄《きたのしょう》（福井市）十八万石から四十五万石に加増されたうえで移ってきた。さらに、会津九十二万石に本拠を置いた蒲生秀行《がもうひでゆき》（氏郷《うじさと》の子）は、下野《しもつけ》宇都宮（栃木県宇都宮市）十九万石へと国替えを命じられた。

ところが、景勝は越後から会津に移る際、年貢米をすべて運び出したという。それゆえ越後に移った秀治は財政難に悩まされることになり、これがのちに景勝との確執を生んだ。

直江兼続を中心とした領国整備の推進

上杉氏の会津移封の際に貢献したのは、景勝の股肱《ここう》の臣・直江兼続《なおえかねつぐ》である。兼続は景勝に先立って、国替えの準備を取り仕切った。これに協力したのが石田三成であった。領内には支城が構築され、城主・城代《じょうだい》が置かれた。兼続自身も、出羽米沢城（山形県米沢市）主として六万石を与えられるなど、厚遇されることになった。

こうして会津では、兼続を中心として着々と国づくりの整備が実施された。五大老の職務のため京都に滞在していた景勝は、越後を経由して慶長三年（一五九八）三月二十四日に会津に到着した（「塔寺八幡宮長帳」）。景勝が赴任することにより、ようやく本格的な会津支配がはじまったといえよう。以後、景勝は「会津中納言」と称された。

会津への国替えには、もちろん重要な意味があった。秀吉は天正十八年（一五九〇）に奥州仕置を行ったとはいえ、伊達政宗や出羽山形城（山形市）主の最上義光《もがみよしあき》をはじめ東北の諸大名の監視を緩めるわけにはいかなかった。秀吉はのちに五大老の一人となる景勝に彼らの監視を命じ、その重責を担わせたのである。同時に広大な関東一円に支配権を持つ、家康への監視と牽制の意味合いが含まれていたのかもしれない。

したがって、景勝は旧領のうち、佐渡一国、越後の一部、出羽長井郡の領有は認められたものの、所領の大半は会津に設定された。一方、会津の周辺は山深い交通の難所が多く、効率よく支配するため各地に支城を配置する必要があった。先述のとおり米沢には兼続を置いたが、ほかは白石《しろいし》城（宮城県白石市）に甘粕景継《あまかすかげつぐ》、福島城（福島市）に本庄繁長《ほんじょうしげなが》、梁川《やながわ》城（福島県伊達市）に須田《すだ》長義《ながよし》、東禅寺《とうぜんじ》城（亀ヶ崎《かめがさき》城とも。山形県酒田市）に志駄義秀《しだよしひで》らの重臣を配置し、有事に備えたのである。

このようにして景勝は、会津での領国支配を万全の態勢で整えた。その後、景勝には青天の霹靂《へきれき》という事態が勃発したのである。

景勝の京から会津への帰国

景勝は秀吉の死による政局収拾のため慶長三年（一五九八）九月に会津を出発して上洛したが、

その上洛期間は、一年に達しようとしていた。その間、会津では、領国支配のための整備が実施されていた。財政面では百姓への年貢率を引き上げ、その増収分を城郭の修繕などに充てた。領国支配にかかる費用の捻出は、百姓への負担に転嫁して賄っていたのである。

慶長四年(一五九九)八月十日、景勝は上洛期間の長期化は好ましいことではないと考え、ついに会津への帰国を決断した(「上杉家文書」)。このとき、徳川秀忠は帰国前に面会しようと考えて書状を送ったが、景勝には急がねばならない理由があったらしく、それは実現することがなかった。しかし、五大老には在京して豊臣政権に奉仕する必要があるので、長期にわたって自身の領国に在国することは難しいと考えるのが普通である。

景勝は会津に到着すると、すぐに家康に書状を送った。家康の返事が景勝に届いたのは、九月十四日のことである(「上杉家文書」)。家康は景勝の書状に対して、遠路無事に帰国できたとの報告を受けて喜んでいた。家康自身は大坂へ行って仕置(通常業務の措置)を申し付けたが、特に何も変わることはないと申し添えている。家康は五大老の筆頭格だったので、無事な状況を知らせるべく、すぐに連絡をしたのだろう。

家康の身に何もなかったのかと言えば、それは正しくなかった。同年九月七日、家康は重陽の節句(五節句の一つで、菊に長寿を祈る日)を祝うため、京都・伏見から大坂へと向かった(『鹿苑日録』など)。しかし、家康は五奉行の一人・増田長盛から家康暗殺計画の話を聞き、急遽、京都・伏見から将兵を呼んで厳重な警護を行った。いまだに反家康派の勢力が健在だったのである。

計画の発覚後、家康は豊臣秀頼・淀殿母子と会い、また勅使の訪問を受けるなどした。その後、居所を石田三成の留守邸から三成の父・正継《まさつぐ》の邸宅へと移したのである。家康の大坂逗留は一ヵ月近くに及んだが、やがて北政所（秀吉の妻）が京都に赴くと、そのあとの大坂城西の丸へと移り住んだ。

家康は何事もなかったと景勝に書状で書いているが、実際には物騒なことがあったことがわかる。こうして家康は大坂城西の丸という、豊臣家の心臓部へ居続けることになったのである。

「家康暗殺計画」と家康の大坂城への転居

ここで改めて、徳川家康暗殺計画について述べておこう。この事件は、『義演准后日記《ぎえんじゅごうにっき》』といった一次史料のほか、多くの二次史料でも取り上げられている。この事件は、首謀者の前田利長・浅野長政の二人に打撃を与えた。

先述のとおり、慶長四年（一五九九）九月七日、家康は重陽の節句を祝うため、伏見から大坂城の秀頼・淀殿母子のもとを訪れた。すると、五奉行の一人である増田長盛の密告があり、家康暗殺の計画があることが露見した。首謀者は驚くことに五大老の一人・前田利長であり、加担した者は土方雄久《ひじかたかつひさ》、大野治長《おおのはるなが》そして五奉行の一人・浅野長政という面々であった。増田長盛は石田三成の引退以後、家康派に転じていた。

土方雄久と大野治長とはもともと秀吉の家臣で、その死後はともに秀頼に仕えていた。また、長政の子・幸長《よしなが》の婚約者（側室として）は前田利家の娘であり、浅野氏は利長と利害関係にあったといえる（幸長の正妻は、池田恒興《つねおき》の娘）。密かに彼らは、大坂城内で家康を暗殺しようと目論んでいたという。とりわけ雄久と治長が関わっていたことは、豊臣家に累を及ぼす可能性があった。長盛の通報を受けた家康は、ただちに配下の本多正信《ほんだまさのぶ》、本多忠勝《ただかつ》、井伊直政《いいなおまさ》といった重臣を集め、暗殺計画への対応を協議した。結果、伏見城から軍勢を呼び寄せ警護を万端整えて、家康の大坂登城を予定どおり行うことにしたのである。こうして無事に重陽の節句を終えると、家康は居所を伏見から大坂城西の丸に移し、新たに天守を築いた。結果的に、家康の身には何も起こらなかったのである。暗殺計画は実行されなかったのだから、よほど警護が厳しかったのだろう。

　家康が豊臣家の懐というべき、大坂城西の丸に居所を移したことには、大きな意味があった。笠谷和比古氏が指摘するように、家康は自らが秀頼と並び立つ存在であることを天下に知らしめたのである（笠谷：二〇〇八）。これにより、家康は豊臣政権下における地歩をしっかり固めたといえよう。

　その後、首謀者であると疑われた面々は許されることなく罪を追及され、家康は彼らに厳しい処分を科すべく検討していた。利長以外の関係者は、その後どのような処分を受けたのであろうか。前田利長を除く、土方雄久、大野治長、浅野長政の処分内容は、それぞれ①土方雄久は常陸国に配流、②大野治長は下総《しもうさ》国に配流、③浅野長政――奉行職を解職し、家督を子の幸長に譲らせ、国許の武蔵国府中（東京都府中市）で蟄居、ということになった。

彼らには死罪が科されなかったので、かなり寛大な措置だったといえよう。彼らは豊臣家の古くからの家臣だったので、豊臣家を必要以上に刺激しないという配慮があったのかもしれない。もう少し言えば、家康には豊臣家の家臣に対して、厳罰を科すだけの権限がなかったのだろう。配流が妥当な措置だったのである。

家康は三人に対しては比較的軽い処分で済ませたが、前田利長に対しては、かなり強硬な姿勢で臨むことになった。

暗殺計画の首謀者とされた前田利長への追及

同年（一五九九）十月三日、家康は諸大名に対して北陸出兵を指示し、利長の討伐を命じた。利長は城を修繕しており、武器を集めていたので謀反の嫌疑がかかったのである。家康出兵の事実を耳にした利長は、ただ驚愕するしかなかった。一説によると、前田家中では徹底抗戦派と抗戦回避派に分かれて、激しく議論が行われたという。むろん、利長が独断で決めるわけにはいかない重大な問題だった。

結論としては、家康との交戦を回避することになった。利長は家臣の横山長知《ながちか》を大坂の家康のもとに派遣し、謀反の気持ちがないことを釈明したのである。その回数は、三度にわたったという。長知は利長にとっては譜代の家臣ではあったが、利家に仕えた経験がなかった。一方、利長の家臣には利家に仕えた古参の者も少なからず残っていたのだから、利長もまた家臣団の統制に苦しんだといえる。

長知の懸命な家康への説得により、利長の嫌疑は晴れた。ところが、家康は利長を許すに際して一つの条件を提示した。それは、利長の母である芳春院《ほうしゅんいん》（まつ）を江戸に人質として送ることであった。窮地に追い込まれていた利長は、不本意ながらも応じざるを得なかった。同時に、利長の養嗣子《ようしし》・利常《としつね》と家康の孫娘・珠姫《たまひめ》（徳川秀忠の娘）を結婚させ、互いの関係を強化することで、家康との交戦を避けることができたのである。

ところが、家康による追及の手は、利長だけで終わらなかった。続いて家康は、利長と細川忠興が謀議に及んだと言いがかりをつけて、忠興に嫌疑をかけたのである。忠興に嫌疑がかけられたのは、子の忠隆《ただたか》の妻が前田利家の娘・千世であるからであった。忠興もまた驚愕せざるを得なかった。このときは、忠興の父である玄旨《げんし》（幽斎）が異心なき旨を家康に誓約することにより、家康の嫌疑を晴らすことができた。こうして、家康は疑わしい人物を次々と詰問《きつもん》し、従わせようとしたのである。

家康が利長を攻撃しようとしたのは、彼が大身の大名として軍事力を動員できる点にあったからだろう。あるいは、家康は五大老として豊臣政権における発言権を高めるため、あえて利長をターゲットにしたとも考えられる。家康は本気で利長を滅亡に追い込もうとしたのではなく、利長を封じ込めることで家康与党を形成し、ほかの大名の統制を円滑に進めようとしたと推測される。それは、家康が軍勢を動員できることを世に示すことで、もはや十分だったのかもしれない。

家康は秀頼の後見を務めていたので、その家康に反旗を翻すことは、秀頼に対する敵対行為になると考えた。家康は豊臣政権を支える重鎮として、秀頼を自身と一体化させることで威勢を保持したのである。こうして家康は、利長を封じ込めることに成功し、同時に軍事力を動員できることも確認された。家康の威勢が大きくなったことは、ますます天下に知れ渡ったのである。

景勝による城の新築・修築を警戒する家康

景勝が会津に帰国して以降、大坂近辺では家康を中心にして、さまざまな事件が勃発していた。会津に帰国した景勝は、猛烈なスピードで領国内の整備を進めていた（「安田毛利家文書」）。なかでも城郭の修築には力を入れており、各支城主にその旨を指示している。その間、景勝は家康と書状を交わしているが、内容的には差し障りのないものであり、両者の確執をうかがうことはできない（「上杉家文書」など）。

とはいえ、家康のほうは景勝を非常に警戒した様子がうかがえる。慶長四年（一五九九）十一月、家康は出羽の大名・戸沢政盛《とざわまさもり》に書状を送っている（『譜牒余録』）。戸沢政盛の妻は、家康の家臣・鳥居元忠《とりいもとただ》の娘だった。政盛と家康との関係は、昵懇だったと考えられる。政盛は家康の書状を受けて、自身の領国周辺の情勢を報告したのだった。

この書状には「その表の様子」としか書かれていないが、政盛の領国は出羽北浦《きたうら》（秋田県仙北《せんぼく》市）にあったので、使者を会津に派遣して景勝の状況を偵察させたのかもしれない。家康が景勝の動静を気にしていたのは、ほぼ間違いないだろう。もちろん、伊達政宗をはじめとする東北の諸大名の状況についても、政盛から家康に報告されたと考えられる。つまり、戸沢政盛は、家康方にあって監視の任を与えられていたのかもしれない。

家康が景勝に警戒心を抱くなか、景勝は城郭の普請を突貫工事で行った。その際、問題視されたのは、景勝が神指城《こうざし》を新たに築いたことである。

慶長五年（一六〇〇）二月十日、景勝は直江兼続に対して神指城の築城を命じた（『会津旧事雑考』）。神指城は、現在の会津若松市神指町に築城された。兼続は作事奉行として弟の大国実頼《おおくにさねより》を任命すると、大規模な工事を三月から開始した。人夫は会津・仙道・佐渡・庄内・長井などの地域から広く徴集され、約十二万人が動員されたといわれている。ただ、十二万という数は多すぎるように思える。結局、後述する家康の会津征討により、完成を待たずして神指城は放棄された。

計画では新たに城下町を作り、神指村など十三ヵ所の村々を強制的に神指城下に移転させるなど、非常に大きな構想だったという（「塔寺八幡宮長帳」）。神指城の周囲は、まさしく交通の要衝地だった。付近には阿賀川《あがかわ》が流れるなど河川交通が発達し、陸上交通の便もよかった。神指城の築城と城下町を形成する計画は、上杉氏が領国支配の基盤作りをするためだったが、かえって戦争準備と捉えられ、家康を刺激してしまった。前田利長も領国内の城郭を修築したことで、家康から嫌疑をかけられて窮地に陥った。構図は同じである。城は軍事施設だったので、新たに築城（あるいは大改修）すると警戒されたのである。

このようにして、景勝と家康との関係は微妙なものになりつつあったが、これに輪をかけて景勝の立場を悪化させたのは、重臣の藤田《ふじた》信吉《のぶよし》が上杉家中を去ったことだった。

上杉家を出奔した重臣・藤田信吉の来歴

もう一つ景勝が家康から危険視される原因としては、重臣の藤田信吉が上杉家を出奔《しゅっぽん》したことにあった。信吉は上杉家譜代の家臣でなく、変わった経歴の持ち主である。非常に重要な人物なので、信吉の来歴を取り上げておこう。

永禄二年（一五五九）、信吉は藤田康邦《やすくに》の子として誕生した。康邦は武蔵天神山《てんじんやま》城（埼玉県長瀞《ながとろ》町）主であり、後北条氏に家臣として仕えていた。ただし、信吉は康邦の子ではなく、康邦の弟・業国の子という説や、孫であるという説もあり定かではない。当初、信吉は北条氏に仕え、用土《ようど》姓、小野姓を名乗っていたが、兄・重連《しげつら》が藤田（北条）氏邦《うじくに》（北条氏康《うじやす》の五男で康邦の養子）に謀殺されるなどしたため、ついに北条家中を去っていった。

信吉は北条家中を飛び出したあと、甲斐の武田勝頼《かつより》の家臣となった。その勝頼が天正十年（一五八二）三月に織田信長によって天目山《てんもくざん》の戦いで滅ぼされると、信吉は越後に逃れて上杉景勝に仕官したのである。つまり、信吉は実績や経験が豊富ながらも、上杉家中においては新参の家臣という立場にあったのだ。

信吉は新参とはいえ、景勝から重んじられ、主に信濃や上野《こうずけ》において在地支配などを担当していた。なかでも上野は、北条氏との紛争が絶えない地域だったので、いかに信吉が信頼されていたかがわかる。

もちろん、それだけではなく、信吉は景勝に反抗的な態度を示した新発田《しばた》城（新潟県新発田市）主の新発田重家《しげいえ》の討伐や佐渡攻略では、軍功を挙げ上杉氏に貢献した。天正十八年（一五九〇）の小田原北条氏征伐においても、上野松井田《まついだ》城（群馬県安中《あんなか》市）を守備する北条氏の家臣・大道寺《だいどうじ》政繁《まさしげ》の調略を任され、開城させることに成功した。その活躍ぶりは、申し分のないものだった。

信吉の軍功は景勝からも認められ、ついには一万一千石を領有する重臣として登用された。この知行高は、直江兼続が一番であることは別として、その弟・大国実頼、甘粕景継、須田長義に続く五番目に位置していた。したがって、いかに景勝が信吉の手腕を高く評価していたかがわかり、まったくの外様としては異例の大出世だった。

こうして諸大名に仕えながら、各地を転々としていた信吉は、上杉家という安住の地に根付こうとしたのである。

家康のもとに走った信吉

このように信吉は景勝から重用されたにもかかわらず、上杉家を出奔して家康のもとに走り、上杉家が謀反を起こそうとしていると報告した。信吉がそうした行動に出た理由は、いかなるところにあったのか、その事情を確認しておこう。江戸時代に成立した『会津陣物語』（杉原親清《ちかきよ》著）という編纂物には、一連の事情が詳しく書かれている。

慶長五年（一六〇〇）一月、信吉は家康に年賀の祝詞（祝いの言葉）を申し上げるべく、上杉家を代表して上洛した。景勝の名代である。その際、徳川家への奉公を誓った信吉に対して、家康は刀や銀を与えた。しかし、このことがのちに大きな問題となった。信吉がそれらを受け取ったことは、家康との親密な関係が疑われ、上杉家から謀反の意があるとされてしまったのである。

結局、会津に帰国した信吉は危うく討伐されそうになった。それほどまでに、上杉家と家康の間では、一触即発の緊張感があったと考えられる。そこで、同年三月十五日、ついに意を決した信吉は、同じく上杉家家臣の栗田刑部《くりたぎょうぶ》とともに上杉家中を去り、家康のもとに出奔したのである。栗田氏もまた、景勝と反目する関係だったといわれている。

二人が家康のもとに向かう途中、栗田刑部だけは追手によって、家臣や妻子ともども信夫郡伏拝《しのぶぐんふしおがみ》（福島市）の国境で討ち取られたという。しかし、光成準治氏によると、その後も栗田刑部の存在が確認できるので、これは誤りであると指摘されている（光成：二〇一八）。なお、栗田刑部の事績については不明な点が多いが、いずれにしても『会津陣物語』の記述には、全面的な信を置きがたいようである。

信吉は上杉家中を飛び出して、命からがら会津から逃げ出した。江戸に到着したのは、同年三月二十三日のことである。信吉は徳川秀忠と江戸で面会すると、景勝に謀反の意があると報告した。むろん、徳川家には無視できない情報だった。この一連の動きが会津征討につながったというのである。

信吉はなぜ出奔したのか

信吉の出奔について二次史料で見てきたが、ほかの史料で確認できるのだろうか。最初に挙げておきたいのが、「直江状」の記述である。「直江状」とは、四月十四日付で直江兼続が家康のブレーンである西笑承兌に宛てたとされる書状である（第五章で詳述）。「直江状」の記述によると、同年三月中旬に信吉が上杉家を退去すると、江戸を経て京都に入り、景勝に謀反の意があると報告したと書かれている。内容は簡潔ではあるが、『会津陣物語』と同じような記述内容が確認できる。なお、「直江状」については、以前から真偽をめぐって論争があるが、その点は次章で検討することとしたい。

ほかには、『覚上公御書集《かくじょうこうごしょしゅう》』という史料にも、信吉が出奔した経緯について詳しく書かれている。『覚上公御書集』とは、米沢藩に残された上杉景勝の書状の写しを収録した史料集である（覚上公とは景勝の院号）。

こちらは信吉が出奔した日付が二月十四日となっており、約一ヵ月早くなっているが、それは転写の際の誤りであると推測される。信吉は家臣や妻子を引き連れて上杉家を出奔すると、家康がいた下野《しもつけ》国那須（栃木県那須塩原市・那須町）のもとに逃げ込んだと書かれている。記述内容は多少異なるが、信吉が上杉家を退去し、徳川家に駆け込んだことは同じである。

信吉が上杉家を出奔した理由については、どのように考えたらいいのだろうか。光成準治氏は、信吉が大身の新参家臣として、兼続に対抗しうる地位を獲得しながらも、次のような三つの背景があったのではないかと考える。

第一に景勝の会津移封後、信吉は津川《つがわ》（新潟県阿賀町）という辺境の地に追いやられたこと、第二に会津移封後、兼続による執政体制が強化されたこと、第三に慶長二年（一五九七）の家中改易後、信吉と友好的関係にあった国人らは景勝・兼続体制に従属させられたこと、である。

以上の三つの理由から、信吉は上杉家中で孤立していったと光成氏は指摘する。光成氏は、信吉が上杉家を退去して、徳川家に仕えたのは、自らの能力を生かせる場を探し求めた結果ではないかと推測する。当時、一般的に新参家臣と古参家臣が家中で対立することが珍しくなかった点を考慮すると、妥当な見解であると考える。上杉家に居づらくなった信吉は、新天地を求めて家康のもとを訪れた。その際、景勝が謀反を企んでいる情報は、家康への手土産になった。

島津氏にしても、宇喜多氏にしても、家中の統制にはかなり苦しんだ。上杉氏にも同様の事態が発生した可能性があろう。その要因の一つが家康への対応であり、家中において対策に向けた議論がなされたと考えられる。そうした状況下において、居づらくなった信吉が上杉家を出奔し、家康を頼りにしたと推測される。

なお、関ヶ原合戦終了後、信吉は下野国内に一万五千石を与えられた。東軍への貢献が認められたということになろう。

景勝に代わり越後に移った堀秀治の苦境

景勝謀反の情報については、景勝のあとに越後に入部し堀秀治からも報告されていた。以下、そのポイントを確認することにしよう。

堀秀治とは、どのような人物なのか。天正四年（一五七六）、堀秀治は秀政《ひでまさ》の子として近江国に誕生した。もともと父の秀政は織田信長の配下にあったが、信長の死後は羽柴（豊臣）秀吉に仕え、越前国北庄（福井市）を領していた。天正十八年（一五九〇）の小田原合戦の陣中で秀政が病没したので、堀家の家督は秀治が継承した。

慶長三年（一五九八）に上杉景勝が会津に移封すると、秀治は越後国春日山《かすがやま》城（新潟県上越市）に本拠を定め、景勝の代わりに入部した。そして、先述のとおり、二人が交代のような形で移封したことは、直後に大問題になったのである。

慶長三年二月頃、会津では前任者の蒲生秀行が立ち去ったあと、景勝が越後など旧領の年貢を会津に運び込みはじめたという。その四ヵ月後の六月、秀治が北庄から越後に入ってみると、すでに年貢米は景勝が会津に運び込んだあとだった。同年秋、越後では年貢の徴収を行ったが、その間の厳しい財政状況を凌ぐために、秀治は上杉家から米を借用したといわれている。しかし、事態はより深刻だったと指摘されている。

上杉氏が越後を離れて会津に赴任する際、旧領越後から連れて行くのを許可されたのは基本的に武士身分の者に限られていた。百姓は不可だったのである。しかし、武士身分という解釈が大きな問題になった。

戦国期を通して、解釈が難しいのは兵農分離の実態である。通説によると、検地を実施することにより、兵と農の身分が厳密になったと解されている。秀吉が行った太閤検地は、そのように受け取られてきた。ところが、現実には理論どおりに進むことなく、いまだ身分的には武士と百姓が明確に分かれていなかったのが実情である。武士のなかでも階層の低い者は、耕作にも従事していたのが普通だった。

したがって、理論上では越後に百姓は残ったことになっていたが、現実には兵農未分離状態の下層の武士も会津に行っていたと推測される。そのような事情から、越後の百姓の数は激減したと考えられる。結果的に越後の百姓は減ったので、未耕作地が増加することになった。堀氏は越後における年貢徴収が期待できなくなり、以後も徴収が困難になったといえよう。堀氏が入部した翌年の年貢の徴収は思うようにいかず、悲惨な結果を迎えたのである。

堀氏は事態を打開すべく、越後入部後に検地を行った。ところが、魚沼郡雲洞村《うんとう》（新潟県南魚沼市）では八〇％の田が荒田《こうでん》（耕作放棄地）になっており、そのうちの九〇％の名請人《なうけにん》（耕作して年貢を負担する者）が新たに上杉領国となった会津に行っていた（池上：二〇一二）。やはり、越後には耕作者＝年貢負担者がいなかったのである。このような惨憺たる状況では、年貢徴収を強化しようとしても、不可能なのは明らかだった。堀氏には、もはや打つ手がなかったのである。

とはいえ、堀氏も事態を静観するわけにはいかなかった。百姓一人当たりの年貢の負担額をこれまで以上に増やし、財政を何とか好転させようとしたと考えられる。百姓の負担が増えるのだから、まさしく窮余の策だった。ところが、堀氏の無理が祟《たた》って勃発したのが越後一揆であり、事態はますます悪化したのである。堀氏が上杉氏を恨むのは、いたしかたないところである。

堀氏の家老・堀直政による家康への会津報告

景勝が旧領越後から会津に年貢を運び込んだので、苦境に陥った秀治が景勝に不満を抱くのは無理からぬところである。堀氏は事態を打開すべく、即座に動きを見せた。慶長五年（一六〇〇）二月、秀治の家老を務めていた堀直政《なおまさ》は、徳川家康に対して上杉家の不穏な動きを報告した（『会津陣物語』）。

その報告内容とは、上杉氏が①全国から名のある牢人を召抱えたこと、②人夫約八万人を動員して、神指城を築城したこと、③道や橋の整備を行ったこと、④おびただしい量の馬、弓矢、鉄砲の武具を準備したこと、の四点に集約されよう。一言で言えば、①～④は合戦の準備を進めているということになろう。

もっとも重要なのは、「殊《こと》に越後は上杉氏の旧領なので、国中の民・百姓が景勝を父母のように慕っている。これにより一揆を起こされることを（堀氏が）気遣って、枕を傾けて眠ることができず、公儀（＝豊臣政権）がもしなおざりに考えて措置が遅れたならば、天下の大事になるということを直政が注進を行った」という一文である。

堀氏は前半部分で上杉氏の軍備拡張を報告するとともに、やがて越後国内で一揆が起こるかもしれないと、切々と危険性を家康に訴えたのであった。『会津陣物語』は後世の編纂物ではあるが、神指城を築城した事実などは、少なくともたしかな史料で確認することができる。とは言いながらも、記述内容がすべて正しいとは言いがたい。

堀氏が行った家康への一連の報告は、慶長五年二月の事実とされてきた。ところが、報告した年月については、水野伍貴氏によって誤りであると指摘されている（水野：二〇一六）。ならば、どう考えたらいいのだろうか。

水野氏は慶長五年二月以前に堀氏から報告がなされたと考え、根拠として①姦沆《カンハン》の手になる『看羊録《かんようろく》』の記述によると、慶長四年十月に家康が加賀の前田利長を征伐しようとした際、堀氏は景勝の不穏な動きを何度か報告をしていること、②慶長五年一月に藤田信吉が上洛して家康に年頭の礼を述べた際、家康は景勝の上洛を促していること、という二つの理由を挙げている。いずれも慶長五年二月以前のことである。

つまり、堀氏が景勝の動向を家康に報告したのは、慶長五年二月が初めてではなく、それ以前にさかのぼることができる。

堀氏が越後に入部した直後から、景勝が領内の年貢を新天地である会津に持ち去ったことが発覚していた。以後、堀氏は年貢の不足により、財政難に悩まされていたのであるから、家康に折に触れて窮状を訴えていた可能性は高いといえよう。こうして景勝は謀反の嫌疑などをかけられ、逆に窮地に立たされたのである。

家康を警戒する景勝の居城移転計画

京都から会津に戻った景勝は、神指城の築城などが不穏な動きであると指摘され、越後・堀氏から訴えられることになった。

ところが、景勝はそれよりも早い段階で、家康を敵対視していた様子がうかがえる。慶長五年（一六〇〇）二月、景勝は家臣の甘粕景継に対して、「手紙を拝読いたしました。白河（福島県白河市）方面に異常がないことは重要なことです。申し上げるまでもないですが、敵方（家康）の様子はよくよく聞き届いており、その疑いはもっともなところです。また、城普請を進め、横目《よこめ》（監視）のことも心得てください。子細は、泉沢氏から申し上げます」という内容の書状を送った（「上杉家御書集成」）。

甘粕景継は上杉氏の家臣で、当時は白石城（宮城県白石市）主を務めていた。同じ頃、景勝は家康の動向について情報収集に余念がなく、やがて家康が敵方になると想定していたのだろう。水野氏が指摘するように、これは単に家康の動きだけでなく、白河と境を接する下野国の徳川方の領主層の動きを警戒していたと推測される。つまり、この段階において、景勝は城の普請を命じているが、それは少なからず家康の動きを強く意識していたと考えてよいだろう。

同年三月、景勝は赤津城《あかつ》（福島県郡山市）の修築が遅れていることから、家臣の吉田源左衛門尉と田川三左衛門尉の両名に対して、急いで完成させるように命じている（「上杉家御書集成」）。赤津城は現在の福島県郡山市湖南町《こなんまち》赤津にあった城郭であり、猪苗代湖のちょうど南に位置していた。下野国境付近の白河では軍事的な緊張が高まっており、上杉方では長沼城《ながぬま》（福島県須賀川《すかがわ》市長沼）が最前線の拠点だった。赤津城はその北に位置していたので、後方支援にあたるような格好になっていた。

同じ頃、景勝は神指城の築城を進めていたが、一連の政治的な状況を勘案すれば、家康への対抗措置と考えてよいであろう。しかも、それは城下町の構築や周辺住民の移住を伴った大規模なもので、居城の会津若松城（福島県会津若松市）を廃城にしてまでも、神指城に本拠を移転する前提になっていたと考えられる。神指城の築城は本格的な計画だったが、家康と対立するという非常事態もあって断念せざるを得ず、最終的には放棄されたのである。

堀氏は、慶長五年以前から家康にたびたび上杉氏の不穏な動きを報告していた。また、慶長五年三月、景勝の家臣である藤田信吉が出奔して家康に上杉氏の不穏な動きを報告するなど、状況は上杉氏に不利に傾いていった。慶長五年二月以降、上杉氏は事態を打開すべく、次々と手を打ったのである。

景勝に冷静に対応した家康

景勝が新城を築城しようとしたことなどは、家康の警戒心を当然ながら煽《あお》ることになり、強い疑念を抱かせることになった。家康がいかなる態度を取ったのかについては、通説的に言えばおおむね次のようになろう。

慶長五年（一六〇〇）四月一日、家康は腹心の僧侶・西笑承兌から直江兼続を通して、景勝の真意を質《ただ》すため上洛をするように求めた。西笑承兌と直江兼続は、互いの交渉窓口だった。これに対して兼続は西笑承兌に宛てた書状のなかで、美文調ながらも挑発的な態度を取った。これが有名な「直江状」である。

兼続に批判された家康は、当然ながら怒り心頭に発し、会津征討を決意したというのである。「直江状」が会津征討の引き金になったことは、関ヶ原合戦を取り上げた小説、映画、テレビドラマなどで、一般に広く知られるようになった。次章で詳しく取り上げるとおり、「直江状」にはたくさんの疑問がある。

「直江状」の文面は痛烈な家康批判を行っており、それが結果的に会津征討の口実になったことは、多くの人々の関心を誘った。話としては大変おもしろく、家康に挑んだ兼続の面目躍如たるところでもある。しかし、当該期の一次史料によると、家康は冷静な態度で対応したことがうかがえる。

慶長五年四月二十七日、在京していた島津惟新（義弘）は、薩摩にいた兄の竜伯（義久）に書状を送った（「旧記雑録後編三」）。

その内容とは、「景勝の上洛が遅れているため、その様子を確かめるべく、家康は配下の伊奈《いな》図書《ずしょ》（昭綱《あきつな》）に奉行衆の使者を添えて、三月十日に伏見から会津へと下向させた。景勝は必ず六月上旬頃には上洛すると考えていたようで、返事次第によっては（上洛の拒否）、家康が会津に出馬するとのことである。そのときは、惟新が伏見城での留守役を務め、その警護を任される予定である」というものである。

この書状では、「三月十日に伏見から会津へと下向させた」とあるが、すでに宮本義己氏が指摘するように、四月十日の誤りである（宮本：二〇一二）。原因は、日付の誤記などが考えられる。この書状から少なくともいえることは、四月十日に家康は景勝のもとに使者を派遣して真意を質し、もし上洛の意思がなければ、会津征討を実行に移そうと考えていたことである。

では、家康はどのようにして、景勝の上洛を促そうとしたのだろうか。そこに関与したのが、家康の腹心である西笑承兌だった。

家康の腹心・西笑承兌とは

西笑承兌とは、いかなる人物なのか。西笑承兌は天文十七年（一五四八）に誕生し、天正十二年（一五八四）に相国寺《しょうこくじ》（京都市上京区）に入寺した。その後、相国寺住持を経て鹿苑院《ろくおんいん》に入り、鹿苑僧録（五山十刹《ござんじっせつ》などの禅宗寺院を統率する職）を務めた。五山十刹とは、朝廷・幕府が定めた禅宗官寺の寺格のことである。西笑承兌は豊臣秀吉、徳川家康といった時の天下人に仕え、外交や寺社の管轄に携わった。

西笑承兌は、とりわけ文禄・慶長の役における朝鮮との交渉に手腕を発揮した。肥前国名護屋に赴き、朝鮮在陣の諸将への檄文の作成などに携わり、そうした広範な活動から、西笑承兌は政僧あるいは外交僧と称されている。

関ヶ原合戦後、西笑承兌は徳川家康に仕え、対外交渉だけではなく、畿内寺社のことも管掌するようになった。やがて西笑承兌は、寺社から持ち込まれる訴訟に大きな影響力を持つようになったのである。彼の残した『西笑和尚文案』は当該期の政治や社会を知るうえでの重要史料に位置付けられる。

景勝の真意を質すため、家康の意向を受けた西笑承兌は、旧知の直江兼続に書状を送った（『歴代古案』など）。なお、この書状は写しであり、原本は残っていない。少し長い文章であるが、次に掲出しておこう。

西笑承兌が直江兼続に宛てた書状

西笑承兌の書状の現代語訳は、次のとおりである。

景勝卿の上洛が遅れていることについて、内府様（徳川家康。内府＝内大臣）は少なからず御不審に思っています。上方では穏便でない噂が流れていますので、伊奈図書（昭綱）と河村《かわむら》長門《ながと》を派遣しました。このことは使者の報告で申し達しているでしょうが、長年申し上げているうえは、愚僧（西笑承兌）は笑止なことと存じております。香指原（神指原）に新しい城を築城したり、越後河口に橋を造作することはよくありません。景勝卿の考えは違っているかもしれませんが、貴殿（直江兼続）が意見しないのは不注意でしょう。油断であり、内府様が御不審に思うのももっともです。

①一、景勝卿に謀反の心がなければ、霊社《れいしゃ》之起請文により申し開きすることが家康公のご内意です。

②一、景勝卿が律儀であることは、家康公もご存じのことなので、釈明が認められれば問題はありません。

③一、近国（越後）の堀監物《けんもつ》（直政）が（謀反の）報告をしているので、きちんと陳謝しなければ、釈明は認められません。誠意を見せることです。

④一、この春、北国（加賀）の肥前守（前田）利長殿も謀反を疑われましたが、家康公の正しい道理により、何事もなく静謐《せいひつ》となりました。これを教訓として、あなたも心構えすることが大切です。

⑤一、京都では増右（増田右衛門尉《うえもんのじょう》＝長盛）・大刑少（大谷刑部少輔《ぎょうぶのしょう》＝吉継）がすべてのことを家康公に取り次いでいるので、釈明は両人へ伝えてください。榊式太（榊原式部大輔《さかきばらしきぶのたいふ》＝康政《やすまさ》）にも伝えるとよいでしょう。

⑥一、なんといっても、景勝殿の御上洛が遅いためこのようになったので、一刻も早く上洛するよう取り計らってください。
⑦一、上方で取り沙汰されているのは、会津で武器を集めていることや、道や橋を造っていることです。家康公がひとしお景勝殿の上洛をお待ちになっているのは、高麗（朝鮮）へ降伏するように使者を遣わしているからです。もし、高麗（朝鮮）が降伏しなければ、来年か再来年かに軍勢を遣わす計画です。その相談もあるので、早く上洛して、そのうえで謀反の意がないと釈明されるべきです。
⑧一、愚僧（西笑承兌）と貴殿（兼続）は、数年来親しくつきあってきましたから、（今回のことは）何事も笑止と考えております。会津の存亡、上杉家の興廃が決まるときですから、思案をめぐらせることです。すべて使者の口上に申し含めています。頓首《とんしゅ》。

豊光寺《ほうこうじ》
承兌

卯月朔日《うづきついたち》
直江山城守殿
御宿所

内容は、以上である。

兼続と親しかった承兌

この西笑承兌の書状は、原本が残っておらず写ししかないが、次章で取り上げる「直江状」とは異なって、内容に不審な点があるといわれたことがない。したがって、本書状が偽文書でないことは明白である。

承兌は同年（一六〇〇）三月下旬頃から大坂に赴き、次に家康のいる伏見城に滞在し、四月一日になって鹿苑院に戻ったことがわかっている（『鹿苑日録』慶長五年三月二十九日条など）。その後、家康は承兌に白布《しろぬの》・金子《きんす》などのお礼を贈っている。おそらく二人が会ったのは、景勝への対処に関する相談であり、ゆえにこの書状がしたためられたと考えられる。

承兌と直江兼続は、以前から交友関係にあった。家康は自身の腹心でもある承兌の人脈を通じて、上杉氏との関係を好転させようとしたのだろう。承兌の書状は文面を見ればわかるとおり、非常にフランクな印象を受ける。承兌と兼続の二人が近しい関係にあったことを裏付けているといえよう。次に、書状の内容を確認しておきたい。

冒頭の箇所に書かれているとおり、これまで取り上げてきた神指城の築城、道や橋の普請などは、家康に不審の念を抱かせたことが判明する。築城などのことは景勝の意向かもしれないが、家臣である兼続が意見をしないのは不注意だと書かれている。承兌だからこそ、兼続に直言できたのだろう。

以降の文章を見れば明らかなように、今からでも十分に釈明の余地があることを示している。

親しい友人間の助言のように思える。釈明の余地があることは、以下の条文に繰り返し述べられているように、景勝に誠実な対応を求めていることから疑いないところである。その助言を景勝にするのが兼続の役割だった。

承兌は親しい間柄である兼続を通して、景勝の誠実な対応（謝罪など）を求め、それがなされれば許されるとしており、以下の各条文で具体的な対応に触れている。

承兌が上杉氏に提出を求めた「霊社之起請文」とは

ここで注目すべきは、「霊社之起請文」である。

①では、景勝に謀反の意がなければ、「霊社之起請文」を提出するようにと言っている。そもそも起請文とは、自分の行為、言説に関して嘘や偽りがないことを神仏に誓い、また相手にその意を表明する文書のことである。

起請文の前半部分には誓約あるいは厳守すべき事項を記し、後半部分はもしこれに違背《いはい》すれば、神仏の冥罰《みょうばつ》（神仏が人知れず下す罰）を蒙《こうむ》る旨を記した神文《しんもん》（＝誓詞《せいし》）の部分から成っている。料紙《りょうし》（用紙）は熊野神社（熊野地方にある本宮《ほんぐう》、新宮《しんぐう》、那智《なち》の三つの神社。本宮は和歌山県田辺《たなべ》市の熊野本宮大社、新宮は同新宮市の熊野速玉《はやたま》大社、那智は同那智勝浦《かつうら》町の熊野那智大社）などが発行する牛王宝印《ごおうほういん》（厄難除けの護符）の裏に書かれることが多く、血判も行われるようになった。

以上が一般的な起請文の説明であるが、「霊社之起請文」はまたこれとは大きく異なっている。

以下、千々石到氏（千々石：二〇〇〇）、平野明夫氏（平野：二〇〇七）などの研究により、「霊社之起請文」について考えることにしよう。

承兌の書状には「霊社之起請文」と書かれているが、普通は「霊社上巻起請文」と称されている。この起請文の特徴は、本文書き出しと末尾の一方または両方に「霊社（上巻）起請文」と記され、前書き部分（誓約内容）と神文部分（神々の名前を書き連ねた部分）が別々になっているという点である。そして、先の二人により、「霊社上巻起請文」の意義について、次のように指摘されている。

①「霊社上巻起請文」とは豊臣政権下における特殊な形態のものであるが、公式の起請文として用いられていた。

②慶長四年（一五九九）閏三月に前田利家が没すると、「霊社上巻起請文」は作成されなくなり、江戸幕府の起請文へと様式が変化する。

③「霊社上巻起請文」が用いられなくなったのは、利家の死を契機として、徳川氏が豊臣政権の影響下から脱却した（あるいは脱却を志向した）からと考えられる。

以上三点の指摘によると、「霊社上巻起請文」は豊臣政権下で用いられた特殊なものであったが、慶長四年閏三月における前田利家の死をもって用いられなくなったという。その理由は、家康は豊臣政権の枠組みを脱却することを志向したからだったと指摘されており、以後は江戸幕府の起請文へと様式が変化したのである。

そうなると、この時点で承兌が兼続に対して、景勝が書いた「霊社之起請文」の提出を求めることは、時期的にもいささか矛盾すると考えざるを得ない。この点については、どのように理解すべきなのであろうか。

「霊社之起請文」に見る家康の真意

承兌が要望した「霊社之起請文」について、注目すべき見解を提示したのは宮本義己氏である（宮本：二〇〇八）。「霊社之起請文」を分析した宮本氏は、右の疑念に対して新たな説を展開した。

慶長五年（一六〇〇）二月、家康は承兌に命じて『貞観政要《じょうがんせいよう》（伏見版）』を開版させた。『貞観政要』（十巻、四十編）とは、唐の歴史家・呉兢《ごきょう》（六七〇～七四九）が中国の唐の貞観年間（六二七～六四九）に選したもので、太宗《たいそう》（唐朝の第二代皇帝）が群臣と政治上の得失を問答した内容や群臣たちの事績を分類・編纂した書物である。

同書は則天武后《そくてんぶこう》（六二四～七〇五）、韋后《いこう》（?～七一〇）による政治混乱を経験した時期に、「貞観の治」（唐の太宗の治世は賢臣・名将に補佐され、官制の整備、領土の拡大、学芸の奨励などで国力を充実させた）を顕彰する意図で編纂されたという。したがって、単なる歴史書というよりも、治道の要諦を説いた政治教科書としての色彩が濃いといわれている。中国だけでなく、朝鮮や日本にも広まり、ときの為政者にも広く読まれた書物である。

家康が『貞観政要（伏見版）』を開版した理由は、関ヶ原合戦を七ヵ月後に控えて、天下統一を目論んだ意思表示と解されることもあるが、実際は違うようである。

このなかに書かれているのは、家康が太閤秀吉の遺命に従い、子の幼君である秀頼に至忠（この上ない忠義）を尽くすということである。家康は秀頼すなわち豊臣政権（豊臣公儀）に対して、決して蔑《ないがし》ろな態度を取っていなかったことになろう。家康が天下統一を目論んだならば、少なくともそういうことを明記しないはずである。

つまり、家康は天下取りを目指したという従来説とは異なり、あくまで豊臣政権（豊臣公儀）の枠組みを尊重していたと考えるべきである。政権運営に関しても、私利私欲を満たすために行動してきたわけではなかった。そして、家康が景勝にあえて「霊社之起請文」の提出を求めたことは、あくまで豊臣政権を守り立て、尊重していた意思表示になろう。

この宮本氏の指摘は非常に重要であり、上杉氏に対する家康の対応についても、俗説（景勝に言いがかりをつけ、最初から上杉家の討伐を意図したこと）とは大きく異なる。家康は景勝の対応を確認しながら、会津征討に至ったのである。この点を確認するため、次章では「直江状」を検討することにしたい。

第五章

「直江状」の真偽をめぐって

西笑承兌への返書「直江状」が抱える多くの問題

兼続は前章で取り上げた慶長五年（一六〇〇）四月一日付で西笑承兌が送ってきた書状（『歴代古案』などに所収）への回答として、慶長五年四月十四日付で家康（実際は西笑承兌宛）に返書をしたためた。これが有名な「直江状」である。

ところが、「直江状」には大きな問題点がある。「直江状」はあまりに有名だが、肝心の原本は伝わっておらず、数多くの写しが残っているだけである。しかも、その写しは文言の異同が少なからずあり、追而書《おってがき》（追伸部分）や条文が丸ごと脱落しているものもある。「直江状」の正確なテキストを確定するうえで、あまりに問題点が多いといえよう。

数多く残る「直江状」の写しのうち、主なものの書写年代などを挙げておくと次のようになる。

①下郷《しもごう》共済会（滋賀県長浜市）所蔵――寛永十七年（一六四〇）二月二十七日書写（十六ヵ条。追而書なし）

②米沢市上杉博物館所蔵――書写年不明（十五ヵ条。追而書なし）

③『覚上公御書集』――書写年不明（十四ヵ条。追而書なし）

④『上杉家御年譜』――元禄（一六八八～一七〇四）以後（十五ヵ条。追而書なし）

⑤『歴代古案《れきだいこあん》』――元禄末年以後（十五ヵ条。追而書なし）

⑥『古今消息集』（国立公文書館所蔵）――書写年不明（十六ヵ条。追而書なし）

このうち書写年代がもっとも早いのは①であり、関ヶ原合戦から四十年を経て成立した。①がもっとも書写年代が古いので、この写しを重視するのが研究の定石《じょうせき》といえるかもしれない。②～⑤については、上杉家に伝わるものである。「直江状」には後述するとおり、種々疑問が提示されているが、「上杉家に伝わるのだから」という理由で、偽文書説を退ける根拠の一つになっている。また、①～⑥までは、すべて追而書がないというのも特徴である。

「直江状」の追而書（追伸）を読む

①～⑥までの写しは、追而書のないものばかりになってしまったが、実はこの追而書が有名なのである。追而書の読み下しは、「内府《ないふ》（家康）様又は中納言（景勝）様、御下向の由《よし》に候間《そうろうあいだ》、万端、御下向次第に仕《つかまつ》るべく候」である。その内容を現代語訳しておくと、「家康様または景勝様が下向するとのことですので、すべては下向したときに決着いたしましょう」という意味になろう。一見すると穏やかなように思うが、実際はそうではない。

この追而書の内容をわかりやすく解説すると、「会津征討を計画する家康に対して、兼続も軍勢を率いて待っているので、そのときに（戦って）雌雄を決しましょう」という意になろう。結論を言えば、兼続は家康から求められた上洛の要請を断るのであるが、このように追而書を記して挑発したというのである。テレビや映画などでは、家康が「直江状」を握りつぶし、怒り心頭に発する場面である。

「直江状」を世に知らしめることになったのは、この追而書の兼続による挑発的な文言の一節なのである。ただし、この追而書は、一部の軍記物語や書籍に引用された「直江状」に見られるに過ぎない。したがって、現在では、追而書が本当に書かれていたのか否か疑問視されており、むしろ否定的な見解が強い。
以上が「直江状」が家康に対する挑戦状と受け取られた理由であるが、ほかにも文言や内容そのものにも疑問点が示されており、写しの歴史史料として問題があるのかないのかの議論がなされてきた。次に、やや長くなってしまうが、「直江状」の現代語訳を掲出することにしよう。

「直江状」の全文意訳

「直江状」には数多くの写しが伝わっている。これまでの研究においても、底本に用いられた写しは実にさまざまであった。ここでは、ごく一般的に用いられる『古今消息集』所収の「直江状」を掲出し、ほかの写しなどを参照しながら、補足説明を行うこととしたい。なお、『古今消息集』は国立公文書館内閣文庫が所蔵している（冒頭の〇囲み数字は、条数をあらわしている）。

Ⓐ四月一日の尊書が昨日十三日に到着しました。詳細に拝見し、多幸です。
①一、当国（会津）について、伏見で妙な噂が流れていることは、内府（家康）様が不審に思っているのはもっともなことです。しかし、京都・伏見でさえいろいろな不穏な噂がやむことがないので、ましてや遠国のことでありますし、景勝は若輩者ですから、そのような噂が流れる

と思っています。問題にしておりませんので、ご安心ください。重ねて、いろいろとお聞きいただきたく、ご報告するところです。

②一、景勝の上洛が遅れていることについて、何かと言われていることを不審に思っております。一昨年に国替えがありましたが、すぐに上洛いたしました。去年九月に帰国し、本年正月に上洛したのでは、いつ国の政務を執り行えばよいのでしょうか。しかも当国は雪国で、十月から三月までは不自由のこと、当国の事情に詳しい者にうかがっていただきたいものです。ですから、正月からの不穏な噂、つまり上洛の延引、景勝の逆心は、何者かが思っていることを報告したと確信しています。

③一、景勝に別心がないことは、起請文によって申し上げるべきとのことですが、一昨年から起請文（二年前に景勝が豊臣政権への忠節を誓った起請文）が反故（無効）になっているので、重ねては不要でございましょう。

④一、秀吉様以来、景勝が律儀者であると家康様がお考えならば、今になって疑うことはないことです。世の中の変化が激しいことは、ご存じのことでしょう。

⑤一、景勝の心中にはまったく別心などありませんが、讒人《ざんじん》（景勝を訴えた堀直政のこと）の報告を調べることなく逆心とお考えになると、どうしようもございません。なおざりにしていない印として、讒者（堀直政）をお調べになって、是非をお尋ねになってください。それをしないようでしたら、家康様に表裏があると思います。

⑥一、前田利長殿の件（家康の加賀征伐に対して、利長が屈服したこと）について、家康様の思う通りに措置をなさったことは、その御威光が強いと思いました。

⑦一、増田長盛と大谷吉継がご出頭（取次役）を務めることは、大変結構なことです。所用は、そちらに申し上げます。（家康配下の）榊原康政は、景勝の公式な取次です。もし景勝の逆心が歴然とあるならば、康政が取次として正しいと思うことを家康様に意見をするのが侍の筋目です。また、康政が讒人の堀監物（直政）の奏者を務め、さまざまな工作をして景勝を妨害しているのはあってはならないことです。康政が忠臣であるのか、ご判断いただくことを重ねてお願いするところです。

⑧一、不穏な噂は上洛延引がもとになっているので改めていただき、実際は右に申し上げたとおりです。

⑨一、第二に武器を集めている件ですが、上方の武士は今焼《いまやき》（楽焼《らくやき》。新しく焼かれた焼き物）の炭取《すみとり》（炭かご）や瓢《ひさご》（瓢簞《ひょうたん》）以下の人たらし（人をだますこと）の道具を所持しているとのこと。田舎武士は鑓《やり》、鉄砲、弓矢の道具を支度しております。これは国柄とお考えいただき、決して不審なことではございません。たとえ世間にないような支度（武具類）と申して、不似合いの道具（茶道具）を用意いたしましても、身の程に釣りあわないことで何の意味もありません。天下に似合わない措置であると思います。

⑩一、第三に道や船橋の造作を申し付け、交通の便を良くするのは国を持つ者の役割なので、そ

うしたまでです。越後国においても船橋や道を作りました。しかし、国の端々には、工事の完了していない箇所もあるのでしょう。そのあたりは、堀直政もご存じのはずです。会津へ移ったとき、国も政務も十分でなかったのですが、越後は上杉家の本国ですから、堀秀治を踏みつぶすのに何の手間がいりましょうか。道を作るまでもありません。景勝の領地は越後は言うまでもなく、上野、下野、岩城《いわき》、相馬、仙台、最上、由利《ゆり》、仙北《せんぼく》と接しており、道作りも堀氏と同じように隣国で行っているのですが、他の諸大名は何も言わないのに、堀秀治だけが道作りを恐れて、いろいろと騒ぎ立てています。彼は戦のことをまったく知らない無分別者と思ってください。景勝が天下に対して逆心の企てがあるならば、国境付近に堀を切って道を塞ぎ、防戦の支度をすることでしょう。十方に道を作って逆心といわれても、おのずから敵の軍勢が向かってくれば、一方の防戦すらできないでしょう。ましてや十方を防ぐこと（堀を切って道を塞ぐこと）は、可能であるといえましょうか。たとえ他国へ侵攻しようとも、景勝は一方にしか軍勢を出せません。双方を相手にしていかにして出陣できましょうか。秀治はとんでもないうつけ者と思います。景勝の領分に道や橋を申し付けた様子は、江戸から使者を派遣し、白河口の様子でも検分してください。そのほか奥州にも使者を派遣して、ところどころの境目の様子を検分して、ご納得いただきたいところです。

⑪一、遠慮のない間柄と言っても、以来、自他のために虚言を仰せになることはないとのことですが、朝鮮が降参をしない場合は、二年後に軍勢を遣わすということは、誠に虚説であるとい

うべきでしょう。一笑です。

⑫一、今年の三月は、謙信の追善供養にあたりまして、その後、夏中には上洛しようと思っていましたので、軍勢や武具以下、国の支配方針・政務のため、在国中に急いで整備しようとしていました。すると、増田長盛と大谷吉継からの使者が申すには、景勝に逆心・不穏な動きがあるので、別心がないのであれば、上洛するのがもっともなことであるとの家康様のご意向を、なおざりにしてはならないと言いました。讒人（堀直政）の報告をそのまま仰せ付けになって、急ぎ究明することが懇切なことであるのに、意趣なく逆心と申し触れたので、別心がなければ上洛しろなどと乳飲み子をあしらうようなことで問題になりません。昨日まで逆心を持っていても、その気がないふりをしてそ知らぬ顔で上洛し、あるいは縁者となり（婚姻関係を結び）、あるいは新しい知行を与えられ、恥や不足をかえりみない交流をなすご時勢は、景勝にふさわしいものではありません。心中に偽りがないとはいえ、逆心が天下に広まっているところを上洛すれば、上杉家代々の名声や弓矢の誇りまで失うので、讒人（堀直政）と引き合わせて究明することがなければ、上洛することはできません。右のことは、景勝が正しいか間違っているかは、お考えになるまでもないでしょう。特に、景勝家中の藤田信吉と申す者が先月半ばに当家を去り、江戸を経て上洛したことはすべて存じております。景勝が間違っているか、家康様に表裏があるかは、世間の判断するところでございましょう（家康が間違っている）。

⑬一、申し上げるまでもありませんが、景勝に逆心などまったくありません。上洛のことは、実

現しないように仕組まれたので、どうしようもないことでございます。それなのに、家康様のご判断どおり上洛しなければならないと景勝は申しております。たとえこのまま在国しても、太閤様の御遺言に背き、数通の起請文も破り、ご幼少の秀頼様を見放し、家康様に不首尾を行い、こちらから兵を起こしてしまっては、天下を取っても悪人の名を逃れることはできないので、末代までの恥辱になりましょう。そのことを深く考えずに、何で逆心を起こすことがありましょうか。どうかご安心ください。ただし、讒人（堀直政）の報告を事実であるとお思いになり、私（景勝）が不義の扱いを受けるようではどうしようもありません。起請文も固い約束も必要ありません。

⑭一、そちらで景勝に逆心があると決め付けたように、隣国へ会津が攻め込むと言い触らし、あるいは城に軍勢を入れて兵糧の準備をし、あるいは境目で人質を徴集し、あるいは所々で物資の運搬を禁止するなど、さまざまな噂があるとはいっても、分別のない者の仕業なので聞くまでもありません。

⑮一、内々に家康様に使者を出して釈明するべきですが、隣国で讒人（堀直政）が続けて種々のいわれなき報告をし、家中から藤田信吉が出奔しているので、（家康様も）逆心が明らかであるとお考えのところ、書状で釈明すれば「表裏者第一」と判断されることでしょうから、右に列挙したことを究明なさらないうちは釈明することができません。まったく疎《おろそ》かにする気持ちはありませんので、おりおりに取り成しをしていただき、私は恐れ入るところです。

⑯一、何事も遠国から推し量っておりますので、ありのままに（景勝の）仰せをお聞きになってください。今の世はあまり情けのないこともありますが、おのずから誠のことも嘘のようになってしまいます。申すまでもないですが、（事実を）お目にかけたいと考え、（家康様は）天下の白黒をご存じであるので、書状をしたためました。失礼なことも申しましたが、愚意を申しまして、家康様のご理解を得るため、憚ることなくお伝えいたしました。侍者に奏達します。恐惶《きょうこう》敬白。

直江山城守

兼続

慶長

四月十四日

豊光寺

侍者御中

以上が「直江状」の現代語訳である。

戦国時代の書状を読み解くための留意点

「直江状」の全文を意訳した。訳出に際しては、できる限り原文の趣を伝えたつもりである。一見して明らかなとおり、ときおり兼続の強気の口調が確認できる。一方で、兼続が家康への釈明に徹している点も垣間見えるが、その真意を測りがたいという側面もある。景勝が上洛できない理由については、開き直りとも受け取れる文言があるのもたしかで、兼続の込み入った文章はその一端を如実に物語っている。

以下、これまで指摘された問題点などを踏まえて、「直江状」の内容を詳しく検討することにしよう。景勝や家康が生きた戦国時代から江戸時代にかけては、書状の形式や敬語の使い方などが徹底していた。宛先に「殿」を使うか、「様」を使うかもその一つだろう。相手の身分（官位や家格など）によっては、用いる文言を丁寧なものに代えるなどは当然のことだった（ほかにもたくさんある）。文体などの書状の形式を書札礼《しょさつれい》という。各大名家では、宛先の家ごとに書札礼を定める例もあった。

戦国時代の人々は、相手の身分を頭に入れながら、礼を失しないように書状を書いていたのである。したがって、われわれが当該期の書状を読むときは、文章に主語が抜けていても、文中で用いられた敬語、あるいは「公儀」や「上意」といった言葉から、いったい誰が誰に対して述べたことなのかを判断する。戦国時代の書状を読むと、主語が明確にされている例が少ないのだから、敬語などが頼りになる。

逆に、書状で用いられる字句や文言がふさわしくないと、偽文書（あるいは捏造《ねつぞう》・改竄《かいざん》）と疑われても仕方がないといえる。むろん偽文書の決め手には、料紙（用紙）や筆跡などの問題もあるが、まず問題になるのは字句や文言である。偽文書が江戸時代に作成された場合、戦国時代にはなかった江戸時代の言葉を使っている場合もある。こうした観点から、改めて「直江状」の字句や文言について考える必要がある。

いずれにしても、書状を交わす際に大切なことは、仮に親しい間柄であっても、基本的に書札礼を踏まえることである。「親しき仲にも礼儀あり」というが、ほとんどのケースは親しい間柄であっても、書札礼に基づき書状を交わしている。親しい関係だからといって、砕けた口調で書状を書くことは多くはないのである。書状であっても公的な内容を帯びている場合は、特にそのようにいえる。

たとえ西笑承兌と兼続が長年の友人であっても、互いの家の重要な交渉事を行っているので、砕けた口調で気楽に書くとは考えられない。受け取った書状は、それぞれの当主に披露されるのが前提である。特に、兼続の書状は、家康の目に触れることを十分に意識したに違いない。普通に考えるならば、家康の機嫌を損ねないよう配慮するはずである。

「直江状」は上杉家の重臣・直江兼続が、徳川家康を痛烈に批判したことが印象に残り、ついに一戦を交える原因になったイメージがある。しかし、改めて書状の内容をつぶさに分析し、問題がないのかを確認する必要がある。以下、これまでの研究をたどることにしよう。

「直江状」への否定的見解

「直江状」については、多くの研究者が真偽をめぐって論じている。しかし、すべてを取り上げるわけにはいかないので、以下、主な説に絞って取り上げることにしよう。

戦国時代の研究者として著名な桑田忠親氏は、「直江状」について「これ（直江状）は上杉の重臣直江兼続が、京都豊光寺の長老西笑承兌和尚を通じての家康の詰問状に答え、上杉の立場と行動を弁明し、かえって家康の詰問に逆襲した痛快きわまる名文章である。しかし、残念ながらこれは後世の好事家《こうずか》の創作にすぎない（カッコ内は筆者が補った）」と述べている（桑田：一九六二）。

桑田氏は「直江状」が痛快な名文章であると評価しながらも、結論としては「後世の好事家の創作」と断じている。同時に桑田氏は、景勝が石田三成と共謀し、家康を挟撃しようとした説を否定している（この点は改めて検討する）。しかし、同書が一般書という制約もあって、桑田氏は「直江状」の文言の細部にわたって、踏み込んだ検討を行っているわけではない。あくまで「直江状」を一瞥《いちべつ》しただけの印象批判である。

同様に、二木《ふたき》謙一氏も「直江兼続が三成（家康の間違い）に送ったという「直江状」と称する古文書までが偽作されたほどである」と述べている（二木：一九八二）。二木氏も特に「直江状」の内容を子細に検討することなく、明快に偽作と断じている。二木氏は桑田氏の門下生でもあるので、その見解を踏襲したものであろうか。このように、「直江状」は十分に検討されることなく、先学によって創作、偽作と断じられた。

右のような見解に対して、徳川家康の研究家として知られる中村孝也氏は、慎重な態度を取って「直江状」を評価する（中村：一九八〇）。

中村氏は「直江状」は上杉家の事情を釈明をしたというよりも、むしろ家康に対する非難を展開しており、上洛要請などに歩み寄る姿勢は一切見られないと指摘する。すでに兼続は主君の景勝とともに、家康への徹底抗戦を決定しており、もはや考える余地すらなかったという見解を示した。一見すると、中村氏は「直江状」の内容を正しいとみなしているようにも見える。

一方で、中村氏は「直江状」がのちの人の偽作という説がある、とも付け加えている。中村氏自身の考えではないものの、この見解も「直江状」の文言などを厳密に分析したうえでの結論ではなく、そのあたりの評価は桑田氏や二木氏と同じである。

右に示したように、「直江状」は一九六〇年代から一九八〇年代にかけて、徐々に後世の偽作あるいは創作とする説が定着したことがわかる。ただし、いずれも印象批判的なものであり、「直江状」の文言などの厳密な検討を踏まえていない点に注意を払うべきであろう。逆に言えば、「直江状」の真偽をめぐっては、史料批判の作業が必要であることを示している。

「直江状」が偽物とする論者が多いなかで、以降に取り上げるように、「直江状」を本物であると評価する論者も徐々に出現していくのである。

「直江状」への肯定的見解①

ここまで述べたように、「直江状」の分析は徹底したものではなかったが、後世の偽作あるいは創作とする説が定着しつつあった。とはいいながらも、ほぼ同時代にも「直江状」の内容には疑問がないという説を唱えた人がいる。たとえば、新潟県の郷土史家である渡辺三省《さんせい》氏は、「直江状」の前後の傍証（間接的な証拠）がはっきりとしており、内容も当時の事情と矛盾するところがないと論じた。そのうえで、「直江状」が当時における上杉氏の立場をよく示していることから、偽文書ではないと主張したのである（渡辺：一九八〇）。

渡辺氏は真偽を確かめる前提として、そもそも景勝が家康と五大老という対等の立場にあったことを重視した。また、これまでの論者は兼続と石田三成の共同謀議（家康を挟撃する作戦の事前協議）を否定するために、「直江状」が偽文書と評価されているのではないかと主張する。しかし、後述するとおり、兼続と石田三成が家康を挟撃するという共同謀議は成り立たないので、右の主張は成立しがたい。

笠谷和比古氏は、「直江状」の文面と『古今消息集』所収の慶長五年五月七日付の豊臣家中老奉行連署状写の文面の内容がほぼ一致することから、「直江状」の内容は信頼してよいとする。ただし、「直江状」に付された追而書については、のちに偽作して挿入された可能性があると指摘する（笠谷：一九九四）。

それから時を経て、笠谷氏は先述した『古今消息集』所収の豊臣家中老奉行連署状写の内容を踏まえて、「直江状」の実在を妥当との見解を示し、ほかの歴史的な事実との整合性においても有効であると評価する（笠谷：二〇〇七）。笠谷氏は「直江状」だけでなく、豊臣家中老奉行連署状も絡めて信頼してよいと主張しているのだ。『古今消息集』所収の豊臣家中老奉行連署状写は、増田、長束という五奉行の二人に加えて、堀尾吉晴、生駒親正、中村一氏のいわゆる三中老が連署した、非常に珍しい連署状である。しかし、この点は先に取り上げたとおり、三中老の存在が疑問視されているので、少なくとも根拠にはなりえないだろう。

このように「直江状」の偽文書説が主流となるなかで、肯定的に捉える研究者もいたが、裏付けとするほかの書状類に疑問が残るので、素直に認めがたいといえよう。

「直江状」への肯定的見解②

二十一世紀になると、「直江状」の子細な分析が見られるようになった。ただ、これまでの「後世の偽作あるいは創作とする説」とは違って、逆に肯定的な見解が多いように感じる。以下、それらの説を挙げておこう。

桐野作人《さくじん》氏は「直江状」には数多くの写しが残っていることから、必ずしも正確に写し取られていないであろうと主張する。常識的に考えると、写しに誤りがあることは、決して珍しいことではない。そして、各写しの成立年代を確定するとともに古い写しを重視し、文言の異同を確認することが重要であると指摘した。つまり、複数の「直江状」の文言を子細に検討する必要性を説いたのである。以上の点を踏まえて、次のように論じている（桐野：二〇〇八）。

①江戸時代中期以降の写しは、文法が戦国期や江戸初期と異なっているが、それゆえに偽文書

と決めるわけにはいかない。
②家臣宛の慶長五年六月十日付上杉景勝書状（『歴代古案』）が「直江状」の趣旨に酷似していることから、「直江状」は景勝の心中を察した兼続が作成したと考えてよい。
③追而書については、後世の偽作の可能性がある。
以上の三つの指摘は、「直江状」を肯定的に捉えた見解であり、「直江状」の写しの伝来や文言にまで踏み込んだ分析といえよう。ただ、①については、非常に重要なことで無視することはできないと筆者は考える。「直江状」が原本を忠実に写し取っていないならば、それらは文法などの問題にとどまらず、内容そのものに疑義が生じるからである。③の見解は、笠谷氏とほぼ同じである。重臣宛の慶長五年六月十日付上杉景勝書状に関しては、のちほど「直江状」の内容を検討する際に取り上げることにしよう。

山本博文氏は、「直江状」の文言に不審な点があること、美文調ではあるものの、次の理由から一概に捨て去ることはできないという（山本：二〇〇九）。
①「直江状」に後世の人の手が加わった可能性は否定できないが、当事者しか知りえない情報が書かれているので、おそらく兼続自身が書いた原本または（その忠実な）写しが存在したと考えられる。
②「直江状」に「榊原康政は徳川方の取次であり、もし景勝の逆心が歴然とあるならば、康政が取次として家康に意見するのが侍の筋目だ」と記されているのは、取次に期待された行動

（家康に対して正しく報告すること）がきちんと記されており、後世の人には書けないことである。

③「直江状」の追而書は、後世の人が書き加えた可能性が高い。

山本氏は、「直江状」に当該期における取次の役割が正しく記されていること、そして当事者にしか知りえない情報があることから、兼続が書いた原本やその忠実な写しが少なくとも存在したと考えている。「直江状」の美文調や文言の不審な点とは、兼続が書いた原本やその忠実な写しをもとにして、後世の人が書き加えたということになろう。しかし、兼続が書いた原本やその忠実な写しが存在しない以上、比較や検討が難しいという問題がある。桐野氏の場合と同じく、原本を忠実に写し取っていないならば、何らかの意図で内容を改変したと考えられ、問題があるといえる。

山本氏は「直江状」の追而書が後世の人により書き加えられた可能性が高いと指摘しており、その点は笠谷氏や桐野氏と同じ意見である。

「直江状」への肯定的見解③

「直江状」に関する肯定的な見解は、ほかにもある。

今福匡氏は数多く伝来する「直江状」の写しを子細に分析したうえで、下郷共済会が所蔵する写しの表現が簡素になっていると述べた。さらに、写本の条文の数については、十六ヵ条というのがポピュラーな形態であること、もともとあったと想定される「直江状」の原本には追而書がないものが主だったこと、などを指摘した（今福：二〇〇八）。

なお、上杉家に伝わる「直江状」については、十四ヵ条（『覚上公御書集』）、十五ヵ条（『上杉家御年譜』『歴代古案』）と条文の数に相違があることは、意図的に取捨されたのか、単なる書写上の欠落なのかは不明としている。いずれにしても、問題があるということになろう。

そして、今福氏は「直江状」について、①「直江状」の文言は慶長五年四月一日付の西笑承兌書状（『歴代古案』などに所収）にも出てきており、その詰問に回答する形で内容が構成されていること、②「直江状」の追而書は、後代に偽作挿入された可能性があることを挙げた。①については、「直江状」が西笑承兌書状への返答になっているという意見なので、肯定的な見解と捉えてよいだろう。②の追而書に関する見解については、笠谷氏らと同意見である。

今福氏は結論として、当時のままの字句でないという条件をつけ、「直江状」の存在を容認したいと述べている。字句や文言についての見解は、先述した山本氏の考え方と似ており、条件付きの肯定ということになる。とはいえ、先述のとおり、字句を正確に写し取っていないとするならば（単純な誤写ではなく、意図的なものならば）、問題が多いように感じる。

このように「直江状」を偽文書や創作物ではなく肯定的に捉える論者は、後世の人により本文に手が加えられた可能性があること、字句や表現に難があることを考慮しながらも、「直江状」の存在自体を肯定的に考えている。そして、追而書は後世の人により偽作挿入されたという点は、共通した見解である。従来、十分に写しの書誌学的考察や本文の検証がなされず、単に印象批判というレベルで、「直江状」は偽文書あるいは創作物と評価されてきた。ところが、肯定する論者は「直江状」の本文などを本格的に検討することにより、一定の留保をつけながらも容認する見解を示したのである。

「直江状」は「家康への大胆不敵な挑戦状」ではない

ここまで述べたとおり、「直江状」に関する研究は本文の字句や文言、あるいは追而書をめぐっての分析を中心にして行われてきた。しかし、白峰旬氏は「直江状」に関する新たな見解を提示し、従来説の「直江状＝家康への大胆不敵な挑戦状」という見解に対して疑義を提示している（白峰：二〇一一）。以下、そのポイントを三点取り上げる。

①テキストにはもっとも成立年の早い（寛永十七年〈一六四〇〉成立）、下郷共済会が所蔵する「直江状」を用いるべきで、それより新しい時代に成立した写しは、字句の異同や修飾語が付加されている。

②本来の「直江状」原本は、語調の整わない箇所がある粗削りなものであったが、のちに転写を重ねるうちに美文調に変化していったと考えられる。

③「直江状」は、西笑承兌書状に対する返信であり、内容的に照応している。その点から信憑性は高いと考えられる。

「直江状」原本にはなかった文言や文章は、転写される過程で修飾され、「直江状」原本は転写を繰り返すうちに美文調に整えられたと指摘する。さらに、「直江状」の本文については、慶長五年四月一日付の西笑承兌書状との対応を照合すれば、その内容は信憑性が高いと評価する。西笑承兌書状との対応を重視するのは、今福氏と同じ考え方である。

ところで、白峰氏の説が目新しいのは、先に挙げた三点の指摘だけではない。それは、「直江状」が「兼続の家康への大胆不敵な挑戦状」ではなく、「上杉家と堀家の係争の事案に関するものであった」ということになる。この見解は、これまであまり指摘されなかったことである。上杉氏と堀氏の係争とは、先述した上杉氏による旧領越後の年貢持ち去り事件や讒言などに端を発した件にほかならない。

白峰氏は「直江状」の内容を詳しく検討した結果、堀氏が上杉氏の動きを家康に報告したことを重要視した。そして、堀氏の報告を何の疑念もなく受け入れた家康に対して、上杉氏は「直江状」で詳細に釈明したと指摘する。兼続が「直江状」で求めているのは、家康の公正な裁定だった。それが受け入れられないならば、景勝が上洛はできないというのが「直江状」の本旨であるという。

「直江状」の内容は景勝の弁明を詳細かつ具体的に論じており、家康への挑戦状というべきものではない。兼続の態度は決して不遜なものではなく、極めて真摯であると指摘している。

従来の「直江状」の研究は、単なる印象批判を経て、書誌学的な検討にまで進んだ。ところが、白峰氏は「直江状」の内容を具体的に検討し、上杉家の真意を探ろうとした。白峰氏は今福氏の研究を踏まえて、さらに「直江状」の伝本調査を前進させた。ただ、「直江状」の原本が書き替えられた可能性がある点については、どうしても気にかかるところである。

このように「直江状」はさまざまな見解が示されているが、まだまだ多くの問題をはらんでいるのは事実である。

「直江状」の不自然な文言①

「直江状」の文言を微に入り細に入り、詳しく検討したのが宮本義己氏である。以下、宮本氏の研究に従って、内容を検討してみよう（以下、宮本：一九九八ほか）。すでに「直江状」の現代語訳を掲げているので、参照しながら宮本説を説明しておこう。

「直江状」の冒頭のⒶの部分の原文は、「今朝之尊書、昨十三日着、具《つぶさ》ニ拝見、多幸々々」と書かれている。文章の末尾の部分が「多幸々々」と体言止めになっているが、これが公的な内容を帯びた書状の文言としてふさわしくないと指摘されている。それは、どういうことなのだろうか。

たとえば現代においても、終業時間を迎えた会社員が帰宅する際には、「お疲れ様でした」と「でした」まで付けるのが普通であろう（特に上司に対しての場合）。単に「お疲れ」と体言止めで言うのは、年下や友達の間柄で用いる砕けた表現である。卑近な例を挙げたが、承兌と兼続の緊迫した交渉事の場面で、こうした体言止めは不自然であるといえる。ただ、「直江状」の諸本によっては、「多幸ニ候」と記されているものもある。

宮本氏は兼続の発給文書と「直江状」を照らし合わせた結果、次に示す「直江状」の上段の文言は下段の表現がふさわしいのではないかと指摘した。

①可被尊意安候《そんいやすかるべくそうろう》（第一条）→ 可御心安候《おこころやすかるべくそうろう》
②可申宣候《もうしのぶべくそうろう》（十五条）→ 可申入候《もうしいるべくそうろう》

①②については兼続の例に限らず、一般的に上段の用例は乏しいように思える。「可御心安候」はほかの箇所で使用されているが（十三条）、兼続の発給文書を分析したうえでの結論なので、宮本氏の指摘には強い説得力がある。

また、「誠可為虚説歟《まことにきょせつたるべきか》、一笑」（十一条）の書き方についても、疑問が生じる。この部分についても、写しによって異同はあるが、本来ならば「誠可為虚説候歟《まことにきょせつたるべくそうろうか》、一笑ニ候」とでもあるべきと指摘する。先述のとおり、「一笑」という体言止めはあまり使用しない。このように字句や文言に不審な点があると、必然的に内容そのものが疑問視（＝偽文書または創作物とみなすこと）されてもしようがないだろう。

「直江状」の不自然な文言②

「直江状」を本物とするには、ほかにも不自然な文言や字句は随所に見え、いささか躊躇する。たとえば、第七条の冒頭には、「増右・大刑少御出頭之由、珍重々々ニ候」と書かれている。増右とは「増田右衛門《うえもんのじょう》尉長盛」のことで、大刑少とは「大谷刑部少輔《ぎょうぶのしょう》吉継」のことである。それぞれ、省略して記している。このような省略した書き方は、当時としては別に珍しいことではない。

問題なのは、書状を書いた兼続が豊臣政権の重鎮である二人に対して、省略した形で名前を記していることである。西笑承兌は長らく秀吉に仕官し、秀吉の没後は豊臣政権を支える家康に仕えたので、増田、大谷の二人を身内の者として、名前を省略して書くのは別に問題がない。実際に西笑承兌が兼続に宛てた書状では、二人を略称で表記している。大名が書状を書く際に、自身が遣わした使者などを略称で表記するのは珍しいことはなく、逆に普通である。しかし、兼続が相手方の人物に対して、略称を用いるのは不自然と言わざるを得ない。

たとえば、現代社会においても、会社などで相手方に訪問の連絡をする際、「○月○日に弊社の渡邊が御社に説明にうかがいます」といった表現を使うはずである。「渡邊さんが」「渡邊課長が」などと書けば、相手方に不自然な印象を与えるだろう。率直に言えば、ビジネスマナーに反するのである。あるいは、極端に言えば「なべちゃん」などのニックネームで呼べばなおさらである。

また、相手方から確認の連絡が来た場合は、「○月○日に御社の渡邊様が弊社に説明にお見えになるのですね」といった敬称をつけた表現にならないとおかしい。仮に、「……御社の渡邊が……」などと呼び捨てにすれば、相手方に失礼になる。要するに、兼続が相手方の人物に略称を用いるのは、不自然というよりも失礼なのである。

「直江状」が本物であるにしては、表現や文言の基本的な点が不審であり、いささかお粗末な点があるように思える。この点は、もう少し考えてみよう。

「直江状」と西笑承兌書状の対応関係

「直江状」は、これより先に兼続に宛てられた慶長五年四月一日付の西笑承兌書状に答えた内容になっているとの指摘がある。その対応関係は、次のとおりである。

①直江状（一条）――西笑承兌書状（前書き、七条）
②直江状（二条）――西笑承兌書状（前書き、三条、六条）
③直江状（三条）――西笑承兌書状（一条）
④直江状（四条）――西笑承兌書状（二条）
⑤直江状（五条）――西笑承兌書状（三条）
⑥直江状（六条）――西笑承兌書状（四条）
⑦直江状（七条）――西笑承兌書状（三条、五条）
⑧直江状（八条）――西笑承兌書状（前書き）
⑨直江状（九条）――西笑承兌書状（七条）
⑩直江状（十条）――西笑承兌書状（前書き、七条）

⑪直江状（十一条）――西笑承兌書状（七条）
⑫直江状（十二条）――西笑承兌書状（前書き、三条、五条、六条、七条）
⑬直江状（十三条）――西笑承兌書状（前書き、一条、三条、六条）
⑭直江状（十四条）――西笑承兌書状（前書き、三条）
⑮直江状（十五条）――西笑承兌書状（三条、五条）
⑯直江状（十六条）――西笑承兌書状（八条）

西笑承兌書状を改めて確認すると、理路整然と順序立てて、兼続に回答を求める情報を伝えたことがわかる。「直江状」が西笑承兌書状に対応しているので、疑問点がないと指摘される所以である。

一方、「直江状」を見ると、右の対応を見ればわかるように、同じような釈明を何度も何度も繰り返している。西笑承兌書状の七条に対しては、兼続が五ヵ条もの箇所で触れている。普通であれば、相手方の質問に対して、一ヵ所で回答すれば十分なはずである。つまり、同じ内容が繰り返される兼続の回答には違和感が残る。

詳しくは後述するが、結論を先取りするならば、今に残る「直江状」は手を加えられた偽文書と言わざるを得ない。

景勝への上洛要請と、家康の朝鮮再出兵計画

「直江状」については、朝鮮再出兵に関わることに不審な点があり、宮本義己氏が詳細に検討している。

慶長五年四月一日付の西笑承兌書状の七条目には、和平交渉中の朝鮮が降参しないならば、来年か再来年に家康が朝鮮再出兵を計画していると書かれている。

これに回答した「直江状」の何種類かある別の写しでは、「朝鮮が降参したならば」となっているものもあるが、文脈を考慮すると「朝鮮が降参しないならば」とするほうが正しいだろう。家康が景勝に上洛を要請したのは、単に上洛できない理由の釈明だけではなく、朝鮮再出兵の件についての相談も含まれていたとも考えられる。家康は景勝に朝鮮再出兵の相談を持ちかけることも含め、景勝の上洛を促そうとしたのかもしれない。

承兌の書状に対する「直江状」の答えは、朝鮮が降参しないならば軍勢を派遣するというのは明らかな虚説であるとし、一笑に付している（十一条）。上杉氏は、まったく取り合わなかったのである。「直江状」の前段において、兼続は西笑承兌とは遠慮のない間柄であるので、互いのために虚言は言わないと述べていた。兼続は西笑承兌が嘘を言ったので、憤っているような印象さえも残る。

宮本氏は、朝鮮再出兵が根拠のない虚説ではないと指摘する。宮本氏は荒野泰典氏の研究（荒野：二〇〇三）を参照しつつ、家康が朝鮮再出兵を計画していた事実を指摘している。次に、その点を取り上げておこう。

儒学者・姜沆《カンハン》は一連の文禄・慶長の役で日本軍に捕らえられたが、自著の『看羊録』のなかで家康が明年《みょうねん》には朝鮮を犯そうとしている、という情報を得たと書いている。この話は、姜沆と親しい関係にあった、儒学者の藤原惺窩《せいか》が小早川秀秋から得た情報だったという。姜沆は情報の真偽を探ったが、結局、裏付けを取ることができなかった。

このほかにも、朝鮮関係の史料にも朝鮮再出兵の一件が取り上げられることもあったが、これまでは否定的な見解が占めていた。

そこで、宮本氏が注目したのは、慶長五年正月二十七日付島津義弘等連署状である（「旧記雑録後編三」）。内容を要約すれば、次のとおりである。

秀吉が亡くなったので、朝鮮から兵を引き上げるところであるが、朝鮮が盟約（日本との和平）を変じることがあれば、武力を用いることもある。和平を結んだとしても二年を期限としたうえで、慶長七年になったときには朝鮮を蹂躙する、と島津義弘等連署状に書かれている。少なくとも豊臣政権の上層部では、朝鮮再出兵の情報が共有され、明らかに計画されていたのではないのだろうか。

宮本氏は以上の事実を踏まえて、「家康は、当面する外交案件について承兌書状を通じて上杉景勝に知らせ、そのための相談を彼の上洛督促の新たな理由に加えたのである。換言するなら、日本国の国益を左右する重大な外交機密の相談を、『内府』（家康）の裁量権を度外視して景勝に持ちかけることで、彼の大義名分を立て、その面目をも保たせようとの配慮がなされたものと見ることができよう」と指摘する。「『内府』(家康)の裁量権」とは、豊臣政権下における家康の保持した権限といえよう。

家康は、景勝の立場を慮って朝鮮再出兵の相談を持ちかけ、釈明のために景勝に上洛を強要させることを避けた。つまり、景勝の態度を問題視していたものの、円滑に事を進めようとしたということになる。「直江状」の回答は別として、慶長五年四月一日付の西笑承兌書状の七条目は、特に不審な点がないといえよう。ただ、上杉方では朝鮮再出兵の計画を知らなかったので、「虚説」と断じた可能性はある。

従来説による、承兌書状と「直江状」の発信日付

「直江状」の問題の一つとして、発信された日付の件がある。西笑承兌の書状(慶長五年四月一日付)に対して、兼続の「直江状」(慶長五年四月十四日付)が返送されたが、そこに書かれた発信の日付などに疑義がないのかを検討することにしたい。この点に関しても、宮本義己氏が詳しく検討を行っている。

改めて確認すると、西笑承兌の書状が四月一日付で発信され、到着したのが「直江状」の冒頭部分に書かれたように四月十三日のこととされている。到着までに二週間弱を要している。

兼続は承兌の書状を読むと、一気呵成《いっきかせい》に「直江状」を書き上げたことがわかる。あまりに急いで兼続が「直江状」を書いたために、これまで取り上げたような字句や文言などの誤りが生じた

といわれているほどだ。そして、翌十四日に西笑承兌に対して、「直江状」は返信されたのである。これが通説的な考え方といえよう。

承兌の書状も「直江状」と同じく写ししか残っていないが、これまで書状が出される経緯などについて触れられたことはなかった。書状の発給に至るまでの経緯は、『鹿苑日録』で確認ができる。以下、その流れを示しておこう。

①三月二十九日——承兌が大坂から帰宅せず、伏見に滞在。

②四月一日————承兌が相国寺に帰宅する。

『鹿苑日録』の記載内容から、少なくとも承兌が書状を発給する四月一日まで、家康が滞在する伏見にいたことが判明する。『鹿苑日録』には、四月一日に承兌が兼続宛の書状を書いたとは明確に記していない。四月二十一日、家康は家臣の榊原康政を伴って、承兌のいる豊光寺（相国寺の塔頭）を訪問した。家康は白銀《はくぎん》や金子《きんす》などを持参しているので、それは兼続宛の書状を書いた承兌への謝礼と考えて差し支えないだろう。

承兌書状と「直江状」の発信日付を検証する

問題になるのは、本当に承兌の書状が四月一日に会津に向けて発信されたのか否かである。このあたりについても、宮本氏が子細に分析して従来説を改めた。

四月八日付島津惟新（義弘）書状には、「来《きた》る十日に伊奈昭綱が会津に出発する」と記されているので（「旧記雑録後編三」）、実際に家康の使者の伊奈昭綱が出発したのは、四月十日のことと考えてよい。別の惟新の書状には、三月十日に出発したとも書かれているが、これは宮本氏が誤記と指摘している。三月十日が誤記であることは、四月二十七日付の惟新書状でも確認ができる（「旧記雑録後編三」）。

普通、京都から会津までの行程は、多少の前後はあると考えられるが、十三日前後の日数を要するという。

そう考えると、四月十日に発した承兌の書状が会津に到着するのは、四月二十三日前後のことになる。「直江状」の発信日付の四月十四日から、十日前後も遅く到着したことになり、承兌の書状の到着後、兼続が急いで返事を書いて送ったとしても、京都に到着するのは最速で五月六日頃になってしまう。

兼続の返事は、いつ承兌のもとに届いたのだろうか。『鹿苑日録』慶長五年五月十一日条によると、承兌は兼続からの書状の返事を書いたことが記録されている。つまり、前日の五月十日か、早ければ六・七日頃には、兼続の返事は届いたと考えられる。承兌が返事をした書状の内容は、あとで取り上げることにしよう。

以上の点を考慮すると、従来説のように四月一日に承兌の書状が発信されて、十三日に届いたことには疑問が残る。ましてや、承兌の書状を一読した兼続が、一気呵成に筆を執って、返事（「直江状」）を書いたというのは誤りと考えざるを得ない。『鹿苑日録』の記録とは一致しない点が多すぎる。宮本氏が言うように、家康への返事は上杉家の命運のカギを握る大切なものである。それを急いで（慌てて）書いたため、文面に間違いがあったなどは、極めて稚拙な対応と言わざるを得ないだろう。

景勝が上洛しなかった真意

ここまで、慶長五年四月一日付の西笑承兌書状や「直江状」をもとにして、家康と景勝との交渉の経緯について、諸研究を参考にしつつ述べてきた。しかし、なぜ景勝が家康の要請があったにもかかわらず、上洛しなかったのかという、根本的な問題が解決していない。以下、この点について検討することにしよう。

慶長五年五月十八日付徳川秀忠書状（森忠政宛）には、「伊奈昭綱を差し遣わしたところ、景勝の上洛が定まったとの由なので」と記されている（『森家先代実録』）。これが事実ならば、景勝の上洛は決まっていたことになる。この史料に注目したのは、水野伍貴氏である（水野：二〇一六）。

先述のとおり、家康は伊奈昭綱を使者として会津に派遣した。おそらく昭綱が預かった兼続の返書には、景勝が上洛に応じる旨が書かれていたと考えられる。景勝は家臣らの意見を聞きつつ総合的に熟慮して、上洛は拒否できないと判断したのだろう。

景勝が上洛しようと決定したならば、「直江状」に基づく従来説とはまったく違った結論になる。しかし、景勝は最終的に上洛しなかった。その間の複雑な事情を如実に示すのが、次の慶長五年六月十日付上杉景勝書状（家臣宛）である（『歴代古案』）。現代語訳して示すことにしよう。

今度、上洛が実現しなかったのは、第一に家中が無力であったことである。第二に国の支配のため、秋まで上洛を延期してほしいと奉行衆に回答したところ、重ねて逆臣（堀直政）の讒言を信じて、もし上洛することがなければ、会津を攻撃するとの（家康の）回答があったからである。こちらには考えがあるとはいえ、もともと逆心はないので、すべてを擲《なげう》って上洛する気持ちを固めた。あわせて讒人（堀直政）の究明のことを申し入れたところ、ただ（奉行衆は）上洛せよと言うだけで、それさえ期限を区切って催促するばかりである。そういうことでは、上洛はどうしてもできないのである。何通かの（家康に差し出した）起請文は反故（無効）にされ、讒人（堀直政）の究明も叶わなかった。

景勝はいったん上洛を決意したが、家中や領内支配の問題が残っていたので、秋まで待ってほしいと家康に願い出た。しかし、奉行衆は堀直政の讒言を信じていたので、景勝が上洛に応じなければ、会津に攻め込むとの姿勢を見せた。それでも景勝は上洛の意を固めて、讒人（堀直政）の究明を重ねて要請した。ところが、奉行衆は上洛の期限を区切って、ただ上洛せよと言うだけで、讒人究明の要望も叶わなかったようである。

右に示した交渉の結果、要望を拒否された景勝は上洛を諦めたので、意に反して家康との対決を回避できなくなった。景勝は上洛の要請に応じる姿勢を見せたが、どうしても讒人究明を成し遂げることだけは譲れなかったのである。これが、実際の家康と景勝の交渉経過であり、景勝は家康の自らに対する疑念を晴らしたかったのである。

慶長五年六月二日、家康は上野国白井《しろい》城（群馬県渋川市）主・本多康重《やすしげ》に対して、会津征討の実行を報告するとともに、ただちに攻撃の準備を指示している（『譜牒余録』）。つまり、会津征討は「直江状」が契機になったというよりも、六月初めまで家康と景勝の間で交渉がなされた結果決裂し、行われたということになろう。

「直江状」は完全なる偽文書か

ここまで、先行研究や関係する史料を検討しながら、「直江状」の周辺事情についていろいろと分析してきた。

少なくとも指摘できることは、「直江状」に原本があったのか、あるいは原本を忠実に写し取ったものがあったのかという点に疑問が残ることである。多くの研究者は、「直江状」には字句や文言に誤りが多く、文章が美文調であることなどから、後世の人の手が加わったと指摘している。いずれにせよ、「直江状」が改竄もしくは捏造された可能性は高いといえる。もし、そうであるならば、もはや「直江状」は偽文書と言わざるを得ないのではないか。

ここまでの「直江状」の検討によって、慶長五年四月一日付の西笑承兌の書状が四月十三日に到着することがありえないことが判明した。使者が四月十日に京都を出発しているので、四月十三日に会津に到着するのは不可能である。そして、いったんは景勝が上洛を承諾していたことを考慮すると、もともと存在した「直江状」の原本に後世の人が手を加えた（改竄・捏造）といった次元の話でないことは明らかである。もはや、創作物と言わざるを得ない。

承兌書状の発給から会津征伐までの時系列的整理

改めて、時系列的に西笑承兌と兼続の交渉過程の流れを整理すると、おおむね次のようになろう（年はすべて慶長五年）。

①四月一日——西笑承兌が書状を執筆。
②四月十日——伊奈昭綱ら使者が承兌の書状を持って会津へ出発。
③四月二十三日前後——伊奈昭綱ら使者が会津に到着。
④五月六〜十日頃——直江兼続からの返書が到来（内容は、讒人の究明などを条件にして、上杉景勝は上洛を受諾したものと推測される）。
⑤五月十八日——徳川秀忠は、景勝が上洛するとの認識を示す。
⑥六月二日以前——徳川家康は、最終的に景勝が上洛をしなかったため、会津征討を決意し各大名に攻撃準備の指示をする。
⑦六月十日——景勝は家臣に対して、上洛拒否に至った経緯を説明する。

あえて推測を試みるならば、④五月六〜十日頃に届いた兼続の返信に対して、家康（実際は西笑承兌）が応答したことはほぼ間違いないと考えてよいだろう。⑤にあるとおり、秀忠は景勝が上洛するとの情報を何らかの形で入手していた。

残念ながら、今はその内容をうかがい知ることはできないが、六月十日付の景勝書状をもとに考えてみると、家康は景勝の上洛を期限を区切ったうえで促し、その期限までに上洛しなければ、会津を攻撃すると書いたのではないだろうか。しかも、景勝が上洛の条件とした讒人（堀直政）の究明については、拒否したか一切触れられていなかったのではないかと考えられる。結局、景勝の要望は受け入れられなかったので、上洛を拒否せざるを得なかったのである。

家康（実際は西笑承兌）からの書状を受け取った景勝は、先述のとおり家中が無力であること、領内の支配が十分でなかったこと、讒人（堀直政）の究明が受け入れられなかったことを悲観し、ついに上洛しなかった。上洛する意思の回答の期限は、五月末日か六月一日くらいだったのかもしれない（後述する四月二十七日付の島津惟新の書状では六月上旬と書かれている）。

家康は景勝が上洛を拒否したので、最終的に会津討伐を決断した。会津討伐の指示が史料にあらわれるのは、先述した六月二日のことである。以上の経緯が正しいならば、四月十四日付の「直江状」を見て家康が激怒して会津征討を決意したというのは誤りであるといえよう。むしろ、その後も交渉が続いたうえで決裂し、家康が会津征討を決意したというのが自然な流れになる。

「直江状」の真偽をめぐる二つの可能性

以上のように検討を進めると、「直江状」の成立事情に関しては、だいたい次の二つの可能性があると考えられる。

①もとは、「原直江状」というべき兼続の書状が存在した。内容は讒人（堀直政）の究明を条件として、景勝が上洛するというものである。それは、「直江状」のような長文（あるいは同じことを繰り返し書いたような書状）ではなく、もう少しすっきりした短文のものであったと推測される。この存在しない（散逸した）兼続の書状をベースにして、後世の人物がさまざまな情報を考慮しながら、手を加えて（あるいは捏造・改竄して）「直江状」は成立した。

②「原直江状」をモデルにして「直江状」が成立したのではなく、承兌の書状をベースにして（ほかの史料も参照しつつ）、それに対応する形で「直江状」を創作した。それゆえに、人名の略称を用いるなど、書式上の不備が生じた。また、日付についても、承兌の書状が四月一日に記されているので、十三日に受け取ったことにするなど整合性を図ったものの、結局はその措置が仇となった。

いずれにしても、今に残る「直江状」そのものには、もととなる原本があったとは考えられない。むしろ、右に想定した「原直江状」というべきコンパクトな内容の兼続書状があったならば、それを創作、改竄、捏造したという類のものである可能性は、非常に高いといえよう。それは、やがて各地で転写されて広まった。内容がおもしろいだけに人々の間で受容され、会津征討の行われた原因として定着したのであろう。

では、なぜ「直江状」は作成されたのか。明確な根拠はないものの、それは直江家が存続しなかったことも影響しているだろう。関ヶ原合戦後、上杉家が減封されたことは、痛恨の極みだった。そして、その要因が当主の景勝にあることは大きな問題だった。そこで、家の断絶した兼続に責任を転嫁し、あえて「直江状」を上杉家の各種の文書集に残したのではないだろうか。兼続が亡くなったのは、元和五年（一六一九）十二月のことである。

したがって、「直江状」の内容に問題がないという見解は、非常に大きな疑義がある。偽文書とすべきであろう。結論を言えば、「直江状」が史料としては、一次史料と同等の価値があるとは考えられず、逆に使用に耐えない性質のものであるといえよう。

第六章　家康の会津征討

景勝と三成による「家康挟み撃ち」の真偽

前章で取り上げたとおり、上杉景勝は徳川家康からの上洛要請を拒否したので、戦いを避けられない状況になった。会津征討で必ず問題になるのが、景勝・直江兼続と石田三成が事前に盟約を結んでいたという説である。つまり、景勝が上洛を拒否して家康に会津征討をさせたのは、景勝・直江兼続と石田三成があらかじめ練っていた作戦であり、最初から家康を挟み撃ちにしようと計画していたというのである。

事前盟約説の根拠になった史料は、『続武者物語』所収の（慶長五年）六月二十日付石田三成書状（直江兼続宛）である。内容は、次のとおりである。

> 先日、御細書《さいしょ》（細かく内容を記した手紙）を預かり返事をいたしました。家康は一昨日の十八日に伏見を出馬し、かねてからの作戦が思うとおりになり、天の与えた好機と満足に思っております。私も油断なく戦いの準備をいたしますので、来月初めに佐和山を出発し、大坂へと向かいます。毛利輝元・宇喜多秀家そのほかは、無二の味方です。会津方面の作戦を承りたく思います。中納言様（景勝）にも手紙を送っています。しかるべき御意を得るようお願いする次第です。

傍線部を読めばわかるとおり、以前から考えていた三成と兼続の作戦が功を奏し、挑発に乗った家康が会津征討に向かったというのである。三成自身も出陣準備を万全に整えている様子がうかがえ、すでに毛利氏や宇喜多氏も与同していた。景勝には別途手紙を送っており、あとは家康を討つだけの状況になった。

中村孝也氏はこの三成の書状を分析し、内容に疑義があると指摘している（中村：一九八〇）。その理由としては、『続武者物語』が延宝八年（一六八〇）十月に成立した編纂物に過ぎないことを挙げている。同書の著者は、国枝清軒《せいけん》である。同書の内容は『武辺咄聞書《ぶへんばなしききがき》』（こちらも国枝清軒の著）と大同小異で、さまざまな所伝を年次不同で編集した書物に過ぎず、その記述内容には信が置けないと指摘する。いわば、俗書の類に過ぎないのである。

二次史料に文書が掲載されていることは珍しくないが、明らかに創作された文書（偽文書）が載っていることも稀ではない。史料批判を通して、記載された文書が信頼できるか否かを検討することは重要である。したがって、この三成書状は、偽文書と断じてよいだろう。

三成書状に見る「越後口での攪乱作戦」の虚実

この三成の書状に続いて、『続武者物語』には（慶長五年）七月十四日付三成書状（兼続宛）が収録されている。内容は越後口における攪乱《かくらん》作戦（越後で上杉旧家臣を扇動し兵を起こさせること）について記しているが、やはり中村氏は信憑性が高くないものと評価している。特に理由を示していないが、事前盟約説の根拠になった先の三成書状と同様に、論じるまでもないということだろう。『続武者物語』の内容に疑義があるのだから、致し方ないところである。

今井林太郎氏も同様に、越後口における攪乱作戦の書状について否定的な見解を示している（今井：一九六二）。理由については、書簡の用語に疑わしい点があることから、後世の人の偽作であろうと指摘している。たしかに書状に書かれている「天ノ與《あたえ》ト」であるとか、「無二ノ味方」などの表現は、当時としては一般的なものとはいえないので、少なからず違和感がある。史料中の文言が同時代に使われたものかを調べることは、史料批判のセオリーである。

しかし、最近の研究によって、「天ノ與ト」と書いた三成の文書が『真田《さなだ》家文書』に収録されている事実が指摘された。こちらの三成の文書は内容的に不審な点がないので、少なくとも今井氏が指摘した「天ノ與ト」という文言は、偽文書の決定的な証拠にはならないようである（太田：二〇〇九）。では、越後口における攪乱作戦を伝えた三成の書状は、正しい内容とみなしていいのだろうか。

太田浩司氏は三成書状に書かれた文言に不審な点が多いので、やはり越後口における攪乱作戦の書状は偽文書であろうと指摘する。たとえば、三成の書状には七月初旬に「佐和山を罷《まか》り立ち、大坂に越境せしむべく候」と書かれているが、「越境」という文言は当時のものとしては不自然であると指摘する。加えて「其の表手段承りたく」と書かれているが、「手段」という文言も当時のものとして自然な表現ではないという。たしかに、いずれの文言とも、あまり当時の史料に見えないものである。

ほかの史料でも『会津陣物語』（杉原親清著）は、『続武者物語』と同じく事前盟約説を採用する。水野伍貴氏は、事前盟約説は筆者の杉原親清により創作された可能性が高いと述べる。創作した理由は、上杉氏が徳川氏に敵対行動を取った責任については、直江兼続一人に押し付けようとしたのではないかと重要な指摘をした（水野：二〇一六）。

そもそも『会津陣物語』は、国枝清軒が後世に上杉景勝の武勇を広く伝えたいと思い筆を執り、杉原親清の筆記に訂正を加えたものである。そのような成立状況を勘案すれば、掲載された史料の性格も相まって、事前盟約説を史実と認めるには躊躇せざるを得ない。

事前盟約説が成り立たないのは明らかであるが、もっと決定的な根拠はないのだろうか。次に、その点を検討することにしよう。

景勝と三成による事前盟約はなかった

事前盟約説を否定するには、前節での諸研究で十分かもしれない。しかし、宮本義己氏は関係する史料を子細に検証し、兼続と三成の事前盟約説がなかったことを明快に証明して見せた（宮本：二〇〇八）。

宮本氏は兼続と三成との間で交わされた事前盟約説を否定すべく、三成が真田氏に宛てた文書を根拠にして論じた。次に、その証拠となる（慶長五年）七月晦日《みそか》付石田三成書状（真田昌幸《まさゆき》宛）を現代語訳して掲出しておこう（「真田家文書」）。

私（三成）から使者を三人遣わしました。そのうち一人は貴老（昌幸）が返事を書き次第、案内者を添えて私（三成）のほうに下してください。残りの二人は、会津（景勝・兼続）への書状とともに遣わしているので、貴老（昌幸）のほうからたしかな人物を添えて、沼田《ぬまた》（群馬県沼田市）を越えて会津に向わせてください。貴老（昌幸）のところに返事を持って帰ってきたら、案内者を一人添えて、三成まで遣わしてください。

宛先の真田昌幸は信濃上田城（長野県上田市）主で、のちに子の信繁《のぶしげ》（幸村）とともに西軍に身を投じた人物である。書状の冒頭の部分を省略したが、三成が挙兵する計画をあらかじめ昌幸に報告していなかったことを詫びている。両者は昵懇の関係にあったが、その昌幸にさえ事前に西軍が決起することを知らせていなかった。詫びている点を考慮すれば、二人の強い関係をうかがうことができよう。

この書状によって、三成が昌幸を介して景勝のもとに使者を遣わせていることがわかる。文中の案内者とは、その土地の事情に詳しい者ということを意味する（道案内）。つまり、宮本氏が述べるように、三成はこれより以前に、景勝との交渉ルートを持たなかったと考えられる。それゆえ、三成は昌幸の助力を得て、何とか景勝に使者を送り込もうとしたのである。結論を言えば、これ以前に三成は上杉方との交渉ルートがなかったので、事前盟約説が成り立たないのは自明の

こととい えよう。

真田昌幸を頼り上杉氏への接近を図る三成

（慶長五年）八月五日付の石田三成書状（真田昌幸宛）によると、三成が昌幸を通して、景勝と交渉を円滑に進めようとする様子がうかがえる。三成は沼田を経て会津の景勝に飛脚を送ろうとしたが、その間に他領があったので、通行がいささか困難であった状況がうかがえる。三成は北関東・東北方面に不案内だったので、その方面の昌幸の助力を必要としたのである。

同書状には、三成が自軍を有利に見せかけるためか、越後（堀秀治）からも豊臣秀頼に奉公したいとの報告があったと書いている。しかし、すでに述べたとおり、堀氏は景勝と敵対関係にあったのだから、事実か否か不審な点が残る。三成は、二人の良好ではない関係を知っていたはずである。いずれにせよ、いまだに三成は諸国の大名に味方を募っている状況にあった。

次に、（慶長五年）八月十日付の石田三成書状（真田昌幸・信繁宛）の内容を確認することにしよう（「真田家文書」）。現代語訳を示す。

とにかく早々に（昌幸・信繁から）会津へ使者を送り、公儀（秀頼）が手抜かりなく三成と相談していることをお伝えいただきたい。いうまでもないことですが、お国柄もあって、景勝は何かと気になさる方です。しかし、このように入魂《じっこん》の間柄になれば、さほど気にすることはないので、物腰柔らかく景勝に気に入られるよう申し入れ、成し遂げることです。

三成は相変わらず昌幸を通して、景勝が西軍に味方するように交渉しており、決起には秀頼の賛意があることも伝えている。何より重要なのは、景勝の性格や人柄に及んでまで、昌幸に助言をしていることである。つまり、この段階においても、三成は景勝から味方になるとの確約を得ていなかったことになる。このような状況では、とても三成があらかじめ家康を挟撃するとの作戦で合意に至ったとは思えない。

ここまで挙げた史料を確認すればわかるように、三成は事前に景勝・兼続と交渉ルートを持っておらず、すべての交渉は昌幸を頼みにするしかなった。実情は慶長五年八月の段階に至っても、いまだに三成は昌幸を通して、景勝と交渉をしていたことになる。そのような状況だったのだから、必然的に三成と景勝・兼続との事前盟約説が成り立つわけがない。

家康を諫めたとされる「三中老」とは何か

「直江状」をめぐっては、ユニークな説がある。徳川家康が「直江状」を読んで激高したところ、三中老（生駒親正、堀尾吉晴、中村一氏）らが会津討伐を諫止《かんし》したという説がある。三中老についてはすでに否定的な見解が強いと述べたが、ここで改めて検討することにしよう。

「三中老」という用語は、そもそも一般的な歴史用語辞典にも取り上げられていない。三中老については、『甫庵《ほあん》太閤記』『武家事紀』『徳川実紀』などの二次史料に記述が見えるが、その具体的な職務内容などは不明である。「三中老」には五大老や五奉行のように、連署して発給した文書などはほとんど見当たらない。つまり、「三中老」という言葉は内実がなく、用語だけが独り歩きしている感がある。

したがって、現在の研究段階では、「三中老」が豊臣政権下における正式な職とはみなされていないようである。

少し三中老の人物像に触れておこう。

生駒親正はもともと織田信長の家臣で、その死後は秀吉に仕えて各地を転戦した。その戦功が認められ、近江高島《たかしま》（滋賀県高島市）に二万三千石、ついで播磨赤穂《あこう》（兵庫県赤穂市）に六万石を給与され、天正十五年（一五八七）には讃岐十五万の大名となった。関ヶ原合戦では西軍に与したが、子の一正《かずまさ》が東軍についていたこともあり許された。

堀尾吉晴ももともと織田信長の家臣で、その死後は秀吉に仕えて各地を転戦した。その戦功が認められ、近江佐和山（滋賀県彦根市）に四万石、天正十八年には遠江浜松（静岡県浜松市）に十二万石を与えられた。秀吉の死後は引退し、家督を子の忠氏《ただうじ》に譲った。

中村一氏は秀吉に仕えて各地を転戦し、その戦功が認められ近江水口《みなくち》（滋賀県甲賀市）などに六万石、天正十八年には駿河駿府（静岡市葵《あおい》区）に十四万五千石を与えられた。しかし、関ヶ原合戦直前の慶長五年七月十七日に病没した。

会津征討を諫める三中老による連署状

次に掲出する史料は、慶長五年五月七日三中老等連署状写である（『歴代古案』『古今消息集』）。内容は、三中老らが家康の会津征討を諫止したものである。この連署状だけが、三中老が存在したというほとんど唯一の根拠史料となる。次に、現代語訳して掲出することにしよう。

①一、結局、秀頼様を世話することもありますので、大坂にあって天下静謐を仰せ付けていただきたいと存じます。

②一、私どもの考えは憚るところが多いですが、今は非常に難しい状況です。家康様が良い考えを出して、円滑に事を進めることが肝要であるとおっしゃったので、このように申し上げる次第です。今度、兼続の所行（「直江状」で家康に無礼なことを言ったこと）は不届きであり、ご立腹はごもっともなことと存じます。とはいえ、総じてそれらの対応は、実に田舎者であるからでしょう。本年中は出陣をお控えになって、事がうまく運ばなければ、来春にでも出馬することがもっともでございます。

③一、秀吉様が亡くなって以後、下々の者が騒ぎ立てようとも、ご分別をもって深くお考えになり、めでたく事が収まるところを、今般会津征討を敢行しようとし、たとえすぐにお申し付けになっても、日本に傷がつくと下々の者は考えるでしょう。

④一、第一に、秀頼様はまだ若年でいらっしゃいます。それゆえ、そういう状況であるからこそ、諸事を重々お助けにならないといけないのです。ただいま、家康様が会津征討に向かえば、秀頼様を見放すことになると、下々の者は考えるでしょう。ぜひ本年については、出馬をお控えになっていただくよう申し上げます。

⑤一、先々から去年に至って、不作でございます。とりわけ、ここ二年ばかりは飢饉もありましたので、兵糧をどのようになさるおつもりでしょうか。また、雪の前では行軍も満足にできません。そのような事情から、来春にご出馬なさったほうがよいと考える次第です。

この書状の奥に署判を加えているのは、堀尾吉晴、生駒親正、中村一氏という「三中老」である。さらに、前田玄以、増田長盛、長束正家という五奉行のうち三名が署判を加え、宛先は井伊直政になっている。

署判の位置からすれば、奥に位置する「三中老」が上ということになる。とはいえ、「三中老」が連署した文書は他に見出しがたいうえに、五奉行の上位に三中老が位置することは、関連する史料を欠くので考えにくい。そもそも五大老と五奉行の上下を論じるのが無意味であるのは、先述のとおりである。

宮本義己氏が指摘するように、家康の家臣の役割分担を考慮すれば、この時点で宛先が井伊直政になっているのはふさわしくなく、むしろ榊原康政が適当であるという（宮本：二〇〇八）。この書状は、さまざまな点で不審な箇所が多いといえる。

三中老の連署状の不審点

各条文そのものについても、宮本氏による的確な指摘がある。以下、私見を交えながら、確認することにしよう。

一条目は、いかに有力な大名の進言とはいえ、いささか家康に対して差し出がましく不自然な印象を受ける。なお、『古今消息集』（内閣文庫所蔵）の同じ書状の写しには、「遠国で不穏な動きがあれば、各々を差し遣わせるよう仰せ付けください」という一文が付加されている。つまり、家康は自ら出馬することなく、秀頼を支えるため大坂にとどまってもらい、諸大名を代わりに会津征討に派遣するということである。

しかし、この段階で家康は豊臣公儀を支える責任があったので、怒りに任せて諸大名に会津征討を要求する権利があるとは考えられず、非常に疑わしいと言わざるを得ない。景勝を討伐するには、それだけの大義名分が必要であろう。

二条目は冒頭にあるとおり、危機的な状況で家康から意見を求められたので、「三中老」らは言いにくいことも含めて申し述べると書かれている。そして、「三中老」らは、家康が「直江状」を読んで激怒するのはもっともであるが、兼続は田舎者なので仕方がないとする（家康の出馬は控えてほしい）。「兼続が田舎者だから」程度の理由によって、家康に出馬の自重を求めるのは、正直なところ腑に落ちない。

書状の文言一つでもやかましいこの時代にあって、「田舎者だから許してやってほしい」という理屈が通じるのだろうか。三条目には、家康がすぐさま軍事行動を起こすと傷がつくと書いているが、理由がよくわからない。家康は豊臣政権下の大物なのだから、軽率であるとでも言いたいのであろうか。

四条目に家康には秀頼をサポートする責任があり、会津征討を実行することで秀頼を見放すことになるという理屈がよく理解できない。秀頼を支える大老の面々は、家康だけでなくほかにも存在した。景勝が豊臣政権に反旗を翻したと認識するならば、逆に討ってしかるべきであるように思える。宮本氏は石田三成や毛利輝元が決起することを予見したものとして、胡散臭《うさん》いと指摘する。胡散臭いというのは、この時点ではまだ三成・輝元に決起するような動きが見られなかったからだろう。

五条目が一番の問題である。「三中老」らは、ここ二年の「不作」や「飢饉」そして「雪道での軍事行動や兵糧」を心配し、家康に会津征討を見送って翌年に延期すべきことを提言している。とはいうものの、家康らがぐずぐずしている間に、景勝は確実に軍備を整えるはずである。右の理由を申し述べて出馬を見送ることは、いささか幼稚であるとの誹《そし》りを逃れられないのではないだろうか。

このように「三中老」らは、家康の会津征討を止めさせようと努力するが、その理由が決して合理的なものとはいえないと感じる。彼ら「三中老」には危機感がまるでなく、いったい何を意図して家康に進言しているのかさっぱり理解できない。まさか上杉サイドから、仲裁を「三中老」らに依頼したとは考えられないだろう。したがって、宮本氏が指摘するように、「三中老」らの書状は極めて疑わしいと考えざるを得ないのである。

家康は「景勝は上洛しない」という前提で軍備していた

家康は、いつ頃から会津征討を決意したのだろうか。時期の問題については、以下、順を追って確認することにしよう。

慶長五年（一六〇〇）四月二十七日付島津惟新（義弘）書状によると、家康は景勝に上洛を促したうえで、六月上旬を目処に景勝の上洛が実現しなければ、会津征討も辞さないという態度を示していた。景勝が上洛しないという前提で、家康は惟新に伏見の留守を任せようとしたのである。加えて、軍勢や兵糧などの手当について、家康からの具体的な指示が記されている。おそらく家康は、「景勝が上洛しない」という前提のもとで、この段階以前に会津征討の準備を進めたと考えられる。

同年五月三日、家康は下野国伊王野城《いおうの》（栃木県那須町）主・伊王野資信《すけのぶ》に対して、「この度、会津の状況を報告いただきました。会津方面の攻口を堅く守ってください。追って私（家康）が出馬し、景勝を討ち果たします」という内容の書状を送っている（『古文書集』）。資信に会津方面の守備を命じているのだから、この段階で家康が景勝に対して警戒心を抱いていたのはたしかである。

伊王野氏は伊王野城に本拠を置いており、「那須七騎《しちき》」（主家の那須氏のほか、蘆野《あしの》氏・伊王野氏・千本《せんぼん》氏・福原《ふくはら》氏、重臣の大関《おおぜき》氏・大田原《おおたわら》氏の七家）の一人でもあった。同城は、上杉氏の本拠・会津の最前線に位置していたのだから、家康が伊王野氏に警固を依頼した理由がわかる。家康が会津征討を決意したのは、この書状を根拠として、五月三日であるという説もある。

しかし、これまでの経緯から判断すれば、家康はすでに景勝が上洛しないことを前提にして会津征討の準備を進めていた。したがって、家康は景勝の討伐を決意したというよりも、伊王野氏に引き続き景勝の動きに注意を払うよう呼びかけ、会津征討の用意があることを伝達したに過ぎないと理解すべきだろう。家康には、景勝への対応を迫られる伊王野氏に方針なり考えを伝えておく必要があった。

家康が会津征討を決定するまで

慶長五年五月七日、上方にあった最上義光は、家康が十のうち九の割合で出馬するとの考えを仁賀保《にかほ》、赤津、滝沢の三氏に報告した（高橋：二〇〇八）。この三氏は、いずれも東北の国衆である。義光の言葉を信じるならば、家康の出馬は正式に決定したわけではないが、ほぼ決まっていたということになろう。しかし、すでに触れたとおり、秀忠は五月十八日の時点においても、景勝が上洛するとの考えを示しているので、あくまで景勝が上洛しないという前提での見解だろう。

改めて、ここまでの流れを整理しておこう。

四月一日に西笑承兌が上洛を促す書状を執筆し、それは伊奈昭綱ら使者が四月二十三日前後に兼続に届けた。返事であるという「直江状」は偽文書であり、実際は以下に示すようなことが書かれていたと想定される。とはいえ、おそらく兼続はすぐに西笑承兌に対して、返事を書いたに違いないだろうから、五月六〜十日頃には讒人（堀直政）の究明などを条件にして、景勝が上洛を検討もしくは上洛に前向きな内容の返書が西笑承兌のもとに到着したと考えられる。

ところが、先述の四月二十七日付島津惟新書状によると、すでに家康は四月下旬頃から、会津征討を前提に軍備を進めていた。同年五月三日、家康は伊王野氏に会津征討の意思があることを伝えた。最上氏が書状で上杉討伐を匂わせる発言をしているように、家康の会津征討の意向はさまざまな形で諸大名に広く伝わっていったと考えられる。これは、景勝を追い込むための一種の情報操作と考えてよいだろう。

五月十八日の段階では、徳川秀忠も景勝が上洛するとの認識を示していたが、条件付きもしくは前向きに上洛すると言ったと考えられる景勝は、最終的に上洛を拒否した。おそらく、設定されていた回答の期限は、使者の行き来が可能である五月末日または六月一日ではなかっただろうか。この時点で景勝の上洛はなくなったので、会津征討を前提として出陣準備を進めていた家康の腹は固まったと推測される。

そして、ついに六月二日になり、家康は最終的に景勝が上洛しないことを確認し、会津征討を各大名に伝える（『譜牒余録』）。

以上の流れを考慮すると、四月一日に西笑承兌が書状を書いた時点で、家康は景勝が上洛しないことを前提として、会津征討の準備を着々と進めていたと推測される。四月下旬頃から準備を進めていたのは、その証であろう。むろん、景勝もその雰囲気をさまざまなところから情報を得て、感じ取っていたかもしれない。五月中下旬になると、家康のもとには、北関東や東北などの諸大名から景勝の状況が報告されたと考えられる。伊王野氏もその一人だった。

それらを踏まえて、家康は景勝を追い込むべく、情報戦を展開した。景勝には上洛できない事情があったのかもしれないが、それはまったく理由にならなかったのである。

会津征討計画の内容

こうして家康は会津征討を決定すると、着々と出陣準備を進めた。以下、その経過を順に示すことにしよう。慶長五年六月六日、家康は大坂城西の丸で軍議を催し、諸大名の攻口を決めた（『関ヶ原日記』）。それは、次のとおりである。

①白河口（福島県白河市）――徳川家康・秀忠
②信夫口（福島県福島市）――伊達政宗
③米沢口（山形県米沢市）――最上義光

④津川口（新潟県阿賀町）――前田利長
⑤仙道口（福島県棚倉町《たなぐら》）――佐竹義宣

一覧すればわかるとおり、家康・秀忠を除くと、主たる攻撃陣の面々は北関東、東北、北陸の諸大名が中心である。会津征討を実行する日は、七月二十一日としている。越後国の堀秀治は前田氏が担当する津川口から先陣を切って攻め込むことになり、堀直政、堀直寄《なおより》（直政の次男）、越後本庄《ほんじょう》城（村上城。新潟県村上市）主の村上義明《よしあきら》、越後新発田城（新潟県新発田市）主の溝口秀勝《みぞぐちひでかつ》ら北陸の諸大名がこれを支援することになった。

右の会津征討の計画は、信用してよいのだろうか。のちに触れるとおり、家康は七月二日に江戸城に入ると、同月七日には会津征討の指示を各大名に行った。会津征討の予定日は、同月二十一日だった。『関ヶ原日記』が六月六日に会津征討が決まったとしているのは、右に示した事実を知っていたうえで記した可能性がある。結局、前田利長や佐竹義宣は会津に出陣していない。

六月二日、家康は七月下旬に会津征討を行うことを、配下の本多康重らに予告したことを確認できる（『譜牒余録』）。六月十四日になると、家康は溝口秀勝と村上義明に対し、上杉領である佐渡（新潟県佐渡市）・庄内（山形県の日本海沿岸地域）への侵攻を止めさせると、会津攻撃に専念するよう命じた。むろん、家康がそのように指示をしたのには理由があった。

会津の上杉景勝を討伐してしまえば、上杉領の佐渡や庄内も難なく手に入るので、わざわざ溝口氏や村上氏が攻め込むことは不要だったからである（『古文書集』など）。そうなると、おおむね

図6-1　会津征討

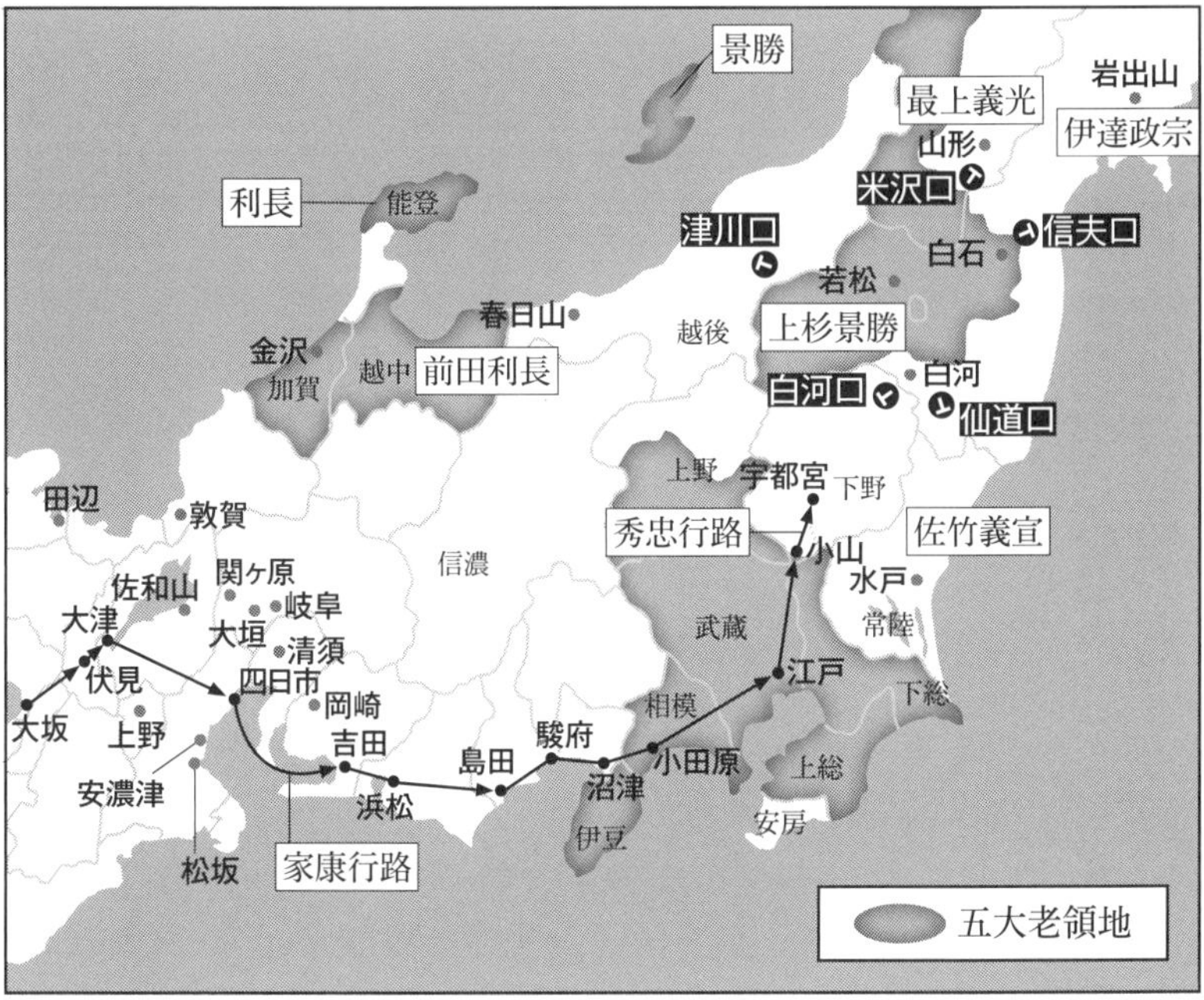

『関ヶ原日記』が記す六月六日に会津征討の攻め口などの具体的な方針が決定したことは、ほぼ間違いないと考えてよいのかもしれない。

六月十六日、家康は大坂城を出発して伏見城に入った（『義演准后日記』など）。同日、在京していた佐竹義宣、伊達政宗、最上義光は、それぞれの領国へと引き上げるべく、伏見を出発した。六月十七日、家康は伏見城の留守を配下の鳥居元忠、松平家忠《いえただ》らに任せると、翌十八日に江戸に向かって出発したのである。

家康は自身の家臣だけではな

く、福島正則、池田輝政、細川忠興、黒田長政、浅野幸長、加藤嘉明《よしあき》、藤堂高虎、山内一豊《やまうちかずとよ》ら家康与党の協力を得て、総勢約五万五千の軍勢を擁していたという。

伏見を発つ家康

その後、家康は江戸城に戻るため、準備を整えた。

家康は六月十八日に伏見を出発すると、大津城（滋賀県大津市）に入った。同城では、大津城主・京極高次《きょうごくたかつぐ》からもてなされた。家康は高次に瀬田《せた》（同上）まで見送られると、石部《いしべ》（滋賀県湖南市）で宿を取ったという。そのとき、五奉行の水口城（滋賀県甲賀市）主・長束正家が家康のもとを訪れて、立ち寄るように申し出があった。その後の行軍ルートを見ると、正家が家康に立ち寄るよう申し出たのは、ごく自然なことであると考えられる。

家康はいったん正家の要請に承諾したものの、石田三成が家康を奇襲する計画があるとの情報を得た。また、正家自身にも家康への異心があるとの密告を受け、結局は取り止めにしたという。この話は、いくつかの編纂物などにより知られている。正家が立ち寄るよう求めたのは、家康の行軍ルート上だったので事実かもしれない。三成が家康を奇襲することや正家が家康に異心を抱いていたとの情報を得たことは、おそらく単なる創作に過ぎないと考えられる。

約一ヵ月後、三成も正家も家康に反旗を翻すが、この時点でそうした動きが判明したならば、決して家康は無視することなく、何らかの対処をしたはずである。家康が正家の申し出を断ったのは、単に先を急いでいたからだろう。水口を通過した家康は、城中の正家に使者を送り、約束を違えたことを詫びたという。驚いた正家は土山《つちやま》（滋賀県甲賀市）で家康の一行に追いつくと、家康から刀を与えられた。

その後、家康は徹夜してまで鈴鹿（三重県鈴鹿市）を越え、やがて関《せき》（同関市）に到着すると、六月十九日は同地に宿泊した。

家康の江戸までの路程と軍令の制定

以後の路程は、次のとおりである（すべて慶長五年）。

①六月二十日――四日市（三重県四日市市）に到着。その日の夜に船出する。
②六月二十一日――佐久島《さくしま》（愛知県西尾《にしお》市）に到着。
③六月二十二日――吉田（西尾市）に到着し、白須賀《しらすか》（愛知県湖西《こさい》市）に泊まる。
④六月二十三日――浜松城（静岡県浜松市）に到着し、中泉《なかいずみ》（同磐田《いわた》市）に泊まる。
⑤六月二十四日――中山《なかやま》（静岡県掛川《かけがわ》市）に到着し、島田《しまだ》（同島田市）に泊まる。
⑥六月二十五日――丸子《まりこ》（静岡県静岡市駿河区）に到着し、清水（同静岡市清水区）に泊まる。
⑦六月二十六日――沼津（静岡県沼津市）に到着し、三島（同三島市）に泊まる。
⑧六月二十七日――箱根（神奈川県箱根町）を越えて、小田原（同小田原市）に泊まる。
⑨六月二十八日――藤沢（神奈川県藤沢市）に泊まる。

⑩六月二十九日——鶴岡八幡宮（神奈川県鎌倉市）に参詣して戦勝を祈願する。
⑪七月一日——神奈川（横浜市神奈川区）に泊まる。
⑫七月二日——秀忠に迎えられ、江戸城に入る。

家康は伏見を出発してから、十四日間もの日数をかけて江戸城に入城した。通常よりもゆったりとしたペースだが、それは下向する間に景勝の情報を得るためだろう。中村孝也氏の研究によると、この間の家康は一通も書状を発給しなかったという（中村：一九八〇）。書かなかった理由は不明であるが、すでに会津征討に向けて諸大名を編成しえたので、一種の余裕ともいえようか。

家康は江戸に到着すると、会津征討を控えてさらに準備を進めるべく、七月七日に十六ヵ条にわたる軍令を制定した（「友部《ともべ》文書」）。制定した理由は、会津征討に際して兵卒による乱妨狼藉などを禁止し、秩序維持を図るためであった。関ヶ原合戦においては、井伊氏なども軍令を定めている。

戦闘時には「乱取り」という行為が頻発し、兵卒は人や物資を奪い去っていた。戦場で強奪したものは、いうなれば彼らの取り分となった。ケースによっては、敵との戦いよりも、「乱取り」に夢中になることすらあったという。また、軍令には戦闘においても、手柄を立てるための抜け駆けの禁止、大将の命令に従うことなどが定められた。家康は兵卒が秩序を守ることを促すべく、軍令を定めたのである。

同日、家康は最上義光、出羽湊《みなと》城（秋田市）主の秋田実季《さねすえ》らに出陣の日を七月二十一日にすると通告し、会津攻撃を命じたのである。

小山へ向かう家康

次に、慶長五年七月二日、家康が江戸に到着して以降、会津に至るまでの行程を確認しておこう。家康は江戸城に到着すると、しばらく会津征討に備えて江戸に滞在し、作戦を考えていたようである。軍令などを定めたのは、その一つに過ぎないだろう。その後の行程は、以下に示すとおりである。

①七月二十一日――江戸城を発して武蔵国鳩ケ谷《はとがや》（埼玉県川口市）に到着。
②七月二十二日――武蔵国岩槻（さいたま市岩槻区）に到着。
③七月二十三日――下総国古河《こが》（茨城県古河市）に到着。
④七月二十四日――下野国小山《おやま》（栃木県小山市）に到着。

七月二十二日には、京極高次が伏見・大坂の状況を家康に知らせた。おそらく、家康があらかじめ依頼していたことなのだろう。その後の家康は、美濃妻木城《つまぎ》（岐阜県土岐市《とき》）主の妻木頼忠《よりただ》、信濃海津城《かいづ》（長野市）主の森忠政に書状を送るなどした。家康は小山に到着したとはいえ、景勝のいる会津へはまだまだ遠く、慎重に行軍を進めた様子がうかがえる。小山に到着後、家康は先発した秀忠の率いる軍勢と合流する予定であった。

一方で七月十九日、家康の子・秀忠は別働隊を率いて先に江戸城を出発すると、同月二十一日に下総国古河を経て、翌二十二日にはすでに下野国宇都宮（栃木県宇都宮市）に到着していた。ちょうど家康が秀忠を追いかけるような形になっており、ともに上杉氏を討つべく軍を進めていた。部隊を二つに分けた理由は、リスク管理という側面もあったと考えられる。

最近の研究では、秀忠の率いる軍勢のほうが、家康の率いる本隊よりも、徳川氏の一門・譜代で構成されており、精鋭が揃っていたと指摘されている。この点は、のちほど取り上げることにしよう。

ところが、家康はこの地で、驚くべき情報を手に入れるのである。それは、上方で石田三成が反旗を翻したという報告だった。

三成、決起す――「内府ちがひの条々」の発出

慶長五年七月十七日、三成ら反徳川勢力は家康への宣戦を布告すべく、「内府ちがひ（違い）の条々」を諸国の大名に送った（「真田文書」など）。署判を加えたのは、前田玄以、増田長盛、長束正家の三奉行である。いずれも家康に従っていた面々であるが、三成は署判を加えていない。

「内府ちがひ（違い）」というのは、内府（＝内大臣）の家康の過ちということになろう。「違い」には、誤りや間違いという意味がある。

その条文は十三ヵ条で構成されており、主要な主張は、①五奉行である石田三成、浅野長政を蟄居に追い込んだこと、②五大老の前田利長を追い込んだうえに、景勝を討ち果たすために人質

を取ったこと、③景勝に何ら落ち度がないのに、秀吉の置目に背いて討ち果たそうとしていること、の三点に集約されよう。

①~③なども含めて強調されているのは、家康が秀吉の置目や誓紙に背いたということである。つまり、家康が五大老五奉行間で誓紙を交わしたにもかかわらず、それを反故にしたことが豊臣公儀を根底から揺るがしたということが言いたいのだろう。このままでは家康の思うがままになり、豊臣政権が崩壊しかねないというのが、三成らが家康へ宣戦布告した大きな理由である。

また、ほかの条文では家康が自身の与党に対して加増を行ったことや、無断で家康が大名間で誓紙を交わしたことなども記されている。それらを根拠として、三成らは家康の豊臣政権内における身勝手な振る舞いを糾弾し、その討伐を諸大名に呼びかけたのである。それは、豊臣政権内で家康に主導権を握らせないという、強い決意表明でもあったといえよう。

「内府ちがひの条々」は、単独では送られていなかった。

五奉行のうちの三人（前田玄以、増田長盛、長束正家）は、真田昌幸に対して「内府ちがひの条々」に添えて、「急ぎ申し入れます。今度家康様が景勝のもとへ発向したことは、誓紙や秀吉様の置目に背き秀頼様をお見捨てになったので、おのおのが相談し家康様と対決することになりました。家康様（の考えや行動）が誤っていることは別紙（「内府ちがひの条々」）に見えるとおりです。この事実をもっともなこととお思いになり、秀吉様の御恩賞をお忘れになっていないならば、秀頼様へ御忠節を尽くしてください」という内容の書状を送った（「真田文書」）。副状《そえじょう》でさらに細かく事情を説明しているのだ。

これは真田氏の例であるが、「内府ちがひの条々」と三奉行の書状は、セットになって各地の大名に送られた可能性が高い。三奉行の書状は、いうなれば副状である。家康が秀吉の置目や誓紙の決まりごとに背いたことは、秀頼さらにいえば豊臣公儀を見捨てたという理解である。さらに突っ込んで解釈すれば、家康が豊臣公儀に敵対する行動を取ったので、討伐せざるを得ないということになる。

三成が署判を加えていないのは、このとき引退して佐和山に蟄居していたからだろう。署判を加えたのは、あくまで豊臣政権に残った奉行衆の面々だった。

西軍の「二大老四奉行」体制、開始

慶長五年七月十七日、五大老の秀家と輝元は連署し、前田利長に書状を遣わした（『武家事紀』）。内容を現代語訳して掲出すると、「特に申し入れます。家康が（秀吉の）置目に背き、誓紙に違え、ほしいままに振る舞っていることは、奉行（前田玄以、増田長盛、長束正家）から申し入れがありました（「内府ちがひの条々」）。ことさら大老・奉行が一人ずつ果てていってしまっては、誰が秀頼様を取り立てましょうか。そのことをずっと考え、今度おのおのに相談したところ、家康と対決するに至りました。あなた様（利長）も同じ考えでいらっしゃいましょう。このときに秀頼様のために尽力することは、申し上げるまでもありません。お返事を待っております」という内容になる。

書状の中身は、家康のこれまでの豊臣政権を揺るがす行為を非難し、秀頼のために挙兵すべきことを勧めたものである。書状の「果ててしまった大老・奉行」とは、失脚した奉行の石田三成、浅野長政、そして大老の上杉景勝、前田利長を指すと考えてよい。「内府ちがひの条々」には、五奉行の石田三成が署判を加えていないものの、もとは徳川与党だった大谷吉継とともども挙兵したのが事実である。

慶長五年七月十七日をもって、西軍を構成する秀家、輝元の大老、三成、玄以、長盛、正家の奉行と、東軍を組織する家康との間は、完全に決裂したのである。同時に、五大老五奉行制は崩壊し、西軍は二大老四奉行によって意思決定がなされた。二大老四奉行とは、どういうものなのだろうか。

これまで豊臣政権では、五大老や五奉行の文書が発給されていたが、以後の三成、輝元らが主導する西軍は二大老四奉行が連署して文書を発給する。二大老四奉行とは、秀家・輝元の二大老と三成・玄以・長盛・正家の四奉行によって構成されていた。二大老四奉行という体制を指摘したのは、布谷陽子氏である（布谷：二〇〇七）。以後、二大老四奉行は家康を除いて、豊臣公儀を支えていくことになった。

「内府ちがひの条々」を受け取った大名の対応はさまざまで、東西両軍の間で判断に迷った者がいたのも事実である。むろん、最初から東西両軍いずれに与するか、固い決意を持った大名もいた。しかし、家康が三成らの挙兵を知るには、もう少し時間が必要だった。その点については、次の項目で触れることにしよう。

「三奉行と輝元は、三成や吉継に加担せず」との情報

三奉行が「内府ちがひの条々」を発した七月十七日の時点で、家康はまだ江戸城にとどまっていた。家康は七月二十一日に江戸城を出発したので、この段階ではまだ二大老四奉行の挙兵を承知していなかったと考えられる。では、家康はいつの時点で、二大老四奉行らが反旗を翻した事実を知ったのだろうか。

慶長五年七月十二日、増田長盛は家康配下の永井直勝《ながいなおかつ》に書状を送った（『板坂卜斎覚書《いたさかぼくさいおぼえがき》』所収文書）。内容は、大谷吉継が垂井《たるい》（岐阜県垂井町）で病になって滞在していること、ほかにも石田三成が出陣するなど、さまざまな噂が流れていることである。宛先の永井直勝は、家康の側近として知られ、非常に信の厚かった人物である。

『時慶卿記《ときよし》』と『義演准后日記』の同年七月十三日条などによると、長盛の報告が決して嘘ではなかったことを確認できる。ということは、この時点で三奉行の一人・長盛は家康与党であり、それゆえに機密情報を流したとしか考えられない。特に、三成の動きを報告したことは、注目に値する。

徳川方に寄せられた情報は、それだけではなかった。同年七月十三日、毛利輝元の家臣である

宍戸《しし ど》元続《もとつぐ》、熊谷元直《もとなお》、益田元祥《もとなが》が連署して、家康の家臣である榊原康政、本多正信、永井直勝に対して報告がなされた（「吉川家文書」）。その内容は、安国寺恵瓊が出陣して近江に至り、吉継や三成と不穏な動きをしている事実である。恵瓊は毛利方の政僧なのだから、にわかには信じがたい話である。

そのなかで重要なポイントは、輝元が恵瓊をはじめ、吉継や三成の動きを承知していないということを伝えた点である。少なくとも恵瓊が輝元の許可なく、勝手に行動しているかのような印象を受ける。同年七月十四日付の吉川広家書状（榊原康政宛）においても、輝元が恵瓊らの動きを知らないということを述べている（「吉川家文書」）。毛利家は、恵瓊や三成に加担していないことを主張し続けたのである。

家康は、三奉行（玄以、長盛、正家）や毛利輝元などが西軍の決起に関与していないという情報を得て安心した。三奉行の一人・長盛が西軍の動きに関与していないのだから、残りの玄以、正家も関与していないと見るのが妥当であろう。彼ら三奉行は家康派だったからである。豊臣政権を支える三奉行、大老のなかで家康に次ぐ地位にある輝元が彼らに与同していなければ、吉継や三成の敵対行為は抑えられると考えたのであろうか。そのような事情もあって、家康が積極的に彼らの動きを封じ込めようとした動きは確認できない。

輝元の積極果敢な反家康行動

右の経過によると、三奉行や輝元は家康与党のように思えたが、実際はそうではなかった。同年七月十五日になると、輝元は三奉行（前田玄以、増田長盛、長束正家）からの出陣要請を受け入れ、広島を出発したことを確認できる。長盛や輝元の家臣が徳川方に書状で機密を漏らしてから、わずか二日後の出来事である。それだけでなく、毛利氏は肥後の加藤清正に上洛すら促していたのである（『松井家譜』所収文書）。もちろん、清正を西軍に引き入れるためだろう。

三奉行の出陣要請を受け入れた輝元は、わずか二日後に広島から大坂に到着していた。その驚異的なスピードは、普通では考えられないと指摘されている（光成：二〇一八）。事前に三成らの動きを知っていなければ、とうていなし得ないはずだ。輝元は三奉行や三成と結託していないどころか、家康がいた大坂城西の丸を占拠するなどし、むしろ積極的な姿勢で反家康の行動を取っていたことも明らかになっている。

同年七月十五日、島津惟新（義弘）は上杉景勝に宛てて、毛利輝元、宇喜多秀家をはじめ、小西行長、大谷吉継、石田三成が秀頼のために挙兵したので、同意するように求めた書状を送った（「旧記雑録後編三」）。ここで挙兵に同意した面々がさらに詳しく明らかになり、輝元は総大将として祭り上げられたのである。

同じ事実が報じられたことは、同年七月十六日付の蜂須賀家政書状（毛利家の家臣、堅田《かただ》元慶《もとよし》宛）によって裏付けられる（「毛利家文書」）。つまり、上方方面においては、すでに輝元らの挙兵が知れ渡っていたことが判明する。島津氏の書状の日付が七月十五日なので、「内府ちがひの条々」以前に挙兵が画策されたのは明らかである。後述するとおり、その後、毛利氏は蜂須賀氏の領国・阿波に侵攻する。

七月二十一日付の細川忠興の書状（家臣の松井康之《やすゆき》宛）によると、すでに輝元と三成が結託した事実が知らされている（「細川家記」所収文書）。その情報は、追い追い上方から家康のもとに届くであろうと書かれている。そして、家康は事態を収拾するため上洛するであろうとし、康之に豊後で相応の措置をとるように命じた。相応の措置とは、九州における西軍勢力への対処に違いない。当時、忠興は下野宇都宮（栃木県宇都宮市）におり、康之は細川氏領国の豊後杵築《きつき》（大分県杵築市）で留守を預かっていた。この時点で、忠興はすでに九州の西軍勢力を把握していたのだろうか。

ところが、家康は七月二十一日の段階で、輝元や三成の挙兵を知らなかったのか、江戸城を出発して上方に引き返すことはなかった。

ようやく西軍の決起を知った家康

翌七月二十二日、家康は美濃妻木城（岐阜県土岐市）主の妻木頼忠に書状を送った（「妻木家文書」）。頼忠は病で会津征討に出陣できなかったが、あえて家康は上方の情勢を監視して報告するように命じた。文面からすれば、この時点で家康が輝元や三成の挙兵を知っていたか否かは、残念ながら不明である。単に監視を命じたに過ぎない。もしくは感付いていたが、あえて書かなかった可能性もあろう。

翌七月二十三日、家康は最上義光に書状を送った（『譜牒余録後編』）。書状の内容は、石田三成と大谷吉継が触状《ふれじょう》を諸大名に回付し、さまざまな噂が広まっているということである。触状とは「内府ちがひの条々」のことである。そこで、会津征討を中断することとし、のちに命令を下すと書かれている。

つまり、少なくとも家康は七月二十三日までに輝元や三成の挙兵の事実を知り、何らかの対処を迫られたことになる。ただ、七月二十一日の時点で忠興が知っていたのだから、少なくともそこまでさかのぼることは可能であるといえよう。非常に重要なことなので、周囲の重臣が家康に報告しないことはあり得ない。

これまでの経緯を見る限り、家康は七月二十三日以前の段階で西軍の挙兵を知った。「内府ちがひの条々」が諸大名に送られてから、六日ほどが経過していた。「内府ちがひの条々」は三奉行（前田玄以、増田長盛、長束正家）が副状とともに各地の大名に触れたものであるが、それを知った者が家康のもとに報告をもたらしたのだろう。

三成らの決起は列島全体を巻き込んだ壮大なものであり、局地的に反旗を翻したものではなかった。家康がそれを知った時点で即座に西上して対処しなかったのは、すでにさまざまな情報から気配を感じ取っていたからだろうか。あるいは豊臣政権における絶大な発言権があることを自負しており、彼らの決起をすぐに押さえられるという自信があったからであろうか。
いずれにしても、家康には熟慮の時間が必要だったに違いない。家康は輝元や三成が決起して
「内府ちがひの条々」を諸大名に発し、やがて決起に関する詳しい情報を入手し、少なからず驚いたことは想像に難くない。
こうして家康は会津征討を中断せざるを得ず、挙兵した輝元や三成、三奉行らへの対応を迫られた。その舞台こそが、小山評定だったのである。

小山評定での福島正則と山内一豊

家康は二大老四奉行の挙兵を知ると、やがて西上の途についた。通説によると、家康は七月二十五日に小山評定を催し、会津征討に従軍していた諸将を味方に引き入れることに成功した。映画やテレビドラマでは、おなじみになったシーンである。次に、通説でいわれるところの小山評定の経過を確認しておこう。

七月二十五日、家康は小山で評定を行うため、先に下野国宇都宮に進軍していた子の秀忠をわざわざ呼び戻した。

このとき重要だったのは、豊臣恩顧の武将たち――浅野幸長、福島正則、池田輝政、加藤嘉明、田中吉政、堀尾忠氏――らの態度いかんにあったといえよう。豊臣恩顧とは、彼らが秀吉の若い頃から従っていたので、そう名付けられていた。彼らの態度が重要だったのは、彼らが家康に与

するか否かによって、ほかの大名の去就が決まるからである。彼らが家康に従わなければ、敗北は決定的だったといえる。

二十五日に催された小山評定では、最初に輝元や三成らが挙兵した事実が知らされた。問題になったのは、会津征討に従軍した諸将のなかには、妻子が大坂で人質になっている者もあったことだ。もし、彼らが家康に従った場合、妻子の命が危ぶまれる。そのような事情があったので、家康は自身が率いる東軍あるいは輝元・三成らの西軍に属するかについて、それぞれの判断に任せると諸将に告げた。

家康の言葉にしばらく沈黙が続いたが、福島正則の発言が沈黙を打ち破った。発言の口火を切った正則は、家康の味方になることを率先して宣言した。そして、諸大名に対し秀頼に疎意《そい》（うとんじる気持ち）がないのであれば、家康に与して輝元・三成らを討伐し、人質となった妻子のことは顧みる必要はないと演説したのである。正則の発言は、諸将の心に強く響いた。

それまで押し黙っていた諸将は、われもわれもと次々と正則の言葉に賛意を示し、家康に従うことを表明したのである。正則の発言により、流れは大きく家康のほうに好転したのだった。ちなみに、正則に率先して家康に与する発言をするように仕組んだのは、黒田長政であったといわれている。関ヶ原合戦後、正則も長政も小山評定での行動やその後の軍功が家康から大いに評価され、大幅に加増された。

次の話題は、景勝と輝元・三成のいずれを先に討つべきかということである。諸将は問題の提起を受け、一同が三成らを討つべし、という結論に至った。そこで、先鋒として正則と池田輝政を清須城（愛知県清須市）に向かわせることとし、家康の出馬を待つに至ったのである。すべては家康の思い通りになった。

それだけではない。当時、駿河国掛川城（静岡県掛川市）主であった山内一豊は、家康に人質を送って二心なきことを誓うとともに、自身の城を家康に供出すると申し出たのである。すると、東海道沿いに居城を持つ武将たちは一豊にならって、こぞって同じ申し出を行った。これは、正則の演説とまったく同じパターンである。一豊の申し出によって、家康は円滑に西上の途につくことができるようになったといえよう。

小山評定はあったのか、なかったのか

まず最初に、小山評定後の黒田長政と福島正則に関する通説的な見解を挙げておこう。

家康は宇都宮に次男の結城秀康を景勝への押さえとして置き、二十六日以降、家康ら諸大名は次々と西上の途についた。しかし、これまでのテレビドラマなどでも知られている通説によると、家康が三奉行（前田玄以、増田長盛、長束正家）が三成らに同調したことを知ったのは、諸大名が出発した直後だったといわれている。そこで、家康は豊臣恩顧の正則が離反しないか疑った。

家康は、先に西上した黒田長政をわざわざ呼び戻し、正則が裏切らないか質《ただ》した。長政は家康の問いに対して、正則は三成との関係は良くないので、家康に心を寄せていると答えた。安心し

た家康は、長政に褒美として甲冑《かっちゅう》などを与えたという。こうして家康の正則に対する疑念が晴れ、安心して戦いに臨むことができたといわれている。

以上の小山評定についての通説的な見解は、兵学者・宮川尚古『関原軍記大成』（正徳三年〈一七一三〉成立）によって広く流布した。近代以降、多少の違いはあるが、同趣旨の見解は参謀本部編『日本戦史　関原役』（明治二十六年〈一八九三〉刊行）に引き継がれた。そして、さらに通説の小山評定は映画、テレビドラマ、小説などで取り上げられ、一般に広く知られることになった。関ヶ原合戦前夜における、ハイライトの場面であるといえるだろう。

しかし、右に示した『関原軍記大成』などに記された小山評定の見解については、誤りであると多くの論者に指摘されている。

ところで、近年になって「小山評定はなかった」という説が提起されている。この問題について、もう少し考えることにしよう。

「小山評定はなかった」という説を最初に提起したのは、光成準治氏であった（光成：二〇一八。同著作の初刊は二〇〇九年）。光成氏に続いて、同様の説を展開したのは白峰旬氏である（白峰：二〇一二など）。特に、その後も白峰氏は小山評定に関する論文を数多く執筆し、「小山評定はなかった」という説の裏付け作業を進めた。

「小山評定はなかった」という説が問題提起されたなかで、改めて「小山評定はあった」と論じたのは、本多隆成氏である（本多：二〇一二など）。白峰氏と本多氏との間では、小山評定があったのか否かについて激しい論争が繰り広げられた。さらに、水野伍貴氏（水野：二〇一七）、藤井讓治氏（藤井：二〇一九）も論争に加わり、「小山評定はあった」という説を支持した。こうして小山評定があったのか、なかったのかについては、白熱の議論が展開されたが、筆者の判断では「あった」と考えるほうが自然なようである。

問題となるのは、七月中旬頃から八月頃にかけての時期における武将間の書状には、小山評定があったことを明確に示したものがなく、二次史料しか残っていないことである。以下、それらの研究をもとにして、小山評定があったのか否か、考えることにしてみよう。

慶長五年七月下旬〜八月初旬の黒田長政の動向

小山評定があったのか否かについては、光成氏が著書のなかで取り上げた（光成：二〇一八）。大きな焦点となったのは、慶長五年八月一日付の吉川氏の家臣・下二《しもに》介《すけ》の書状である（「下家文書」）。以下、この書状と関連史料とをあわせて検討することにしよう。

下作三（二介の縁者と考えられる）は吉川広家の命令を受け、東国へ使者として下向し、ある人物と駿河府中（静岡市葵区）で面会した。ある人物については後述しよう。そして、作三は広家のもとに少なくとも八月一日以前に帰還し、帷子《かたびら》・銀子《ぎんす》などの褒美を与えられたのである。「下家文書」に書かれてあるのはこれだけの内容ではあるが、もう少し続きがある。

では、作三の会った人物とは誰なのか。八月八日付の徳川家康書状（黒田長政宛）によると、輝元は反徳川勢力に与していないことを弁明していたことが判明する（「吉川家文書」）。家康は、報告を聞き満足していた。広家は輝元の弁明を長政に書状で伝え、長政はその旨を家康に報告したのである。したがって、作三が面会した人物は、駿河府中に滞在中だった黒田長政と光成氏は指摘している。作三は駿河府中で広家からの書状を長政に託し、自身はすぐに引き返したというのである。

広家の書状の内容は詳《つまび》らかではないが、家康宛、もしくは家康への弁明を長政に取り次いでもらう内容ではなかったかと考えられている。当時、長政は下野小山から西に向かっている途中で、駿河府中に滞在中だった。

問題はその間の経緯であり、光成氏は次のとおり疑問を提示した。

八月一日以前、下作三は広家のもとに戻っているが、広家がいた場所は瀬田（滋賀県大津市）であった。当時、府中から瀬田までの行程は、通常であれば三日程度の日にちを要したという。それだけの日数がかかったならば、作三が長政と会ったのは、おおむね七月二十八日前後と推測される。

しかし、七月二十九日付の家康書状（長政宛）には、重要なことが書かれている（「黒田家文書」）。内容を確認しておこう。家康は増田長盛ら三奉行らの決起について長政と相談したいと述べているが、すでに長政は西上の途についており、相談することが不可能だった。そこで、家康は長政に対して、あとから追いつくであろう池田輝政に詳細を伝えたので協議してほしいと書いたのである。

これまでの通説によると、長政は二十六日または二十七日に小山を出発して西上したものの、家康が三奉行の決起を知ったため小山に呼び戻されたとされている。つまり、七月二十九日付の家康書状を読むと、家康が長政を小山に呼び戻したとする通説は間違っていることがわかる。さらには、長政の移動距離から考えた日程を考慮すると、小山評定がありえないことになる。その点をもう少し考えてみよう。

「小山評定はなかった」説の根拠とそれへの反論

重要なポイントは、仮に長政が小山を七月二十六日または二十七日に出発したならば、二十八日頃までに駿河府中に到着するのは不可能なことである。通常は、小山から府中までの行程は、一週間程度の日にちを必要とするからである。

一週間程度の日数が必要ならば、実際に長政が小山を出発したのは、七月二十一日頃にならないと日付のつじつまが合わない。仮に、長政が七月二十一日頃に出発したならば、七月二十五日に催された小山評定に出席できなかったことになる。通説によると、長政は小山評定で主導的な役割を果たしたといわれているので、いささか矛盾する。この理由が、「小山評定はなかった」という主張のポイントの一つである。

しかし、この見解には、本多隆成氏の反論がある。

先述した「吉川家文書」所収の八月八日付の徳川家康書状写（黒田長政宛）の押紙《おしがみ》（文書に張り付けられた付箋）には、吉川家からの使者が服部治兵衛であったと記されている。また、八月十七日付の黒田長政書状（吉川広家宛）の押紙にも、吉川家からの使者として服部治兵衛の名が記されている。ともに、使者が下作三にはなっていない。

使者の件について、『吉川家譜』所収の「藤岡市蔵覚書」には、服部治兵衛と藤岡市兵衛が吉川家からの使者を務めていたと書かれている。したがって、使者を務めたのは服部治兵衛であり、下作三ではなかったことが判明する。

光成氏は慶長五年八月一日付の下二介書状に基づき、下作三が駿河府中に赴き、長政と面会したと指摘した。その根拠としては、先述した八月八日付の徳川家康書状（黒田長政宛）を挙げたが、使者の名が違っていれば成立しなくなる。

下作三が駿河府中に行ったのは事実であるが、面会した相手は長政ではなく、別の人物だったと考えられる。つまり、下二介の書状と家康の書状の間には、何ら関連性がないといえる。そうなると、長政が七月二十八日頃に駿河府中にいた説は、成り立たない。長政が七月二十一日頃に小山を出発したことも疑問が残り、十分に検討の余地がある。

福島正則宛の家康書状の日付はいつか

さらに取り上げる必要があるのは、徳川家康書状写（福島正則宛）のかねて問題となっていた日付である。

この書状は家康が正則に対し、会津方面に進軍した労をねぎらったうえで、上方で異変（輝元・三成らの決起）があったことから、下野小山へ向かうよう要請したものである。使者を務めたのは、黒田長政と美濃高松《たかまつ》城（松ノ木《まつのき》城。岐阜県海津市）主の徳永寿昌《ながまさ》の二人である。

問題となる徳川家康書状写（福島正則宛）は原本が伝わっておらず、その日付はそれぞれの写しにより相違しており、次のようになっている。

①「京都大学所蔵福島文書」――七月九日

②「福島氏系譜所収文書」――七月十九日

③『武徳編年集成』――七月二十四日

この問題に関しては、すでに『徳川家康文書の研究　中巻』の執筆者である中村孝也氏が的確な指摘を行っている。

最初に、①の七月九日説であるが、この時点では西軍はいまだ決起していないのは明らかなので誤りである。

次に、②の七月十九日説である。七月二十二日付の徳川秀忠書状（滝川雄利《たきがわかつとし》宛。滝川は西軍方大名）によると、すでに触れたとおり秀忠が同月十九日、家康が同月二十一日にそれぞれ江戸を出発していることを確認できる。正則は、それ以前に尾張清須（愛知県清須市）を進発していた。七月十九日に秀忠が江戸を出発して会津に向かっているのに、正則だけをわざわざ小山に呼び戻すのは不審である。それなら、会津に向かう秀忠の出発を中止させるのが筋である。よって、②の七月十九日説も成り立たない。

そうなると、編纂物ではあるが、中村氏は『武徳編年集成』の七月二十四日が妥当であると指摘した。とはいえ、同時に『武徳編年集成』は疑義の多い史料であるとも述べている。もし、そうした理由から『武徳編年集成』の説を採らないならば、七月十九日の秀忠の出発とは関係なく、②の七月十九日説を採らざるを得ないという。

慶長五年七月二十五日に家康は小山にいたか

先述のとおり、光成氏は七月二十一日頃に黒田長政が小山を出発したという説を唱えている。したがって、会津方面に向かっている最中の正則に対して、同月二十四日に家康が長政を通じて情報を伝えるのは困難と指摘した。結果、『武徳編年集成』の七月二十四日を採用せず、「福島氏系譜所収文書」の七月十九日が妥当であると述べた。決定的な根拠がないだけに、判断が非常に難しいところである。

しかし、七月二十一日頃に長政が小山を出発したという説が疑問視されるならば、②「福島氏系譜所収文書」の七月十九日説は再検討する必要があろう。

本多氏の研究によると、七月二十一日付で細川忠興が家臣に宛てた書状により、家康が七月二十一日に江戸を出発したこと、忠興自身が二十日の時点で宇都宮に滞在していたことが指摘されている（『細川家記』所収文書）。そして、その頃の福島正則は、すでに小山辺りまで進軍していたのではないかと推測している。

つまり、七月十九日に家康が江戸から使者を送り込んだとしても、その日のうちに正則が江戸に到着するのは、どう考えても不可能であると考えざるを得ない。その点を踏まえ、本多氏は次のように指摘する。七月二十一日に江戸を発った家康は、二十四日に小山に到着した。家康はそれ以前（前日の二十三日以前）に三成らの挙兵を知っていたので、宇都宮にいた秀忠以下の諸将を小山に召還し、同月二十五日に小山評定を催したと述べる。

これに対しては、白峰旬氏の反論がある。白峰氏は一次史料を駆使して、七月二十五日に家康が小山にいたのかを徹底的に検証した。その結果、同日に家康が小山にいたとの確証が得られなかった。先述のとおり、小山評定があったことを示す史料は、一次史料でなく二次史料ばかりである。

したがって、小山評定の開催の有無を論じるには、一次史料でどこまで迫り、後世に成った史料の記述内容の蓋然《がいぜん》性を高められるかがカギとなろう。

家康の軍事指揮権の範囲

本多氏は、家康の軍事指揮権問題についても検討を行った。

家康は会津征討を行うため、豊臣政権を代表して軍事指揮権を持ち、諸大名を率いて出陣した。

ところが、その軍事行動はあくまで会津征討に限定されるものであって、無制限に付与された権限ではなかったと指摘する。諸大名もまた、会津征討のために出陣したという意識を持っていたはずである。

また、いくら家康が五大老の筆頭という地位にあったとはいえ、従軍した諸大名は決して家康の家臣であったわけではなく、主従関係にはなかったのである。つまり、会津征討という当初の目的を変更して、決起した輝元や三成の討伐を実行するためには、諸大名を説得するなどの手続きが必要ということになろう。

家康が個人の判断で会津征討を中止して、三成らの討伐を諸大名に命じたり、東海道筋の諸大名に城などの供出を命じたり、あるいは在番制を敷くことなどは不可能だった。そのためには、諸大名に対して三成らを討つという説明を行うべく会合を開き、諸大名が十分に納得したうえで、西上することが不可避であったと本多氏は指摘する。

いずれにしても、家康単独あるいは少数の大名らの考えだけでは、輝元・三成らの討伐を決めることができなかったと考えるのが自然ではないだろうか。

脚色された小山評定と、会津征討のメンバー

以上のように史料の相互連関や、具体的な日付をどのように考えるかが、小山評定の開催の可否を探るうえで非常に重要なポイントだった。これまで、多くの議論が行われたが、やはり小山

評定は開催されたと考えるのが妥当なようである。これまでの先述したドラマチックな通説を裏付けるような指摘も行われている。

たとえば、慶長五年八月二日付の徳川家康朱印覚書では、上方での決起に対して、駿河から尾張清須まで城中に人を入れ、家中から人質を徴集することを命じている（「伊達家文書」）。つまり、山内一豊が居城である掛川城や人質の供出を申し出、それにより多数の東海道筋の大名たちが家康に従ったというのは、嘘であると否定できない。ただし、通説のように、劇的な展開があったか否かは別の問題である。

下村信博氏は家康配下の松平康重の事例の検討を通して、康重が掛川城在番を命じられて同城に到着したのは、八月八日であったと指摘する。そして、八月十九日以降に、東海道筋の在番体制が整ったと考えている（下村：二〇一一）。掛川城在番は、東軍の西上に伴うものだろう。こうした事実からも、通説（東海道筋の在番）が必ずしもすべて誤りであるとは言えなくなった。

多くの編纂物では、小山評定をドラマチックに描いているが、それは家康を賛美するために脚色されたと考えてよいだろう。しかし、これまでのさまざまな検討を踏まえた場合、家康が小山評定で諸大名に会津征討の中止、そして輝元・三成らの挙兵を伝え、方針転換を伝えた可能性は高い。家康は十分に諸大名に対して説明を行い、納得させたうえで西上したと考えるのが妥当ではないだろうか。

このようにして、家康らは会津征討を中断したので、上杉景勝は難を逃れたといえるかもしれない。しかし、決してそうでなかったことは、やがて明らかになる。

小山評定の有無も重要な問題であるが、家康とともに会津征討に従った面々にも着目する必要がある。

家康に従った武将は、徳川一門をはじめ、井伊直政、本多忠勝をはじめとする譜代の家臣らであった。外様としては、森忠政、仙石秀久、石川康長《いしかわやすなが》、日根野吉明《ひねのよしあき》、真田昌幸および子の信幸（信之）、信繁（幸村）らの信濃の諸将が加わった。このうち、日根野吉明の妻は松平一生《かずなり》の娘で、真田信幸（信之）の妻は家康の重臣・本多忠勝の娘だった。いずれも、徳川家と親密な関係にあった。

大身の外様大名としては、福島正則、池田輝政、細川忠興、黒田長政、浅野幸長、加藤嘉明、田中吉政、藤堂高虎、京極高知《たかとも》、生駒一正、堀尾忠氏、筒井定次《つついさだつぐ》、蜂須賀至鎮《よししげ》（家政の子）、山内一豊、中村一栄《かずひで》（一氏の弟）という面々が従軍していた。うち福島正則、池田輝政、細川忠興、黒田長政、藤堂高虎、蜂須賀至鎮、加藤嘉明、浅野幸長は、石田三成襲撃事件に加わった者もおり、家康派だったのは明らかである。

家康は会津征討に際して、家康に心を寄せる諸将をあえて選抜して、従軍させた可能性が高いのではないだろうか。ほかの中小大名についても同様である。そのように考えるならば、仮に小山評定のような場を設けずとも、書状で事情を説明し、三成らの討伐の了解を取り付けた可能性もあろう。諸大名を一堂に集め、会合を催すというのも現実的ではないといえるかもしれない。

諸将が家康に城の提供を口々に申し出、大坂の人質を見捨ててもよいとまで申し出たのは、作られた美談に過ぎないだろう。

「東軍」「西軍」という呼称をめぐる見解

小山評定後、家康と輝元・三成らの勢力は交戦状態に至るのだが、ここで「東軍」「西軍」という呼称について考えてみよう。関ヶ原合戦では、徳川家康を中心とする勢力を「東軍」、毛利輝元・石田三成を中心とする勢力を「西軍」と称し、何ら問題意識もなく自明のこととして、漠然と用いているのが現状である。

こうした現状に対して、「東軍」「西軍」という区分に疑問を呈し、問題提起を行ったのが白峰旬氏である（白峰：二〇一一）。そもそも「東軍」「西軍」という呼称は当時の史料に書かれているわけではなく、後世に便宜的に名付けられたものである。以下、白峰氏の所論を参考にして、「東軍」「西軍」という区分について考えてみよう。

「東軍」「西軍」という区分については、近代以降の歴史がある。明治二十六年（一八九三）、当時の参謀本部の編纂によって、『日本戦史　関原役』という書物が元真社から刊行された。参謀本部では、今後の戦争における戦い方の参考にするため、主として戦国時代の主要な合戦を公式な戦史としてまとめた。良い意味でも悪い意味でも、後世に強い影響を残した戦史である。

この『日本戦史　関原役』の「第三篇　両軍計画及措置」では、第一章が西軍、第二章が東軍として取り上げられている。このような区分がいかなる経緯で採用されたのか判然としないが、おおむね西軍には毛利輝元・石田三成を中心とする西国大名が多く、東軍には家康を中心とする東国大名が多かったからではないかと推測される。特別な意味はなかったのではないだろうか。

白峰氏が指摘するように、「日本陸軍の参謀本部が純粋な戦史研究として戦況分析をする場合、東軍・西軍という区分はわかりやすくて便利」だったのかもしれない。おそらくは先述したとおり、東西両軍の勢力基盤を持つ大名を基準として、「東軍」「西軍」と区分されたと考えられる。以後、この区分が何の疑問も指摘されることなく、研究でも一般書でも普通に用いられるようになった。

ところが、よくよく考えてみると、慶長五年の段階における諸大名の動向を考慮すれば、すべての大名を東軍・西軍に二分することは、非常に難しいことかもしれない。少なくとも諸大名にはそれぞれの思惑があったので、全国の隅々にわたって、すべての大名を東軍あるいは西軍に分類するのは困難である。というのも、のちほど触れることになるが、泣く泣く西軍に従った脇坂《わきざか》氏のような大名も存在するからである。また、両軍のいずれに与するのか立場を明らかにせず、日和見《ひよりみ》的な態度を示した大名も多い。

つまり、東西両軍に属した諸大名が、まったく同じ考え方のもとで組織されたとは考えられないので、「東軍」「西軍」という区分は今後用いるべきではない、と白峰氏は指摘する。では、いったいどのように区分すればよいのであろうか。

白峰氏は一次史料を用いて、当時における呼称を用いて検討を行った。その結果、「石田三成・毛利輝元連合軍」と「徳川家康主導軍」という区分を採用している。たとえば、一次史料で「輝元方敗軍」あるいは「奉行方之者（浅野長政を除く四奉行）」と使われているので、輝元が「石田三成・毛利輝元連合軍」の大将格であることや石田三成が中心メンバーであったことは明白である。つまり、「東軍」「西軍」という呼称は、必ずしも正確とはいえないのである。

ところが、実際には「東軍」「西軍」という呼称が広く浸透しているので、本書でも従来の区分に従った。煩雑さを避けるためにも、その点はご了解いただきたい。

家康は私心から三成らと対立したのではない

ここまでの点を踏まえて、なぜ関ヶ原合戦が勃発したのかを考えなくてはならない。そのためには、これまでの関ヶ原合戦に関する俗説から離れて検討する必要がある。俗説とは、最初から家康と三成とが対立していた、あるいは当初から家康が豊臣政権の打倒、もしくは豊臣秀頼の排除を目論んでいたなどと想定することである。

秀吉死後における家康の存在は、あくまで豊臣公儀の制約を受けていたということになる。逆に言えば、家康が秀吉の遺命を破り、勝手に婚姻関係を結ぼうとしたことは、奉行衆から掣肘を受ける結果になった。それゆえ、家康は詫びを入れて関係改善に動いたのである。つまり、家康が軍事行動を起こすには大義名分が必要であり、まったくの私利私欲で動けるはずがなかったということになろう。

同時に、家康が石田三成や大谷吉継と比較的良好な関係を築いていたことも重要である。むろん、増田長盛、長束正家、前田玄以らとも表立って対立した様子はなく、家康は彼らを取り込んでいた。家康はあくまで豊臣公儀のもとで、秀頼を支えるということに腐心していたことになろう。そもそも、家康が最初から秀頼を打倒しようとしたとは考えにくい。

しかし、家康がいかに豊臣公儀を重んじたとはいえ、その行動が周囲に強い危機感を抱かせたのは事実であろう。

慶長四年閏三月に三成が失脚すると、加賀の前田利長が家康暗殺の嫌疑をかけられ家康に屈服した。また、事件に関与した理由により、五奉行の一人・浅野長政が失脚した。これにより三奉行になってしまい、五奉行のうちの二人が欠けた。さらに、上杉景勝が家康から上洛を求められ、一触即発の事態になっていた。つまり、豊臣公儀を支える五大老、五奉行の面々が次々と家康に屈服したことは、大きな問題だったといえる。

家康の理解としては、自身が豊臣公儀と一体化しており、家康の指示に従わない（あるいは反旗を翻す）ことは、豊臣公儀（＝秀頼）への反逆とみなしたと考えたのではないだろうか。したがって、諸大名を失脚させたことは、家康の私心によるものではなく、あくまで豊臣政権の安定化を図るために行動したと推測される。

つまり、家康には政権の奪取、あるいは天下取りの野心があったとはいえず、あくまで豊臣政権内で発言権を高めることが目的だったと考えられる。

西軍方の諸将の危機感を煽った家康の行為

理由はこれだけではない。石畑匡基《こくはたまさき》氏は宇喜多騒動の事例を取り上げ、実に興味深い指摘を行っている（石畑：二〇一二）。

先に取り上げたとおり、宇喜多騒動には少なからず家康が関与した。その際には、吉継も仲裁役として関係していたことが明らかにされている。家康は騒動を収めようとした際、戸川氏ら家臣を擁護する立場を取ったといわれている。しかし、宇喜多氏家中の成敗権は、いうまでもなく秀家の掌中にある。

以上の点を考慮すると、騒動が勃発してこじれた際、戸川氏ら重臣たちが家康に庇護・裁定を求めたものと考えられないだろうか。その結果、戸川氏らは家康に庇護され、関ヶ原合戦では東軍に与することになった。ほかの大名の家臣を家康が庇護した例は、先述した上杉景勝配下の藤田信吉の事例がある。彼ら家臣は当主と対立した以上、どこにも行き場がなく、頼りになるのは政治的な影響力の強い家康だけだった。家康は今後のことを見据え、あえて受け皿となった可能性もあろう。

ほかにも、島津氏の家中騒動である庄内の乱が勃発したとき、家康が積極的に関与したのはすでに触れたとおりである。このように、家康が大老家の家中に介入することは、当事者の秀家のみならず、同じ大老の毛利輝元や奉行衆を著しく刺激したと考えられる。つまり、家康自身は豊臣公儀を支えるためという気持ちがあったかもしれないが、それは逆に周囲から脅威とみなされ、徐々に秀家、輝元、三成、吉継の気持ちは家康から離れていった。

堀越祐一氏は、五奉行の危機感を煽った家康の行為として、家康が単独で諸大名に領地の加増を行ったことを挙げている（堀越：二〇一六）。家康が加増した土地は、豊臣家の蔵入地から給与されたものだった。それによって、豊臣家の蔵入地は減少し、逆に加増された諸大名の忠誠心は家康に向けられる。これもまた、三成らにとっては警戒すべき行為だったといえる。

同時に、家康が単独で諸大名に加増を行うことは、蔵入地の管理を行う五奉行の権限を脅かすことにつながった。家康が蔵入地の管理に関与すれば、五奉行の存在が否定されることにつながり、それは豊臣政権の命脈を断つことにもつながった。そのような危機感があったため、三成や三奉行（増田長盛、長束正家、前田玄以）は家康の打倒に大きく舵を切ったのである。

そして、家康が豊臣公儀をいただいて、会津討伐に乗り出したときに、輝元・三成らの危機感がピークに達したのであろう。関ヶ原合戦が勃発した要因とは家康が意図したものなのか、そうでないのか不明であるが、諸大名の家中や豊臣政権の中枢に関わる問題に積極的に関与したことが引き金となったのは確実だろう。三成らは、家康の行き過ぎた行為を傍観できなかったのである。

第七章

関ヶ原合戦への道のり

家康・秀忠それぞれの進軍ルート

輝元、三成らが挙兵すると、家康は慶長五年(一六〇〇)七月二十五日に小山評定を催し、諸大名を味方に引き入れることに成功した。そして、まずは、輝元、三成らの討伐を最優先すべく、西上の途についたのである。

家康は三万数千の軍勢を率いて、東海道から西に攻め上っていった。一方、小山評定後に宇都宮(栃木県宇都宮市)へ移動していた子の秀忠も八月二十四日に出発すると、中山道のルートから西を目指して進軍した。その軍勢は、三万数千といわれている。小山評定後から約一ヵ月の間、秀忠は下野宇都宮に滞在していた。それは、景勝の動きを警戒していたからにほかならない。なお、家康、秀忠ともに、ほぼ同数の軍勢を率いていたと考えられている。家康や秀忠が率いた軍勢の構成員は、のちほど検討することにしよう。

行軍の際、家康は東海道を進軍し、中山道を行軍した秀忠とは別ルートを採用した。二人が別々のルートを採用したのには、特段の理由があったのだろうか。その点を考えてみたいと思う。

これまで、秀忠が家康から美濃へ中山道のルートで行軍するよう命じられたことは、単に二手に分かれただけと考えられていた。しかし、現在では、真田昌幸・信繁父子が西軍に与したため、彼らが籠る信濃上田城(長野県上田市)を攻撃すべく、家康は秀忠に中山道のルートを通行するよう指示を出したとされている。秀忠は上田城を落城させたあと、家康の軍勢と合流する予定だったのだろう。

真田氏は東西両軍から味方になるよう誘われており、いずれに属するか迷っていた。そこで、昌幸は次男の信繁とともに西軍に身を投じ、嫡男の信幸（信之）は東軍へ属することになった。これには、もちろん理由があった。信幸の妻は、家康の家臣・本多忠勝の娘だった。一方、信繁の妻は、西軍に属した大谷吉継の娘だった。つまり、それぞれが迎えた妻の父が属した側を基準として、判断していたのである。

昌幸はどっちが勝っても真田家が存続するよう、あえて親子が東西両軍に分かれたという。これが有名な「犬伏《いぬぶし》の別れ」（栃木県佐野《さの》市）である。一種のリスク管理といえよう。結果としては、昌幸の目論見は成功したといえる。この点については、上田城合戦とともに改めて触れることにしよう。

軍隊を構成する基本単位「備」とは

二手に分かれた家康軍、秀忠軍は、いずれの軍勢が優れていたのだろうか。

ごく常識的に考えるならば、家康軍・秀忠軍の軍勢がほぼ同数とはいえ、精鋭なのは当主の家康が率いる部隊と考えるのが自然であろう。あるいは、ともに輝元、三成らの難敵を倒すという目的があるのだから、軍勢の質に甲乙をつけることに意味を見出しがたいのかもしれない。

しかし、笠谷和比古氏は、後述する理由から、秀忠の率いた軍勢のほうが精鋭であったと指摘する（笠谷：二〇〇八）。どのような理由で、秀忠の率いる軍勢が精鋭だったといえるのだろうか。

以下、笠谷氏の研究に基づき、検討することにしよう。

笠谷氏の研究によると、当時の軍隊は「備《そなえ》」を基本単位として構成されていたと指摘されている。一つの「備」では、旗頭、侍大将といった軍を率いる武将が戦闘の指揮者となり、騎馬士、槍部隊の徒士《かち》、足軽の鉄砲・弓の部隊がこれに従った。この「備」こそが、戦いにおける基本的な単位だったのである。

「備」は総大将の構える旗本備《はたもとぞなえ》を中心に、それを囲むようにして、先備《さきぞなえ》（先鋒）・先手備、中備《なかぞなえ》、脇備《わきぞなえ》、後備《あとぞなえ》（殿備《しんがりぞなえ》）と配置された。戦いを行うのは、主に先鋒・先手備の役割であった。そのほかの「備」は、総大将の本陣や旗本備の防御、または先に攻撃をした味方の後詰《ごづめ》や第二波攻撃を任務とした。旗本備は本陣と総大将の守備を任務とし、攻撃は本来の目的としなかったと指摘されている。

戦闘の手順は、おおむね次のとおりである。
①足軽鉄砲隊が敵陣に一斉射撃をして攪乱する。
②槍隊が敵陣に突撃する。
③騎馬隊が敵陣に進撃する。
当時の飛び道具の主流は鉄砲だったが、弓や槍も有効な武器だった。兵士は鉄砲や弓を用いて遠方から攻撃を仕掛け、敵が崩れたところで槍部隊が突入した。そして、騎馬隊が敵陣に突撃し、馬上で鉄砲、弓、槍、刀などを振るったのである。しかし、馬は臆病な動物でもあるので、馬防

図7−1　備というシステム

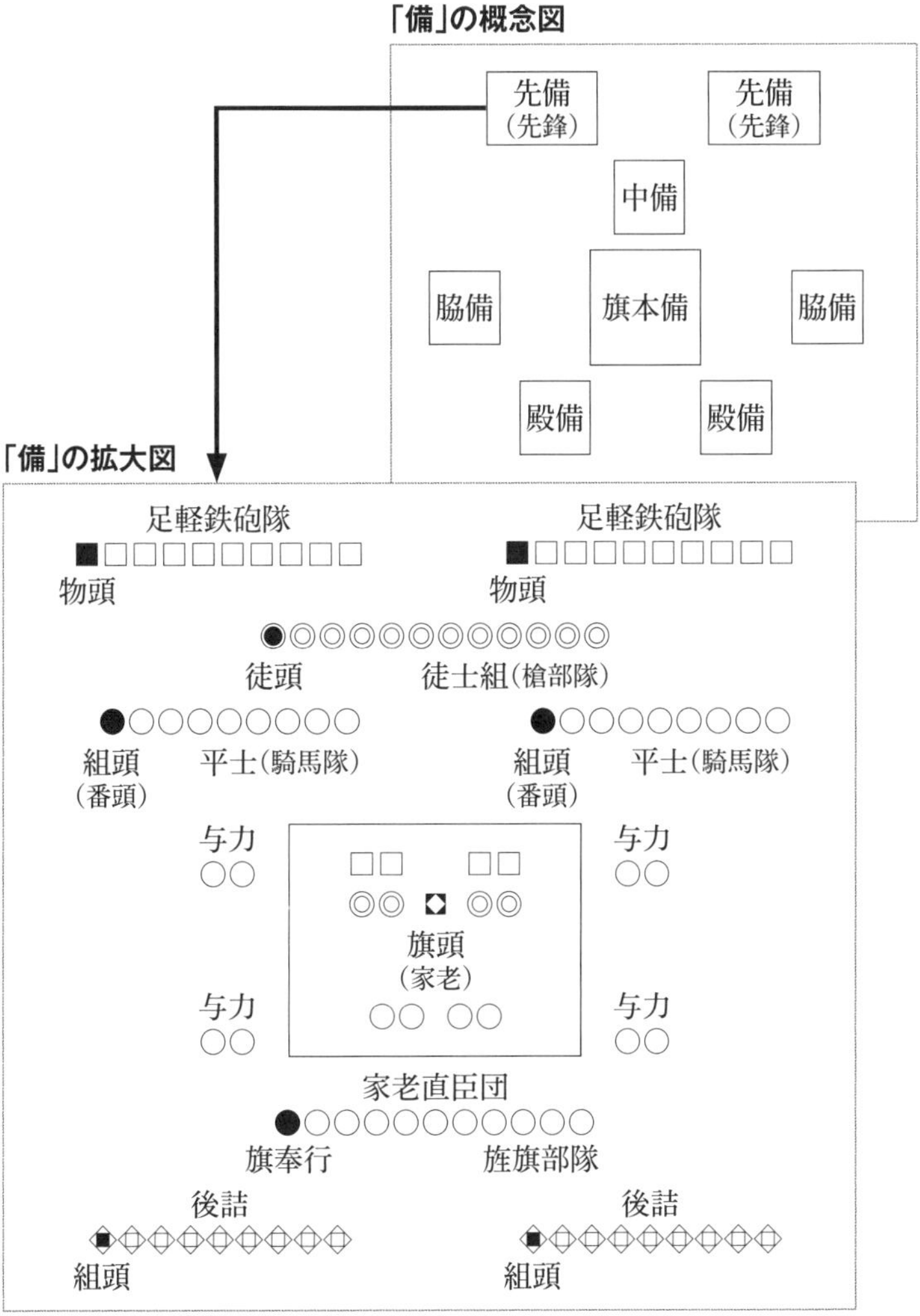

出所：笠谷和比古『関ヶ原合戦』（講談社）

柵などに突撃したとは考えにくいという意見もある。馬は高価な乗り物だったので、あくまで徒武者が主流であったといえよう。

もはや戦国時代の戦い方の常識となりつつあるが、最初から兵士が刀を振りかざして、一騎打ちを挑むことはあまりなかった。刀を使ったのは、最後に組み討ちになった際、首を掻き切ったときが多かったようである。多くの合戦では、おおむね右の手順に従って、戦闘を行っていたのである。

兵站を担当する「小荷駄隊」と軍法

備は軍勢ばかりで構成されていたわけではない。旗持ちや武具を持つ者など、直接戦闘に参加しない者も存在した。兵站《へいたん》（兵糧や武器などの輸送）を担当する小荷駄《こにだ》部隊も同じで、食糧や武器などの調達に専念した。ほかにも、鍬《くわ》や鋤《すき》を持参して、砦の構築に当たる者もいた。そうした非戦闘員の役割は、中間《ちゅうげん》・小者といった武士の最下層の者、あるいは動員された百姓が担当していた。なお、百姓は原則として戦闘には参加しない。

兵糧は短期決戦であれば、それぞれの兵士が自分で賄うのが原則である。おおむね米や保存食の味噌などが主流で、戦場付近で野菜や魚などを採集することもあった。それでも足りなければ、百姓の家に押し入って強奪することもあっただろう。しかし、関ヶ原合戦クラスになると、戦いは長期化したうえに、移動距離も長くなる。そこで、諸大名は商人と交渉して、兵糧を購入することになった。兵糧が兵士に行き渡らなければ、戦いの士気が高まらず、敗戦は必至なので重要な問題だった。

また、合戦に際しては軍法が制定され、軍事上のさまざまな規律が規定された。そのなかでもっとも重要なのが、抜け駆けに関する規定である。抜け駆けとは、指揮者の命令を無視し、勝手に敵に突撃する行為である。同様の行為としては、後ろの備にいた者が前の備に潜り込むことがあった。脇道などから、勝手に先に進む者もいたという。こうして兵士らは一番槍として、より多くの恩賞を受け取ろうとしたのである。しかし、抜け駆けは軍勢の統率を乱した。

軍法では当主や組頭《くみがしら》などの命令は絶対であるとし、抜け駆けなどの禁止を規定した。むろん、家康をはじめ諸大名も軍法を定めていた。戦国時代の軍法は、諸大名が過去の経験から規定した事項が多く、それぞれに特色があった。ところが、関ヶ原合戦や大坂の陣の頃になると、どの大名の軍法もかなり似通った内容になる。

このように「備」というのは戦闘員ばかりで構成されたのではなく、非戦闘員も少なからず加わっていた。そして、めいめいの兵士が好き勝手に行動しないように、軍法で統率を図ろうとしていたのである。同時に兵糧や武器の輸送も重要であり、勝敗に大きく影響したことも強調しておきたい。

家康の軍勢の構成と質

最初に検討するのは、家康の率いる軍勢の備である。

家康は、自身が語っているように、その軍勢を構成するは「旗本の侍共ばかり」であったという（『岩淵夜話《いわぶちやわ》』）。旗本というからには、大名が存在しなかったということになろう。笠谷氏は家康が率いた直属の軍勢は、一万石以上の大名を欠いており、防御的な性格を持つ寄せ集めに過ぎなかったと指摘する。

『岩淵夜話』の成立は十八世紀初頭と考えられ、江戸時代中期に大道寺《だいどうじ》友山《ゆうざん》が執筆したものである。徳川家康の説話がほぼ年代順に書かれている。同書は、友山の最晩年の著作でもある。ほかにも友山は、家康の事績を記した『駿河《するが》土産《みやげ》』を執筆している。笠谷氏の所説は、後世に成った二次史料を根拠にしているので信頼性に欠けているのではないか。この家康の言葉をそのまま信用してはならないだろう。

小山評定後に家康の軍勢に編入されたのは、松平忠吉《ただよし》、井伊直政、本多忠勝、松平忠政《ただまさ》、松平清匡《きよただ》（のちの忠明《ただあきら》）など、いずれも徳川家の一門・譜代および旗本の面々である。そのなかから井伊直政、本多忠勝の二人を軍目付《いくさ》とし、豊臣家譜代と称される諸大名が軍勢を率いて行軍したと指摘されている（桐野：二〇一二）。井伊直政、本多忠勝は、家康の腹心である「徳川四天王」（ほかは酒井《さかい》忠次《ただつぐ》、榊原康政）の面々でもあった。

したがって、家康の本隊は、徳川家の一門・譜代および旗本らで構成されていたものの、諸大名が加わったという点で、後述する秀忠と同じく混成部隊だったと指摘されている。秀忠の部隊との質的な差異は、そんなにあったのだろうか。

通説によると、家康が率いた軍勢は、三万二千七百三十騎だったといわれているが（『朝野旧聞裒藁《ちょうやきゅうぶんぽうこう》』）、この数には井伊直政と本多忠勝が率いた軍勢が含まれていない。当時、井伊直政の石高が約十二万石だったので、仮に百石に三人という軍役の基準で算出すると、軍勢は約三千六百人となる。本多忠勝が率いていたのは近習《きんじゅ》約四百人と推定され、忠勝と直政の軍勢と合わせると、合計約四千人の軍勢となる。

とはいえ、忠勝の石高が当時約十万石といわれているので、直政と同じ基準で軍役を計算すると、本来ならば約三千の兵を率いなくてはならない。実は、忠勝の軍勢が近習約四百人だけで、少ないのには大きな理由があった。別途、忠勝の嫡男・忠政《ただまさ》が約二千五百という軍勢を率いて、秀忠軍に従軍していたからだった。つまり、忠勝と忠政の軍勢を合算すると約二千九百になるので、少ないとはいえない。

『朝野旧聞裒藁』で示された三万二千七百三十に直政、忠勝の軍勢を加算すると、合計が三万六千七百三十となる。結果、家康の軍勢は、後述する秀忠の軍勢よりも約七千七百人も多くなる。あくまで推計ではあるが、通説と人数が大きく異なっていることが判明する。次に、秀忠の軍勢について、数だけでなく質もあわせて検討してみよう。

秀忠の軍勢の構成と質

備の構成で問題になるのは、人数の多さだけではなく質であるという。秀忠は一万石以上の武将を十余人も引き連れており、直属となる備がそれに加わっていたので、独立の備を多数構成が可能な本格的な軍団だった。家康軍のほうが人数が多かったものの、秀忠軍は質が高かったという。

秀忠が率いる軍勢は、徳川家譜代の家臣が中心となって構成されていた。たとえば、榊原康政、酒井家次（忠次の子）などが代表といえる。ただし、それは家康の軍勢も同じだった。それに加えて、真田信幸（信之）、森忠政、日根野吉明など、下野・上野や信濃の大名たちが加わっていた。このような編制（北関東、中部地方の大名が多いこと）になったのは、秀忠軍が中山道を通過することを考慮したからだろう。

軍勢の備や戦力で重要なのは、あくまで質なのであり、単に兵数の多寡だけでは決められないと指摘されている。具体的に言えば、攻撃に適した先手備が充実しており、厚くなっているかがポイントになる。したがって、一万石以上の武将が多ければ多いほど、独立した「備」を多数構成することが可能であり、質の高い軍隊の重要な指標となる。この点については、もう少し詳しく説明しておこう。

備は前方に先備（先鋒）、その後ろに中備があり、さらにその後ろに旗本備が配置されていた。旗本備（総大将）のあとには殿備が続き、その両サイドには脇備が置かれた。ちょうど旗本備

（総大将）を中心に配置して、前後左右を守るような布陣を構成したのである。このなかで攻撃に徹したのは先備（先鋒）であり、もっとも重要視されたといえよう。

先備（先鋒）の構成は、旗頭を中心として、前から足軽鉄砲隊、槍隊、弓隊、騎馬隊が配置された。これだけの充実した軍勢を準備できるのは、少なくとも大名クラスの一万石以上でなければ難しいとされている。しかも、率いる大名の石高が多ければ多いほど、引き連れる軍勢の数が多くなるのだから、当然の帰結といえよう。

家康・秀忠両軍の「譜代家臣」の人数

しかし、ここまでの指摘は、桐野作人氏によって反論されているので、その要点を確認することにしよう。

秀忠の率いた軍勢の主なメンバーは、小山評定を終えたのちに、宇都宮残留組（景勝の動きに備えて残留）、家康勢編入組（家康に従って東海道を西上）、秀忠勢残留組（秀忠に従って中山道を西上）に再編成されたものである（なお、ほかに西軍呼応組もあった）。その結果、秀忠の部隊から家康の軍勢に編入された大名も少なくないので、秀忠の率いる軍勢のほうが逆に弱体化したのではないかと指摘する。

改めて秀忠の軍勢を確認すると、約三万八千七十騎だったといわれている（『朝野旧聞裒藁』）。これには、信濃の大名五名分（真田信幸、仙石秀久、森忠政、日根野吉明、石川康長）の軍勢が加算されており、その総石高は約三十万六千石といわれている。百石につき三人の軍役で計算すると、右の信濃の大名五名が率いた軍勢の総合計は九千百八十人になる。

右の計算に基づき改めて計算すると、秀忠が率いた純粋な軍勢は約二万九千となる。この数字は、秀忠が宇都宮を出陣したときの軍勢を三万八百余と記す史料があるので、さほど数に大きな隔たりがない（『徳川実紀』）。したがって、秀忠の軍勢は約三万と考えて問題ないが、秀忠の軍勢には信濃の諸将以外にも加わった者がいると想定される。そうなると、実際の秀忠の軍勢はもう少し多かった可能性は否定できない。ただし、家康の軍勢もそうだが、正確な数を導き出すのは難しい。

秀忠は、真田昌幸・信繁父子が籠る信濃上田城を攻めるよう命じられていた。そのような背景から、地の利に明るい信濃の諸大名の力が必要なのは当然である。つまり、秀忠の軍勢は徳川家譜代の家臣を中核としつつも、信濃の諸大名を交えた混成部隊になっていたのは明らかである。信濃勢の割合は、約二四％である。

家康・秀忠両軍の軍勢を比較すると、兵数そのものは、ともに三万数千とほとんど同数である。しかし、秀忠の率いる軍勢は、直属の旗本備のほかに十余人もの一万石以上の武将が従っていた。このことから、秀忠の軍勢は独立した「備」を構成することが可能になり、本格的な軍団を編制しているので精鋭であると指摘された。秀忠の軍勢が家康の軍勢より、質的に優っていた根拠である。

しかし、ここまでの指摘によると、家康、秀忠が率いる純粋な軍勢（徳川家の譜代家臣）に関してはほぼ同数ではなく、実際には家康の率いる軍勢がかなり多かったと推定されている。両者がほぼ同数ならば、問題の本質はそれぞれの備に質的な差異があったか否かということになろう。

家康・秀忠両軍の「備の質」の比較

備の構成や軍勢の数が問題になるなかで、桐野氏は軍勢の質的な差異について分析を行っている。

秀忠の軍勢は十二人の譜代大名が一万石を超えていたが、家康の軍勢は一万石を超える大名が七名に過ぎなかった。しかし、桐野氏は東西両軍の戦闘が濃尾《のうび》地方一帯に波及すると考えるならば、大垣城（岐阜県大垣市）を攻めた松平康長ら四名の譜代大名も、家康の後備の構成員として加えるべきであると主張する。そうなると、家康に属する一万石以上の譜代大名は十一名になり、秀忠の軍勢とほぼ同数になる。

さらに、備の構成を検討するため、「一之御先」「二之御先」という観点から検討を行った。天正十八年（一五九〇）の小田原合戦では、「一之御先」「二之御先」という先鋒を務めた井伊直政、本多忠勝ら七人の武将が存在した。戦後、彼らは三万石以上の大名に引き立てられていた。むろん、彼ら以外にも「一之御先」「二之御先」の有資格者となる有力な武将がいたと指摘している。つまり、単なる旗頭や侍大将が務める先備とは、かなりニュアンスが異なっている。

たとえば、本多忠勝に従ったのは近習のわずか四百余の兵卒に過ぎなかった。ところが、赤坂《あかさか》（岐阜県大垣市）に到着してから、家康配下の桑山一直《くわやまかずなお》らが与力として付けられた。これにより一気に軍勢が増え、関ヶ原合戦においては、松尾山《まつおやま》（岐阜県関ケ原町）に布陣する小早川秀秋の攻撃に備えたという。

また、松平忠吉（家康の四男）は、すでに一門の大名に取り立てられていた。忠吉の出陣に際しては、舅の井伊直政（忠吉の妻は直政の娘）が出陣に際して支援している。忠吉は忍《おし》（埼玉県行田《ぎょうだ》市）に十万石の知行を与えられていたので、通常の軍役の負担（百人につき三人）から算出すれば、約三千の軍勢を率いていたと推定される。つまり、忠吉は「一之御先」の有資格者だったといえよう。

右の検討事項を考慮すれば、家康の軍勢には「一之御先」「二之御先」の有資格者がほかにもいたと考えられ、秀忠の軍勢には決して見劣りしなかったという。また、実際の戦闘では、決して備の配置が関ヶ原一ヵ所だけに集中したのではない。広域にまたがっていたのだから、備も分散していたとも指摘されている。つまり、さまざまな条件を加味しないと、備の優劣を決めることはできないことになる。

その結果、桐野氏による笠谷氏の見解への批判は、①家康・秀忠の軍勢は、会津征討のために前軍・後軍（先に秀忠が軍勢を率いて中山道を行軍し、その後、家康が軍勢を率いて東海道を進軍したこと）に編制されていること、②それゆえ任務や役割が異なっていること、③陣立構成としては、家康軍と秀忠軍は一体かつ不可分の関係にあったこと、の以上三点に集約されよう。

とはいいながらも、筆者としては家康と秀忠の率いる軍勢の優劣を問うことには、さほど意味があるとは思えない。そもそも敵と戦うことが前提であり、かつ家康も秀忠も徳川家にとって重要な人物なのには変わりない。したがって、出陣に際しては軍勢をほぼ同数にして、戦力を均衡させようとするのが普通だろう。ともあれ、右の分析だけではどちらが精鋭か判断するのは難しいのではないだろうか。

京都での開戦――西軍による伏見城の包囲

家康と秀忠が西上の途についた頃、京都ではすでに戦いの端緒が開かれていた。三奉行が七月十七日に「内府ちがひの条々」を各地の大名に発すると、その後の西軍の動きは実に早かったといえる。最初に血祭りにあげられたのは、家康の拠点だった京都の伏見城（京都市伏見区）である。

慶長五年（一六〇〇）七月十九日、西軍の宇喜多秀家らの軍勢は、たちまち伏見城を包囲した。宇喜多秀家が西軍の総大将を務め、軍勢は約四万といわれるほどの大軍である。西軍として出陣したのは、小早川秀秋、毛利秀元、吉川広家、小西行長、長宗我部盛親、長束正家、鍋島勝茂、大谷吉継ら錚々《そうそう》たる面々だった。

家康が伏見城の守備を託したのは、股肱の臣の鳥居元忠である。元忠は家康が今川氏の人質だった頃から仕えており、下総矢作《やはぎ》（千葉県香取市《かとり》）に四万石を領していた。当時、伏見城を守備していたのは、わずか千八百余の軍勢に過ぎず、元忠が圧倒的に劣勢なのは明白だったといえよう（「浅野家文書」）。

四日後の二十三日になると、毛利氏配下の大軍が西軍の軍勢に合流し、伏見城は落城の危機にさらされた。西軍は大挙して伏見城を取り囲むと、周囲に築山《つきやま》（付城《つけじろ》）を築いたという。そして、西軍は大筒や石火矢《いしびや》（戦国末期に西洋から伝来した大砲）を次々と伏見城に打ち込んだ（「真田家文書」）。戦いは圧倒的に西軍が有利だった。

普通ならば数日で伏見城を陥落できるはずであったが、籠城戦は予想以上に長引いた。そこで、西軍の長束正家は伏見城内の甲賀《こうか》武士（滋賀県甲賀市に本拠を置いた武士）たちに宛てて、矢文《やぶみ》を放ったという。矢文の内容は、①（このままでは）甲賀に残した妻子をことごとく磔にすること、②内応して城内に火を放てば妻子の命を助け、恩賞を与えること、というもので、西軍に従うことを促す内容だった。

甲賀武士たちは元忠を裏切るという苦渋の決断をし、伏見城内に火を放った。すると、包囲していた西軍の大軍が一気に城内に押し寄せたのである。籠城していた兵は勇猛果敢に立ち向かったものの、ついに八月一日に伏見城は落城した。城将の元忠は、紀伊雑賀衆《さいかしゅう》の鈴木重朝《しげとも》（孫《まご》一《いち》、孫市とも）によって討ち取られた（「真田家文書」）。伏見城内では、八百余の城兵が枕を並べて討ち死にしたと伝わる。

同年八月五日、輝元は秀家と連署して、鍋島勝茂と毛利吉成の軍功を賞している（『鍋島直茂譜考補』）。勝茂と吉成の二人には、秀頼から恩賞として、金子二十枚、知行三千石が与えられることになった。

右の落城にまつわる逸話については検討の余地があるが、実際に西軍が圧倒的な兵力差で伏見城を落としたのは明白なことである。

『島津家譜』の矛盾と、伏見城を守備した鳥居元忠の忠節

『島津家譜』などによると、島津義弘は伏見城内の鳥居元忠に対して、味方になる旨を伝え、入城して西軍と戦うことを希望した。しかし、それは元忠の同意が得られなかったので、実現しなかったといわれている。慶長五年八月十五日付の毛利輝元書状によると、義弘は伏見城の攻撃で大手柄を立てたと書かれているので、『島津家譜』の記事内容は矛盾する（『島津家文書』）。

義弘が伏見城に入城を希望したか否かを確定するのは困難である。ただし、義弘は国元の薩摩から、十分な兵力を供給してもらえなかったのは事実で、率いていた軍勢は千余に過ぎなかったといわれている。その原因は、すでに触れたとおり、義弘と兄の義久が不仲にあったことと無関係ではない。なお、義弘の胸中に、家康に与そうという気持ちがあったのか否かは不明である。関ヶ原合戦後、島津氏は家康と和睦するが、後世に成った『島津家譜』はアリバイとして、あえて義弘が東軍に志があったと書いたのかもしれない。

伏見城の戦い後、元忠の首級は大坂城近くの京橋口（大阪市中央区）に晒された。その後、元忠と親交があった京都の商人・佐野四郎右衛門が憐れんで、知恩院（京都市東山区）内の長源院《ちょうげんいん》に手厚く葬ったと伝わっている。ただ、なぜ徳川方が功労者の元忠をきちんと葬らなかったのか疑問が残る。というのも、元忠の忠節は「三河武士の鑑《かがみ》」と称えられ、末永く語り継がれたからである。

家康も元忠の軍功を称え、伏見城の血染め畳を江戸城の伏見櫓の階上に設置した。江戸城に登城した大名たちは、伏見城の血染め畳を見ると、元忠の忠義に思いを馳せたという。

明治維新後に江戸城が明治新政府に明け渡されると、伏見城の血染め畳は壬生《みぶ》藩（栃木県壬生町）の鳥居家に下げ渡された。伏見城の血染め畳は、壬生城内の元忠を祭神とする精忠《せいちゅう》神社の境内に「畳塚」を築き埋納されたのである。いずれにしても、元忠は末永く顕彰されたようである。

なお、床板は「血天井」として、京都市の養源院《ようげんいん》以下、宝泉院《ほうせんいん》、正伝寺《しょうでんじ》、源光庵《げんこうあん》、瑞雲院《ずいうんいん》、興《こう》聖寺《しょうじ》（京都府宇治市）にも残されている。

小早川秀秋が西軍に与するまでの経緯

ここで注目すべきは、西軍で活躍した小早川秀秋である。当初から秀秋は西軍に属しており、鳥居元忠が守備する伏見城を攻撃していた。ところが、秀秋が西軍に与するに至る事情は複雑だった。関ヶ原合戦に際しての秀秋の考え方については、次のような経緯が書き残されている

（『寛政重修諸家譜《かんせいちょうしゅうしょかふ》（稲葉《いなば》正成《まさなり》系譜）』）。以下、八つに分けて説明しよう。

①上杉景勝の反逆時、秀秋は伏見城に使者を送り、東軍に忠節を誓っていた。

②秀秋は兄・木下延俊《のぶとし》の居城・姫路城（兵庫県姫路市）を譲り受けようとし、家康の許可を受けたが、それは延俊により拒否された。

③家康が伏見から会津に下向した際、秀秋の重臣の稲葉正成・平岡頼勝《ひらおかよりかつ》は徳川方に密事（後述）を報告した。

④稲葉正成の養子・政貞《まささだ》が家康に近侍することになった。

⑤密事の内容とは、三成らが謀反を企て、秀頼の幼少時は秀秋に天下を委任すること、筑前・筑後に加えて播磨一国と近江国内に十万石を与えること、正成には黄金三百両を与えることである。

⑥秀秋は伏見城に使者を遣わし、鳥居元忠に味方すると伝えたが拒否され、心ならずも西軍の面々と伏見城を攻撃した。

⑦秀秋の気持ちは家康方にあったので、正成は秀秋に説いて使者を東軍の黒田長政、家康配下の山岡道阿弥《やまおかどうあみ》に送り、豊臣方（西軍）の情勢を報告した。

⑧伏見城落城後、秀秋は三成に安濃津《あのつ》城（三重県津市）へ行くよう命じられたが、心から服することはなかった。

⑥については、先に取り上げた島津氏のケースと酷似しており、秀秋の本心が家康の東軍に

あったことを示しており、誠に興味深い。⑦などは秀秋が伏見城を攻撃したのだから、東西両軍を天秤にかけた様子がうかがえる。次に、細かく検討することにしよう。

家康に心を寄せていた秀秋

『寛政重修諸家譜（稲葉正成系譜）』を読むと、秀秋は最初から家康に忠節を誓っていたが（①）、元忠から援軍の申し出を拒否されたので、やむなく西軍の一員として伏見城攻撃に参加したということになろう（⑥）。元忠が援軍を断った理由は不明であるが、秀秋を信用できなかったのかもしれない。とはいいながらも、兄の木下延俊から姫路城を借り受けようとしたが、それは拒否された（②）。秀秋が姫路城を借り受けて、いったい何をしようとしたのかは不明である。姫路城付近では、東西両軍間で紛争が起きる気配がなかったからだ。

若き秀秋をサポートしたのが、重臣である稲葉正成・平岡頼勝の二人だった（③）。当時、秀秋は十九歳の青年大名であり、重要な問題については、二人に相談して決定したに違いない。正成は人質を家康に差し出していたが（④）、逆に西軍も秀秋を味方に取り込もうと所領や金銭を交換条件として提示していた（⑤）。小早川家中は、東西両軍のいずれに与するのか悩ましい状況にあったのだ。

秀秋自身の本心としては東軍に味方したかったようであるが（⑥〜⑧）、条件が整わなかったので、渋々西軍に与したということになろう。ただし、『寛政重修諸家譜』は後世の編纂物であり、ましてや稲葉氏が作成して幕府に提出したものである。徳川氏に配慮して、都合よく書かれた可能性もあるので、そのまますべてを信じるわけにはいかないだろう。この点について、別の角度からもう少し考えてみよう。

家康が率いる会津征討軍に加わった大名の大半は、小山評定で東軍に属して西上の途についた。そのときの状況を考慮すれば、決断を迫られた諸大名が家康の面前で西軍に属すると申し出ることは、不可能に近かったと考えられる。後世の編纂物には、家康は諸将に対して自由な決断を促したように書かれているが、真に受けるわけにはいかない。西軍の決起後、家康は多数派工作をすべく、各地の大名に味方になるよう要請していた。仮に諸大名が三成方に味方するといった場合、家康は素直に認めただろうか。

改めて秀秋の対応について考えてみたい。秀秋が三成ら西軍諸将が集まる京都・大坂にあって、東軍に与する意思を公然と表明することは、極めて困難だったと推測される。仮に家康に味方するとの態度を示したならば、秀秋自身が討伐の対象になった可能性も大いにあろう。

右の仮説が成立するならば、秀秋は東軍に味方したかったが、心ならずも伏見城攻めに参加し、そのまま西軍に属した可能性は高いかもしれない。しかし、同じ状況にあったのは、秀秋一人だけではなかった。

西軍についた脇坂安治・安元父子の苦悩

脇坂安治《わきざかやすはる》・安元《やすもと》父子は去就が不鮮明だったとされるが、実は小早川秀秋と同じような状況にあった。近江に誕生した安治は長らく豊臣秀吉に仕え、「賤ヶ岳《しずがたけ》の七本槍《しちほんやり》」（加藤清正・福島正則・片桐且元《かたぎりかつもと》・加藤嘉明・脇坂安治・平野長泰《ひらのながやす》・糟谷武則《かすやたけのり》）の一人と称された人物である。その後、摂津、大和《やまと》に所領を与えられ、当時は淡路洲本《すもと》（兵庫県洲本市）に三万石を与えられていた。

慶長五年八月一日、家康は安治の子・安元に書状を送った（「脇坂家文書」）。その内容は、安元が家康配下の山岡道阿弥に送った書状への返書である。奇しくも日付は、伏見城が落城した日と同じだった。家康は書状の冒頭で脇坂氏と懇意であることを喜ばしいとし、三成の挙兵に際して、安治の子・安元が上方に引き返したことをもっともなことであると述べている。注意すべきことは、別に家康が怒っているわけではないことだ。

中村孝也氏の研究によると、三成が挙兵した時点で、安治は大坂にとどまっていた。子の安元は関東にいる家康のもとに向かおうとしたが、三成によって東下を阻止された。そのような事情があったので、安元はやむなく三成に従ったと指摘する（中村：一九八〇）。三成からすれば、一人でも味方を増やしたいのだから、安元の東下を妨害するのは当然のことだったといえよう。

そこで、安元は一連の事情を詳しく説明すべく、山岡道阿弥のもとに書状を送り、家康に志があることを報告した。家康は安元の志に感謝し、近く上洛する旨を伝えたのである。三成の挙兵時における脇坂父子の状況は、秀秋の事情と酷似していないだろうか。周知のとおり、脇坂父子は関ヶ原本戦で西軍から離反し、秀秋の麾下《きか》に属して戦った。戦後、家康が安治を罰しなかったのは、すでに家康が右に示した事情を理解し、考慮したからだと考えられる。

西軍に属した諸将のなかには、偶然にも上方にいたがために、否が応でも三成に属せざるを得なかった者が他にもいたに違いない。つまり、東軍に与するか、西軍に与するかという問題は、それぞれの大名が所在した場所によっても、左右された可能性が高かったと推測される。

毛利氏による阿波占拠

慶長五年七月十六日、三成や吉継の挙兵を知った蜂須賀家政は、毛利家の家臣・堅田元慶に書状を送った（「毛利家文書」）。家政は秀吉の配下にあった正勝《まさかつ》の子で、この頃は阿波を支配していた。先述のとおり、朝鮮出兵での出来事で三成との関係が悪化しており、家康に心を寄せていた人物である。

家政は書状のなかで、輝元が三成や吉継の挙兵に加担しようとしていることを知ったので、その軽率ともいえる行動を諫めたのである。家政はこの件について、最初は噂話であると思っていたが、安国寺恵瓊から情報を得たと書かれている。家政は、輝元が三成に加担したことに大変驚いたようである。

家政の願いが通じなかったのは、輝元の大坂城入城によって明らかである。その代わり、輝元が行ったのは家政の領国に兵を送り込み、蜂須賀氏の居城・阿波猪山《いのやま》城（徳島城。徳島市）を占拠したことだった。

同年七月二十九日、前田玄以、増田長盛、長束正家の三人と輝元が連署して、毛利氏の家臣・佐波《さは》広忠に判物を送った（『萩藩閥閲録』）。内容は、①阿波の猪山城の山上山下とそのほかでも陣取りを禁止すること、②もし乱暴狼藉《ろうぜき》を働く者がいれば速やかに成敗すること、の二点である。佐波広忠に宛てられていることから、毛利軍によって猪山城が占拠されたことが判明する。

この判物には大老の輝元だけなく、前田玄以、増田長盛、長束正家の三奉行が判を加えている。したがって、一連の猪山城の占拠は、豊臣政権の意思と考えてよいだろう。輝元は東軍に属した家政を封じ込めるため、豊臣公儀の名のもと、猪山城の占拠を正当化したのである。それは、同時に輝元の領土拡大志向を満たすものでもあった。

同日、輝元は配下の村上元吉《もとよし》・景親《かげちか》兄弟、佐波広忠の三人に対して、三ヵ条にわたる定（＝掟）を授けた（『萩藩閥閲録』）。内容を確認しておこう。

一つ目は、阿波の支配については、元吉・景親兄弟、佐波広忠の三人が行うこと。そのように体裁を整えることが肝要だ、ということである。二つ目は、地下人《じげにん》（阿波の郷村の人々）については、蜂須賀氏の家臣と相談して、措置を決めること、とある。三つ目は、狼藉の停止である。一般的に、百姓などは新しい勢力が入部すると、抵抗することが珍しくなかった。したがって、彼らが抵抗する際は、阿波に残った蜂須賀氏の家臣に助力を求めるようにしたのだろう。

同年八月八日、輝元は村上元吉・景親兄弟を呼び寄せたので、代わりに配下の椋梨《むくなし》景良《かげよし》、仁保《にほ》民部少輔《みんぶのしょう》、三輪元徳《みわもとのり》を阿波に送り込んだ旨を佐波広忠に知らせた（『萩藩閥閲録』）。そこには、万端よく相談して、番などに緩みが出ないようにと書いている。阿波支配の中心人物は、佐波広忠だった。ちなみに村上元吉は伊予へ、村上景親は伊勢にそれぞれ出兵を命じられたのである。

結論を先取りするようだが、西軍の敗戦後、毛利氏は和睦を結んで阿波を返還した。九月十九日のことである。毛利方の軍勢が大坂へ引き上げると、その旨は家政に伝えられた。九月二十五日、猪山城は蜂須賀氏の家臣・益田彦四郎に引き渡され、毛利氏による阿波占拠は終わったのである。

細川幽斎の籠る丹後田辺城での戦い

慶長五年五月二十九日、細川幽斎は京都を出発し、丹後田辺城《たなべ》（京都府舞鶴市）へ下向した。輝元や三成が決起したのは、その約一ヵ月半後のことで、幽斎は子の忠興ともども東軍に属して戦うことになった。細川家が東軍に属したのは、既定路線だったといえる。

同年七月、幽斎は丹後田辺城にわずか五百人という手勢だけで籠城し、東軍の家康に味方した。軍勢が乏しかったのには、もちろん理由があった。忠興の弟・幸隆《ゆきたか》と従弟の三淵光行《みつぶちみつゆき》が田辺城に残ったものの、忠興は会津の上杉景勝討伐に軍勢を引き連れて従軍したので不在だったからである。忠興の妻・ガラシャは大坂の細川邸にとどまっていたが、西軍の人質になることを拒否して死を選んだ。同年七月十七日のことである。

幽斎のもとには、桂林寺《けいりんじ》（舞鶴市）の大渓和尚《たいけい》が馳せ参じた。大渓は、長年にわたる幽斎・忠興父子の恩義に報いるため、鎮守八幡に戦勝祈願の願文を奉納した。さらに、弟子の僧侶を十四、五人を引き連れて田辺城に入城し、袈裟《けさ》を旗にしていたと伝わる。なお、戦後になって、細川家はその軍功に報い、絹本著色《けんぽんちゃくしょく》仏涅槃図《ぶつねはんず》（京都府指定文化財）や梵鐘《ぼんしょう》を寄進したのである。

同年七月十九日、田辺城は西軍の軍勢に攻囲された。西軍の面々は、小野木重次《おのぎしげつぐ》（丹波福知山城〈京都府福知山市〉主）、前田茂勝《しげかつ》（玄以の次男。丹波亀山城〈京都府亀岡市〉主）、織田信包《のぶかね》（丹波柏原《かいばら》〈兵庫県丹波市〉）、小出吉政《こいでよしまさ》（但馬有子山城《ありこやま》〈兵庫県豊岡市《とよおか》〉主）、杉原長房《すぎはらながふさ》（但馬豊岡城〈兵庫県豊岡市〉主）、谷衛友《たにもりとも》（丹波山家《やまが》〈京都府綾部市《あやべ》〉）、藤掛永勝《ふじかけながかつ》（丹波上林《かんばやし》〈京都府綾部市〉）、川勝秀氏《かわかつひでうじ》（丹波何鹿郡《いかるが》内）、早川長政《ながまさ》、長谷川宗仁《そうにん》、赤松広秀《あかまつひろひで》（但馬竹田城《たけだ》〈兵庫県朝来市《あさご》〉主）など、丹波・但馬の諸大名を中心とする約一万五千という大軍だった。誰が見ても、幽斎が劣勢なのは明らかだった。

幽斎は西軍の攻撃を寡兵でよく防いだが、それには大きな理由があった。当時、包囲軍のなかには和歌や連歌を嗜《たしな》む者が多く、幽斎の弟子も攻囲していたという。従来説によると、彼らは幽斎の籠る田辺城に攻撃することを躊躇していたと伝わる。それが事実とするならば、西軍にとっては、まったくの想定外のことだった。

後陽成天皇による幽斎の助命嘆願

田辺城の籠城戦を一番憂えたのは、後陽成天皇《ごようぜい》だった。天皇は仮に幽斎が討ち死にしたならば、古今伝授《こきんでんじゅ》の伝承者がいなくなることを心配した。古今伝授とは、『古今和歌集』の解釈を中心にして、歌学やそれに関連する諸説を口伝《くでん》、切紙《きりかみ》、抄物《しょうもつ》（和歌・漢詩の作り方を書き抜いて集めた本）によって、師から弟子へ秘伝として伝授することである。元亀三年（一五七二）、幽斎は公家の三条西実枝《さんじょうにしさねき》から古今伝授を受けており、田辺城が攻囲された時点で、二条歌学の正統を伝えるのは幽斎ただ一人だった。

そこで、天皇は幽斎に開城を勧めるため、同年七月二十七日に大石甚助を八条宮智仁親王《はちじょうのみやとしひと》の使者として田辺城に派遣したものの、これは幽斎に拒否されて籠城戦は継続した。幽斎は討ち死にを覚悟し、朝廷に『源氏抄』と『二十一代和歌集』を献上するとともに、八条宮智仁親王には『古今集証明状』を贈呈した。加えて幽斎は、弟子の烏丸光広《からすまみつひろ》には『草子十二帖』を、前田玄以には『六家集十八帖』をそれぞれ贈った。

その際、幽斎は「古《いにしえ》も　今もかはらぬ　世の中に　こころのたねを　残すことのは」という和歌を送ったという。まさしく死の覚悟を詠んだものだった。

慶長五年八月十日付の石田三成書状（真田昌幸・信繁父子宛）によると、三成は幽斎を討つと決めたものの、後陽成天皇から助命嘆願があったので、九州に配流して命だけは助けると述べている（「浅野家文書」）。八条宮智仁親王は、八月二十一日にも調停を試みたが、それも失敗に終わった。幽斎の籠城を継続するという決意は、固かったのである。

同年九月三日、天皇は勅使として幽斎の歌道の弟子で公家の三条西実条《さねえだ》、中院通勝《なかのいんみちかつ》、烏丸光広を東西両軍に派遣して、幽斎を救うために講和を命じた。彼らを先導したのは、前田玄以の次男で丹波亀山城主の茂勝である。勅使は田辺城を包囲する西軍に対して攻囲を解くように命じる一方で、幽斎にも投降を促した。

同年九月十三日、勅使の説得が功を奏して、幽斎は勅命に従って講和を決意。投降して田辺城を明け渡した。その後、幽斎は前田茂勝の居城である丹波亀山城に連行され、それから高野山に向かったのである。田辺城の籠城戦の間、西軍の一万五千の兵は関ヶ原に出陣することができず、田辺城に釘付けとなった。

三条西家から幽斎に授けられた古今伝授は、近世に至って後水尾《ごみずのお》天皇ら歴代天皇や上層公家に伝えられ、御所伝授として確立した。古今伝授は幽斎の命を救っただけでなく、伝統として長く命脈を保ったのである。

幽斎が西軍の赤松広秀に宛てた書状

先述のとおり、田辺城を攻囲した西軍諸将の面々は和歌を嗜み、幽斎の弟子が多かったという理由により、攻撃の手を緩めたことが通説として伝わった。しかし、その通説には、明確な根拠があるわけではない。彼らすべてが幽斎の弟子だったことを証明するのも困難だ。

同年七月十七日、前田玄以、増田長盛、長束正家の三奉行は連署して、「細川忠興は何の忠節もないのに、秀吉に取り立てられた福原直高の旧領（豊後国速水郡《はやみ》）を家康から与えられ、さらに今度は何ら落ち度のない上杉景勝を追討するため家康に加勢し、細川氏の一門はすべて会津征討に赴いた。秀頼公から細川氏を成敗するため、丹後に軍勢を送ることになったので、軍忠を尽くしてほしい。軍功によって褒美を遣わす」という内容の書状を但馬の大名・別所吉治《べっしょよしはる》に送った（『松井文庫所蔵古文書調査報告書』二）。

ほかの但馬、丹波などの諸大名にも、おそらく同じような出陣命令があったと推測される。ところが、彼らが西軍に与することを自ら望み、田辺城に出陣したということについては少しばかり疑問が残る。同年七月十九日、細川幽斎は西軍の赤松広秀に書状を送った（「大山崎町《おおやまざきちょう》歴史資料館所蔵文書」）。広秀は、赤松氏の庶流の龍野《たつの》赤松氏の流れを汲む。広秀は近世儒学の祖である藤原惺窩《せいか》から儒学を教わっていたので、その関係から幽斎を知っていた可能性がある。そして、この書状こそが謎を解く根拠となる。次に、書状の概要を示しておこう。

幽斎は上杉景勝の行動について、力や欲に任せたものと指摘する。以下、内容が婉曲的な表現でわかりづらい点もあるが、幽斎は広秀にお目にかかって相談できれば、詳しいことをお伝えしたいとし、そのときに情勢を教えてほしいとする。両者が交戦状態にあったにしては、緊迫した状況がうかがえない。

少なくとも言えることは、この段階で幽斎と広秀は、まだ相談できる良好な関係にあった。幽斎は、西軍の面々に対して糺《ただ》すべきであるとさえ述べている。まるで、幽斎が広秀を教え諭すような印象すらある。

広秀の書状と田辺城戦に臨んだ西軍諸将の本心

同年八月六日、広秀は細川氏の家臣・松井康之に書状を送った(『松井文庫所蔵古文書調査報告書』三)。書状の冒頭では、この度の不慮(田辺城攻撃)について心中を察すると述べ、田辺城が籠城中であることを伝えている。そして、そちらは大丈夫だろうから、上洛して諸事について、忠興の指示を受けるべきであると述べる。西軍に属した広秀が細川氏と対立しているならば、こうしたお見舞いあるいは助言するような書状を送るだろうか。

広秀が康之に書状を送ったことは、自身が西軍に属していることについて、本意ではなかった可能性を示唆している。そうでなければ、広秀が東軍の細川氏の家臣と親しく書状を交わすとは思えない。もう少し踏み込んで言えば、田辺城の籠城戦に臨んだ西軍の諸将は、自ら望んで参陣していなかったことも考えられる。それは、戦後の彼らの処遇を考えると、おおむね外れていないと思う。

関ヶ原合戦後、広秀はすぐに東軍に転じて鳥取城(鳥取市)を攻撃したが、城下に火を放った罪を家康から咎められ、切腹に追い込まれたという。また、関ヶ原での本戦終了後、田辺城攻撃に参加した小野木重勝は東軍に攻められ、丹波亀山城で自害に追い込まれた。ところが、ほかの出陣した諸将はおおむね許されている。家康は、彼らの出陣が本意でなかったことを知っていたのではないだろうか。

『寛政重修諸家譜』によると、谷衛友は裏で細川氏とつながっていたと書かれている。事実ならば、田辺城を積極的に攻めないはずである。二次史料の記述ではあるが、西軍の諸将の多くは最初から東軍と戦う意思が乏しかったことが想定される。

西軍諸将が幽斎の弟子であったか否かはさておき、丹波・但馬の諸将は西軍の命を受けて出陣したものの、田辺城攻めは決して本意でなく、渋々応じていたのではないだろうか。応じた理由は出陣を断った場合、すぐに攻められて自らが危険にさらされるからである。それは、先に取り上げた、脇坂氏や小早川氏の例と似通っているかもしれない。家康が田辺城攻撃に加わった西軍諸将を許した背景には、そういう事情があったと考えられる。

したがって、田辺城に出陣した西軍の諸将の多くは、西軍に心の底から従ったのではなく、実は最初から東軍＝家康に心を寄せていた可能性が高いといえる。

毛利氏の伊予侵攻作戦

田辺城の攻防が行われていた頃、輝元は伊予に触手を伸ばしていた。当時、伊予には藤堂高虎が板島《いたじま》（愛媛県宇和島市）、加藤嘉明が松前《まさき》（愛媛県松前町《まさきちょう》）、小川祐忠《すけただ》が今治（愛媛県今治市）をそれぞれ領していた。高虎と嘉明は東軍に属していたが、祐忠はこの時点では西軍に与しており、関ヶ原合戦と同時に東軍に内応した。この三人は、そろって東軍だった。では、輝元はどのよう

図7-2　毛利氏と伊予

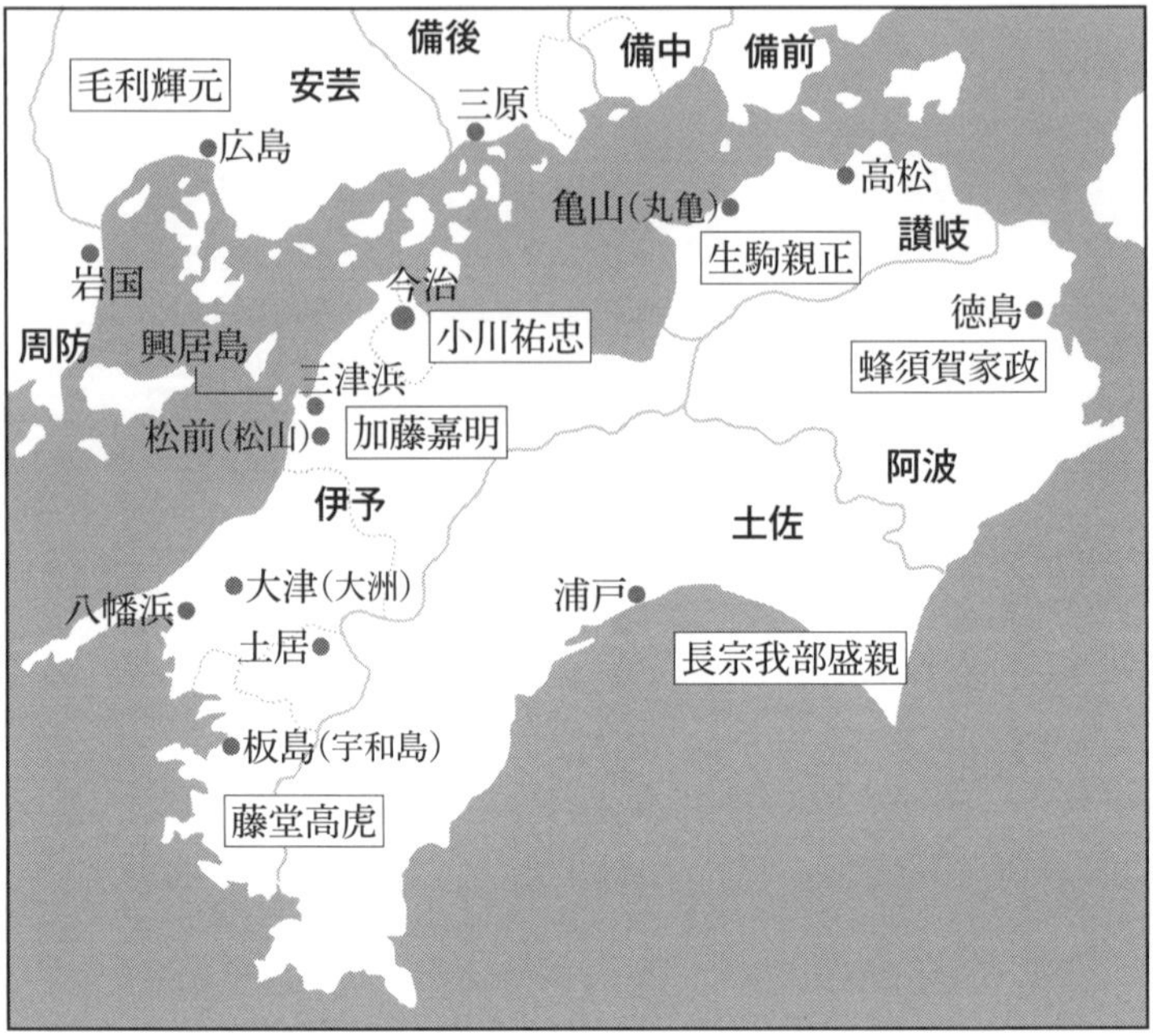

な方法で、伊予へ攻め込もうとしたのだろうか。

慶長五年八月十八日、毛利元康、堅田元慶は、藤堂高虎の領内に所領を持つ久枝《ひさえだ》又左衛門《またざえもん》に書状を送った（『萩藩閥閲録』）。久枝氏は、かつて南伊予を支配していた西園寺《さいおんじ》氏の家臣だった。書状の内容は、毛利氏が家臣の曽根景房《そねかげふさ》を通して、高虎の領内にいる国人らに調略を仕掛け、味方になるよう迫ったものである。毛利氏は高虎領内へ攻め込むことを前提として、伊予の国人に協力を呼びかけたのである。

景房はかつて大洲《おおず》城（愛媛県大洲市）主の戸田勝隆《かつたか》に仕えて

いたので、伊予の国人に人脈を持っていたという。景房の手腕は輝元から高く評価されており、八月二十日に土佐・長宗我部氏の政僧・非《ひ》遊斎《ゆうさい》のもとに遣わされた。そして、毛利氏の伊予侵攻に際して、同時に長宗我部氏も伊予へ攻め込むように要請した（『萩藩閥閲録』）。ところが、最終的に長宗我部氏が伊予に攻め込むことはなかった。

同年八月二十七日、輝元は配下の村上武吉《たけよし》（元吉・景親兄弟の父）、宍戸元真《もとまさ》、村上元吉、曽根景房に書状を送った（『萩藩閥閲録』）。輝元は高虎の留守を預かる給人《きゅうにん》層に調略を仕掛けて寝返らせることにしたので、高虎領内への侵攻を少し延期すると述べている。なお、給人とは、主人から所領を与えられた武士のことである。同時に輝元は、加藤嘉明領への侵攻も考えていたが、それぞれの国人への調略はうまくいかなかったようである。国人らに迷いがあったのは事実である。

嘉明の配下で元の萩森《はぎもり》城（愛媛県八《や》幡浜《わたはま》市）主だった萩森元教《もとのり》は、輝元の調略に対して、同年九月二日に「私は小者に過ぎませんから、何も役には立たないでしょう。嘉明様に従うばかりです」と回答している（『萩藩閥閲録』）。元教は「役に立たない」と述べているが、輝元と嘉明の将来性や手腕を比較しつつ、さらに政治情勢を検討すれば、輝元に与するのは利がないと判断したのだろう。

伊予侵攻の実行

同年八月二十日以降、毛利氏の伊予侵攻の準備は徐々に整っていた。指揮をするのは、毛利氏の家臣で広島留守居を務めていた佐世元嘉《させもとよし》である。実働部隊は、能島《のしま》水軍を率いる村上武吉・元吉父子や曽根景房だった。九月五日になると、伊予侵攻が予告され、準備に手抜かりがないように命じられた。こうして、毛利氏による伊予侵攻は、現実のものになったのである。

同年九月十日頃、毛利氏の伊予侵攻軍は広島を出発して、五日後には興居島《ごごしま》（愛媛県松山市）にたどり着いた。

同年九月十五日、毛利方の村上武吉・元吉父子と宍戸景世は連署して、伊予の豪商の武井宗意《たけいそうい》、宮内休意《みやうちきゅうい》に書状を送った（「宮窪《みやくぼ》町蔵文書」）。その内容を箇条書きで示すと、次のようになろう。

①秀頼の命令により、家康に与した嘉明を討つことについて、輝元が軍勢を派遣すること。
②先発部隊として、村上武吉・元吉父子らが渡海し、昨朝、興居島に到着したこと。
③百姓らが毛利方に協力するならいいが、そうでなければ妻子まで討ち果たすこと。
④百姓らに毛利方へ味方するよう説得するのが肝要であること。

このように、関ヶ原合戦本戦の当日には、毛利氏が伊予の嘉明領に迫っていたのである。そして、毛利方は嘉明領の百姓に協力を迫っていた。

加藤嘉明方による毛利氏奇襲の実際

同年九月十七日、嘉明の留守居軍は、三津浜《みつはま》（愛媛県松山市）に陣を敷いていた毛利方を奇襲した。その結果、村上元吉や曽根景房らが討ち死にし、毛利方は壊滅したという。その経緯は、もはや二次史料でしか知りえない。嘉明の留守居軍は毛利軍に対して、降伏すると嘘をついた。油断した毛利氏は、嘉明から差し入れられた酒肴で宴会をしていたところ、奇襲されたという。とはいえ、実態はやや違っていたようだ。

同年九月十八日、佐世元嘉は村上景房に書状を送った（「村上小四郎所蔵文書」）。内容を要約すると、次のようになろう。

①九月十七日夜、陣所で敵と交戦状態になったが、比類なき功名を挙げたこと。
②大坂にいる輝元に報告したので、きっとお褒めの言葉を仰せになるだろうということ。
③その地で引き続き奮闘する覚悟は、もっともなことであること。
④毛利氏配下の宍道政慶《しんじまさよし》、木屋元公《きやもときみ》が援軍として伊予に派遣されたこと。

編纂物では、毛利方が壊滅したかのように書かれているが、実際には何とか踏みとどまっていたようである。援軍を送ったのは、巻き返しを図ろうとしたために他ならない。

以後の展開は、編纂物によると、同年九月十九日には如来院《にょらいいん》（愛媛県松山市）、同年九月二十三日には三津木ノ浜《みつきのはま》（同上）で戦いがあったという。しかし、同年九月二十四日に西軍の敗報が伝えられ、毛利軍は伊予をあとにしたという。こうして毛利氏の伊予および阿波侵攻は失敗に終わったが、このことが関ヶ原合戦後に徳川家康から追及されるのである。

膨大な数の書状で多数派工作をする家康

東軍を率いる徳川家康は、八月六日から九月一日まで江戸にとどまり、諸将に味方になるよう書状を送っていた。多数派工作である。その間、家康は常陸の佐竹氏らの動きを警戒し、城郭の整備などを進めていた。会津に諸将を置いて西上したものの、なお関東方面に不穏な動きを感じ取り、警戒心を抱かざるを得なかったのである。とはいえ、この間における佐竹氏の旗幟《きし》は鮮明ではなく、動向も詳しくわかっていない。

家康は景勝を牽制するため、結城秀康を宇都宮城に置き、奥羽の諸大名に加えて下総古河（茨城県古河市）の小笠原秀政《ひでまさ》、下総山崎《やまざき》（千葉県野田市）の岡部長盛《おかべながもり》、下野皆川《みながわ》（栃木市）の皆川広照らを配置した。秀康を残すことで、上杉軍の関東侵攻を食い止めようとしたのである。常陸佐竹氏に対しては、家康配下の平岩親吉、小高《おだか》城（福島県南相馬市）主の相馬義胤《よしたね》に任せることとし、加えて常陸、上野、房総の諸大名を置くことで対策した。なお、江戸の留守居は、松平（武田）信吉（家康の五男）および松平（久松）康元（家康の異父弟）に任せた。

家康が会津征討後に発した書状の数は、七月が三十四通、八月が八十七通、九月十五日まで三十六通の計百五十七通と極めて多い。これは驚異的な数である。書状のほとんどが味方になるよう諸大名に送ったもので、家康が多数派工作に力を入れていたことが判明する。そのいくつかを示すと、次のとおりである。

①加藤清正――肥後・筑後両国を与えること（『古今消息集』）。

②細川忠興——丹後・但馬両国を与えること（『譜牒余録』）。
③九鬼守隆《くきもりたか》——南伊勢五郡を与えること（『古文書集』）。
④伊達政宗——刈田《かった》など四十九万五千石を与えること（「伊達家文書」）。

家康の思惑通り、右の諸将は東軍に与した。ただし、志摩鳥羽（三重県鳥羽市）の九鬼守隆は東軍に属したが、父・嘉隆《よしたか》は西軍に与した。親子で東西両軍に分かれたのは、真田氏と同じである。加藤清正は、多数に上る九州の西軍勢力を押さえるために必要な戦力だった。伊達政宗は、いうまでもなく上杉景勝を牽制するために必要な存在だった。

このように家康は決して慌てることなく、会津や北関東方面の備えを十分にし、西上の途につくチャンスをうかがったのである。

石田三成の本格始動と勝利への執念

次に、石田三成の動きを確認しておこう。

慶長五年七月二十九日、三成は居城の佐和山城（滋賀県彦根市）を出発して伏見に向かうと、そのまま秀頼がいる大坂城へと入城した。その後、三成は二大老（毛利輝元、宇喜多秀家）と三奉行（前田玄以、増田長盛、長束正家）らとともに、豊臣政権の主導権を握って秀頼を推戴《すいたい》し、諸大名に書状を次々と発した。これにより、毛利輝元と石田三成を中核とする西軍は、本格的に始動したのである。

その後、三成は出陣の準備を行うため、大坂城から佐和山城へいったん戻った。同年八月五日、三成は真田昌幸・信幸（信之）・信繁父子に書状を送った（「真田家文書」）。三成は真田父子に対し、信濃一国を与えること、越後の堀秀治が西軍に与していることなどを伝えている。晴れて家康を討ち果たした場合、秀治には上方方面に知行を与えると記している。福島正則については味方になるように説得中であるが、交渉が失敗に終わったときは、伊勢方面に出陣中の宇喜多秀家ら諸将に清須（愛知県清須市）を攻撃させるという。

三成は家康に勝利するため、戦後に与える恩賞を条件として、諸大名に西軍へ属するよう呼びかけたのである。その点は、家康と同じである。

三成の勝利への意気込みは、同年八月七日付の佐竹義宣宛の書状でも確認できる（『歴代古案』）。三成の書状によると、三成は家康がうろたえて西上する場合は、尾張と三河の国境付近で討ち果たすとし、備の書立《かきたて》（軍勢配置図）を送るのでご覧いただきたいと結んでいる。「家康がうろたえて」というくだりは、やや誇張した表現に感じるが、三成が強気の姿勢で臨んだのはたしかだろう。そうでなければ、味方は集まらない。

同年八月八日、三成は佐和山城を出発すると、翌日に垂井（岐阜県垂井町）に至り、八月十日に大垣城（岐阜県大垣市）に入城した。同日、三成は再び真田昌幸・信繁父子に書状を送った（『浅野家文書』）。次に、内容を確認しておこう。

重要なことは、信濃の情勢である。①松本城（長野県松本市）主の石川康長は大坂に妻子を預けているので問題ないと思うが、敵対するなら攻撃してほしいということ、②海津城（長野市）主の森忠政は家康与党なので、早々に攻撃してほしいこと、などを知らせていることである。信濃の情勢を正確に知らせ、対策をも指示した。さらに前田利長が味方になる様子がないので、堀秀治に越中へ攻め込むよう依頼したことも書いている。

同時に重要なことは、京都や大坂が静謐であること、伊勢には吉川広家らの軍勢を派遣したこと、三成は島津氏らと尾張、美濃方面に打って出ること、そして丹後一国はすでに平定したことを伝えた点である。そして、諸大名に遣わした軍勢の配置書を送り、彼らが秀頼に忠誠を尽くした面々であることを伝えた。ただし、丹後平定は間違いであり、実際は有利に戦いを進めていたというのが正しい。

三成は真田氏に信濃およびその周辺、さらに現時点での西軍の情報を送ることにより、安心感を与えたかったのだろう。

なお、先取りするようであるが、三成は同年九月十二日に悲壮な覚悟を持って、増田長盛に宛てて書状を送った（『古今消息集』）。なかなかの長文であり、三成が兵卒を雇うため、貯えていた金銀が払底《ふってい》したことなどが書かれている。三成がこの一戦にかけた強い決意が伝わる、非常に有名な書状である。ところが、現在、この書状の文体や文言の詳しい分析が行われた結果、後世に創作されたものであると指摘されている（白峰：二〇一九）。つまり、この三成の書状は偽文書なのである。

図7-3　関ヶ原合戦の前哨戦と関連地名

次に、伊勢方面における西軍の情勢を確認することにしよう。

交通の要衝・伊勢を制圧すべく東進する西軍

関ヶ原合戦の前夜、重要な攻防の地点になったのが伊勢国である。戦略的に見ても、伊勢国は東西を分かつ交通の要地で重要な拠点だった。旧東海道は、尾張熱田《あつた》（名古屋市熱田区）から海上交通の便が良い伊勢桑名《くわな》（三重県桑名市）を通り、桑名から近江草津《くさつ》（滋賀県草津市）へ鈴鹿（三重県鈴鹿市）を越えて抜ける交通ルートがあった。伊勢国を押さえる重要性は、東西両軍とも強く認識していた。

西軍も西上する東軍と対決すべく、毛利秀元、吉川広家、安国寺恵瓊、長宗我部盛親、鍋島勝茂、長束正家らの率いる三万余（諸説あり）の大軍で、伊勢を制圧すべく出陣した。この軍勢には、志摩鳥羽の九鬼嘉隆の率いる水軍も加勢していたが、子の守隆は東軍に与して東国に出陣していた。先の書状で三成が述べているように、美濃、尾張の国境付近における対決は、あながち否定できない。

西軍の軍勢の数については、八月六日付石田三成書状写（真田昌幸宛、『古今消息集』）や、編纂物ながら『真田軍功家伝記』『慶長見聞集』に書かれている。『真田軍功家伝記』によると、毛利輝元は四万千五百の兵を準備したが、実際に秀元が率いたのはわずか一万に過ぎなかった。一万という数は、八月六日付石田三成書状写の記述と一致する。

残りの軍勢は輝元の配下にあったが、結局、輝元は関ヶ原にも伊勢にも出陣しなかった。このことは、その後の関ヶ原本戦に影響した可能性が大いにある。宇喜多秀家は一万八千、小早川秀秋は八千を率いていたので、この二人が実際に主力の軍勢だったといえよう。しかし、秀秋は伊勢攻撃に参加しなかったので、さらに西軍の軍勢は少なくなってしまう。

八月六日付石田三成書状写によると、実際に毛利氏の軍勢を引き連れたのは、秀元の後見を務めた安国寺恵瓊と吉川広家だったと書いている。当時、秀元は二十二歳の青年だった。そこには、千の軍勢を率いた長束正家の名がさらに記されている。この三人の名が登場するのは、『義演准后日記』慶長五年八月五日条も同じである。つまり、毛利一門や五奉行の正家が重きを置かれていたのは明白である。

秀家は二十九歳、秀秋は十九歳の若年であることから、恵瓊、広家、正家らがリーダーシップをとるのは当然だった。

安濃津城への西軍襲来に備える伊勢の諸将

徳川家康の会津征討に従軍していた安濃津城（三重県津市）主・富田《とみた》信高《のぶたか》、上野《うえの》城（同上）主・分部《わけべ》光嘉《みつよし》、松坂《まつさか》城（三重県松阪市）主・古田《ふるた》重勝《しげかつ》、岩手《いわで》城（同玉城町《たまきちょう》）主・稲葉道通《みちとお》ら諸将は、西軍の攻撃に備えて下野小山（栃木県小山市）から本拠のある伊勢にすぐに戻った。信高と光嘉はともに伊勢湾を船で横断したが、西軍の九鬼嘉隆に捕らえられたという。しかし、二人は西軍に与すると嘘を述べて言いくるめ、伊勢国に上陸することができたと伝わるが、史実とはみなしがたいだろう。

慶長五年八月十四日、家康は九鬼守隆に書状を送った（『古文書集』）。家康は守隆が与した恩賞として、南伊勢五郡を与えると伝えた。それだけでなく、守隆配下の者のうち、関東に出陣した者に関しては、代わりにどこの国でも与えるとまで言っている。これは守隆らの戦意を促すものであって、本心の発言ではなかっただろう。嘉隆と守隆は真田父子と同じく、東西両軍に分かれて戦った。戦後、西軍の敗北が決定すると、嘉隆は逃亡した挙句、十月十二日に自害して果てたのである。

同年八月二十日、家康は分部光嘉に書状を送った（『古文書集』）。光嘉は家康配下の西尾吉次《にしおよしつぐ》に書状を送ったので、家康はその返書をしたためたのである。内容は、光嘉が富田信高と協力して味方になったことを賞し、自身もこれから出陣する旨を知らせたものである。家康自身が返書を送ったのは、光嘉の心をつなぎ止めるためである。

分部光嘉は富田信高の籠る安濃津城に入城し、西軍の攻撃に備えた。ところが、安濃津城の兵力は大変少なく、古田重勝からの援軍を加えても、たった千八百ほどにしかならなかった。彼らは家康に援軍を要請しようとしたが、九鬼嘉隆が海上を封鎖しており、陸路も道のりが険しかった。嘉隆は紀伊に本拠を置く堀内氏善《ほりうちうじよし》らと出陣し、鳥羽城（三重県鳥羽市）を奪ったという。現実的に、光嘉らが家康と連絡を取ることは困難だった。

なお、信高が敵陣深く攻め込んだ際、危険を感じた妻（宇喜多忠家《ただいえ》の娘）が甲冑を着て救い出したというエピソードがある（『志士清談』）。『志士清談』は近世後期に成立した、武将にまつわる逸話集に過ぎず、史実である可能性は極めて低い。

安濃津城の戦いと吉川広家の参戦

同年八月二十三日から伊勢では東西両軍の戦闘が開始されていたが、翌日から戦いは本格化していった。信高、光嘉らはよく持ちこたえたが、西軍との兵力差はあまりに大きく、圧倒的な不利を挽回するのは難しかった。そして八月二十五日には、高野山（和歌山県高野町）の僧・木食応其《もくじきおうご》の仲介によって、信高らは西軍に降伏し、安濃津城を開城した。信高は一身田《いっしんでん》（三重県津市）の専修寺《せんじゅじ》に入り、その後は剃髪して高野山に入寺したのである。

一方、松坂城主・古田重勝は、あえて西軍の軍勢と戦わなかった。むしろ和睦を申し出て時間を稼ぎ、関ヶ原合戦が終了しても持ちこたえたという。これが重勝の作戦だったか否かはわからないが、状況は不利ながらも籠城を継続した。

関ヶ原合戦後、安濃津城主・富田信高、上野城主・分部光嘉、松坂城主・古田重勝、岩手城主・稲葉道通の四名は、安濃津城をめぐる戦いなどでは敗北したものの、その軍功は家康から称えられた。

この戦いには吉川広家も従軍し、大いに活躍した。「伊勢国津城合戦手負討死注文」によると、吉川家の手の者が多数負傷したことが判明するので、かなりの激戦だったようだ（「吉川家文書」）。
また、広家は感状を多数発給した。この時点で、広家は東軍の黒田長政と書状のやり取りをしていたが、上方にいながら東軍に与することは困難だった。広家は田辺城を攻めた西軍諸将と同じく、決して本意ではなかったが、安濃津城攻めに加わらざるを得なかったというのが実情だったと推測される。

分部光嘉は伊勢・上野一万石から、二万石へと加増された。しかし、安濃津城の戦いで負った傷が原因で、翌年十一月に亡くなった。享年五十。古田重勝は伊勢松坂三・四万石から五・五万石へと加増された。亡くなったのは、慶長十一年（一六〇六）六月である。享年四十七。稲葉道通は、伊勢岩手二・六万石から伊勢田丸《たまる》（三重県玉城町）四・六万石に移封・加増された。慶長十二年十二月に亡くなった。享年三十八。

富田信高は、伊勢安濃津五万石から同じ場所で七万石に加増された。以後、戦災で荒廃した津の城下町の再建に奮闘したという。慶長十三年九月には伊予宇和島（愛媛県宇和島市）十万千九百石に加増されたが、大久保長安《ながやす》事件（長安の死後、長安の生前の不正を理由に遺子七名が切腹を命ぜられ、一族・縁故者なども処罰された事件）に連座して失脚。寛永十年（一六三三）二月に亡くなった。享年は不詳である。

北陸での前田利長の進撃と大谷吉継の逆襲

慶長五年八月一日に伏見城が落城すると、大谷吉継は居城のある敦賀（福井県敦賀市）に戻る準備をした。同日付の毛利輝元書状は、その吉継に宛てたものである（『類聚文書抄《るいじゅう》』）。内容は、①北国の情勢を輝元に報告してほしいこと、増田長盛が東国から西に向かう東軍の軍勢の様子を報告すること、③大聖寺城《だいしょうじ》（石川県加賀市）主の山口宗永《むねなが》に手紙を送るので、届くようにしてほしいこと、などを伝えている。

同年七月二十六日、東軍に属した加賀の前田利長は、二万余（諸説あり）の軍勢を率いて金沢城を出発した。当初、利長は西軍の丹羽長重《にわながしげ》が籠る小松城《こまつ》（石川県小松市）を攻めようとしたが、小松城は難攻不落の名城で、なかなか落とすことができなかった。そこで、利長は小松城にわずかばかりの兵を押さえとして残すと、山口宗永の居城・大聖寺城にターゲットを変更し、八月一日に松山城《まつやま》（石川県加賀市）に入った。

その一報を聞いた宗永は、ただちに大聖寺城の守備を固めた。その間、丹羽長重や北庄《きたのしょう》城（福井市）主の青木一矩《かずのり》に援軍を求めたが、すでに時は遅かった。青木一矩に至っては、不幸なことに病床にあったという。八月二日、利長は家臣を宗永のもとに派遣して降伏を勧めたが、それは拒否された。こうして両者は戦ったのである。

山口方の城兵は極めて少なく、わずか二千余（諸説あり）に過ぎなかったという。その兵力差はあまりに圧倒的で、山口方は前田方の猛烈な攻撃により、翌八月三日に大聖寺城は陥落した。

その間、宗永は降伏を申し出たが、前田方は一切許さなかったという。結局、山口宗永・修弘《ながひろ》父子は自害し、戦いは終結したのである。

その後、前田軍を撤退に追い込んだのが吉継である。一説によると、吉継は中川光重《なかがわみつしげ》（宗半。前田利家の娘婿）を捕らえ、大谷軍が別働部隊で金沢を攻略するとの偽の書状を利長に届けさせたという。この嘘を真に受けた利長は、急いで金沢に帰還しようとした。その途次に前田軍と丹羽長重が戦ったのが、浅井畷《あさいなわて》（石川県小松市）の戦いである。この一戦で勝利した前田軍は、無事に金沢に撤収したのである。

こうして吉継は、大聖寺城を奪還することに成功した。吉継は八月二十二日に大聖寺城を発って大坂に向かったが、翌日に敦賀に到着すると、美濃へ向かうべく進路変更をしたのである（『慶長見聞集』）。

西軍に与した岐阜城主・織田秀信

いわゆる小山評定を終えた東軍の面々は、東海道を西進して清須（愛知県清須市）で家康の到着を待った。しかし、家康が一向に江戸を発つ様子がないため、福島正則は家康に対して怒りをあらわにし、池田輝政と口論に及んだという。輝政は家康の女婿だったので、家康を弁護していた。間に入って仲裁したのが、井伊直政、本多忠勝の両名だったが、東軍の陣営には険悪なムードが漂った。

八月十九日、家康から派遣された使者の村越茂助《むらこしもすけ》が清須に到着した。正則が茂助に対して、家康の考えを質したところ、「各自が（西軍に）手出しをしないから出馬しないのであって、手出しをすればすぐにでも出馬する」との家康の意向を示した（『慶長年中卜斎記』）。「手出し」とは、東軍の諸将が「戦いを仕掛ける」の意になろう。つまり、家康は東軍の諸将が率先して西軍に戦いを仕掛けたならば、自身も出陣すると言っているのである。家康の作戦でもあった。

正則はこの言葉を受けて、ただちに出陣を決意したという。こうして向かったのが、織田秀信《ひでのぶ》が籠る岐阜城である。とはいいながらも、右の逸話は二次史料に書かれたものであり、多少割り引いて考えるべきかもしれない。

同じ頃、岐阜城主の織田秀信は西軍に属し、東軍を迎え撃とうとしていた。秀信は信忠の嫡男で、信長の嫡孫だった。

そもそも秀信は家康に従い、会津征討に出陣する予定であったが、準備が満足に整わず、出発が遅れたといわれている。その後、石田三成から美濃・尾張の二ヵ国を与えるとの条件を提示され、西軍に与したという。秀信は織田信長の嫡孫ながらも、豊臣政権下では不遇だったといえる。三成の提示した条件は、西軍に与するのに十分だった。

岐阜に進軍する福島正則隊と池田輝政隊

秀信が西軍に属することを決意すると、清須城に集結していた福島正則・池田輝政の諸将は、戦いの矛先を美濃の岐阜城に向けた。秀信を討つことが、今後の東軍の方向性を決めるからである。むろん受けて立つ秀信は対策に余念がなく、岐阜城を中心にして東軍の攻撃に備えた。秀信に味方したのは、犬山《いぬやま》城（愛知県犬山市）主の石川貞清《さだきよ》と竹ヶ鼻《たけがはな》城（岐阜県羽島《はしま》市）主の杉浦重勝だった。

八月二十一日、東軍は部隊を二つに分けて岐阜城へ向かった。池田輝政が率いる一万八千の兵は、木曽川沿いの尾張国葉栗《はぐり》郡河田《こうだ》（愛知県一宮《いちのみや》市）を進軍して岐阜城の大手へ向かった。この軍勢に加わったのは、浅野幸長《よしなが》、山内一豊、池田長吉《ながよし》（輝政の弟）、堀尾忠氏《ただうじ》（浜松城主だった吉晴の子）、遠江横須賀（静岡県掛川市）の有馬豊氏《とようじ》、尾張黒田《くろだ》城（愛知県一宮市）主の一柳直盛《ひとつやなぎなおもり》、戸川達安《みちやす》、遠江久野《くの》（静岡県袋井《ふくろい》市）の松下重綱《まつしたしげつな》という面々だった。

一方、福島正則が率いる一万六千の軍勢は、木曽川沿いの尾張国中島《なかしま》郡起《おこし》（愛知県一宮市）へと進軍した。この軍勢に加わったのは、細川忠興、加藤嘉明、黒田長政、藤堂高虎、信濃飯田（長野県飯田市）の京極高知（西軍に属した高次の弟）、田中吉政らの面々で、これに本多忠勝と井伊直政が加わった。福島、池田の両部隊は、いずれも劣らぬ精鋭ばかりだった。

東軍の軍勢は起から木曽川を渡ろうとしたが、竹ヶ鼻城主・杉浦重勝を中心とする織田方の軍勢の反撃に遭い、このルートからの渡河を断念した。そして、八月二十一日の夜、正則の軍勢は加賀野井《かがのい》（岐阜県羽島市）へ移動して、それから岐阜城の搦手《からめて》（城の裏手）に至ったのである。

岐阜城へ向かう際、政則と輝政との間で先陣争いがあったといわれている。上流を進軍する輝政は、川幅が狭く渡河が容易だった。一方、正則は川幅が広い下流を進むので、渡河が困難だった。おまけに正則の行程は岐阜城へ迂回する進路なので、到着が遅れる可能性が大きかった。つまり、輝政のほうが有利だったのだ。

二人は先陣をめぐって激しく口論に及んだが、最終的に井伊直政と本多忠勝が仲裁に入り、正則軍が到着するまで、輝政が先に攻撃を仕掛けてはならないということで決着したといわれている。当時、抜け駆けは軍法で禁止されていたので、あらかじめ約定《やくじょう》を取り交わしたことは、あり得たのかもしれない。

岐阜界隈で織田軍を撃破する東軍

岐阜城の周囲では、緊張感が一気に高まった。戦乱での被害を免れるため、村落や寺社は、それぞれの大名に禁制の発給を依頼した。禁制とは、あらかじめ軍勢による濫妨《らんぼう》狼藉（放火、竹木の無断伐採など）を防ぐため、禁止事項を列挙した文書のことで、金銭と引き換えに下付された。たとえば、織田秀信から禁制を獲得した場合、村落や寺社は禁制を秀信の軍勢に見せることにより、濫妨狼藉の行為から逃れられたのである。

慶長五年八月、秀信は①濫妨狼藉、②陣取放火、③竹木伐採の禁止および諸役の免除を明記した禁制を円徳寺《えんとくじ》（岐阜市）に下付した（「円徳寺文書」）。先述のとおり、禁制とは禁止行為を列挙するものなので、諸役の免除が加わっているのは珍しいといえる。禁制ではなく、単に諸役を免

図7-4　岐阜城の戦いの関連地名とその周辺

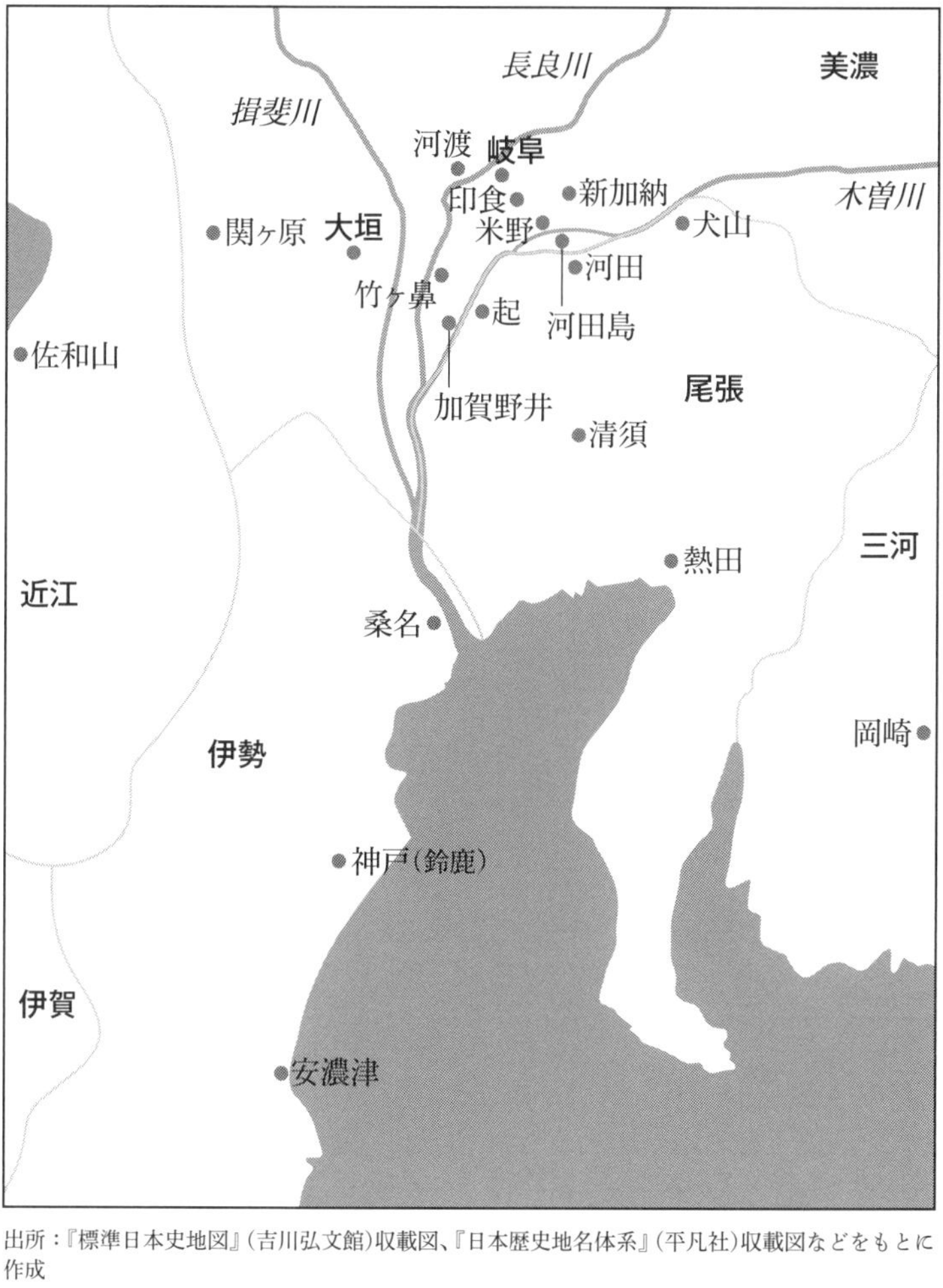

出所：『標準日本史地図』（吉川弘文館）収載図、『日本歴史地名体系』（平凡社）収載図などをもとに作成

除した判物も残っている（「養教寺文書《ようきょうじ》」）。また、陣取の禁止と諸役免除だけを明記した判物もある（「浄安寺文書《じょうあんじ》」）。諸役の免除は在地や寺社からの要望でもあり、秀信はその意を汲み取ったと考えられる。

来るべき東軍の攻撃により、窮地に立たされた秀信は、西軍が駐屯していた犬山城（愛知県犬山市）と大垣城（岐阜県大垣市）に援軍の要請をした。秀信が率いた軍勢は約三千といわれ、東軍との兵力差は歴然としていた。圧倒的に不利だったのである。

秀信の作戦は岐阜城を拠点とし、援軍の到着を待って、東軍を挟み撃ちにするものであったという。秀信の家臣の一部からは岐阜城に残存兵力を集結させ、籠城に徹すべきという献策もなされたが、その意見は却下された。改めて秀信は態勢を立て直すべく、岐阜城で自身と弟・秀則《ひでのり》が指揮を執り、岐阜城へ向から稲葉《いなば》山砦《やま》、権現山砦《ごんげんやま》、瑞龍寺山砦《ずいりょうじやま》と登山口四ヵ所に兵を分散し、守備を固めたのである。

八月二十二日の早朝、池田輝政の軍勢は、尾張国葉栗郡河田（愛知県一宮市）から美濃国羽栗《はぐり》郡河田島《こうだじま》（岐阜県各務原市《かがみはら》）を経て木曽川を渡ろうとした。百々綱家《どどつないえ》ら織田方の率いる軍勢は鉄砲隊で応戦したが、池田方の軍勢はものともせず、木曽川を越えることに成功した。勢いに乗った池田方は、同日の昼頃には百々綱家らの軍勢と羽栗郡米野《こめの》村（岐阜県笠松町《かさまつちょう》）で交戦し勝利したのである。

秀信は自ら出陣し、池田軍と羽栗郡印食《いんじき》（岐阜県岐南町《ぎなんちょう》）で戦うが敗北を喫し、虚しく岐阜城へ引き上げた。秀信の状況は、圧倒的に不利だった。

加賀野井城（岐阜県羽島市）に到着した福島軍は、北上して竹ヶ鼻城（岐阜県羽島市）を包囲した。杉浦重勝は援軍に駆けつけた毛利広盛《ひろもり》らと反撃するが、正則と旧知である広盛は降伏勧告に従ってしまった。重勝は残った城兵と抵抗を試みるが、ついに城に火を放ち、自害して果てた。

こうして池田輝政と福島正則は織田軍を次々と打ち破り、岐阜城の近くで合流すると荒田川《あらたがわ》の河川敷に布陣したのである。

岐阜城の落城

輝政と正則は協力していたものの、いまだ先陣争いのわだかまりは解けていなかったという。しかし、山内一豊が輝政に道を譲るよう説得し、何とか互いの確執が収まったといわれている。こうして東軍は、進軍を続けた。

八月二十三日早朝、東軍は西の方県《かたがた》郡河渡《ごうど》（岐阜市）に田中吉政、藤堂高虎、黒田長政らを、東の各務《かがみ》郡新加納《しんかのう》村、長塚《ながつか》村、古市場《ふるいちば》村（以上、岐阜県各務原市）に山内一豊、有馬豊氏、戸川達安、堀尾忠氏らを布陣させた。むろん、大垣城、犬山城から西軍の援軍がやってくることを警戒していた。

その直後、東軍の浅野幸長が瑞龍寺山砦へ攻撃を開始すると、続いて井伊直政が稲葉山砦、権現山砦に攻め入った。美濃は輝政の故地《こち》であり、地理的なことは熟知していた。一方の福島正則は、登山口から岐阜城へと迫った。こうして岐阜城は完全に包囲されてしまったが、落城寸前の岐阜城には、最後まで援軍はやって来なかった。岐阜城の城兵は寡兵ながらも、東軍の攻撃をよく防いだが、しょせんは多勢に無勢である。

状況は徐々に織田軍の不利に展開し、ついに犬山城主の石川貞清が籠城の最中、東軍に寝返ったのである。やがて、東軍の軍勢が岐阜城内へなだれ込むと、一斉に火を放った。これにより、岐阜城の天守が炎上した。こうして岐阜城は、東軍の圧倒的な兵力の前に屈したのである。秀信の周りには、わずか三十余人の家臣しかいなかったという。

秀信はぎりぎりまで抵抗し、最期は自害しようとしたが、池田輝政や家臣らの説得により思いとどまった。結局、秀信は開城して降参すると、岐阜城下の浄泉坊《じょうせんぼう》（円徳寺）に入って剃髪したのである。その後、秀信は高野山（和歌山県高野町）に上り、慶長十年（一六〇五）五月に高野山の麓の向副《むかそい》（和歌山県橋本市《はしもと》）で没した。

岐阜城の攻防後、家康は輝政、正則をはじめ、諸将に激励する書状を送った（「福島文書」など）。東軍は岐阜城の攻防の勝利で、一気に弾みをつけたのである。

京極高次の籠る大津城での戦い

岐阜城の攻防とほぼ同じ頃、京極高次が籠る大津城（滋賀県大津市）でも戦いが繰り広げられていた。

慶長三年（一五九八）八月に秀吉が病没すると、京極高次に急接近したのが徳川家康である。高次の妻・常高院《じょうこういん》は、豊臣秀頼の母・淀殿、徳川秀忠の妻・江《ごう》と姉妹だった。高次の立場が複雑だった様子がうかがえる。おそらく家康は、京都への入り口となる大津城が、重要な拠点になると予測したのであろう。家康は大津城が破損していることを知ると、高次に修繕費用として白銀三十貫文を与えた。それだけではなく、家康が会津征討で大津城に立ち寄ったとき、今後のことについて対応を協議していたという。

こうした経緯もあって、高次の心は家康に傾いたのかもしれない。しかし、三成が挙兵すると、高次は西軍に与することを決意し、前田利長を牽制すべく二千の兵を率いて出陣した。西軍には味方になる証として、子の熊麿（のちの忠高《ただたか》）を人質に送っていた。心とは逆の行動をしたのだ。

この間、三成は高次に西軍のために大津城を明け渡し、兵を置くことを要請したが、結局は断られたという。そして、八月二十三日に西軍の織田秀信の籠る岐阜城が陥落すると、高次は態度を一変し、突如として近江へと引き返した。岐阜城の落城は、まったくの想定外のことで、高次は西軍が不利になると考えたのだろう。以後、高次は、清須に進出していた弟・高知と連絡しながら状況を見定めた。高知は家康の会津征討に参陣し、三成蜂起の一報を受け、東軍に属して西上の途についていた。

九月三日、高次は大津城で籠城の準備を進め、城内に兵糧や武器などを運び込んだ。こうして、高次が東軍へ寝返ったことが明らかになった。同日、高次は家康に密書を送り、内応することを伝えていた。高次の正室である常高院の姉・淀殿は使者を派遣し、何度も高次に翻意を促したが、ついに説得工作は成功しなかったといわれている。九月九日、家康は高次の弟・高知に書状を送り、大津の状況の報告を受けて、救援に向かうことを伝えている（『譜牒余録』）。

九月十二日、西軍は築後柳川《やながわ》（福岡県柳川市）の立花宗茂、毛利元康（元就の八男）、毛利秀包《ひでかね》（元就の九男で小早川隆景の養子）、筑後国上妻《かみつま》郡に本拠を置く筑紫広門《つくしひろかど》、対馬の宗義智《そうよしとし》ら九州の諸大名が大津城を攻撃した。その兵力は、約一万五千という大軍であった（諸説あり）。一方の籠城する高次の軍勢は、わずかに過ぎなかった。この日のうちに、大津城の堀は埋められ、たちまち窮地に陥った。

西軍は大津城に大砲を撃ち込み、天守が大破するなど、激しい攻防戦となった。その際、高次の妹・寿芳院《じゅほういん》が気絶し、その侍女二人が巻き添えで死んだ。高次も槍傷を負ったといわれている。城内は恐怖に包まれ、厭戦ムードが漂ったものの、高次は徹底抗戦の構えを崩さなかった。しかし、やがて二の丸、三の丸が落とされると、もはや大津城の落城は必至となった。

大津城の落城

九月十四日、西軍は高野山の僧侶・木食上人応其を大津城に派遣し、高次に降伏を求めた。同時に使者として派遣されたのは、北政所の上臈《じょうろう》・孝蔵主《こうぞうす》だった。すでに高次には情勢を挽回する目処はなく、頼みになる家康との連絡も困難な状況だった。高次は継続して戦う意思はあったが、ついに西軍からの降伏勧告を受け入れた。東軍が関ヶ原合戦で勝利を得たのは、その翌日の十五日のことだった。

西軍に降伏した高次は、その日のうちに三井寺《みいでら》（滋賀県大津市）に入り出家した。その後、高次は七十余の供とともに、高野山（和歌山県高野町）へ向かった。大津城は落城したものの、家康は高次が大津城で西軍を食い止めたことを高く評価していた。結局、立花宗茂も毛利元康も関ヶ原本戦に参加できなかったので、そのことが東軍の勝利に影響したからだ。そのような事情から、家康は高野山へ使者を送ると、再三にわたって高次に出仕を求めている。

当初、高次は家康の求めに応じなかった。次に説得に訪れたのは、家康配下の山岡道阿弥と弟の高知だった。説得を受けた高次は、ようやく家康の要請に応えて高野山を下山し、大坂で家康と面会した。同年十月、高次は若狭小浜《おばま》（福井県小浜市）に八万五千石を与えられた。破格の扱いであったことは間違いない。こうして高次は、再び表舞台に出たのである。

第八章

関ヶ原合戦の開戦

大垣周辺での決戦を意識していた三成

その後、三成はどう動いたのだろうか。八月九日、三成は六千の兵を率いて東進した。その二日後、三成は伊藤盛宗《もりむね》の居城である大垣城に入り、清須城にいた面々を西軍に引き入れようとしたが、これは失敗に終わった。大垣は美濃、尾張、伊勢、近江の結節点に所在し、交通の要衝地であった。この時点で三成は、西進する東軍そして家康を大垣で迎え撃つ計画だったのだろう。伊勢からは宇喜多氏らが率いる西軍が東進しており、合流する予定だったと考えられる。

その証左として、三成は尾張の曼陀羅寺《まんだらじ》（愛知県江南市《こうなん》）に禁制を与えていた（『尾張曼陀羅寺記録』）。曼陀羅寺は尾張と美濃の国境付近に所在し、木曽川の南岸に位置していた。曼陀羅寺は東軍と西軍がこの地で戦うと予想し、三成からあらかじめ禁制を獲得することによって、三成が率いる軍勢の濫妨狼藉を防ごうとしたのだろう。八月二十七日になると、三成は小西行長と連署して、美濃の顕性寺《けんしょうじ》に禁制を与えたので（「顕性寺文書」）、この地域の寺社は同じ考えだったのかもしれない。大垣城の周辺では、戦争が起こると予感されていたのである。

三成に付き従ったのは、小西行長、高橋長行《ながゆき》、摂津茨木《いばらき》（大阪府茨木市）の代官だった河尻秀《かわじりひで》長《なが》、福原直高という面々だった。八月二十日になると、薩摩の島津義弘、豊久《とよひさ》（家久の子）が二千余の兵を率いて、美濃垂井（岐阜県垂井町）に着陣した。その二日後には、三成からの要請もあり、義弘らは墨俣《すのまた》（岐阜県大垣市）へ移動したのである。しかし、島津氏の率いた軍勢は、知行高と比較してあまりに少なく、このことが最終的に災いをもたらした。島津氏は西軍の主力と目されていたが、まったくの期待外れだったのだ。

八月二十五日、三成は、近江瀬田（滋賀県大津市）を守備していた熊谷直盛、垣見一直、相良頼房、日向高鍋《たかなべ》（宮崎県高鍋町）の秋月種長《あきづきたねなが》らの諸将に対して、美濃大垣に移るよう命じた。三成が大垣周辺での決戦を意識していた、気持ちのあらわれだろう。その翌日、三成は居城の佐和山城にいったん戻った。一説によると、三成は大坂城の輝元に対して出陣を要請したが、使者が東軍に捕らえられたといわれている。それゆえ輝元は関ヶ原に出陣しなかったということになろうが、史実とは認めがたい。

右の経過のとおり、西軍は着々と東軍との戦いを進めていった。しかし、その出鼻を挫くように、織田秀信の岐阜城が落城したのは、すでに述べたとおりである。

家康の江戸進発

一方、江戸に滞在していた家康の動きは、どのような状況だったのだろうか。東軍の先発部隊が八月二十三日に岐阜城を落とし、翌二十四日に赤坂（岐阜県大垣市）に移動したことは、やがて江戸城の家康のもとに伝わった。宇都宮にいた秀忠は八月二十四日に中山道を通って、真田昌幸が籠る上田城の攻略に向かった。家康も出陣を計画し、諸大名に自身が到着するまでは自重するように命じている。

家康は出陣の準備が整うと、九月一日に満を持して江戸城を出発した。率いた軍勢の数は、三

図8-1　家康と秀忠の進軍

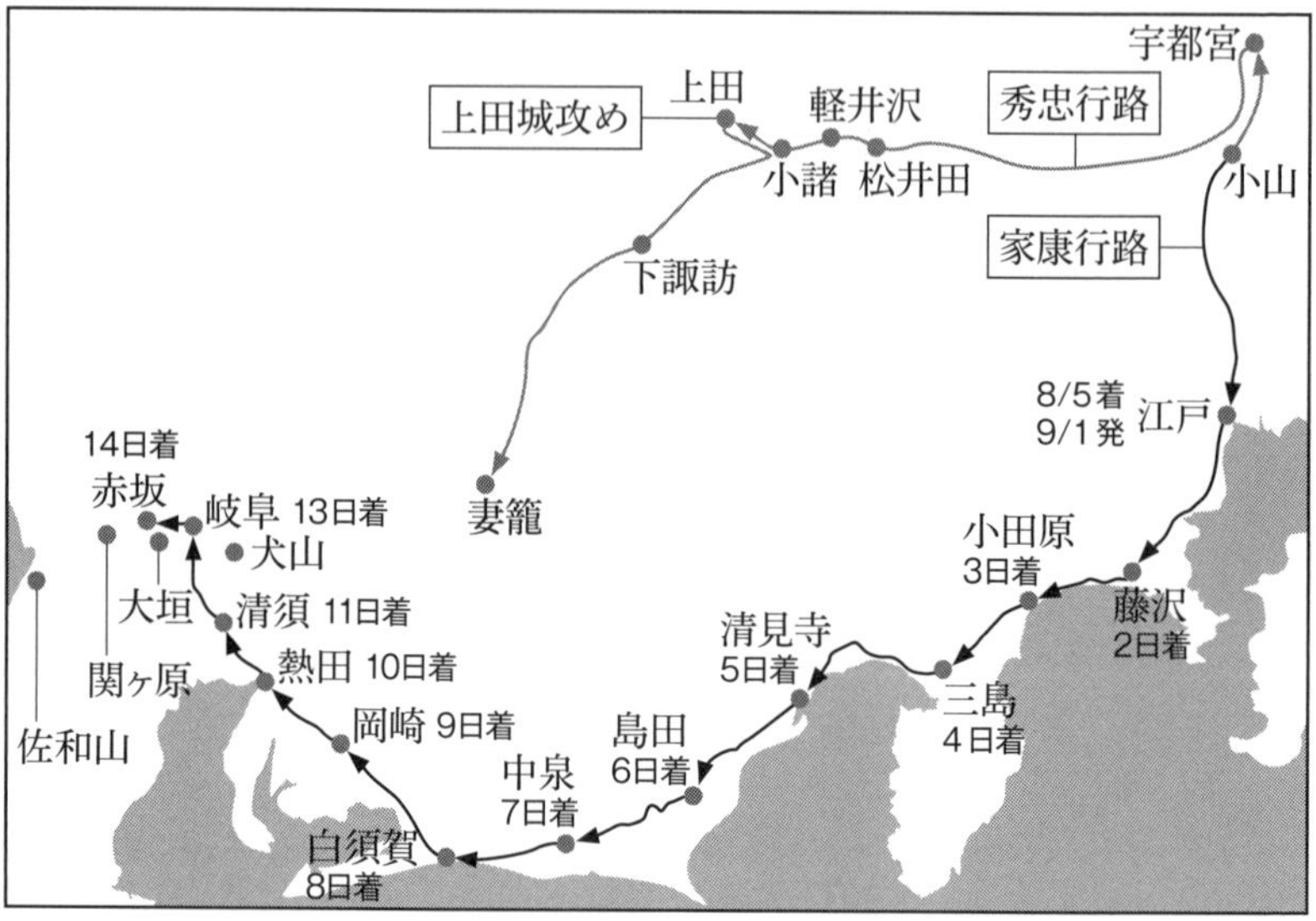

万二千七百余人だったといわれている。

江戸での滞在が長くなったのは、まずは十分な情報収集にあったと推測される。特に、会津における上杉景勝の動向には警戒していた。この日、家康は神奈川に到着すると、そのまま宿泊した。その後の移動経路は、次のとおりである。

＊九月三日　藤沢（神奈川県藤沢市）から小田原（同小田原市）へ。

＊九月四日　小田原から箱根山を経て、三島（静岡県三島市）へ。

＊九月五日　三島から清見寺《せいけんじ》（静岡市清水区）へ。

＊九月六日　清見寺から島田（静岡県島田市）へ。

＊九月七日　島田から中泉（静岡県磐田市）へ。

＊九月八日　中泉から白須賀（静岡県湖西市）へ。
＊九月九日　白須賀から岡崎（愛知県岡崎市）へ。
＊九月十日　岡崎から熱田（名古屋市熱田区）へ。
＊九月十一日　熱田から清須（愛知県清須市）へ。

この間の行程では、特に大きな混乱などはなく、家康は道中で諸将に書状を送った。しかし、九月十二日に風邪を引いた家康は、体調を整えるべく清須に滞在した。翌九月十三日、清須を発した家康は、東軍勢力が待つ岐阜へと向かったのである。家康が赤坂（岐阜県大垣市）に到着し、本陣を置いたのは九月十四日のことである。いよいよ西軍と雌雄を決する瞬間が訪れた。

大谷吉継が真田父子に宛てた書状

関ヶ原合戦の開戦以前、真田氏は東西両軍のいずれに与するか逡巡していた。

「表裏（態度と内心が違うこと）の人」と称される策略家の真田昌幸が三成挙兵の一報を知ったのは、下野犬伏（栃木県佐野市）の地であった。慶長五年七月二十一日のことである。ここで昌幸は、思い切った行動に出る。それは、長男・信幸（信之）はそのまま東軍に従い、昌幸自身と次男・信繁（幸村）が上田城に戻って西軍に味方するという決断だった。同日、昌幸と信繁は宿所を引き払い、上田城に引き返したのである（「仙石《せんごく》文書」）。これが先述した「犬伏の別れ」と称される逸話である。この点をもう少し考えてみよう。

なぜ昌幸は、このような判断を下したのであろうか。仮に、三人が東軍（あるいは西軍）に与して敗北を喫した場合、真田家が滅亡する可能性が極めて高い。しかし、それぞれが東西両軍に分かれた場合、一方が負けても家が残るというメリットがあった。昌幸には、そうした判断があったと考えられる。昌幸は真田家の永続を願って、究極の決断を下したと思われるが、この間の事情を物語るたしかな史料は存在しない。

昌幸の判断材料としては、七月三十日付の大谷吉継書状（昌幸・信繁宛）が興味深い事実を示している（「真田家文書」）。この史料に拠ると、吉継は信幸の人質は女中改めがあったので、前年に妻の小松殿らが国元の上田に戻ったとしている。女中改めとは、人質の女性を確認することである。つまり、信幸は人質だった妻らを大坂から国元に戻していたので、安心して東軍に与することができたということになろう（平山：二〇一五）。

ただし、吉継は女中改めで信幸の妻らが国元に帰ったことについて、信繁に後悔の念を伝えたものの、別に差し障りはないと述べている。吉継が後悔したのは、信幸が東軍に与したからである。そのうえで、信幸に対しても何ら遺恨がない様子がうかがえ、むしろ昌幸・信繁父子を気にかけている状況を確認することができる。気にかけているというのは、本当に彼らが西軍に与してくれるか不安だったからだろうか。それとも、東軍の攻撃に耐えられるのかという不安だろうか。そのあたりの真意は、不明と言わざるを得ない。

真田家が二分している頃、秀忠は着実に中山道を行軍し、徐々に上田城に近づいていた。昌幸・信繁父子は上田城に籠城して、秀忠率いる東軍の軍勢を迎え撃つ準備を進めた。一方、信幸は本領の沼田（群馬県沼田市）に帰還した。家康は東軍が勝利して昌幸を討伐した場合、信幸にその遺領を与える約束をしていた（「真田家文書」）。味方になったのだから、恩賞の約束は当然のことであろう。

秀忠の進軍と上田城攻撃

八月二十四日、約三万四千の軍勢を率いた秀忠は宇都宮を出発し、八月二十八日に松井田（群馬県安中市）を経て、九月一日に軽井沢（長野県軽井沢町）に到着。秀忠の進む中山道の先には、真田昌幸と次男・信繁が籠る上田城があった。そして九月二日に小諸《こもろ》（長野県小諸市）に着くと、秀忠は昌幸に対して、東軍に与するように勧告した。

使者として説得するために派遣されたのは、真田信幸と本多忠政だった。あらかじめ信幸は、秀忠に昌幸・信繁父子の助命嘆願をしたといわれている。ところが、百戦錬磨の昌幸は返事を先延ばしにし、籠城の準備を整えるための時間稼ぎを行った。九月四日以降、昌幸は突如として、秀忠に挑発的な回答を行った。それは、降伏に際してのさまざまな要求だった。これに秀忠は応じることなく、信幸の要請で考慮していた、昌幸・信繁父子の助命を撤回したのである。

その結果、翌日から秀忠は昌幸方の城砦を攻撃するなどした。これに対して昌幸は、支城である砥石《といし》（戸石）城（長野県上田市）の城兵を引き揚げさせるなどした。以後も両軍の小競り合いが続いたものの、昌幸の戦いぶりは実に巧妙であった。秀忠が本格的に上田城を攻撃したのは、九月六日のことである。戦いの様相は、おおむね二次史料でしかわからないが、以下、昌幸の戦いぶりを取り上げておこう。

秀忠軍が上田城下で刈田（生育中の作物を刈り取ること）を行うと、真田軍は上田城外へ出て応戦したが、徳川軍に反撃されるとすぐさま城内に逃走した。しかし、それは昌幸の作戦だった。徳川軍が真田軍を追尾して大手門へ近づくと、上田城内の鉄砲隊が一斉に射撃をして徳川軍を蹴散らした。このような奇策によって、寡兵の真田軍は大軍の徳川軍を相手にして、一歩も引けをとらなかったといわれている。昌幸の面目躍如たるところだ。

上田城攻略に手を焼いている最中の九月八日、秀忠は家康から上洛を命じられたことを森忠政に伝えた（『森家先代実録』所収文書）。九月八日以前に、秀忠は家康から上洛の命令を受けたのだろう。それまでは小城に大軍で攻め込むのは危険と考え、いったんは上田城攻撃を中断したものの、再度の攻撃を予定していた。しかし、秀忠は家康の命により上田城攻撃を断念し、酒井忠次と押さえの兵を残して、いったん小諸へと戻ったのである。

九月六日、家康は福島正則に書状を送り、秀忠は九月十日頃に赤坂に到着するだろうと述べている（「福島文書」）。ところが、家康が秀忠のもとに派遣した使者の到着は、大雨によって遅れていたという。橋が架かっていない川を渡ることなどは、困難だったに違いない。家康から西上を命じられた秀忠が小諸を出発したのは、九月十一日のことだった。九月十一日までの情勢は不明であるが、いったん上田城の攻撃を中止し、真田氏の動きを注視していたと考えられる。

秀忠は小勢の上田城をすぐに落とせると思ったが、それが叶わず予定が狂ってしまった。そのうえ、小諸を出発したものの、道中の悪天候が災いし、思うように進軍することができなかった。当時の道幅は二〜三間（約三・六〜五・四メートル）で、今のように舗装されていたわけではない。道は雨でぬかるんでいた。九月十三日に下諏訪《しもすわ》（長野県下諏訪町）に到着した秀忠は、九月十七日に妻籠《つまご》（長野県南木曽町）に至り、そこで東軍の戦勝を知ったという。結局、関ヶ原合戦の本戦に間に合わなかったのである。結論を先取りするようだが、秀忠のその後について触れておこう。

秀忠の関ヶ原遅参の背景

関ヶ原の家康本陣では秀忠軍の遅延が問題となり、この後の対策について協議に及んだ。井伊直政は秀忠の到着を待たずして決戦を主張し、本多忠勝は待つことを主張するありさまで真っ向から対立した（『朝野旧聞裒藁』慶長五年九月十一日条）。家康は直政の意見を採用して秀忠の到着は待たず、西軍との戦いに臨むことを決意した。結局、九月十五日の関ヶ原本戦に、秀忠は間に合わなかった。通説によると、秀忠は大失態を演じたことになっており、家康の不興を被ったという。もう少し続きを確認しよう。

九月二十日になって、ようやく秀忠は草津（滋賀県草津市）に到着し、家康が滞在する大津城（同大津市）に向かった。しかし、家康は遅参した秀忠に怒りを禁じえず、気分がすぐれないとの理由で面会を拒否した。一説によると、秀忠の部隊はまったく整っておらず、三々五々ばらばらに到着したので、その状況を見た家康は余計に機嫌を悪くしたという。果たして、こうした逸話は事実なのだろうか。

秀忠が中山道を行軍した理由について、最初に考える必要があるのは、リスク管理の問題である。二点目としては、そもそも秀忠には上田城の真田氏を討伐するという目的があったという事実である。その後、家康と秀忠は、池田輝政と福島正則の先鋒部隊と合流する予定だったが、行軍ルートを一つに限定するわけにはいかない理由があった。

最初に述べたリスク管理とは、どういうことか。たとえば、自然災害で道が遮られたり、途中で思いがけず敵対勢力に遭ったりして、合流先に遅延する可能性がある。また、東海道は富士川、天竜川などの大河川が多く、天候の状況によっては順調に進軍できるとは限らなかった。秀忠が悪天候に悩まされたのは、すでに述べたとおりである。つまり、天候などの状況いかんによっては、予定どおりの日程で行軍できるとは限らなかったのだ。

家康が部隊を二つに分けたのは、単に秀忠が上田城の真田氏を叩くだけでなく、行軍上のリスク回避をするためだったという視点も必要だろう。家康が秀忠の軍を待たず、関ヶ原で戦いに臨んだのは、勝利への確信があったからにほかならない。秀忠軍と合流せずとも、十分に勝算があったのである。

秀忠の遅参は、大失態と言えばたしかにそうかもしれない。ただし、実態としては連絡の遅延や悪天候という悪条件が重なるという、不幸な出来事だったといえるだろう。それは、百戦錬磨の家康にとって、織り込み済みのことだったのかもしれない。後世の編纂物が秀忠の失態をことさら強調するのは、何らかの意図があってのことではないだろうか。秀忠は失態にもかかわらず、二代将軍に就任した。その後の状況を考慮すると、家康は別に失態とは思っていなかった可能性がある。

決戦前日の衝突、杭瀬川の戦い

同年九月十三日、清須を出発した家康は、東軍諸将が落とした岐阜城に着いた。同十四日、家康は美濃赤坂に到着し、多くの東軍武将に迎えられたあと、近くの岡山《おかやま》に本陣を置いた。赤坂も岡山も今の大垣市内である。家康は三成が籠る大垣城に向けて、金扇《きんせん》の馬標《うまじるし》などを掲げたという。加えて、源氏の正統を意味する白旗も掲げた。これにより、味方を大いに鼓舞したと推測される。

西軍の面々は、この光景を目の当たりにして驚倒し、家康の到来に動揺したと伝わっている。これは家康による戦略上の効果だったと指摘されているが、少しばかり割り引いて考えるべきエピソードに過ぎない。一説によると、石田三成の配下にあった島清興《きよおき》（左近《さこん》）は、西軍諸将の動揺を鎮めるため、自ら東軍の情勢を探るべく偵察を志願した。その後、東軍との間で勃発したのが杭瀬川《くいせがわ》の戦いである。

杭瀬川とは大垣と赤坂の間を流れる川で、この川を境にして東西両軍は陣を敷いていた。清興は、五百余の軍勢を率いて杭瀬川を渡ると、敵陣で刈田（生育中の稲を刈ること）を行った。これは、敵に対する挑発的な行為でもあり、同時に敵の兵糧源を断つことを意味した。刈った稲は、自軍の兵糧にすることもあったのだ。

東軍の中村一栄（一氏の弟）はこの動きを見逃さず、清興の部隊に戦いを挑んだ。中村軍の主力は、家臣の野一色《のいしき》頼母《たのも》（助義《すけよし》）と藪内匠《やぶたくみ》の両名が率いる軍勢だった。清興はしばらく中村軍と戦うと、わざと負けたふりをして自陣に退いた。野一色らがこれを追撃すると、島軍の伏兵が追撃した中村軍の背後を突いて急襲したのである。これにより、中村軍から少なからず戦死者が出た。中村軍が苦戦を強いられていたので、有馬豊氏が救援に駆け付けた。一方の清興には、宇喜多氏配下の明石《あかし》全登《ぜんとう》が援軍に馳せ参じたという。

その後、両者は乱戦に及んだが、戦いは決着することなく、それぞれが自陣へと引き返した。杭瀬川の戦いは西軍の勝利というところだろうが、小競り合いという感は否めない。その翌日、運命の関ヶ原で両軍は戦ったのである。西軍は杭瀬川の戦いで勝利を得て、決戦の場に臨んだのだ。

決戦前日の東軍の軍議と、家康・輝元の和睦

家康は今後の方針を定めるべく、諸将を呼び寄せて軍議を開いた。考えられる作戦は、二つだった。一つ目は、三成が籠る大垣城を攻めることである。大垣城を落としたあとは、その勢いで大坂城に攻め込んで占拠する計画だろう。仮に三成を打ち負かすことができれば、大いに弾み

がつくはずだ。

もう一つは大垣城攻めをやめ、さらに西上して大坂で毛利輝元と一戦を交えることだったという。しかし、九月十四日に家康は輝元と和睦を結んだので、この説は当たらないだろう。それは輝元と戦うというよりも、秀頼がいる大坂城を占拠する目的があったのかもしれない。大坂城が家康の手に落ちたならば、三成もなかなか手出しができなかった可能性が高い。

合戦の前日、輝元が家康と和睦を結んだことに触れておこう。家康の側近である井伊直政・本多忠勝の血判起請文には、①輝元に対して家康が疎略にしないこと、②吉川広家と福原広俊《ふくばらひろとし》（毛利家の家臣）が家康に忠節を尽くすうえは、家康が疎略にしないこと、③忠節が明らかになれば、家康の直書《じきしょ》（本人が書いた書状）を輝元に渡すこと（分国の安堵も相違なしという内容のもの）、と記され、吉川広家と福原広俊に宛てられている（「毛利家文書」）。

毛利家が東軍に与するに際して、起請文を取り交わすことにより、互いの約束を強固に取り結んだのである。輝元が家康と和睦を結んだのは、広家による強い説得があったと考えられる。同日付で、福島正則・黒田長政から吉川広家と福原広俊に送られた連署血判起請文にも、輝元に対して家康が疎略にしないこと、などが記されている（「毛利家文書」）。井伊直政・本多忠勝の起請文に加えて、正則と長政の起請文が提出された理由は、輝元が東軍に勧誘してきた正則と長政の確約を欲したからであろう。

毛利家は起請文を交わして東軍に与したが、この事実について安国寺恵瓊と毛利秀元は知らなかった。むろん、三成も知らなかった。

結局、家康は大垣城攻めを選択せず、西上を決意した。一方の三成は、この動きを察知したのか、九月十四日の夜には関ヶ原へと移動した。三成は関ヶ原に先回りして、家康の進軍を阻もうとしたのだろう。大垣城を出発した三成は、松明の明かりすら灯さず、隠密に行軍したといわれている。その行程は大垣城から迂回して南に位置する野口村（大垣市野口町）を通過し、牧田《まきだ》路を北上するというものだった。

三成が関ヶ原に向かったという情報は、曽根砦を守備していた西尾光教《みつのり》から家康のもとにもたらされた。家康はすでに床についていたといわれているが、福島正則からの報告も相まって、出陣することを諸将に命じた。ただ、このあたりは一次史料で確認できず、いささか確証を得ない。互いに動きを観察し、注意を払っていたのはたしかなことだ。

関ヶ原での東西両軍の布陣

東西両軍は、どのような布陣で臨んだのだろうか（以下、笠谷：二〇〇七など）。

九月十四日夜、三成らの軍勢は大垣城を出発し、西の関ヶ原方面へと向かった。三成らの軍勢は、北国《ほっこく》脇往還・中山道を塞ぐようにして、松尾山《まつおやま》の麓から北の方向に布陣した。三成が布陣したのは、笹尾山《ささおやま》である。三成の率いる軍勢は約八千（うち約二千が豊臣家の旗本）と推定され、うち約千ずつを家臣の島清興と蒲生頼郷《よりさと》が預かっていた。

この計算によると、三成の率いた軍勢は約六千人である。三成は近江佐和山に十九万四千石を領していた。当時の百石につき三人という平均的な軍役ならば、約六千人になるので妥当な数字だろう。

島津義弘と豊久の軍勢は、三成の部隊から一町半（約百五十メートル）ほど離れた小池《こいけ》村に着陣した。小西行長の軍勢は、島津氏の部隊の右に陣取った。宇喜多秀家の軍勢は、天満山《てんまやま》に陣を構えた。大谷吉継はもともと山中《やまなか》にいたが、若宮八幡神社の北に移動した。その周囲には、戸田重政、脇坂安治、朽木元綱、小川祐忠、越前今庄《いまじょう》（福井県南越前町）の赤座直保《あかざなおやす》が陣を置いた。

松尾山には小早川秀秋、南宮山《なんぐうさん》には毛利秀元、栗原山《くりはらやま》に長宗我部盛親、岡ヶ鼻《おかがはな》に長束正家、安国寺恵瓊が陣を敷いた。

一方の東軍は、家康が桃配山《ももくばりやま》に本陣を置いた。東軍の布陣は中山道の南側に、先方の一番備を務めたのが福島正則、藤堂高虎、京極高知、寺沢広高、本多忠勝である。その北に松平忠吉と井伊直政、その北に田中吉政、生駒一正、加藤嘉明、細川忠興、金森長近、黒田長政、伊賀上野城（三重県伊賀市）主の筒井定次らが陣を置いた。うち、徳川軍の主力は井伊直政・松平忠吉が率いる六千余で、ほかは外様たちによって構成されていた。

こうして東西両軍合わせ、約十五万の兵が関ヶ原に集結した。ただし、両軍の総数は二次史料によるもので、必ずしも正確な数とは言いがたい。また近年、実際に戦った場所は関ヶ原ではなく、史料上では「青野原《あおのがはら》」や「青野ヵ原」、あるいは「山中」という地名だったと指摘されてい

図8-2　関ヶ原合戦開戦時の陣形図

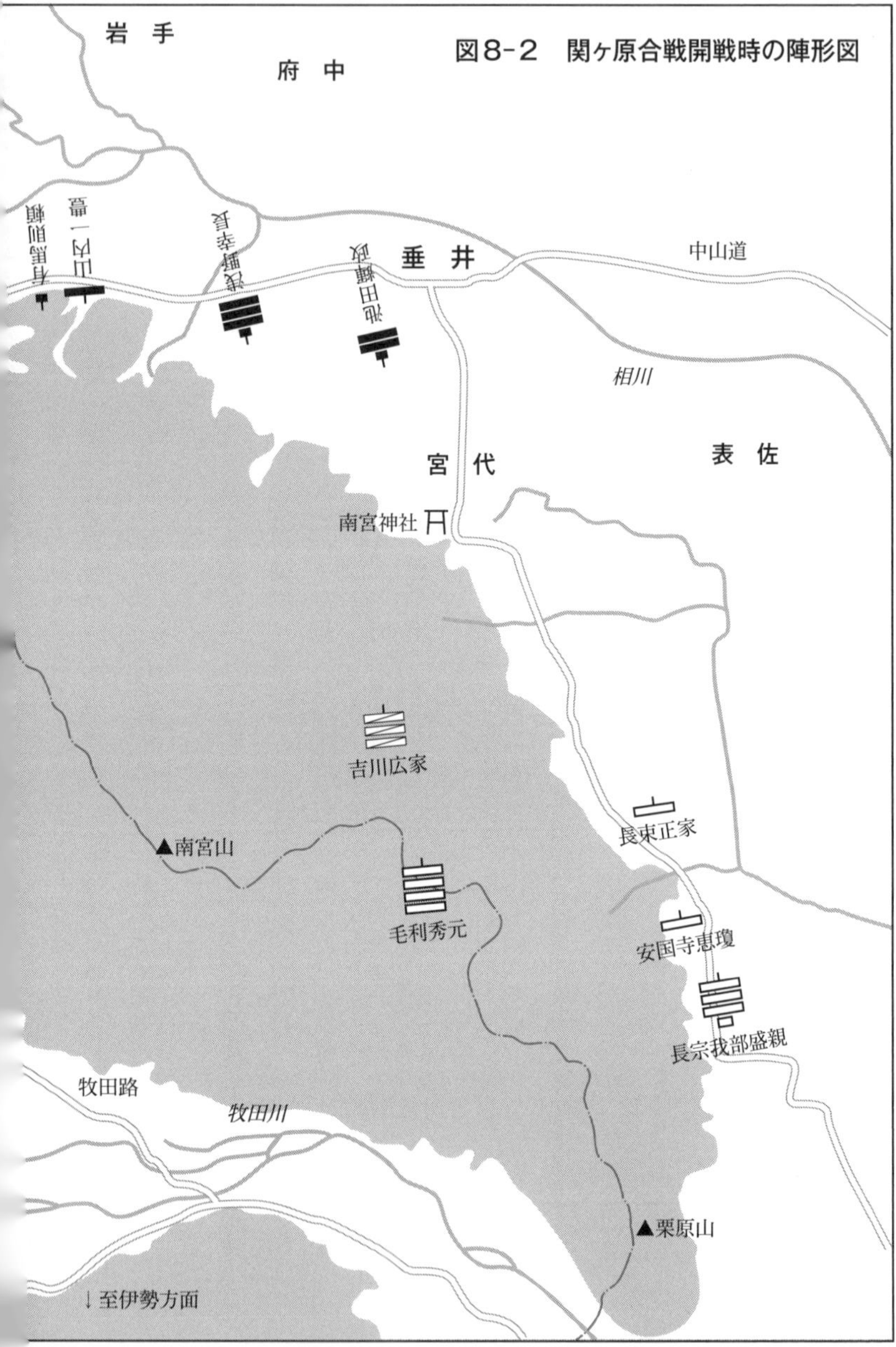

出所：『国史大辞典』(吉川弘文館)収載図などをもとに作成

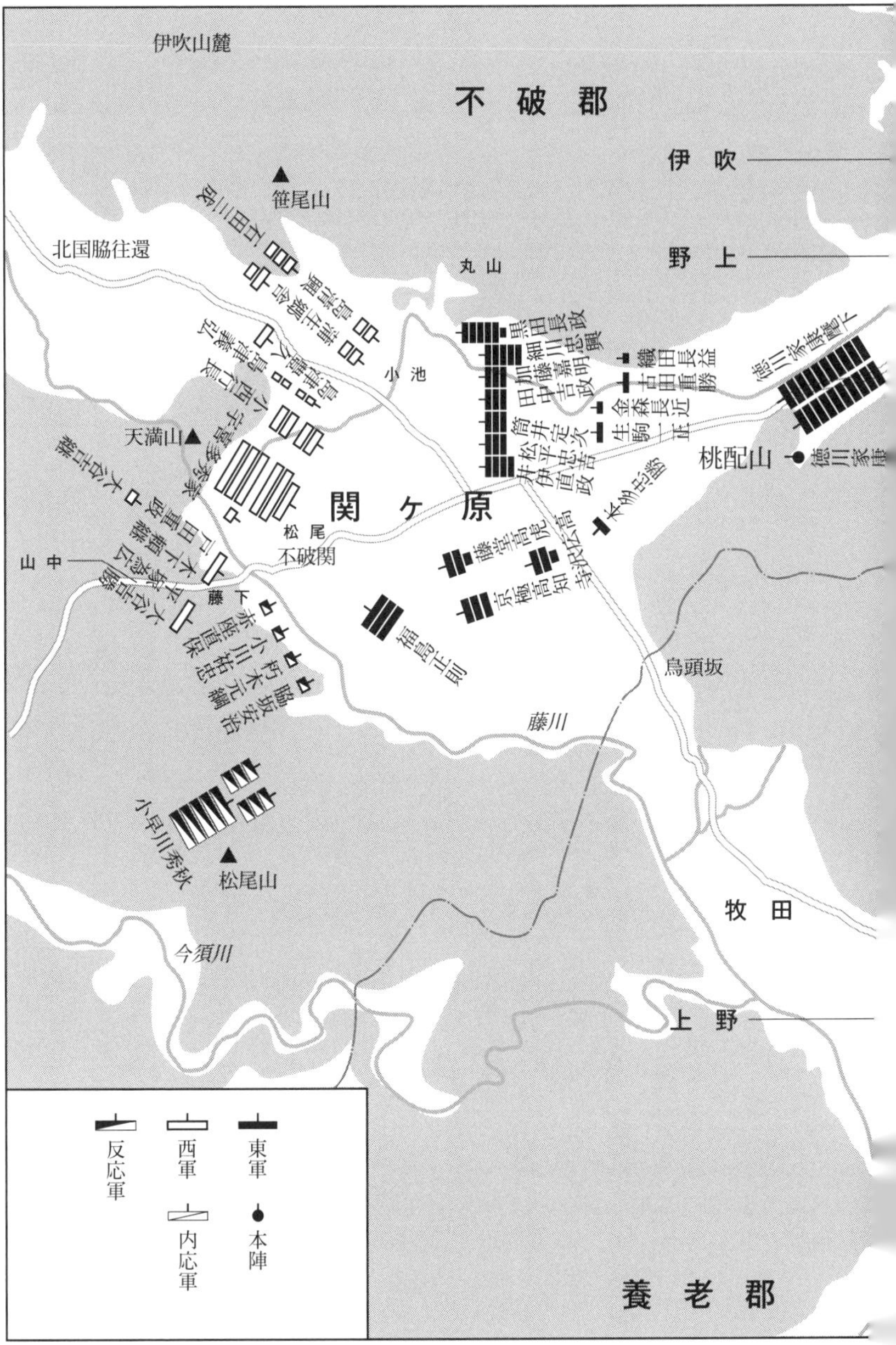

伊吹山麓
不破郡
伊吹
野上
笹尾山
北国脇往還
丸山
小池
天満山
関ケ原
松尾
不破関
山中
藤下
鳥頭坂
藤川
桃配山
松尾山
牧田
今須川
上野
養老郡
黒田長政
細川忠興
加藤嘉明
田中吉政
筒井定次
松平忠吉
井伊直政
織田長益
古田重勝
金森長近
生駒一正
本多忠勝
寺沢広高
藤堂高虎
京極高知
福島正則
脇坂安治
朽木元綱
小川祐忠
赤座直保
小早川秀秋
石田三成
小西行長
宇喜多秀家
反応軍
西軍
東軍
内応軍
本陣

るが（藤井：二〇一七など）、以下、煩雑さを避けるため「関ヶ原」で統一する。

諸大名の配置については、近年、諸史料の記載に基づき新説が唱えられている。首肯すべきものもある反面、史料の性質の劣るものに依拠しているケースもあり、にわかに確定しがたい例もある。

なぜ関ヶ原という場所だったのか

関ヶ原合戦は「天下分け目の戦い」といわれているが、関ヶ原が戦いの場所に設定された理由は詳しくわかっていない。もはやそれが自明のこととされ、十分に検討されなかったのが実情であろう。かつて関ヶ原は古戦場として知られており、壬申《じんしん》の乱（六七二年）で大海人皇子《おおあまのおうじ》（天武天皇）が近江朝廷軍に勝利を収めたこともある。

近年、盛本昌広氏は境界争いという観点から、なぜ関ヶ原が決戦の地になったのかを検討した（盛本：二〇一四）。戦国時代の戦いは、おおむね国境付近で勃発したことがすでにいくつかの研究で指摘されている。盛本氏はその点に着目し、関ヶ原の地政学的な分析から決戦の場になった意味を問うている。以下、盛本氏の研究を参考にしつつ、関ヶ原が戦いの場所に選ばれた理由を考えることにしよう。

関ヶ原は、現在の岐阜県不破郡関ケ原町に所在する。関ヶ原は中山道・北国脇往還（北国街道）にも通じており、宿駅が置かれる交通の要衝地だった。地理的にいうと、岐阜県の南西端に位置しており、伊吹《いぶき》・養老両山地に挟まれた小盆地である。毛利氏が陣を置いた南宮山、家康が本陣を置いた桃配山、小早川秀秋の陣所の松尾山などの山々に囲まれていた。

関ヶ原の「関」とは関所を意味し、そもそもは六七三年に天武天皇の命により設置された「不《ふ》破関《わのせき》」である。一般的に関所は、国境付近に作られる。それは、山、峠、河川など境界を示す地点に設置されるのが当然だった。関ヶ原に「関」が設置された理由は、飛鳥浄御原宮《あすかきよみはらのみや》（奈良県明日香村）を守るためであり、東海道の鈴鹿関《すずかのせき》（三重県亀山市）、北陸道の愛発関《あらちのせき》（所在地不詳）とともに三関と称された。不破関は、現在の不破郡関ケ原町松尾《まつお》に所在した。

不破関は東国と畿内の境を結ぶ関所として、古くから重視されていたが、その自然環境は極めて厳しかった。不破関は雪量が非常に多いうえに風も強かった。天気が非常に不安定な地域でもあるがゆえ、冬場に人々が不破関を越えて近江に入るのには、かなりの困難が伴ったといわれている。

西軍は、西国への侵入口の関ヶ原で東軍を討ち果たす必要があった。逆に、東軍が勝利を収めるためには関ヶ原で西軍を打ち破り、畿内へ進軍しなくてはならなかった。関ヶ原は東と西を分ける地点と認識されていたので、東西両軍が結集し雌雄を決したのである。これは、決して偶然ではなかった。それゆえ三成が率いる西軍は先回りし、関ヶ原への道を急いだと考えられる。

東西両軍が境目の関ヶ原を戦いの場に選んだのは、右の事情によると考えられる。こうして東西両軍は関ヶ原に結集して、総力戦で雌雄を決したのである。関ヶ原で勝利を得たほうが、その後における政権の主導権を握るのは自明のことだった。

井伊直政と松平忠吉の「抜け駆け」による開戦

慶長五年（一六〇〇）九月十五日の早朝、いよいよ関ヶ原合戦がはじまった。戦いの口火を切ったのが、井伊直政と松平忠吉だったという。それは、軍令違反とされる抜け駆けによるものだった。

編纂物の『関ヶ原御合戦当日記』には、「直政は松平忠吉を伴い駆け出すと、先陣の福島正則の家来・可児才蔵《かにさいぞう》は直政を押さえて、『先陣は福島家である。ここは通せない』と押し留めた」と書かれている。可児才蔵は槍の名手であり、『笹《ささ》の才蔵』と称された。才蔵は敵の首を獲ると笹の葉を首の切口に入れ、自分が獲った首を確認できるようにしていたのだ。

直政はこれを聞いて「『もっともだ』と述べ、『先陣を仕るのではない。忠吉公のお供をして、偵察を仰せ付けられた。敵は間近で小勢ではない。通してほしい』と言うと、才蔵は承知して陣を開いた。すると、直政はすぐに飛び出し、島津の陣に突撃した。島津の足軽が鉄砲を撃ってきたが、構わずに攻め込んだ」（現代語訳）と書かれている。

改めて記述内容を確認しておこう。そもそも先陣は、家康から福島正則が仰せ付かっていた。ところが、直政は偵察をすると嘘をついて先陣に紛れ込み、そのまま西軍の島津氏の軍勢に突撃したということである。これが抜け駆けである。抜け駆けとは、開戦の合図もないのに先陣より先に敵に無断で突撃することだ。これを認めると軍勢の統率が取れなくなるので、軍令で禁止されていた。

当時、将兵には手柄に応じて恩賞が配分されたので、誰もがいち早く敵陣に攻め込んで軍功を挙げようと考えた。家康は関ヶ原の戦いに際して軍法を定めており、そのなかの最重要事項の一つに抜け駆けの禁止がある。抜け駆けを認めてしまうと、たちまち秩序が乱れて、それぞれが勝手な行動をするようになる。抜け駆けが原因で敗北することもあったので、厳禁したのである。

ただし、実際に直政が突撃したのは宇喜多氏の陣営であり、島津氏の陣営ではなかったと指摘されている。直政の抜け駆けを確認した福島勢は、すぐさま兵卒に出陣を命じたという。結果として、直政の抜け駆けが開戦につながり、東軍は見事に勝利した。抜け駆けを抜きにするならば、直政の軍功は第一だったといえよう。

『寛政重修諸家譜』によると、直政は家康に「今日の合戦で抜け駆けをしたことについて、ほかの諸将は腹を立てているでしょうか」と尋ねると、家康は上機嫌で「直政の行動（抜け駆け）は今にはじまったことではない」と述べたといわれている。直政には多少の後ろめたさがあったが、家康は抜け駆けを認めたということになろう。とはいえ、これは単なる逸話に過ぎない。

ところで、直政の抜け駆けは事実だったのだろうか。あるいは何かの事情があって、実行に移したのだろうか。そのあたりを検討しておこう。

新井白石の「松平忠吉＝家康の名代」説

抜け駆けという問題のカギを握る人物は、直政とともに出陣した松平忠吉である。天正八年（一五八〇）、忠吉は徳川家康の四男として誕生したが、のちに東条松平家忠の養子になった。文禄元年（一五九二）、忠吉は武蔵忍《おし》（埼玉県行田市）に十二万石を与えられ、さらに関ヶ原合戦で敵の首を獲るなどし、初陣を飾って大いに軍功を挙げた。関ヶ原合戦後、忠吉は尾張清須に五十二万石を与えられたが、慶長十二年（一六〇七）に二十八歳という若さで亡くなった。結局、忠吉には後継者がなかったので、そのまま絶家となった。

ちなみに、井伊直政と忠吉は、舅―婿という関係にあった。二人の関係を考慮すれば、直政が忠吉を伴った理由がわかるだろう。また、忠吉が家康の子という血筋を考えると、関ヶ原で忠吉に初陣を飾らせようとした事情が理解できる。とはいえ、忠吉が関ヶ原合戦に出陣した詳しい経緯はわかっていない。わからない理由は忠吉の家が絶えてしまい、関係する史料が失われた影響もあるだろう。それゆえ、忠吉が関ヶ原合戦に出陣したことについては、江戸時代からいろいろと取り沙汰されていた。

新井白石《はくせき》は、その間の事情を『藩翰譜《はんかんぷ》』のなかで詳しく検討した。白石は、江戸時代の政治家で儒者でもあった。『藩翰譜』は、元禄十三年（一七〇〇）に白石が甲府藩主・徳川綱豊《つなとよ》（のちの徳川六代将軍・家宣《いえのぶ》）の命により編纂した。その内容は、慶長五年（一六〇〇）から延宝八年（一六八〇）の諸大名三百三十七家の由来、および事績をまとめたもので、系図も付されている。ただし、あくまで編纂物なので、利用に際しては十分な史料批判が必要である。

白石は同書のなかで、忠吉の関ヶ原合戦前の行動が不明なことを遺憾とした。そして、忠吉の関ヶ原合戦における役割は、家康の代官として大将を命じられたとする。井伊直政、本多忠勝は軍《いくさ》奉行として忠吉をサポートし、味方の大名を引き連れて攻め上がったと指摘した。笠谷和比古氏は白石の説について、忠吉＝家康名代説と名付けて説に賛同を示しつつも、やがて疑問を提示している（笠谷：二〇〇八）。

忠吉の行軍の経過は、『藩翰譜』に記されている。忠吉は尾張清須城に至ると、福島正則、池田輝政を先鋒に定めた。そして、諸大名に軍奉行として直政と忠勝をつけ、岐阜城に向かわせたという。その後、味方が岐阜城を落としたので、忠吉も岐阜城に向かった。忠吉は織田秀信が降参したので、味方の部将に岐阜城を守備を任せたという。

白石が根拠史料としたのは編纂物の『黒田氏関原記』であるが、忠吉が岐阜城を守らせたという事実は、一次史料では確認できない。笠谷氏は岐阜城攻めに関する一次史料が少なからずあるなかで、忠吉の名前が確認できないことに不審を感じた。それゆえ、新井白石の忠吉＝家康名代説は疑わしいと指摘している。

関ヶ原に至るまでの忠吉の行軍ルート

笠谷氏は関ヶ原合戦における忠吉の動向を示す一次史料が皆無であるとしながらも、二次史料を用いて忠吉の関ヶ原合戦に至る経過を検討した（笠谷：二〇〇八）。

江戸末期に成立した『翁物語《おきな》』には、慶長五年八月五日に家康が小山（栃木県小山市）から古河（茨城県古河市）を経由して江戸に帰還する際、常陸下妻《しもつま》（同下妻市）の大名・多賀谷重経《たがやしげつね》に襲われそうになったと記す。そのとき徳川秀忠と結城秀康は宇都宮方面にいたが、忠吉も二人と一緒にいたと書かれている。この時点で忠吉は、宇都宮にいたのだ。

宮川尚古の『関原軍記大成』によると、同年九月一日、家康は背後から豊臣系武将に襲われることを懸念し、関ヶ原への出陣を躊躇していた。すると、福島正則と黒田長政から書状が届き出陣を要請されたので、大いに喜んで出陣を決意した。その際、家康は二人からの書状を忠吉らに見せたという。

同年九月十三日、忠吉は尾張清須（愛知県清須市）に到着したが、いまだ岐阜に着いていなかった（『大三川志《だいみかわし》』）。その翌日、家康は赤坂（岐阜県大垣市）の岡山陣所に到着した際、忠吉も一緒だったと記している。『関原軍記大成』と『大三川志』によると、忠吉は家康に従って行動していたようだ。

右の経過から類推すると、もともと忠吉は秀忠らとともに会津征討に向かい、宇都宮に陣を置いていた。忠吉は宇都宮城で防備をしていたが、その後は秀忠とともに中山道から行軍せずに、家康に従って東海道を進軍したのである。慶長五年九月一日、忠吉は家康とともに西上し、九月十四日に美濃赤坂に到着した。ところが、笠谷氏は、忠吉は途中で尾張清須、岐阜を経由していないと推測している。

ここで改めて疑問となるのは、あとから進軍してきた忠吉が関ヶ原合戦で先鋒を務めた理由である。岐阜城の攻防戦において、福島正則と池田輝政は激しい先鋒争いを演じた。その理由は、先鋒を務めて手柄を挙げることは恩賞も得られるうえに、武将の名誉あるいは誇りとされていたからだ。つまり、笠谷氏は初陣の忠吉が先鋒を務めるためには、周囲を納得させるだけの理由が必要だったと考える。

忠吉が先鋒を務めた理由

笠谷氏は、忠吉が先鋒を務めた最大の理由として、井伊直政と忠吉が舅―婿という関係にあったことを挙げている。また、忠吉が家康の四男だったことも強く影響しているだろう。忠吉が先鋒を務めることに対しては、直政が家康から軍奉行を任されていたこともあり、東軍の諸将は従わざるを得なかったに違いない。

秀忠は中山道を行軍し、信濃上田城（長野県上田市）を落としたあとは、家康の軍勢と合流する計画だった。本来は秀忠の部隊が関ヶ原合戦で先鋒を務める予定だったが、到着が遅れたので実現しなかった。そこで、笠谷氏は忠吉が代わりに先鋒を務めたと指摘した。秀忠の先鋒への起用が前提だったとするならば、その弟の忠吉が代行しても、諸将は納得したと推測される。

直政の抜け駆けの経緯は先に触れたが、井伊家側の記録『井伊家慶長記』には、「井伊軍がしきりに前に出ようとした。正則はこの様子を見て、『今日の先陣は私が承ったので、直政の軍勢が前に出るのは狼藉である』とこれを制止しようとした。（中略）すると、直政は角（隅）取紙（方形の紙の四隅を切り取ったり折り込んだりしたもの）を竹の先に多く付け、魔のごとくそれを持って振りかざすと、忠吉とともに一番に敵陣に攻め込んだ。兵卒らもそれに続いて攻め込み、正則の部隊もあとから攻め込んだ」（現代語訳）と記されている。

改めて内容を確認すると、直政がじりじりと先に出ようとしたので、正則がこれを制止しようとした。ところが、直政が忠吉とともに敵陣に突撃すると、ほかの兵卒や正則もあとに続いて出撃したという。直政と忠吉の抜け駆けは、半ばどさくさにまぎれて実行されたような感があり、意図的に行ったようにも思える。

ところが、『家忠日記増補追加』には、「直政が忠吉を伴って、正則の脇備を駆け抜けて、先陣に進もうとした。福島家の部将・可児才蔵らの先鋒の兵卒は立ちふさがって、福島家が今日の先鋒を承っているので、何人たりといえども陣を押割り、この備よりの抜け駆けは叶わないと言って、これを許さなかった。直政はもっともなことなのでこれに応じたが、前に出たのは斥候《せっこう》のためと断って、忠吉とともに敵陣に攻め込んだ」（現代語訳）と、少々違った意味合いで書かれている。

ほかの編纂物でも類似した記述が確認できるが、直政は斥候つまり偵察だと強弁して、忠吉とともに抜け駆けをしたというのである。しかし、たった二人で敵陣に突撃するという行為は危険を伴うので、素直に首肯できないところもある。そのあたりの事情については、どのように考えればいいのだろうか。

抜け駆け説への疑問

笠谷氏は直政と忠吉がたった二人で（あるいは数名の従者を伴って）敵陣に攻め込むことは、十分にありうることだと指摘する。その点を確認しておこう。

合戦の当日は、朝から深い霧が立ち込めて、視界不良だったといわれている。敵陣に鉄砲部隊があることはわかっていることだが、戦闘を開始する機会が天候不順で予定が定まらず、全軍の戦闘へのモチベーションが下がっていた。そのような背景のもと、直政と忠吉は霧に紛れて敵陣に近づき、馬上で吶喊《とっかん》（大勢の者が一時に大声をあげて叫ぶこと）し突撃を敢行した。二人が槍で敵兵を倒して、無事に生還することは決して難しくなく、仮に生還できなくても、二人とも最初から死傷は覚悟のうえだったと指摘する。

笠谷氏の指摘を改めて要約すると、次のようになる。

直政と忠吉は偵察のため前線に出たところ、たまたま敵と遭遇した。そこで、二人は自ら槍を取って敵と戦った形を作り、抜け駆けをしたという周囲からの非難を回避しようとした。同時に、家康の血筋を引く忠吉が、関ヶ原で一番槍を入れた事実を残そうとしたとする。足軽隊による銃撃戦よりも、馬で忠吉が敵陣に攻め込み、一番槍を入れたことは後世まで語り継がれる名誉になったというのである。

笠谷氏は一次史料を欠くなかで、二人の抜け駆けは偵察をしているときの突発的な戦闘突入と考えた。ところが、この説にはまったく疑問がないわけではない。第一に、偵察には比較的軽輩の者が行くと思われるが、大将格の人物が命を賭してまで行く必要があったのかということである。第二に、いかに手柄を立てるためとはいえ、生死をかけて無謀ともいえる危険な賭けに出る必要があったのかということである。

いずれにしても、成功すれば大変名誉なことであるが、失敗すれば後世に汚点を残すことになりかねない。大きな賭けだった。

さらに、霧が深かったことは、『慶長年中卜斎記《ぼくさい》』に書かれているが（時間の記載なし）、近世に成った『庵主物語《あんしゅ》』には巳の刻（午前十時頃）に、『関ヶ原御合戦当日記』にも巳の下刻に霧が晴れたと記している。いずれも二次史料の記述であるが、おおむね開戦時の午前十時頃には霧が晴れていたと書かれている。開戦時において、霧が深かったという保証はないのである。

もし、霧が晴れていたのならば、霧が深いため二人があえて偵察に行き、偶発的に敵と合戦になったという説は成り立たないことになる。

家康書状に見る、直政と忠吉の抜け駆けの真相

直政と忠吉の抜け駆けを考える際、重要な意味を持つのは慶長五年八月四日に家康が諸大名に

発した書状の内容である（「相州文書《そうしゅうもんじょ》」など）。次に内容を確認しておこう。

家康の書状には「今度、先勢として井伊直政を遣わせたので、作戦についてはよく直政と相談し、どのようなことも直政の指図次第になるので、それが本来の望みである」と書かれている。つまり、関ヶ原合戦において、家康の名代を務めるのは実質的に直政で、諸大名はその指示に従うべきことが明言されていたのだ。

次に重要なことは、家康は先述のとおり抜け駆けを軍法で禁止していた。直政自身も同年七月十五日に軍法を定め、その二条目で抜け駆けを禁止している（「中村不能斎《ふのうさい》採集文書」）。これは井伊家に限らず、一般的に軍法には抜け駆けの禁止がほぼ規定されていた。むろん、それでも抜け駆けの禁を破る者がいたかもしれないが、大将の代行たる直政自身が率先して抜け駆けの禁を破るとは思えない。

ここで、筆者の考えを提示しておこう。

直政は、先述のとおり家康から戦闘の指示全般を任されていたので、福島正則に先鋒を譲ってほしい旨の断りを事前に入れたと推測する。そして、直政が戦闘の開始を指示すると同時に、一斉に全軍が突撃したと考えられないだろうか。むろん、先陣を切ったのは直政と忠吉である。指示命令系統がしっかりしていないと、全軍の統率は困難になってしまう。忠吉が直政とともに最前線にいたのかどうかは不明であるが、実際にはいた可能性は高く、それは戦後の恩賞が示している。功なくして、恩賞は与えられない。

後世の編纂物は、直政や忠吉の武勇を強調するため、抜け駆けの禁をあえて冒してまでも敵陣に突撃し、二人が大活躍した姿を描いたと推測される。それは、家康の四男・忠吉の初陣を華々しく演出する目的もあった。そのような事情を推測しつつ、戦闘の指揮は家康が直政に任せたので、実際は直政が正則に先鋒を譲るよう要請した可能性が高いと考える。

結論を言えば、直政の抜け駆けはなかったと考えざるを得ない。家康が直政に戦闘の指揮を任せたことから、当日は正則が直政の指示に従い、直政・忠吉に先鋒を交代したというのが自然な考え方ではないだろうか。

福島軍と宇喜多軍の激闘

合戦がはじまると、正則の軍勢は秀家の本陣に攻め込んだ。秀家の軍勢は、約一万七千といわれている。西軍でもっとも大軍勢を率いていた。

秀家軍の主力は、家臣の明石全登、長船吉兵衛《おさふねきちべえ》、延原土佐《のぶはらとさ》といった面々だった。宇喜多氏は前年末頃に宇喜多騒動が勃発し、戸川氏らの重臣が家中を去ったので、陣営を整えるのに苦労していた。それゆえ宇喜多氏の軍勢には牢人衆も加わっており、「区区《くく》（まとまりがないこと）」と評された（「吉川家文書」）。牢人衆は臨時に雇われたので、宇喜多氏の正規軍と一体感がなかったであろうことは容易に想像できる。宇喜多軍は戦う以前から、すでに弱体化が進んでいたのである。

宇喜多氏の軍勢は、槍衾《やりぶすま》（大勢が槍をすきまなく揃えて並べること）を作り、福島軍に少しずつ前進してきた。

正則は約八百の鉄砲隊を自ら率いると、中山道の東から進行して、秀家の陣営に鉄砲を撃ち込んだ。正則は味方を叱咤激励し、徐々に態勢を立て直すと、やがて反撃に転じたといわれている。ただし、大将自らが突撃することは考えにくいので、誇張があると考えたほうがよさそうだ。いずれにしても両軍の形成は逆転し、逆に宇喜多勢は徐々に後退を余儀なくされ、戦いは膠着状態が続いたのである。

通説によると、両軍は互いに一歩も譲らず、一進一退の攻防を繰り広げたといわれている。一時は福島勢が宇喜多勢に押され、五百メートルほど後退させられ、二、三十人ほどの戦死者を出したという。今度は、福島勢が苦境に立たされたのである。軍勢の数でいえば、宇喜多氏が多かったのだから、福島軍が苦戦を強いられるのはやむを得なかった。

一連の攻防を東軍の勝利に導いたのは、小早川秀秋が東軍に寝返って、西軍の大谷吉継の軍勢に攻め込んだことだった。ただし、詳しくは後述するが、実際には秀秋は開戦当日の朝に東軍の一員としてすぐさま西軍に攻め込んだことが指摘されている。これにより宇喜多氏のみならず、西軍は総崩れとなった。やがて宇喜多氏の部隊が瓦解《がかい》すると、秀家は戦場から逃亡したのである。

小早川秀秋に向けられた家康の「問鉄砲」の真偽

関ヶ原合戦は、直政と忠吉が西軍の陣営に突撃し、東西両軍が入り乱れての乱戦となった。この突撃を合図として、藤堂高虎らの軍勢は大谷吉継の部隊に攻め込み、古田《ふるた》織部《おりべ》ら率いる部隊は小西行長と交戦した。細川忠興らの軍勢は、石田三成の陣に攻撃を仕掛けた。直政と忠吉らの軍勢は、次に島津氏の陣に攻め込んだという。

東西両軍が入り乱れての戦いとなったが、最初から圧倒的に東軍が優勢だったわけではない。先述のとおり東西両軍とも混戦となり、膠着状態にあった。家康は、この状態に苛立ちを隠せなかった。何より腹立たしかったのは、松尾山に陣を置いた小早川秀秋だった。通説によると、秀秋は合戦前に家康の味方になると約束を交わしていたが、一向に西軍の陣営に攻め込まなかった。ここで、秀秋にまつわる有名な通説を取り上げておこう。

家康は秀秋への怒りを抑えきれなくなり、秀秋が陣を置く松尾山に鉄砲を撃ち込むよう配下の者に命じた。これは、西軍陣営に突撃せよとの合図である。家康が激怒していることを知らない秀秋は、家康の陣営から鉄砲を撃ち込まれて激しく動揺した。このままでは、家康に討たれるのではないかと焦ったのだ。すると、意を決した秀秋の軍勢は、慌てて松尾山を駆け下り、次々と大谷吉継の陣営に突撃したのである。秀秋の東軍への寝返りにより、家康の目論見通りになった。

一説によると、吉継は秀秋の裏切りを予想しており、秀秋の陣をあえて松尾山の麓に置いたといわれている。攻撃を受けた際も、吉継の軍勢は三度にわたって秀秋勢を押し返したという。しかし、やがて大谷軍は総崩れとなり、敗北を悟った吉継は切腹して果てたという。吉継の死により、西軍は形勢が不利となり、最終的に総崩れとなって敗北した。秀秋は、東軍の勝利に大いに貢献したといえよう。

家康が松尾山に鉄砲を撃たせたのは、「問鉄砲《といでっぽう》」と称されている。しかし、一次史料には明確な記述がなく、『黒田家譜』『関原軍記大成』『高山《こうざん》公《こう》実録』などの二次史料にしか書かれていない。「問鉄砲」の逸話は現代まで伝わり、今や関ヶ原合戦に関するテレビドラマ、小説などでは欠かすことができない場面である。

近年になって、白峰旬氏が「問鉄砲はなかった」ことを検証し、広く学界で認められるようになった（白峰：二〇一四）。以下、秀秋が西軍から東軍に寝返った経緯を含めて、「問鉄砲」の真相について取り上げておこう。

やむなく西軍についていた秀秋

最初に申し上げておくと、小早川秀秋が西軍から東軍に寝返ったことにより、東軍を勝利に導いたのはたしかなことである。

当時、まだ十九歳の秀秋にとって、東西両軍のいずれに与するかは、非常に難しい判断だったに違いない。とても秀秋が一人で決断したとは思えない。ここでは、直前の秀秋の状況について、もう少し詳しく考えてみよう。

秀秋が家康と厚誼《こうぎ》を結ぼうとしていたことは、『寛政重修諸家譜（稲葉正成系譜）』に詳しく書かれている。以下、概要を確認することにしよう。

会津に戻った上杉景勝の反逆が発覚した際、秀秋の家臣・稲葉正成が使者として家康のいる伏見へ赴くと、家康の側近・山岡道阿弥が正成に面会した。その際、道阿弥は上方で逆心の者があった場合、秀秋は家康に忠節を尽くすよう求めた。その後、秀秋は兄・木下延俊の居城である姫路城を借り受けたいと申し出て家康の許しを得た。

ところが、延俊は秀秋との関係を絶ち、この命令を拒否したという。秀秋が家康に接近したことは納得できるが、姫路城を借り受けるというのは、そもそもの意図がはっきりとしない。秀秋の目的は不明である。

六月に家康が東上する際、秀秋の家臣・平岡頼勝は家康に密事を報告するため、家中の大野作兵衛に書簡を託した。作兵衛は三河国岡崎で家康に拝謁し、村越茂助を通して書簡を差し出した。家康は稲葉正成の養子・政貞が近々に家康に勤仕するので、疑うべき点はないとしたうえで、作兵衛に忠勤を励むようにと黄金を与えたと伝わる。以下、先述のとおり、家康は秀秋に好条件を示し、東軍に与するよう要請した。

ところが、秀秋は家康の要請に従わなかった。というよりも、従えなかったというのが正しいだろう。秀秋は、家康から伏見城の守備を託された鳥居元忠に使者を送り、伏見城の西の丸を守ること、実父の木下家定を人質として本丸に入れる旨を申し出た。元忠はこの提案を拒否し、やむなく秀秋は伏見城攻撃に加わったのである。

しかし、秀秋の気持ちは家康にあった。そこで、正成は秀秋に説いて、上方の情報を家康に報告したのである。伏見城の落城後、三成は秀秋を伊勢の安濃津に向かわせたが、それは秀秋の本心ではなかったと『寛政重修諸家譜』は書いている。秀秋は、泣く泣く三成に従ったということになろう。

決戦前日に秀秋に示された東西両軍からの起請文

一連の話は正成の助言により、秀秋が西軍の誘いに応じなかったことを強調している。東西両軍から秀秋に味方になるよう申し出があったことは、事実と考えてよい。ただ、先に触れた家康が秀秋に示したとされる条件が破格であることや家譜という根拠史料の性格も含め、慎重に検討する必要がある。その後、秀秋が不本意であったかどうかは別にしても、西軍方で行動したことは事実である。

稲葉正成・平岡頼勝宛の井伊直政・本多忠勝の連署起請文（慶長五年九月十四日付）には、次の三点が記されている（『関原軍記大成』所収文書）。

①秀秋に対して、家康がいささかも疎かにする心を持っていないこと。
②稲葉正成・平岡頼勝が家康に忠節を尽くすのであれば、疎かにすることはないこと。
③忠節を尽くしたならば、西国方面で二ヵ国の知行宛行状を秀秋に与えること。

東軍の条件のうち、③の西国方面で二ヵ国を秀秋を与えるというのは、次に取り上げる西軍の条件と比較すると見劣りする。まったく同じ日付で秀秋に送られた石田三成らの起請文には、次の四つの条件が書かれている。

①秀頼が十五歳になるまでは、関白職を秀秋に譲渡すること。

②上方での賄い料として、播磨国一国を与える。筑前国は従前どおりとすること。

③近江国で十万石ずつを秀頼から、稲葉正成・平岡頼勝の二人に与えること。

④当座の進物として、黄金三百枚を稲葉正成・平岡頼勝の二人に与えること。

先に提示した『寛政重修諸家譜』(稲葉正成系譜)と少し内容が異なっているが、おおむね事実と考えられよう。②は二ヵ国という点では、東軍の条件と同じであるが、③は破格である。秀秋が関白になるということは、秀頼が成長するまでの中継ぎと考えるべきであろうか。

特に注目されるのは、稲葉正成・平岡頼勝の二人の家臣の扱いである。示された条件は破格のもので、③が認められると大名クラスである。当主の秀秋だけではなく、小早川家中の賛意を得るためには、二人の家臣の意見が重視されたに違いない。それゆえ三成は、好条件を示したのだろう。

このように、秀秋は東西両軍から起請文を捧げられたが、最終的に家康の東軍に味方することを決意したのである。

秀秋を東軍に引き入れた黒田長政の尽力

秀秋が西軍から東軍に寝返ったのは、黒田長政による粘り強い交渉の成果であり、それは『黒田家譜』にも詳しく記されている。それだけではない。元和九年(一六二三)八月二日の黒田長政の遺言覚《ゆいごんおぼえ》には、自身の過去を振り返って、一連の経緯について次のとおり書かれている(「黒田家文書」)。

関ヶ原合戦の日には粉骨を尽くし、石田三成の本陣を追い立てた。とはいえ、これは偶然のことではない。第一には私(長政)の智謀によって、毛利家(輝元)・小早川家(秀秋)を味方につけ、これによってそのほかの者が味方として従ったのだ。

毛利家と小早川家への調略が、長政の手柄であるのは事実である。ただ、長政自身の遺言であるので、内容や表現について多少は割り引いて考える必要がある。というのも、この遺言状は黒田家の永続を願い、孝高・長政父子の活躍を誇張している部分が少なからずあるからだ。

しかし、秀秋を調略したことについては、紛れもなき裏付け史料が残っている。八月二十八日付の黒田長政・浅野幸長の連署書状(秀秋宛)は、秀秋に東軍へ与するよう要請した史料である。この書状を見る限り、秀秋を東軍に引き入れたのは、長政の尽力によるのは疑いない(「桑原羊次郎氏所蔵文書」)。書状の形態は小切紙《こきりがみ》(普通の料紙の四分の一くらいの大きさ)であり、密書であったと指摘されている。

この書状は黒田長政と浅野幸長が小早川秀秋に対し、秀吉の妻・北政所の縁により、東軍に味方するよう求めたものである。書状を送った二人（幸長、長政）は、北政所の子飼であったと指摘されている。長政は十歳のときに織田信長のもとに人質に送り込まれ、その後、北政所により秀吉の居城・長浜城《ながはま》（滋賀県長浜市）で養育されたという。また、幸長の母は北政所の妹であり、秀秋は北政所の兄・木下家定の五男だった。つまり、長政、幸長、秀秋の三人は、北政所と近しい関係にあったのだ。

長政と幸長が説得に動いたのは、秀秋も北政所から恩を受けたという関係に基づいたと推測される。しかし、この時点において、現実にはまだ秀秋の去就は東軍に与するという決断をしていなかったと推測される。したがって、秀秋が本当に伏見城の攻撃を渋々ながら行ったのか否かは不明と言わざるを得ない。

松尾山に着陣した秀秋の逡巡

同年九月十四日、秀秋は運命の松尾山に着陣した。白峰氏は、秀秋は三成からの攻撃を避けるため、緊急的な措置で松尾山城に入ったのであって、戦闘に積極的に参加する目的はなかったと指摘する（白峰：二〇一四）。そのような理由のため、秀秋は十分に戦況を把握することができず、動けなかったというのが真相だった。以上の点は三成も把握しており、秀秋を戦力として期待していなかったということになろう。

同年九月十四日夜、石田三成らは大垣城の外曲輪《そとぐるわ》を焼き払った。焼き払った理由は、城にダメージを与えて敵が使えないようにするためであり、もう一つは二度と大垣城には戻らないという強い決意のあらわれだろう。しかし、秀秋には西軍に味方する意思はすでになく、家康の関ヶ原進発に伴う移動だったともいう。九月十四日の時点で秀秋がいたのは、柏原《かしわばら》（滋賀県米原《まいばら》市）だったと推定されている。

一方で、秀秋は積極的に東軍に加担するわけでもなく、孤立した状況だったと指摘する。秀秋は松尾山城に入ったものの、中途半端な位置付けだった。以上の点について、一次史料で捕捉するのは困難であるが、そう考えて差し支えないだろう。同じ九月十四日、秀秋は家康と和睦を結んでいた（『関原軍記大成』所収文書）。家康は、秀秋を味方に引き入れることに成功したのである。

仮に、先述した白峰氏の説が正しいとするならば、家康も秀秋がいまだ逡巡しているという情報を入手していた可能性は高いであろう。それゆえ、家康が秀秋に調略戦を仕掛けても決して不思議ではない。ところが、それは編纂物である『関原軍記大成』に記載された文書なので、もう少し分析が必要かもしれないが、秀秋がその後東軍に与したので認めてもよいだろう。

秀秋は東軍に属する意思を表明したが、土壇場まで西軍に属するか東軍に属するか迷っていたと考えられる。

東軍に寝返った諸将への戦後の処遇

関ヶ原合戦の当日になると、白峰氏が指摘したとおり、秀秋は合戦開始時から東軍に属して西軍に攻撃を仕掛けた（「堀文書」）。以下、その概要を示しておこう。

井伊直政と松平忠吉が先鋒として西軍に攻撃すると、そのほかの東軍の軍勢もそれに続いて突撃した。東軍の勢力が西軍の要害へ攻め込んで戦いがはじまると、小早川秀秋、脇坂安治、小川祐忠・祐滋《すけしげ》父子が西軍を裏切って東軍に味方し、やがて西軍は劣勢となり敗北を喫したのである。

史料の「此《この》四人御味方被申《もうされ》、うらきり（裏切り）を被致《いたされ》候」という記述からすると、この四人は開戦直前まで西軍に味方していたというのが、東軍側の認識だったと推測される。

右の戦闘の経過については、『十六・七世紀イエズス会日本報告集』の記述でも確認できる。すでに触れた白峰氏の指摘のとおり、秀秋は開戦と同時に東軍の一員として、西軍に攻撃したことが明白である。こうして秀秋は大いに軍功を挙げるとともに、東軍を勝利に導いたのである。

秀秋が東軍に属したことを実際に知っていたのは、家康などごく一部の人間に限定されていたのではないだろうか。それは、意外にも当初からの家康の作戦だったのかもしれない。先述した秀秋との交渉は、秘密裏に行われており、外部に漏れることはなかったのだろう。

ただし、その後の東軍に寝返った諸将の処遇は、明暗がはっきりした。西軍を裏切った小早川秀秋、脇坂安治、小川祐忠・祐滋父子のうち、小川祐忠・祐滋父子は所領を没収され、脇坂安治は本領安堵にとどまった。脇坂氏は、先述のとおり家康に書状を送っていたので、処分を免れたのだろう。小早川秀秋は、東軍勝利への貢献によって大幅に加増される。関連する史料は乏しいが、処遇の差があったのである。

通説によると、秀秋が土壇場で裏切ったことにより、当初は善戦していた西軍があっという間に形勢不利になったといわれている。また、無念のうちに大谷吉継が非業の死を遂げた通説は、非常にドラマチックですらある。ところが、それらは二次史料に基づいたテレビや小説などのフィクションに過ぎない。秀秋が東西両軍のいずれに味方するか迷ったのは事実であるが、すでに戦いの結果は秀秋が東軍に寝返った戦いの前日に決まっていたのである。

黒田長政とその家臣たちの奮戦

長政は関ヶ原合戦前の内応工作だけでなく、実際の戦いでも西軍を相手に多大な軍功を挙げた。関ヶ原合戦当日の九月十五日、長政は約四千五百の兵を率い、竹中重門《しげかど》（半兵衛。重治《しげはる》の子）とともに丸山狼煙場《まるやまのろしば》に着陣した。この場所は、西南に松尾山、東に南宮山、東南に養老山地が位置し、しかも関ヶ原一帯が見下ろせる絶好の地にあった。正面には、石田三成の陣営があった。三成を討つよう命じたのは家康なのだから、長政がいかに家康から信頼を得ていたかがわかる。

合戦開始と同時に、長政の部隊は三成の軍勢と戦い、勝利を収めた。なかでも家臣の菅六之助《かんろくのすけ》は、島清興（左近）を討ち取る軍功を挙げた。その点については、次に取り上げる島清興（左近）の項目で詳しく述べるとして、以下『黒田家譜』の記述をもとに、長政の家臣の戦いぶりを確認しておこう。

黒田家の一番槍は、わずか十六歳の黒田蔵人である。一番槍は、戦場における最高の栄誉だった。蔵人は時枝平太夫《ときえだへいだゆう》の次男で、妻は荒木村重《むらしげ》の家臣・加藤重徳《しげのり》の娘だった。あまりの活躍ゆえに、戦後に福島正則が蔵人を召し抱えたいと長政に申し出たほどである。長政は断りにくかったので、蔵人を正則に与えたという。元和五年（一六一九）に正則が改易されると、蔵人は細川忠興に五千石で召し抱えられた。

黒田三左衛門も関ヶ原合戦で活躍した一人である。三左衛門は名を一成《かずしげ》といい、先述した加藤重徳の子であった。天正七年（一五七九）、荒木村重が織田信長との戦いに敗れて放逐されると、三左衛門は黒田家に召し抱えられ、戦後は三奈木《みなぎ》黒田家の祖となった。関ヶ原合戦を機にして、大出世を遂げたのだ。三左衛門には、東軍として出陣した伊丹勝長《いたみかつなが》（『黒田家譜』には勝長とあるが、伊丹忠親《ただちか》のことか）とのエピソードがある。勝長は、摂津の名門・伊丹氏の流れを汲んでいた。

天正七年（一五七九）の荒木村重の放逐後、勝長は牢人生活を送っていた。勝長は東軍に与するに際し、家康から軍功を挙げることを条件として、摂津で本領を与えられる約束を交わしたという。ところが、出陣した勝長は不運なことに、敵と遭遇して槍で戦ったものの、深手を負ってしまったのである。実は、勝長と三左衛門は、ともに村重を介した旧知の間柄だった。

三左衛門は勝長に怪我を負わせた敵を難なく討ち取ると、その首を勝長に渡し、さらに先へと進んだ。討ち取られたのは安宅木作右衛門《あたぎもくざえもん》といい、あるいは生け捕ったとも伝わる。その後、三左衛門は石田三成の重臣・蒲生将監《がもうしょうげん》を討ち取るなど大活躍した。

しかし、その後になって、三左衛門は勝長が討ち死にしたことを知る。三左衛門が遺骸を回収しようと人を遣わすと、勝長は敵に乗りかかった状態で亡くなっていた。三左衛門は近くの僧侶を呼び、勝長の菩提を弔ったという。

三成の参謀・島清興（左近）の最期

菅六之助兄弟も大いに活躍した。六之助の先祖は美作《みまさか》国の出身で、のちに黒田家に仕えた。六之助自身は「黒田二十四騎」に名を連ねるなど、猛将として知られていた。六之助は弟の弥市右衛門、弥十郎とともに出陣し、獅子奮迅の活躍をした。三成配下の島清興（左近）を討ったのは、もっとも大きな軍功だった。しかし、戦いのなかで、十六歳の弥十郎は討ち死にしてしまう。そのあたりを詳しく触れておこう。

九月十五日の関ヶ原の本戦で、清興は黒田長政の軍勢と戦った。三成の部隊は、長政の部隊の対面に位置していた。清興は部隊を二手に分け、片方の部隊を率いて長政の部隊へと進軍し、片方の部隊には三成の部隊を守らせた。長政の部隊の菅六之助は清興の出陣を確認すると、鉄砲隊を率いて丘に登り、清興の部隊をめがけて発砲を命じた。

清興の部隊は思いがけない銃撃で不意を突かれ、たちまち総崩れとなった。そこに東軍の生駒一正、戸川達安の鉄砲隊が加わったので、清興の軍勢はたちまち窮地に追い込まれた。清興自身も銃弾を体に受け、瀕死の重傷を負いながらも、ようやく自陣に撤退するようなありさまだった。

その直後、東軍の黒田長政、細川忠興、田中吉政の諸勢が三成の部隊に攻撃を仕掛けてきた。

三成は陣頭指揮を執り、一時は東軍を押し返すような奮闘ぶりを見せたが、やがて少しずつ後退していった。清興も大いに奮戦したが、ついに力尽きた。その最期については諸説ある。

『関原軍記大成』『落穂集《おちぼしゅう》』には、清興が奮戦の末に鉄砲に撃たれて怪我をし、壮絶な戦死を遂げたと記す。その鬼神のような清興の戦いぶりに対して、徳川方は「誠に身の毛も立ちて、汗の出るなり」と恐怖したと伝わる（『常山紀談《じょうざんきだん》』）。『常山紀談』は後世の編纂物なので、かなり誇張しているようだ。

『関ヶ原軍記』は、清興の消息が不明であると書いている。また、『古今武家盛衰記』などは、戦場を離脱した清興が京都で潜伏生活を送り、寛永九年（一六三二）に亡くなったとする。いずれの説が正しいかは判然としないが、生き残ったというのは考えにくい。清興の最期は諸説あるが、戦場で亡くなったのはたしかだろう。

長政の軍勢は、三成の軍勢と一進一退の攻防を繰り広げたが、やがて圧倒的な勝利を収めた。敗北した三成はいずこにか逃亡した。三成軍の瓦解によって、戦意を喪失した西軍は総崩れとなり、東軍は大勝利を収めたのである。

翌九月十六日、勢いに乗った東軍は、三成の居城・佐和山城を攻撃する。先鋒は福島正則が務め、長政が次鋒を担当した。佐和山城には三成の家臣ら残党が籠っていたが、しょせんは多勢に無勢である。長政ら東軍は、たちまち佐和山城を落城に追い込んだ。落城後、長政は家康の命により、小早川秀秋に佐和山城の番を担当するよう伝えた。その際、長政は秀秋に対して、自身の家臣・後藤又兵衛《ごとうまたべえ》（基次《もとつぐ》）を添えて、城を守らせたといわれている。

西軍壊滅の背景

西軍の将・小西行長は、四千余の兵を率いて出陣した。しかし、秀秋の裏切りによって形勢が不利になると、配下の兵は動揺を隠せなかった。そこへ秀秋や脇坂、朽木、小川、赤座らの部隊が攻撃を仕掛けたので、行長の部隊はたちまち瓦解した。こうして行長も三成らと同様に戦場から逃げ出したのである。ただ意外なことに、行長の関ヶ原合戦における記録は乏しい。

西軍の主力である石田、宇喜多、小西らの部隊は、東軍の攻撃に耐えきれずに敗北を喫した。三成、秀家、行長は生き永らえ、再起を期して逃亡した。しかし、彼らは家康の追及を逃れられず、捕縛されてしまう。

西軍が敗北した理由は、多数派工作の失敗と主要な諸将を西軍につなぎ止められなかったという理由があろう。小早川、脇坂、朽木、小川、赤座らの諸将は、一見すると西軍に与していたが、実際には心は東軍にあった。彼らの裏切りも、敗戦の大きな理由である。また、開戦直前の九月十四日という土壇場になって、毛利氏が東軍に与したのも敗北した要因だった。大将格の大名が裏切ったのだから、最初から勝利の目はなかったといえるかもしれない。

毛利氏の不甲斐なさに関しては、光成氏の重要な指摘がある（光成：二〇一四）。関ヶ原合戦本戦に出陣した毛利氏の兵力は、全兵力のわずか半数程度に過ぎなかったという。慶長五年八月八日、毛利秀元は輝元に援軍を要請したが、大坂の残留兵力で派兵できるのは毛利元康だけだったので、多数の兵の投入は困難であると回答した。そのとき大坂には九千～一万、国許には約六千の兵が残っていたと推計されている。

輝元は関ヶ原に援軍を派遣しないにもかかわらず、一方で伊予への出兵を計画していた。輝元の本意は東軍と戦って勝つことではなく、むしろ西国で支配領域を拡大することだったと指摘されている。また、輝元は自立性の高い秀元、吉川広家や有力国人層を掌握することに苦しんでいたようだ。

輝元の最大の弱点は、豊臣政権下における戦争において、大坂からの指示を安国寺恵瓊や信頼する出頭人的な奉行人を通じて伝えるシステムを採ったことで、輝元が自ら戦いの先頭に立つことがなかったことである。三成は輝元が関ヶ原に出陣することを熱望していたと考えられるが、輝元にはその意思がなかったのだ。

関ヶ原合戦では数多くの情報が交錯したので、冷静に判断して対応しなければならなかった。毛利家の指揮命令系統は、輝元が主体性を欠いていたので、それが困難だった。最終的には輝元は、家康と和睦して東軍に寝返る決断をした。そもそも輝元は東軍に勝つという気迫がなかったのだから、西軍の敗北は避けられなかったのだ。

南宮山方面には、毛利秀元、安国寺恵瓊、吉川広家、長宗我部盛親、長束正家らが陣を置いていた。正家は石田、宇喜多、小西らの部隊が壊滅したことを知ると、すぐに秀元のもとに使者を送って出陣を促した。しかし、それを遮ったのが吉川広家である。広家は秀元の出陣を許さなかった。

その際のユニークな逸話がある。秀元は正家の使者に対して、「兵卒に兵糧を与える最中である（だから出陣できない）」と答えたという。この時間稼ぎの回答は、「宰相殿《さいしょうどの》の空弁当《からべんとう》」と後世に伝わった。むろん、史実とは考えにくい。広家に制止されている以上、秀元は動くことができなかった。

また、秀元は出陣を要請してきた正家や恵瓊の使者に「私はすでに出陣を決意したが、先鋒の吉川広家が兵を進めないので、どうにもしようがない。広家とよく相談してほしい」と述べたという。正家と恵瓊はこの言葉に強い疑念を抱き、かえって兵を動かすことができなくなったという。こちらも史実か否か不明である。

結局、敗北を悟った正家と恵瓊は、逃亡せざるを得なかった。秀元と広家は土壇場で輝元が家康と和睦をしたので、難を逃れたのである。次章では東北に目を転じて、上杉景勝、伊達政宗らの戦いを追うことにしよう。

第九章
東北の戦い

伊達政宗、上杉方の白石城を攻撃

関ヶ原合戦――上杉景勝との攻防――における政宗の活動は、決して無視することができず、一方の主役でもある。関ヶ原合戦前の政宗の動向を追うことにしよう。

慶長五年(一六〇〇)六月十四日、すでに西国に赴いていた政宗は大坂の屋敷を発って伏見に入り、翌十五日まで滞在した。翌十六日、政宗は大坂から伏見に入った徳川家康と入れ替わるように、三千の兵を率いて伏見を出発している(『義演准后日記』)。自身の居城・岩出山《いわでやま》城(宮城県大崎《おおさき》市)に向かい、景勝に備えるためであった。その行程は、上野・下野を通過して、七月十二日に北目《きため》城(宮城県仙台市)に入った。

七月九日、家康の動きを警戒する景勝は、白河城(福島県白河市)の普請を急いで行うよう命じた(『歴代古案』)。白河城は、関東勢を押さえるための重要な拠点であった。同時に景勝は、名門白河結城氏の流れを汲む白河(結城)義親《よしちか》(白河城主)に対して、在番の者とともに城を堅固に守るように命じている。すでに臨戦態勢に入っていた。

政宗の動きを知った景勝は、白石《しろいし》(宮城県白石市)に進出して、政宗の動きを牽制した(『上杉家御年譜』)。同地は、南下する政宗を食い止める拠点であったといえる。七月十七日、大坂では政宗の子・秀宗《ひでむね》が宇喜多秀家邸に置かれていたという(『寛永諸家系図伝』)。これは人質と解してよいだろう。豊臣政権下においては、諸大名の妻子らが大坂城下に人質として置かれていた。

こうして東北では、一触即発の事態が進展していた。すでに触れたとおり、上方での石田三成

図9-1　上杉領とその周辺

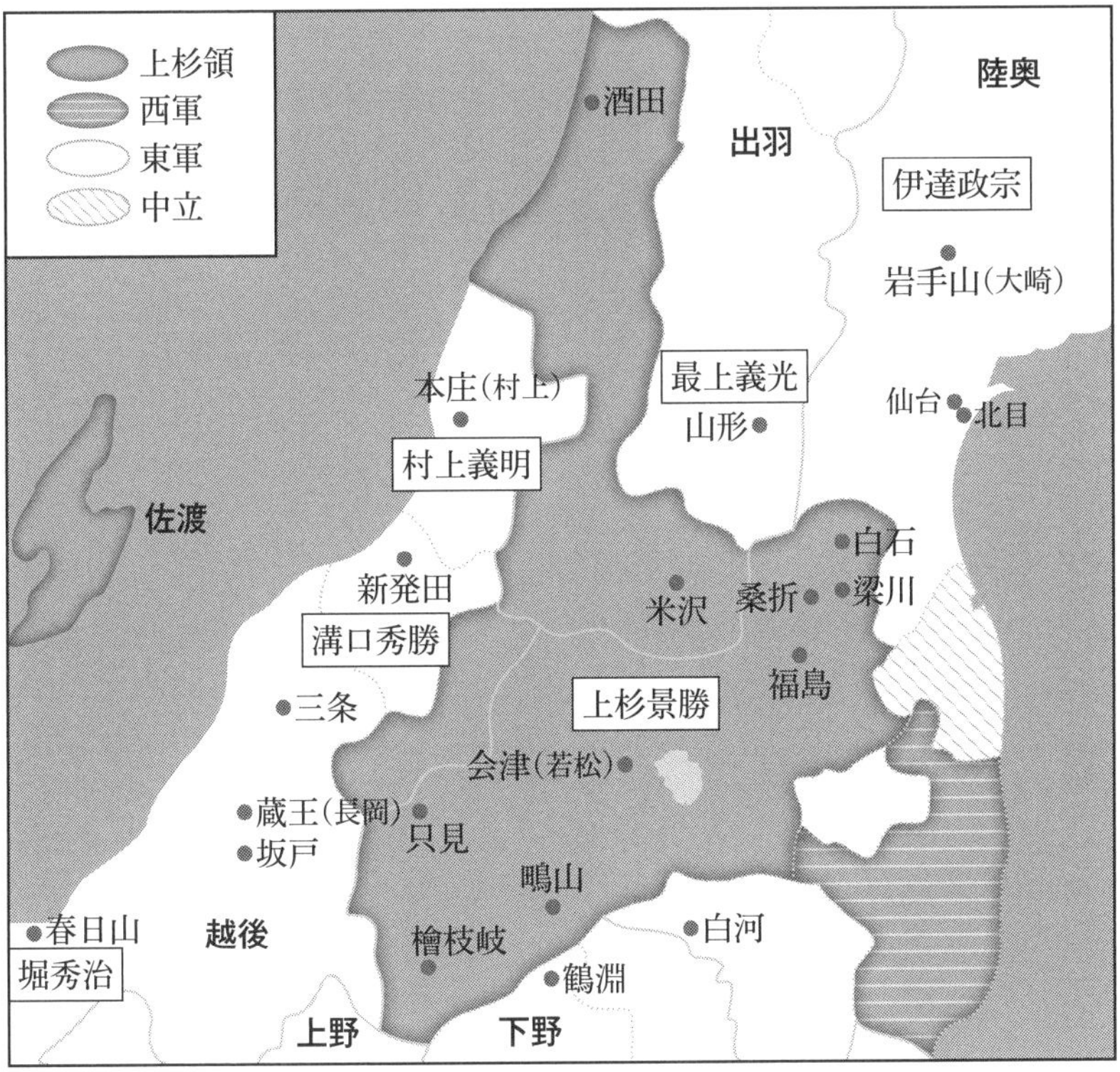

らの挙兵を知った家康は、七月二十五日に小山評定を催し、諸将に西上の途につくように命じた。いよいよ三成との対決が、本格化したのである。その直後、家康は各地の諸大名に対して、状況を伝えるなどした。むろん家康は、東北の押さえとなる政宗に対する連絡も欠かさなかった。

小山評定を催している最中、政宗はすでに軍事行動に出ていた。七月二十四日、政宗は白石城を攻撃して降参に追い込み、二十六日には桑折《こおり》方面（福島県桑折町）に出陣すると徳川方の使者である村越茂助に報告した（『引証記』）。この書状を茂助を介して三十日に受け取った徳川秀忠は、白石城攻略の軍功を褒め称えるとともに、桑折方面への出陣を許している（「伊達家文書」）。政宗は、刻々と会津に迫っていた。

家康に会津方面への出陣要請をする政宗

同年八月三日付の政宗書状（村越茂助、井伊直政宛）によると、大坂の三奉行が大坂城に籠っていることは非常に重要であるとし、彼らが一途に家康へ奉公することを願っている（「伊達家文書」）。

三成らの決起を知った時点で、政宗自身も大坂に妻子を置いていたが、それを打ち捨てて、家康に無二の奉公を行う旨を表明した。また、大坂の状況を考慮したうえで、政宗は家康に白河・会津方面にすぐに出陣することを願った。出陣が遅くなれば事態は悪化し、悪い方向に向かうとも記している。政宗は景勝を討ち果たすことができたならば、上方の状況も家康の思うとおりになるであろうと書いている。

加えて、政宗は家康に対して、最上氏にも使者を送り、伊達氏の配下にあった長井《ながい》の衆（長井郡の軍勢）を動員して仙道筋（現在の福島県中通り）を攻撃するように要請した。そして、「大坂の地は、もっとも重要な城郭であるので、申すまでもなく、今からでも信用できる者共を味方にするべきだ。日本国中の侍や人質は、すべて大坂に居住している。三成や吉継も大坂を何としても手に入れて、人質らを抱え込んで、日本国中の大名たちを味方にしようとする考えであろう」と述べている。

このように政宗は情勢を分析したうえで、「三奉行衆には特に言葉をかけて、勇み立って奉公を申されるように、当然ながら実行すべきである」と述べ、自身はどのようなことがあっても、家康に奉公することを誓っている。つまり、この段階において、政宗は三奉行が三成らに与していることを知らず、逆に頼りきっていた状況がうかがえる。政宗が三奉行の決起を知らなかったのは、単に「内府ちがひの条々」が手元に届かなかったからだろう。政宗は明らかに家康与党とみなされていたので、届かなかったのである。

政宗の見立てでは、上方の状況は楽観視できないものの、三奉行がいれば何とか当面は持ちこたえるであろうと考えた。それよりも、会津の上杉氏を叩くことに力を注ぎ、討伐することができれば、上方の状況も家康の思うようになると予想したようである。むろん、あとになれば、この考え方は間違いだったことが判明する。

そのような経緯もあって、政宗は家康に出陣要請をした。そして、最上氏などの助力を得たうえで、景勝討伐に全力を尽くすように求めたのである。

家康・秀忠が政宗に宛てた書状

以上のように情報が錯綜するなかで、家康は政宗とどう向き合ったのであろうか。その点を確認しておこう。

八月二日、家康は政宗に対して書状を送った（「伊達家文書」）。その史料のなかで、大坂奉行（＝三奉行）の決起と駿河から清須までの城に人を配置し、それぞれの家中から人質を徴集したことを記している。

同時に政宗に対しては、宇都宮の秀忠に相談すること、周辺の状況に注意するよう指示している。先に掲出した、八月三日付の政宗書状とは入れ違いということになろう。おそらく、この家康からの書状によって、政宗は三奉行が三成と吉継に与したことを初めて知ったものと考えられる。

同年八月七日、家康は政宗に第二信を発している（「伊達家文書」）。その内容は、まず三奉行が心変わりした（豊臣方に与した）ので、上洛すべく五日に江戸へ帰城したことを報告している。そして、宇都宮に秀忠を置いているので、佐竹義宣と相談して、白河方面に出陣するよう命じた。積極的な景勝への対応である。ただ、義宣は東西いずれの陣営に与するか、判断しかねる状況にあった。

八月十二日、秀忠は政宗に書状を送った（「伊達家文書」）。内容は、今後の計画については家康に情報を伝えているので、その指示に従うべきこと、また秀忠自身は宇都宮に滞在し、会津の措置を任されていることを述べている。家康は秀忠を宇都宮に置いたものの、作戦の最終的な決定権は自身が保持していた。

実は同日付で、家康から政宗に書状が送られている（「伊達家文書」）。その内容とは、大坂つまり豊臣家を打ち捨てて会津に進軍する計画であったが、福島正則、田中吉政、池田輝政、細川忠興が大坂の措置を先にすべきであると主張するので、江戸に戻ったことを伝えている。会津の件は、いつになっても手間がかからないだろうから、理解していただきたい、というものである。

このように、会津征討はいったん棚上げの状態になり、むしろ政宗による監視的な役割が重要視された感がある。

当初、家康率いる大軍をもって景勝討伐を成し遂げようとしたが、上方の状況が一変したため、作戦変更を余儀なくされたということであろう。つまり、いたずらに事を構えるよりも、あまり景勝を刺激しないようにと方向転換を行った。これは、政宗にとって誤算だったかもしれない。

ただ、すでに白石城を落城させるなど戦いは開始されており、もはや政宗は引き返すことはできなかった。先に政宗が出陣要請を行ったのは、それゆえであろう。

直江兼続による越後侵攻作戦と上杉遺民一揆

一方の上杉氏も、直江兼続の指揮のもと陽動作戦を展開していた。とりわけ兼続が先導したとされる上杉遺民一揆は、越後の堀氏を背後から脅かしている。上杉遺民一揆とは、上杉家の旧臣で帰農していた上層農民が直江兼続からの密命を受け、越後の土豪や農民を扇動した一揆のことである。以下、その動きを確認しておこう。

慶長五年七月二十二日、兼続は実弟・大国実頼《さねより》に返書を送った（『三公外史《さんこうがいし》』）。その内容とは、実頼が下野鶴淵《つるがふち》城（栃木県日光市）で行った敵地の偵察を賞し、城を上杉氏配下の鹿沼右衛門に渡すことを命じたうえで、只見《ただみ》（水久保《みずくぼ》）城在番（城の警固を行うこと）の上杉氏配下の佐藤甚助に松本実輔《さねすけ》を付し、越後に侵攻することを指示している。只見城は、福島県南会津郡只見町に所在した城で、会津から西方に位置し、現在の福島県と新潟県の県境にあった。まさしく境目の城である。

以後、兼続が立案した越後侵攻作戦は、配下の山田元貞を通して実行に移された。元貞は、兼続の腹心というべき人物である。

七月二十八日、兼続は元貞に対して作戦の指示を行った（「秋田藩家蔵文書」）。それは、攻撃する方向が一ヵ所や二ヵ所では心もとないので、方々から一気に攻め込むように命じるものであり、佐藤甚助にも伝えるように指示している。以降、兼続の越後侵攻作戦は、どのように進展したのであろうか。

以下、今福匡氏の研究により、その後の経過を時系列的に確認することにしてみよう（今福：二〇〇八）。

兼続は遺民一揆に期待をかけていたのか

上杉勢の越後侵攻は、三つの部隊に分かれて行われた。一つ目の部隊は、難所の只見渓谷を越えて、越後国魚沼郡（新潟県魚沼市）に攻め込んだ。佐藤甚助は上田長尾氏（越後長尾氏の分家）の配下に属していたことから周辺の地理に詳しく、そのうえ当該地域には甚助を慕う勢力があったと考えられる。

八月一日、甚助は広瀬郷《ひろせ》（新潟県魚沼市）の土豪や農民を糾合すると、下倉城《したぐら》（同上）の小倉氏に攻撃を仕掛けている。彼ら一揆勢力は上杉氏の会津移封後、堀氏の厳しい年貢の徴収に耐えかねていたのであろう。

翌二日、周辺地域の土豪や農民を味方とし、威勢を増した一揆勢力は、ついに小倉氏を討ち死ににまで追い込んだ。このように一揆勢力は堀氏を脅かす勢いであったが、坂戸城《さかど》（新潟県南魚沼市）主・堀直寄《なおより》（直政の次男）によりまもなく討伐され、直寄は五百余の首を討ち取ったという。この軍功により、直寄は家康・秀忠父子から感状を与えられた（「反町茂雄氏所蔵文書」など）。一揆勢は一時の勢力はあっても、十分な統率が取れていなかったのだろう。

二つ目の部隊は只見渓谷を越えて、古志《こし》（新潟県長岡市）を経て蒲原《かんばら》（新潟市）方面へ攻め込ん

図9-2　上杉氏の越後攻め関連地名

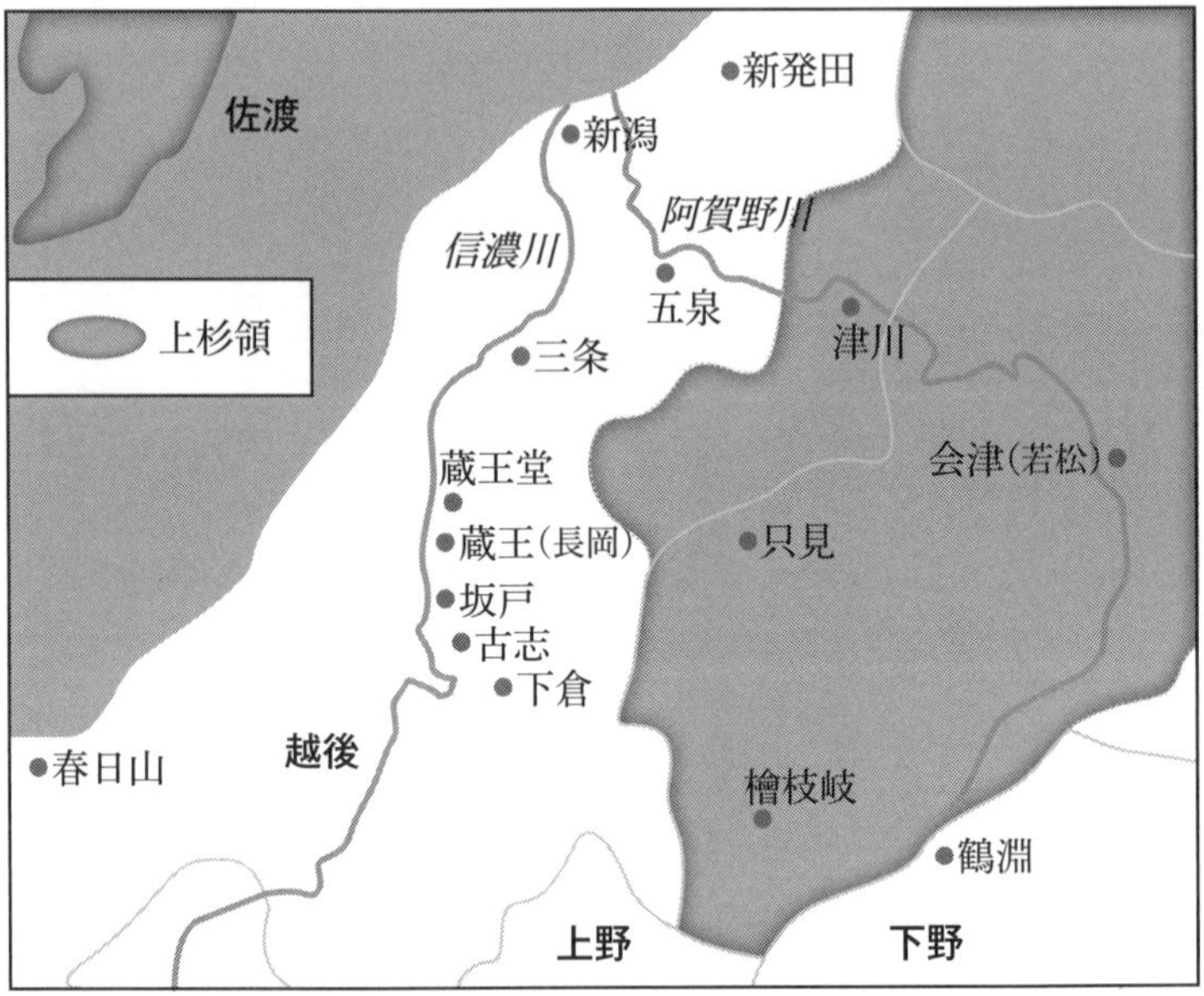

だ。八月三日以降、上杉方の軍勢は蔵王堂《ざおうどう》城（新潟県長岡市）、三条城（同三条市）を次々と攻撃し、放火するなど大いに気勢を挙げている。しかし、三条城在番の堀直次《なおつぐ》（直政の長男）は一揆勢に臆することなく、徹底的に殲滅《せんめつ》に追い込んだ。ここでも、上杉勢は敗れ去ったのだ。

　三つ目の部隊は、津川《つがわ》（新潟県阿賀町）を阿賀野川沿いに下り、五泉《ごせん》（同五泉市）方面へと攻め込んだが、溝口秀勝、村上義明ら堀氏の与力大名と戦い、敗北を喫したのである。

　こうして上杉勢の一揆はあっけなく数日で敗北を喫し、堀親良《ちかよし》（秀治の弟）は八月十七日には家康から、同月二十日には秀忠から軍功を称されている（「伊藤本文書」など）。上杉氏は越後に残る親上杉派の土豪・百姓を動員し、堀氏を混乱に陥れようと画策したが、今福氏が指摘するように、堀氏の組織立った軍勢により撃破された。

ただ、兼続は一揆勢にさほど期待をしていなかったようである。八月四日、兼続は山田元貞に書状を送り、先々に一揆勢に加勢を遣わすことは不要であると指示している（「秋田藩家蔵文書」）。また、最上義光と伊達政宗を討ち果たすことは簡単であるが、家康の出方がわからないので、情勢を見極めるため堪えているという。

そして、すべては越後一揆次第であると述べているので、そこから家康の反応を見定めたかったのであろう。元貞には、越後に出陣することは無用であると述べているので、一揆勢は捨石であったといえる。

八月四日の段階で家康はまだ小山に滞在していたので、その出方をうかがうべく越後で一揆を扇動させた。それが兼続の作戦だったのである。元貞を越後に出陣させず、また一揆勢に加勢を送らなかったのは、将兵の無駄死にを避けるためだった。最初から一揆勢には、何も期待していなかったのではないだろうか。

兼続は、三成誅伐に向かう家康を討つべしと進言したか

上杉景勝は北に伊達政宗、西に堀秀治、そして南に徳川家康が在陣していたので、厳しい状況に追い込まれた。小山評定を終えた家康は、石田三成を討伐すべく江戸城に戻った。このとき直

江兼続は景勝に対して、家康の追撃を進言したというエピソードが残っている。『東国太平記』（宇佐美定祐《さだすけ》著）などの軍記物語によると、兼続は景勝に家康追撃を主張したが、その作戦は採用されなかったという。

根拠となる軍記物語は、いずれも近世初期に成立したものである。宇佐美定祐は本名を大関左助といい、上杉謙信の軍師という越後枇杷島《びわじま》城（新潟県柏崎市）主・宇佐美定行の末裔を称し、越後流軍学者として紀州藩に仕えた。しかし、先祖の宇佐美定行は、定祐が自ら作り上げた架空の人物である。それどころか、定祐は源頼朝、足利尊氏、上杉謙信、豊臣秀吉、徳川家康から拝領した偽物の感状を捏造した。

もとより定祐がいかにして、兼続が主張した作戦を知りえたかは不明である。ただ、定祐の経歴を見れば明らかなとおり、人物や感状の捏造をするくらいなので、史実か否か疑念が大きいのも事実である。

この点について、今福匡氏は「上杉謙信を範とする越後流軍学では、上杉軍は天下最強であらねばならず、そこで兼続に家運を傾けさせた張本人の役割をふり、大所高所にたってそれを戒める存在すなわち景勝を配すことで、越後流軍学の面目を保たせようとしたのである」と指摘する（今福：二〇〇八）。

妥当な指摘である。この続きで今福氏は、兼続は三成と謀《はか》って天下に大乱を起こした姦臣《かんしん》として描かれ、一方、景勝は主君を蔑ろにする兼続の進言を退け、天下への野心を抱かぬよう諭す存在として描かれていると指摘する。兼続の言動を非難する一方、景勝を擁護する立場を取っていた。上杉氏は関ヶ原合戦後、大幅な減封になるのであるが、その責任はすべて兼続に押し付けられたようである。

家康より政宗を警戒していた兼続

兼続に責任が押し付けられた理由は、直江家が兼続の没後、絶えてしまったことと無関係ではないであろう。

たとえば、毛利家では関ヶ原合戦での敗北と大幅な減封について、すべて安国寺恵瓊の独断専行によるものとし、家名を保とうとした。死んだ者に責任を転嫁することで、毛利家の失態を隠し通そうとし、輝元の失策は伏せたのである。吉川広家は自身が後世に書き残した覚書において、恵瓊のことを悪しざまに書き綴っているが、すべてを事実とみなすわけにはいかないだろう（「吉川家文書」）。

先に触れた八月四日付の兼続書状（山田元貞宛）でも触れていたように、兼続は伊達氏と最上氏を討つのはたやすいとしながらも、家康の出方を測りかねた様子がうかがえる。家康の追撃とまでは、なかなかいかなかったようである。兼続の態度は、あくまでも慎重だったといえる。

また、同日付の兼続書状（配下の青柳隼人介など宛）によると、梁川城（福島県伊達市）に加勢が向かったか確認しており、また福島城（福島市）の普請を急がせるよう指示している（『上杉家御年譜』)。さらに家康が小山を引き払うとの情報が正しいのかを確認し、同時に政宗を取り逃がさないように工夫をしたいと記している。

つまり、この段階では家康の動向も気になるが、むしろ眼前の政宗が最大の敵であると兼続は認識していたといえよう。最前線の梁川城への加勢や、後方に控える福島城の普請を急ピッチで要請したのは、その証左である。したがって、兼続による家康追撃説は、いささか疑わしいと考えざるを得ない。

家康が政宗に与えた「百万石のお墨付き」

石田三成、毛利輝元らが挙兵したので、家康も安穏として構えられなくなった。味方の数を増やす方策を考えねばならず、それは知行を与えることにほかならなかった。特に有名なのが、家康が政宗に与えた「百万石のお墨付き」というものである。次に、その全文を掲出することにしよう(「伊達家文書」)。

覚

一、苅田　一、伊達　一、信夫　一、二本松　一、塩松　一、田村　一、長井

右七ケ所、御本領の事候の間、御家老衆中へ宛がわれるべきため、これを進《まい》らせ候、仍《よ》って件《くだん》の如し、

慶長五年八月廿二日《にじゅうに》　　家康（花押）

大崎少将殿

知行の高

苅田
三万八千六百四十六石三斗

伊達
六万九千六百四拾六石六斗

信夫
五万三千百九十四石五斗二升

二本松
三万三千四百六十五石九斗四升

塩松
三万五千二百五十二石八斗八升

田村
八万七千六百八十二石八斗七升

長井

図9-3
慶長5年8月、家康が書状で伊達家に宛てがうとした7ヵ所(概図)

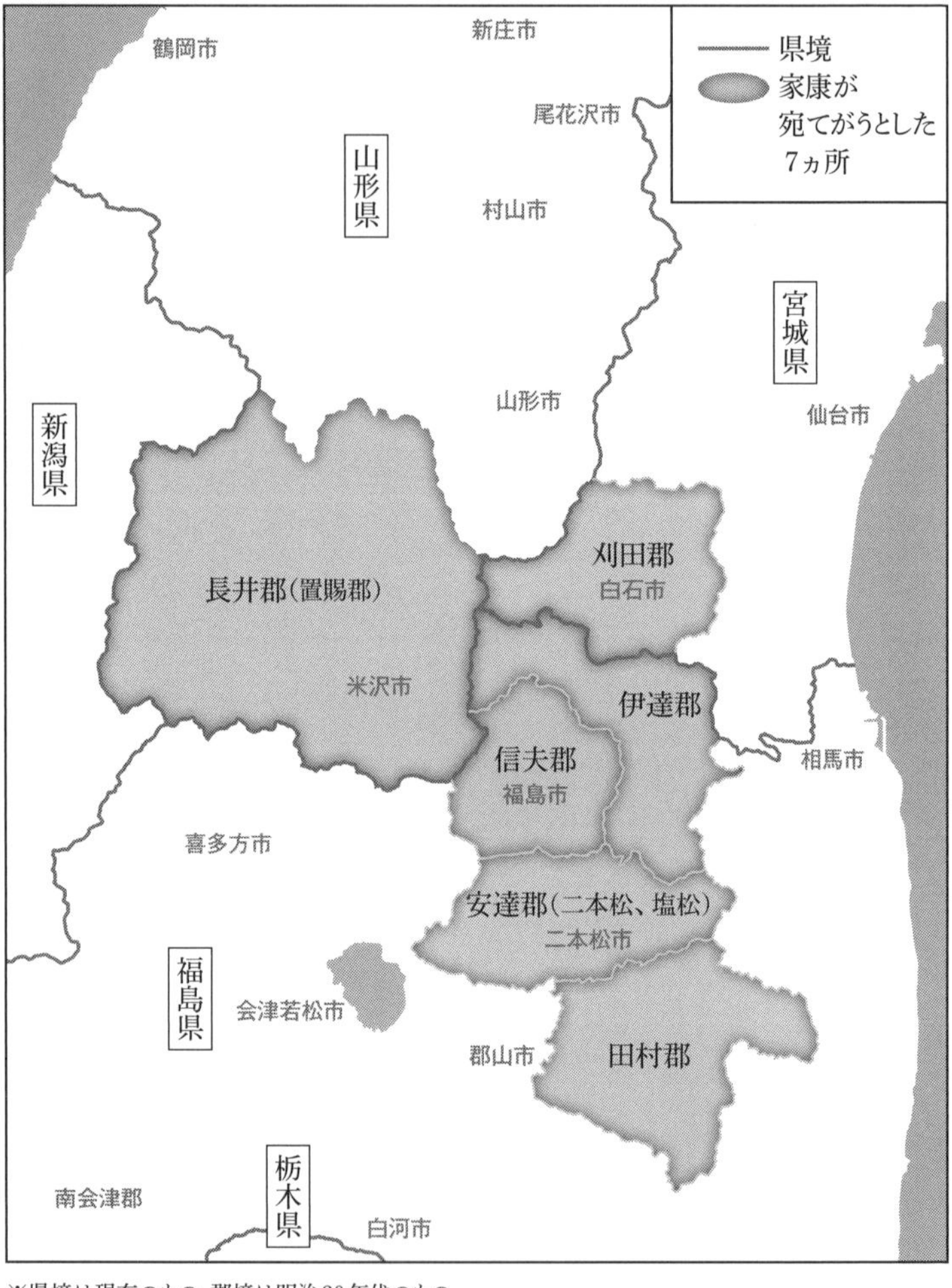

※県境は現在のもの。郡境は明治20年代のもの。
※安達郡は西を二本松、東を塩松という。(『国郡沿革考』)
出所:『日本歴史地名大系』(平凡社)収載図をもとに作成

拾七万七千九百三十三石七斗六升
右、惣《そう》都合四十九万五千八百二十二石九斗三升也、

ここに挙がっているのは、天正十九年（一五九一）九月二十三日に政宗が秀吉によって取り上げられた旧領である。家康はこれを返還し、家老たちに分け与えるよう伝えたのである。この四十九万五千石余に伊達家の当時の本領を加えると、百万石を超えることになる。したがって、「百万石のお墨付き」と称されたのである。

西上の途についた家康にとって、当面の最大の敵は石田三成であったが、上杉景勝の動きも決して無視できなかった。その点、家康は東北の押さえとして、政宗に大きな期待を寄せていたことになろう。政宗の気持ちをつなぎ止めるには、知行地を付与する以外に手はなく、家康は同様の約束を多くの大名と交わしていたのである。

敵に四方を囲まれた上杉方の備え

ここまで伊達方の動きを中心に見てきたので、今度は上杉方の動向を改めて確認することにしよう。

上杉方は関東方面に限らず、伊達氏、堀氏の動きに注意しなくてはならなかった。上杉氏は具体的にどのような対策によって、各方面の敵対勢力に臨んだのであろうか。このうち堀氏につい

ては、先述のとおり一揆を起こすことにより攪乱を目論んだが、それは失敗に終わった。

伊達氏に対しては、刈田郡白石城（城主・甘粕景継）、そのうしろの備えとして伊達郡梁川城（城主・須田長義）を配備した。伊達氏からの攻撃を意識していることがうかがえる。すでに触れたとおり、政宗は七月二十四日に白石城を降参に追い込み占領していた。この時点において、上杉方は劣勢に回ったのである。その後も両者の戦闘は続いたが、上方の情勢をうかがうべく、一時停戦状態となった。

一方の関東方面の対策としては、白河城が普請され、在番衆を入れ置いた。むろん、在番衆には相応の褒美を約束している。南会津方面には、鴫山城《しぎやま》（福島県南会津町）に大国実頼を城将とし、下野方面からの攻撃に備えた。このほか鶴淵城には、与板《よいた》衆の鹿沼氏らの諸将が配置され、檜枝《ひのえ》岐《また》方面には松本氏を向かわせたのである。

与板衆は直江家代々の家臣を中心にして、他国出身者や寺院などで構成された。彼らは与板、三島《みしま》、和島《わしま》、寺泊《てらどまり》（以上、新潟県長岡市）などに拠点を持っていた。檜枝岐とは、現在の福島県檜枝岐村のことで、上野方面に通じていた。この方面への配慮も怠らなかったのである。

このように見るならば、上杉氏は四方を囲まれたような状況になり、それぞれに兵を分散して配置しなくてはならなかった。敵は多数なのだから、寡兵をもって対処せねばならず、非常に厳しかったといえよう。

上杉氏による最上氏攻めの開始

このような状況下、上杉氏の「目の上の瘤《こぶ》」という存在が最上義光であった。上杉領は伊達領と接していたが、同時に最上領とも接していた。

しかも最上領は、上杉氏の米沢領と出羽庄内領の間に位置し、分断するような形で存在していた。誠に厄介な存在だったのである。今福匡氏が指摘するように、上杉氏は百二十万石を領する大大名ではあったが、所領が分断されていたため、分散した所領の寄せ集めの様相を呈していたといえる（今福：二〇〇八）。

こうした動きを察したのか、同年八月十八日、義光は兼続に書状を送り、上杉氏に敵対する計画がないことを伝え、最上領への侵攻を行わないように懇望している（『上杉家御年譜』）。これにより、兼続は出陣を思いとどまったが、九月八日になると配下の清野助次郎に書状を送り、一転して最上領へ侵攻することを伝えた。

そして、翌九月九日、兼続は自ら陣頭指揮を執り、最上領へと出陣したのである。兼続の率いた軍勢は、おおむね三万前後であったと推計されている。多数の牢人衆が加わっているのは、実に興味深い。当時、兵卒の不足を補うため、牢人衆を雇い入れることは決して珍しくなかった。

兼続の配下の者による最上領への侵攻は、東から順に次の五つのルートから行われた。

①掛入石中山《かくれいしなかやま》（山形県上山《かみのやま》市）口（篠井泰信ら与板衆など）。
②小滝《こたき》（山形県南陽《なんよう》市）口（倉賀野綱元ら）。

図9-4　慶長出羽合戦の関連地名

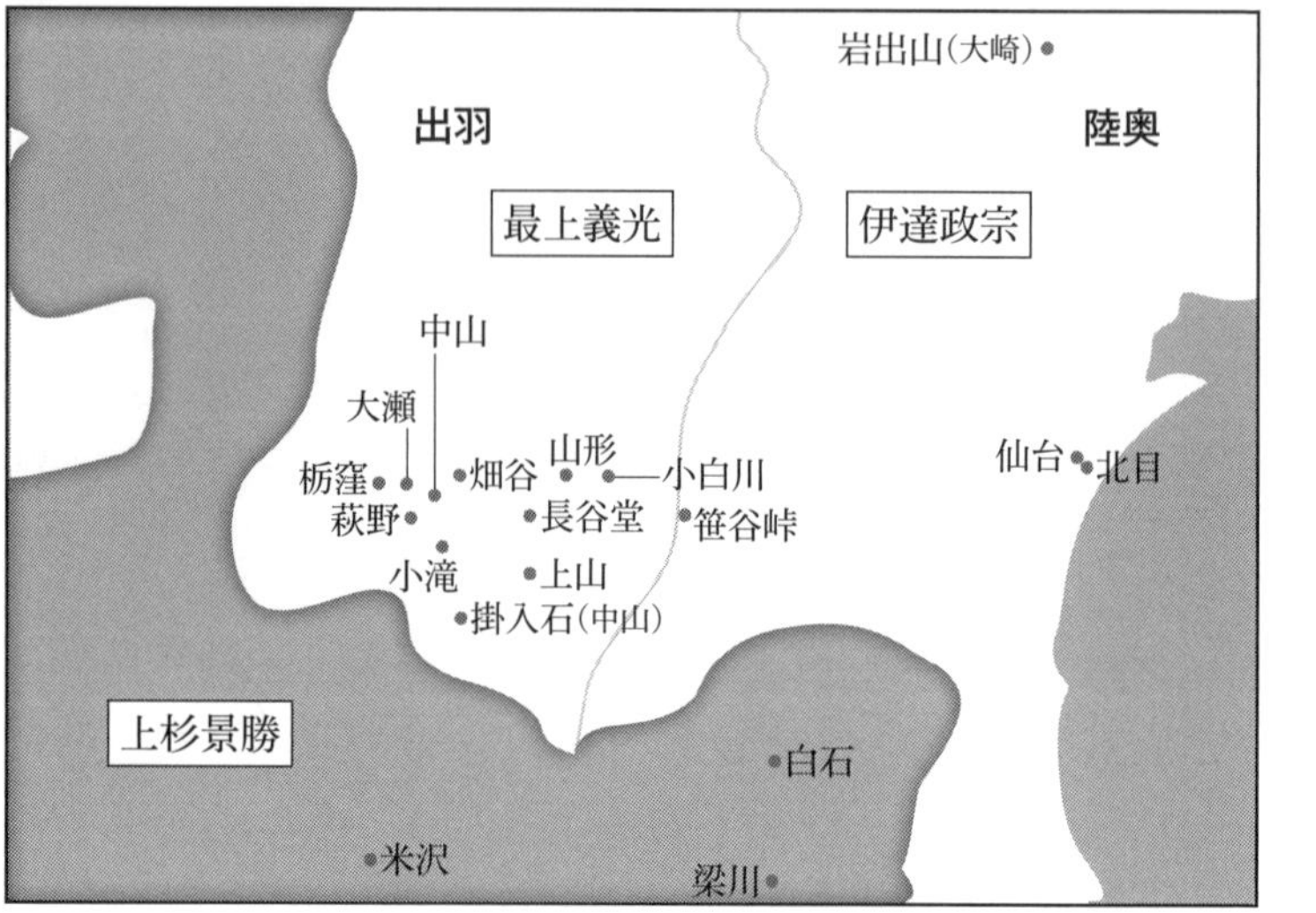

③萩野《はぎの》中山《なかやま》（山形県白鷹町《しらたかまち》）口（春日元忠《かすがもとただ》ら直江軍主力）。

④大瀬《おおせ》（同右）口（吉益家能ら与板衆など）。

⑤栃窪《とちくぼ》（同右）口（赤見外記ら与板衆など）。

このように多方面から攻め込んだのは、最上の軍勢を攪乱し、効率よく攻めることを企図したものであろう。

九月九日、早速、兼続は畑谷《はたや》城（山形県山辺町《やまのべまち》）を包囲した。畑谷城を守っていたのは、最上家の家臣・江口光清《えぐちあききよ》（道連、光尭とも）であった。同月十二日に同城に攻撃を仕掛けると、猛攻に次ぐ猛攻により、翌日には落城させている。誠にあっけない勝利であった。城将の江口光清以下、五百余名を討ち取り、緒戦を勝利で飾ったのである。

その勢いで、上杉軍は上山城《かみのやま》（山形県上

山市）へと攻め込んだ。上山城を守っていたのは、最上家の家臣・里見《さとみ》越後・民部父子であり、わずか五百余という寡兵であった。一方で、兼続率いる兵力は約四千といわれており、篠井《しのい》泰信《やすのぶ》、本村親盛《ほむらちかもり》という与板衆の精鋭で組織されていた。最上氏は草刈《くさかり》志摩守に五百余の援軍を預けたが、兵力差は圧倒的であった。

決戦の火蓋が切られたのは、九月十七日のことである。当初、数的な有利を誇った上杉軍であったが、最上軍の待ち伏せ作戦に引っかかった。本村親盛は数百の兵を率いて進軍したが、うしろから最上氏配下の草刈勢に襲撃され、同時に山形城から駆けつけた最上氏の援軍に取り囲まれたのであった。

結局、親盛の兵はほぼ全員が討ち死にし、戦いは膠着状態に陥ったのである。上杉方にとっては、大きな誤算だったであろう。

最上領・長谷堂での戦い

上杉方は何とか畑谷城を落城させたものの、上山城の攻略には失敗した。続けて兼続は、長谷《はせ》堂《どう》城（山形市）の攻撃に移っていた。長谷堂城は、最上氏の居城・山形城の南西に位置しており、ここで上杉勢を何とか食い止めなくてはならなかった。長谷堂城を突破されると、敗北は決定的だったといえる。山形城から長谷堂城までは、わずか六キロメートルほどの距離しかなかった。

長谷堂城には、最上氏配下の志村伊豆守、氏家尾張守が守備していた。彼らは、最上氏選りすぐりの精鋭の武将だった。長谷堂城の周囲は湿地帯が広がっており、天然の要害を形成していた。難攻不落の名城だったといえよう。

一方の上杉勢は、兼続の命によって、長谷堂城の周囲に井楼《せいろう》を十四ヵ所も造作させた。井楼とは、戦陣で敵陣を偵察するため、材木を井桁《いげた》に組んで作る櫓のことである。九月十五日のことであった。しかし、翌日には両者が交戦に及び、ともに決定的な勝利を得ることなく、一進一退の攻防を繰り広げた。

強い危機感を覚えた義光は、子の義康《よしやす》を北目城（宮城県仙台市）の伊達政宗のもとに使者として遣わした。援軍を要請し、事態の打開を図ろうとしたのである。最上氏にとって頼るべき存在は、伊達氏以外になかったのである。

最上勢の援軍として伊達氏参戦

九月十六日、政宗は義光に返書を送り、叔父の留守《るす》（伊達）政景《まさかげ》を派遣する旨を伝えている（「天理図書館所蔵伊達家文書」）。馬五百余騎に鉄砲七百丁を添えるという内容であった。ただし、政宗自身の出馬は見送っている。早速、翌十七日に政景は出発し、宮城と山形を結ぶ笹谷峠《ささやとうげ》を越えて、山形城の東に位置する小白川《こじらかわ》に着陣した。伊達氏の出陣には、あくまで「家康のために」という大義名分があった。

伊達勢の参戦によって、緊張感はいっそう高まった。しかし、政宗と同様に、景勝の出馬も見送られていた。あくまで、政宗が出馬した際の切り札と考えられたようである。一方の政宗も景勝の出馬を非常に警戒しており、両者はにらみ合う状況に至った。ここで、政宗はどのように考えていたのであろうか。

この点について、今福氏は興味深い指摘を行っている。今回の政景の出兵は、最上氏の要請によるものであるが、その救援が目的ではなかったとする。政宗は宇都宮城の結城秀康に対して、盛んに白河口への出兵を求めていた（「東京大学史料編纂所所蔵文書」）。その理由は、秀康が白河口から侵攻する隙を突いて、政宗が仙道口から会津へと攻め込もうとする考えがあったと指摘する。結局、秀康の出兵は実現しなかった。

それぞれの大名には、それぞれの思惑があった。それは、できるだけ将兵の消耗を避け、可能な限り効率的に攻め込み、相手を打ち滅ぼすことにあったであろう。そのためには、味方となる勢力をも動かし、有利に戦いを進める必要があった。同月二十四日、兼続は長谷堂城の水を断つ行動に出ており、その翌日にも戦闘が打ち続いた。ところが、長谷堂城は落ちることなく、時間だけが過ぎていったのである。

兼続書状「上方散々ニ罷成候由」は西軍敗北の意味か

すでに触れたとおり、関ヶ原合戦は西軍の敗北に終わり、戦後、勝利した東軍には多大な恩賞が付与された。ところで、九月十五日に関ヶ原合戦が終わったことは周知の事実であるが、当時は現在の電話や電子メールのような情報伝達がなかったため、上杉、伊達の両者に伝わるのには、いささかの時間を要した。その点を確認しておこう。

景勝に関ヶ原合戦における西軍の敗報が伝わったのは、いつのことなのであろうか。九月二十一日付の直江兼続書状（上杉家家臣の安田《やすだ》能元《よしもと》宛）には、「上方《かみがた》散々《さんざん》ニ罷成《まかりなる》候由《そうろうよし》」という文言が記されている（「秋田藩家蔵文書」）。この文言は、いったいどう解釈すればよいのだろうか。

文中の「上方」は西軍を示しており、「散々《さんざん》」になった（敗北した）ということから、この書状によって上杉方が西軍敗北の情報を入手したのは、九月二十一日との説が提示されている。なお、「罷成」は、「そのような状態になった」というような意味で、通説として、「罷成」は「まかりなる」と読まれてきた。これが事実であるとするならば、西軍敗北からわずか六日後のことなので、その情報伝達は驚異的なスピードと言わざるを得ない。

というのも、すでに触れたとおり、京都から会津まで移動するのには十三日前後はかかる。関ヶ原から情報が発せられたとしても、一、二日の短縮にとどまることであろう。それゆえに驚異的なスピードと言わざるを得ないのである。では、「上方散々ニ罷成候由」の解釈については、いかに考えるべきなのであろうか。この点を深く追究したのは、今福匡氏である（今福：二〇一三）。

実は、「上方散々ニ罷成候由」の続きには、「大国但馬守実頼を米沢へ差し遣わし、もし伊達政宗が白石か米沢へ出陣するようなことがあれば、これに対処させるように」と記されている。西軍が負けたにもかかわらず、まだ上杉方は伊達方への対策を継続しているのである。

もし「上方散々ニ罷成候由」が西軍の敗北を意味するのであれば、いささか矛盾した行動を指示していると言わざるを得ない。味方の西軍が敗北を喫したならば、撤退という選択肢もありうるからである。

「上方散々ニ罷成候由」の別の解釈

「上方散々ニ罷成候由」には、別の解釈も提示されている。それは、当該部分を「上方散々ニ罷り成し（まかりなし）候由」と読み下し、「西軍が東軍を散々に打ち負かした（西軍が圧倒的に優勢である）」と解釈する説である。これは、もちろん関ヶ原本戦の動きを伝えるものではない。

この場合の状況は、九月十五日における関ヶ原本戦の戦いではなく、西軍による伏見城攻撃や各地の転戦における状況を示しているという（高橋：二〇〇九）。なお、光成準治氏も「西軍が優勢である」との説を採る（光成：二〇一八）。

ところが、今福氏も指摘するように、「罷成候由」の箇所を「罷り成し（まかりなし）候由」と読むのは文法上も不自然である。ただ、「罷り成る（まかりなる）候由」と読むよりも、「罷り成り（まかりなり）候由」と読むほうが、より自然でいいのではないか。また、同じく今福氏が指摘するように、「上方」という言葉自体も「京都・大坂」という地名以外に、石田三成の勢力や徳川家康の会津征討軍を示す例があるという。

そうなると、今福氏が指摘するように、「上方」は西軍勢力を意味するのではなく、むしろ京都・大坂における政治情勢を示しており、武力闘争がますます激しくなっているさまをあらわすと考えるほうが自然である。

八月下旬に安濃津が西軍によって攻略され、岐阜城の攻防では東軍が勝利した。そして、家康は九月一日に江戸を発った。こうした一連の情勢を示しているのだろう。

景勝、政宗それぞれに西軍敗報が届いた時期

では、上杉景勝に西軍の敗報が伝わったのは、いったいいつのことなのであろうか。これまでは、九月二十九日という説が有力視されている。

ところが、この段階においても、上方が健在であるとの情報が寄せられていることから、いまだ正しい内容は伝わっていなかったとされている（『覚上公御書集』）。上杉氏は十月四日に至っても、関ヶ原合戦の勝敗どころか、岐阜城や大垣城の落城すら知らなかったといわれている（高橋：二〇〇九）。

伊達政宗が関ヶ原合戦で東軍が勝利を得て、西軍が敗北したのを知ったのは、九月晦日のことであった（「留守家文書」）。

伊達軍の気勢は大いにあがった。勝利を得たほうが、先に情報を得るというのは自然な流れであろう。負けたほうは情報を伝達する主体（三成ら）が失われており、いつまで経っても伝わっ

てこなかった可能性はある。上杉方では、いつ石田三成から勝利の一報が届くのか、一日千秋の思いで待っていたのかもしれない。

十月一日、兼続は撤兵する動きを見せた。ということは、ほぼ同時に西軍敗北の報を知ったということになろうか。いかに西軍が負けたとはいえ、何らかの手段で敗報が伝わったことは十分に考えられよう。兼続らは、行軍してきた道を引き返した。その道のりは険しく、撤兵にはなかなか手間取ったという。

兼続は数日かけて引き返したが、景勝は兼続とともに、梁川方面に移動した政宗を討とうとしている（『覚上公御書集』）。十月七日のことである。となると、この時点においても景勝は十分な情報を得ていなかったのか。あるいは情報を知っていたが、あえて軍事行動に臨んだのか。

最終的に景勝は一連の軍事行動を取り止め、家康に屈することになった。むろん家中には反対する者もいたが、それは退けた。しかし、正式な謝罪というべき和睦交渉は、同年十二月以降のこととなる。

第十章

九州の戦い

西軍勢が多くを占めた九州

前章では東北における東西両軍の激突を紹介したが、九州においても戦いはあった。最初に確認しておかなくてはならないのは、九州における東西両軍の諸勢力である。この点については、次のようにまとめてみた。なお、掲出したのは、黒田氏の領国・豊前と隣国の豊後の主な大名に限った。

○東軍

豊前・中津城（大分県中津市）主――黒田孝高（当主は長政）

豊後・杵築《きつき》城（同杵築市）代――松井康之（細川忠興・家臣）

○西軍

豊後・立石《たていし》城（大分県杵築市）主――大友吉統《よしむね》（宗麟の嫡男）

豊後・府内《ふない》城（同大分市）主――早川長政

豊後・臼杵《うすき》城（同臼杵市）主――太田《おおた》一吉《かずよし》

豊後・佐伯《さいき》城（同佐伯市）主――毛利高政

豊後・高田《たかだ》城（同豊後高田市）主――竹中重利（東軍に転じる）

豊後・竹田《たけだ》城（岡《おか》城。同竹田市）主――中川秀成《ひでしげ》（東軍に転じる）

豊後・富来《とみく》城（同国東《くにさき》市）主――垣見一直（関ヶ原合戦に参陣）

図10-1　九州の状況とその周辺

豊後・安岐《あき》城（同国東市）主——熊谷直盛（関ヶ原合戦に参陣）
豊前・小倉《こくら》城（福岡県北九州市）主——毛利吉成

東西両軍のいずれに属するのか不鮮明な大名が数多く存在したのも事実である。なお、細川忠興は丹後を領していたが、慶長五年（一六〇〇）二月に杵築を家康から与えられ、城代として松井康之を置いていた。その点は、やや変則的である。

大友吉統については後述するが、孝高が本拠を置く豊前・中津城の周辺は、基本的に西軍勢力が圧倒的に多かった。九州全体を見渡しても、東軍に属した大名は加藤清正くらいであり、立花宗茂、小西行長（関ヶ原合戦の本戦に参陣）、島津義久・義弘兄弟（ただし、二人は不和だった）らの有力大名は西軍に与していた。

このように九州諸勢力の分布図を見る限り、孝高が安穏としていられなかったのは事実である。西軍に周りを囲まれている以上、攻撃される恐れが十分にあったからであり、孝高も意識していたことであろう。そして、思いがけず大友吉統が復活を遂げることになり、その政治的な情勢はいっそう複雑さを増したのである。

復権した大友吉統の履歴

「九州の関ヶ原」の引き金となったのは、大友宗麟の子・吉統（初名・義統。以下、吉統で統一）

である。吉統とは、いかなる人物なのか。

吉統は文禄の役（一五九三年）において、戦場からの逃亡という嫌疑をかけられ、秀吉から領国の豊後を没収されるという厳しい改易処分を受けた。その後、吉統は常陸国・佐竹氏の監視下に置かれたが、慶長三年（一五九八）の秀吉死後に罪を許されたという。子の義乗《よしのり》（義述）は、牛込《うしごめ》（東京都新宿区）に三百石の知行を与えられていたという。

その後、京都にあって、吉統は家康の庇護を受けたと『寛政重修諸家譜』に記されている。しかし、同史料が江戸幕府に提出された家譜という性格を考慮すると、史実か否か検討を要するところである。また。『豊陽志《ほうようし》』という編纂物によると、吉統は輝元によって周防国大畠《おおばたけ》（山口県柳井《やない》市）に蟄居していたという。

秀吉没後の吉統の動向は、いささか判然としないところである。いったん吉統は歴史の表舞台から去ったことにより、その動きに十分な注意が払われなかったと考えられる。しかし、慶長四年十一月、吉統・義乗父子は、上洛して後陽成天皇に硯箱《すずりばこ》を献上したことが明らかになっている（『御湯殿上日記』）。

これによって、吉統が京都・大坂に居を構えたとは言いがたいかもしれないが、ある程度の自由な行動ができるようになったのは、たしかな事実であるといえよう。いったん吉統は佐竹氏や家康の庇護下にあったが、やがて離脱した可能性がある。

吉統の豊後入部のいきさつ

ところで、『黒田家譜』には、「(文禄の役で吉統が)秀吉から豊後国を取り上げられ、輝元に預けられて周防国に蟄居を命じられたが、この度、秀頼の命と称して大坂へ呼び出され、輝元と増田長盛から次のように命じられた。この度、吉統に本国の豊後国を返還するので、急いで同国に下って一族・郎従を集めて軍を起こし、豊後七人衆や在国の人々、小倉城主・毛利吉成と協力し、孝高を討伐せよ」と記されている。

これまでの編纂物を確認すると、吉統が常陸・佐竹氏の監視下にあったというのは、子の義乗のことと混同していたのであろうか。そう考えるならば、最終的に吉統は輝元のもとに蟄居させられ、義乗は家康のもとにあったと考えるのが自然なようにも思える。ちなみに、吉統が輝元に唆《そそのか》されて挙兵したというのは、先述した『寛政重修諸家譜』の史料性によるところが大きい。大友家は高家《こうけ》(後述)として残ったので、進んで西軍に与してはまずかったのである。

吉統が輝元の配下にあったことは、次に示す孝高宛の自身の書状(九月七日付)により明らかである(「黒田家文書」)。そこには、「私(吉統)は配所において、浅からぬ輝元からの懇意を得たので、この度は一命を捨てて恩に報いたいと考えております。また、私(吉統)は老いていますので将来の望みはありませんが、義乗を何とか世に出したいと考えております」と書かれている。

吉統自身が語っているのであるから、輝元のもとにあったのは事実である可能性が高い(『黒田家譜』にも同文の記述あり)。わざわざ孝高に伝えたところを見ると、旧領国の豊後奪還が本来の目的だったのは間違いないだろう。つまり、吉統は孝高との戦いを想定していなかったのかもしれない。

しかし、後述するように、吉統は秀頼から豊後国速見郡《はやみ》（397ページの図参照）を拝領していたので、入部するのは当然のことだった。すでに、その点は白峰旬氏が指摘していることである。吉統は輝元の命を受けて、豊後に入部しようとしたに過ぎなかったのだ。これまで豊後国を実力で奪還するよう命を受けたように解釈されてきたが、誤りであるといえよう。

いずれにしても、吉統は単に豊後国速見郡に入部しようとしただけで、ことさらほかの意図はなかったのである。ただ、吉統自身は速見郡への入部が困難を伴うことを熟知しており、孝高と交戦になることは覚悟していたと考えられる。戦いを避けるには、東軍に属した孝高の説得が必要だった。

ところで、孝高は東西両軍の情勢を分析して、ある行動に出ることになる。その点を次に確認してみよう。

黒田孝高が家康に要望した「九州の切り取り自由」

関ヶ原合戦がはじまる直前、長政は関ヶ原本戦に出陣していたが、孝高は豊前中津城にあった。黒田家は早くから東軍に与しており、当然ながら九州諸地域における情勢には敏感だったと考えられる。九州における有力諸大名の多くは、敵対勢力である西軍に属していたのだから当然のことである。

このような緊迫した状況下、孝高は家康に対して、ある進言を行ったようである。残念ながら、孝高から家康に宛てた書状の具体的な内容はわからないが、井伊直政から黒田長政に宛てた八月二十五日付の書状によって、その内容をある程度は推測することが可能である（「黒田家文書」）。

その内容を要約すると、すでに孝高は多くの軍勢を抱え込んでおり、家康から軍事行動を展開する許可を得ていた。そして、孝高が戦いで手に入れた場所は、そのまま自ら領知することを家康から許されたのである。孝高が戦いを開始する以前において、その許可と戦後の恩賞を家康に求めたのは誠に興味深い。

同趣旨の直政から孝高に宛てた書状は、『黒田家譜』にも記載されている。すでに、孝高は軍勢を召集していたので、許可を取る以前からそのつもりであったことがわかる。つまり、自由な軍事行動と切り取った土地を自らのものにすることを要望し、家康にその許可を求めていたのである。

長政が家人を関ヶ原に引き連れたため、中津城の軍勢は手薄であったが、孝高はいかにして兵を集めたのであろうか。孝高が倹約家であったことは知られているが、『黒田家譜』によると九州の西軍方の諸大名に備えるため、日頃蓄えておいた金・銀を準備し、奉公したい者があれば貴《き》賤《せん》を問わず召し抱えたという（『黒田家譜』）。その数は、三千六百余人に達したと伝える。

それだけでなく、領内の百姓でも脇差を差して出陣の供を希望する者がいれば許可し、褒美を取らせると言ったところ、供をする百姓が多かったという。

加藤清正と黒田孝高の強固な協力関係

九州においてもう一人、孝高と志を同じくし、東軍に味方する者があった。その人物こそ、豊臣恩顧の大名の一人で肥後半国を領していた加藤清正である。清正について、もう少し詳しく述べておこう。

清正が尾張国愛智郡中村《なかむら》（名古屋市中村区）に誕生したのは、永禄五年（一五六二）のことである。秀吉には同郷の誼《よしみ》もあって、早くから仕えていた。清正の名を天下に轟かしたのは、天正十一年（一五八三）四月の賤ヶ岳の戦いである。この戦いで手柄を挙げた清正は、「賤ヶ岳の七本槍」の一人として広く知られるようになった。

その後、清正は秀吉のもとで各地に従軍し、その頭角をめきめきとあらわし、天正十六年には肥後半国を与えられた。しかし、一連の朝鮮出兵では、石田三成と対立し、以後は犬猿の仲になったという。そのような事情から、清正は東軍に属したのである。清正にとって、三成は不倶《ふぐ》戴天《たいてん》の敵だった。

清正は西軍が比較的多い九州において、孝高とともに東軍を支えるリーダー格であったといえる。慶長五年（一六〇〇）九月七日、清正は本多正信・西尾吉次宛に書状を送っている（「黒田家文書」）。書状の内容によると、大坂にいた清正の妻女が熊本に避難したことを告げるとともに、西軍から誘いがあったものの、それを断ったことが記されている。

史料中に、しきりに「孝高と相談する」と書かれているので、早くから清正は孝高と結び、東軍に与することを決意した様子がうかがえる。

同年九月十一日、清正は同じく本多正信・西尾吉次宛に書状を送り、孝高とともに九州で挙兵することを伝えている（「黒田家文書」）。これは、いうまでもなく九州における西軍勢力の一掃という目的があった。孝高が清正と連絡を取り合っていたことは、八月二十日付の吉川広家宛の孝高書状によっても明らかである（「吉川家文書」）。

二人の協力関係は、非常に強固なものがあったといえるであろう。むろん、東軍のためという「大義名分」があったに違いないが、実際には共に切り取った土地を自己の所領として欲していたと推測される。それは、領土拡大のチャンスでもあった。

清正がここまで対策を講じたのは、肥後の自身の領国に小西行長の領国が接しており、同じく肥後国内には相良頼房の所領も接していたからであった。ともに西軍に属しており、まったく油断ならない相手であった。九州で少数派の東軍に属した清正は、必然的に彼らとの対決を避けられなかったのである。

吉統を東軍に引き入れようとする孝高

ここで改めて、大友吉統の動向を探ることにしよう。吉統が秀頼の命によって、豊後に派遣されたのは先述のとおりである。『黒田家譜』によると、さしあたって吉統は、秀頼から馬百頭、長柄の槍百本、鉄砲三百挺、銀子三千枚を与えられたという。速見郡入部の準備は、万端整ったのである。

孝高は吉統を調略するため、かつて吉統の配下にあった大神大学なる者を召し出した。大学は吉統が没落してから、中津に住んでいたのである。大学を起用することには、黒田家の家臣の反対もあったが、仮に大学が裏切って中津城内の様子を知らせたとしても、その裏をかくつもりで戦いの準備をすると述べたという。

大学は九月五日に舟に乗って、その日のうちに周防上関《かみのせき》（山口県上関町）に到着した。吉統が上関に到着したのは、二日後の七日である。大学は孝高の書状を吉統に渡し、西軍に与することの不利を述べ、子の義乗が東軍に属しているのであるから、家康に忠勤を励むべきであると説いた。それは、孝高に味方することを意味した。

ところが、この説得は成功しなかった。その返書こそが、先に掲出した九月七日付の孝高宛の吉統書状である。この書状によると、吉統は二、三日中に豊後へ着くと述べている。孝高と交戦するか否かは別として、とりあえず豊後国速見郡に入部する目的があったようである。

吉統入部で窮地に立たされた杵築城代・松井康之

孝高が吉統を味方に引き入れようとしたのは、互いの戦闘を前提としたものでなく、まだ吉統が東軍に傾く余地があったと考えたからであろう。ところで、こうした一連の経過については、すでに白峰旬氏によって、さらに具体的に検証がなされている（白峰：二〇〇八）。一連の経緯については、以下、同氏の研究に基づき述べておきたい。

意外なことに、豊後で窮地に立たされたのは、細川忠興の家臣で杵築城を預けられた松井康之であった。忠興が東軍に属していることに加えて、周囲の大名は西軍に属している者が多かった。それゆえ康之は孤立した状況に陥っており、頼りになったのは黒田孝高と加藤清正のみであった。

七月晦日付の康之の書状（忠興宛）によると、康之は杵築城を捨て逃れようとするが、豊前中津から舟を出すことができなかったという（「松井家文書」）。康之が落武者として認識されていたので、誰も舟を貸さなかったからである。ここで明らかになるのが、杵築城の扱いである。

同じく七月晦日付の康之の書状（清正の家臣・斎藤利宗《としむね》宛）には、驚くべき事実が記されていた（「松井家文書」）。それは、先に触れたとおり、吉統が秀頼から豊後国速見郡を拝領したという事実である。康之にとっては、青天の霹靂であった。それゆえに、同郡内にある杵築城は接収されることになったのである。

康之は籠城の覚悟を示しており、兵糧・弾薬が尽きた場合の援助を申し入れている。もはや康之には、戦う以外に道はなかったのである。

清正の援助で西軍への抗戦を決意した康之

こうして杵築城をめぐり、水面下における攻防が激しくなった。とりわけ、西軍から康之に対する攻勢は激しさを増していった。

八月四日、二通の書状が康之のもとに届いた。一通目は、宇喜多秀家と毛利輝元の連署による書状である（「松井家文書」）。内容は、杵築城を受け取るため、臼杵城主・太田一吉の子である一成を遣わせたというものであった。

もう一通は、先の二人の大老の副状で、前田玄以、増田長盛、石田三成、長束正家ら奉行衆の連署によるものである（『松井家譜』所収文書）。内容は、現在の情勢を詳しく伝えるとともに、杵築城を退城して太田一成に引き渡すよう命じたものであった。杵築城の退城を迫られ、康之は絶体絶命に追い込まれた。

ところが、康之は決して怯むことがなかった。翌八月五日、清正は康之に対して、玉薬五千発を送ると伝えている（「松井家文書」）。つまり、康之は徹底抗戦を決意したということになろう。実際に、太田一成が杵築城の受け渡しを康之に通告したのは、八月十三日のことである。その後、清正の周辺にも動きがあった。

豊後・竹田城主の中川秀成が清正に対して、東軍に与する旨の三ヵ条の起請文を提出したのである（「中川家文書」）。

九州における東軍の生命線だった杵築城

八月二十八日になると、吉統の動きが本格化する。清正は康之に書状を送り、吉統が上関に到着したことを知らせ、油断なきよう呼びかけている。上関は山口県柳井市の南方に位置し、大分県の国東半島に近いところに位置する。

先に、孝高が上関の吉統に使者を送ったと述べたが、典拠となる『黒田家譜』の記述もあながち嘘ではないようである。杵築城も国東半島に位置していたので、両者の戦いは避けることができなかった。ただ、『黒田家譜』の日付と齟齬があるところをみると、実際の吉統の上関上陸は八月下旬とみなしてよい。

清正の報告を受けて、康之は杵築城の防備を固め、吉統との軍事衝突に備えることにした。八月二十八日付の松井康之の書状によって、主に次のことがわかる（「松井家文書」）。

①杵築城を普請して戦いに備えていること。
②太田氏の杵築城受け渡しの要求に応じなかったこと。
③吉統が臼杵、府内、安岐、富来のうちから速見郡に出陣すると予測されること。
④加藤清正や孝高から大筒、弾薬、兵糧などを援助されていること。

このほかにも多くのことが記されているが、西軍に属していた毛利吉成や中川秀成らの動向についても、少なからず把握していたことを確認できる。また、杵築城が囲まれた場合、孝高が後《うしろ》巻《まき》として出陣することを約束しており、杵築城が九州における東軍の生命線であったことが理解されよう。清正もまた、その後の書状のなかで熊本を打ち捨ててでも救援に駆けつけると述べている。ここに九州の東軍勢力は一致団結したのであった。

吉統の豊後上陸

吉統が豊後国に到着したのは、九月九日のことであった。松井康之の書状によると、吉統の勢力は一揆頼みであると記されているが、一揆とは大友氏旧臣や牢人衆などを示すのであろう（「中川家文書」）。

主を失った大友氏旧臣や牢人衆は、失意のうちに厳しい生活を強いられたと推測される。そのような厳しい事情から、豊後で復権を目論む吉統の命に応じたのである。孝高は、康之から軽率に軍事行動を起こすことを諫められていたが、最終的に康之は孝高と協力して吉統を討ち果たすと述べている。

孝高と吉統の戦いの経過については、『高山公実録《こうざんこう》』（藤堂高虎の伝記史料）に収められた、藤堂高虎宛の孝高の書状（九月十六日）に詳細が記されている。以下、この史料によって、戦いの経過について確認をしておこう。

九月九日に吉統は豊後国に到着したが、それは「ひょう・はまわき」という地であった。「ひょう」については不明であるが、「はまわき」は別府市内の地名「浜脇」である。吉統は、そのまま近くの立石城に向かっている。

このとき、吉統のもとに駆けつけたのが、旧臣の田原紹忍《たわらじょうにん》（親賢《ちかかた》）と宗像鎮続《むなかたしげつぐ》であった。二人は吉統が豊後を取り上げられてのち、竹田城主・中川秀成の与力となっていた。吉統の豊後入国の一報を耳にして、馳せ参じたのである。『黒田家譜』などによると、吉統の軍勢は大友氏旧臣に郷民を加えた五、六千人であったという。

孝高の快進撃と吉統生け捕り

一方の孝高は、どうしていたのであろうか。『高山公実録』の孝高書状によると、九月九日、孝高は中津を出発して、十二日に富来城主・垣見一直を取り巻いたという。

ところが『黒田家譜』の記述によると、十一日に孝高が立石城に向かったとあるので、時系列としていささか矛盾するところである。十二日に富来城を取り巻いて、前日の十一日に立石城に急行するというのは、どう考えても物理的に不可能である。念のため、『黒田家譜』でもう少し確認をしておきたい。

『黒田家譜』によると、九月九日に中津城を出発した孝高は、竹中重利の居城・高田城に立ち寄ったという。重利は西軍から東軍に転じていたので、孝高が兵を出すように要求したところ、これを渋ったといわれている。竹中氏の家老は「あとで兵を出す」と申し出たが、孝高はこれを許さず打ち滅ぼそうとしたところ、重利から懇請されたので条件を飲んで東へ向かった。

その後になって、竹中氏の軍勢は孝高に従ったという。そして、孝高が富来城を取り巻いたのは、十一日の未明であったと書かれている。このほうが妥当であり、先の孝高書状は書写の際のミスと考えられる。

再び『高山公実録』の孝高書状に戻ろう。

十二日（実際は十一日未明か）に孝高が富来城を取り巻いたところ、松井康之の籠る杵築城が攻撃されているとの一報が届いた。そこで、孝高は富来城の囲みを解き、杵築城に駆けつけたところ、吉統の軍勢は立石城に退いていた。孝高は、十一日未明に富来城を取り巻き、その後、杵築城に駆けつけているので、先述した『黒田家譜』の内容（立石城に急行したこと）は誤っており、『高山公実録』の孝高書状の記述が正しいと思われる。

以下、『高山公実録』の孝高書状によると、十三日になって、孝高は康之の軍勢とともに立石城へ攻め込んだ。戦うことは再三に及んだ。結局、吉統方の宗像鎮続、吉弘統幸《よしひろむねゆき》ら数十人を討ち取ったところで、その日は夜になった。孝高が戦いを優勢に進めたことを確認できる。この一連の戦いこそが、世にいうところの石垣原《いしがきばる》合戦である。

十四日に、再度孝高が立石城を攻め崩そうとしたところ、ことのほかの大雨に見舞われ、その日は攻撃を中断せざるを得なくなった。しかし、翌十五日の未明、大友吉統と田原紹忍が黒田家の家臣・母里《もり》太兵衛のもとを訪れ、助命を乞うてきたのである。その結果、吉統は生け捕りにされて、中津へと護送された。こうして、吉統の悲願であった速見郡への入部は、はかなくも潰《つい》えたのである。

孝高の驚嘆すべき進撃プラン

孝高の活躍によって、吉統の速見郡入部は阻止された。『高山公実録』に収録された孝高書状によると、孝高は数日中に熊谷直盛の安岐城、垣見一直の富来城を落とすとしている。なお、二人は関ヶ原現地に出陣中であり、九月十七日に相良頼房によって謀殺された。ところで、孝高は、同じ書状のなかで驚くべきことを述べている。

一つ目は、豊前・小倉城主の毛利吉成を討ち、加藤清正と相談して関戸《せきど》（山口県岩国市）を越えて、広島を奪おうというプランを提示したことである。すでに述べてきたとおり、孝高は吉川広家と懇意にしており、毛利家存続のために何かと力を尽くしてきた。そう考えるならば、まったく驚愕すべきプランであるといえよう。

しかも、九月十六日の段階では、東西両軍のいずれが勝利を得たか、いまだ孝高は知っていないはずである。翌日に勝敗の情報が届くことはあり得ない。となると、孝高は広島を奪おうとしていたのだから、毛利氏を欺く意図があったのかもしれない。

二つ目は、高虎に井伊直政と相談して、備前を子の黒田長政に与えるよう、取り成しをお願いしたいと述べていることである。同時に、孝高は長政の知行を上方（関西方面）に与えて独立させ、孝高は別家を立てることで、家康に奉公したいと申し出ている。出家後の孝高は、長政に家督を譲って隠退を希望したといわれているが、実際には意欲満々であったことが看取できる。その事実は、これまでの軍事行動によって裏付けられよう。

三つ目は、孝高と清正が今回の戦いで得た領地については、家康から秀頼に取り成していただき、二人が拝領できるよう尽力してほしいと懇願している。少なくとも孝高が所領給付の主体が、秀頼にあったと認識していたことは、実に興味深い。この点は後述するが、自らが戦いで得た領地を欲しいと願い出ることは、極めて異例であったと考えてよい。孝高の挙兵の目的は、最初からここにあったのであろうか。

九州平定を目論んでいた孝高と清正

ところで、これによって孝高の軍事行動が収まったわけではない。その後も、孝高の軍勢は九州における西軍勢力の討伐に動くのである。

実は、九月十一日の加藤清正の書状（本多正信・西尾吉次宛）によって、二人は早い段階から九州での軍事行動を計画していた様子がうかがえる（「黒田家文書」）。清正は家康から九州での軍事行動を慎むよう指示を受けていたが、近々に美濃国で戦いが起こると予測し、九州では清正と孝高が周辺諸侯を従え、家康に報告すると伝えているのだ。

ここでの清正の名分は、「家康のための奉公」ということになろう。しかし、二人が九州平定に意欲を示したのは、領土拡大が目的だったのである。

このように考えると、孝高が大友吉統を生け捕りにしたのはほんの序の口であって、実は清正とともに九州制圧を目論んでいたことがわかる。ただ、現実問題として吉統が入部を志向する以上、それを見過ごすわけにはいかなかった。必然的に孝高は、軍事行動に巻き込まれるという事情があったのである。

なお、九州制圧の経過を見る前に、九月十五日に生け捕りになった吉統のその後を追いかけることにしよう。

捕らわれた吉統のその後

捕縛された吉統に関しては、たしかな史料が乏しいゆえに、その後の動向がわかりづらい側面がある。以下、編纂物などを用いながら論を進めたい。

九月二十八日、孝高は家康から吉統を生け捕りにしたことを賞された（「黒田家文書」）。同日付で井伊直政からも、家康が感悦している旨を知らされる（「黒田家文書」）。十月五日、再度、孝高は家康、直政、本多忠勝から書状を与えられ、吉統を生け捕りしたことを賞された（「黒田家文書」）。

ただし、その後の吉統の扱いについては、何も記されていない。実際に吉統と関わりを持ったのは孝高なので、経緯は『黒田家譜』に詳しく記されている。

以下、参考までに同書には「吉統を乗物に乗せて、孝高の家人・下野《しもの》九兵衛《きゅうべえ》など警護の武士を多くつけて中津川に連行し、一間（約一・八メートル）四方の座敷に籠め置いて日夜見張りをつけた。その後、孝高が上京したとき、吉統を大坂まで連れ、長政の屋敷において家康に報告をした。のちに吉統を常陸国に流罪とした。（以下、割注）吉統は、慶長十年七月十九日に配所（常陸国）で亡くなった」と書かれている。

実は、大友氏をめぐる扱いについて、『黒田家譜』には興味深い記述がある。家康は牛込（東京都新宿区）に逼塞していた義乗と面会し、今回の戦いで勝利を得れば、本国の豊後を返還すると約束していたのである。家康としては、大友氏が古くから続く名門なので、そのように考えていたのだろう。

しかし、吉統が反旗を翻したので、結局、豊後返還の話はなくなったというのである。事実か否かは別として、ユニークなエピソードである。

吉統の配流先の諸説と、大友氏の滅亡

『黒田家譜』には、吉統が常陸に流罪となったと記されているが、諸説あって確定しない。参考までに、編纂物などに記された説を挙げておこう。

①江戸死亡説――『由原宮年代略記《ゆすはらぐう》』『豊陽志』
②常陸死亡説――『黒田家譜』『慶長日記』『武徳編年集成』
③秋田実季に預けられた（死亡地を示さない）――『譜牒余録後編』『寛政重修諸家譜』

秋田実季は出羽の大名であったが、慶長七年（一六〇二）五月に佐竹氏と入れ替わって、常陸宍戸《ししど》（茨城県笠間市）の地に移封した。実のところ、①の江戸死亡説については吉統が江戸に移

送されたことを記しているが、正確には江戸で没したとは書かれていない。『譜牒余録後編』によると、慶長六年に吉統は出羽の秋田実季に預けられたと記す。おそらく、実季が常陸に移った際には、吉統も同行したことであろう。そして、常陸で亡くなったと考えるのが自然なようである。

結局、子の義乗は、家康によって高家《こうけ》に取り立てられた。高家とは江戸幕府の身分兼職名の一つで、老中の支配に属した。役割は、朝廷への使節、伊勢（三重県伊勢市）・日光（栃木県日光市）への代拝、勅使・公卿衆の接待、その他幕府の儀式、典礼を担当し、武田、畠山《はたけやま》、織田、上杉、吉良《きら》などの名家が任命されたのである。

ところが、義乗が慶長十七年（一六一二）七月に亡くなると、子の義親《よしちか》も元和五年（一六一九）八月に亡くなった。ここで、名門・大友氏は滅亡するのである。

孝高による安岐城・富来城攻め

吉統が降参して捕縛されたことにより、大友家は豊後における支配権を獲得することができなかった。ところが、これで孝高の戦いが終わったわけではない。

九月二十四日付の森則慶《のりよし》の書状には、興味深い事実が記されている。則慶は、豊後日隈《ひのくま》城（大分県日田市）主の毛利高政の家臣であり、高政（初名は友重。以下、高政で統一）が西軍として関ヶ原合戦に出陣していたので城代を務めていた。則慶の報告によると、吉統が捕縛されたのち、高田・府内のほか豊後国の諸大名は孝高に属したと伝えている。

そこで、窮地に追い込まれた則慶は、佐賀の鍋島氏の家臣に援軍を求めたのである。高田とは高田城主である竹中重利を示しており（子の重次が籠っていた）、府内は府内城主の早川長政のことである。

孝高の勢いは、とどまるところを知らなかった。九月二十三日付の加藤清正の書状によると、孝高は十七日に「熊谷城《くまがい》」を取り巻いたと記されている（「黒田家文書」）。この「熊谷城」とは、西軍に属した熊谷直盛の勢力が籠る安岐城のことである。熊谷直盛は石田三成の娘婿であり、それゆえに西軍に属したのであろう。

先に取り上げた森則慶の書状によると、安岐城と垣見一直の勢力が籠る富来城は、孝高によって落城させられていた。則慶の書状の日付が九月二十四日なので、おそらく前日の二十三日には落ちていたのであろう。

しかし、現実には前述のとおり、熊谷直盛も垣見一直も、すでに相良頼房によって謀殺されていた。城兵は、その事実を知らなかったと考えられる。

則慶にはもっと恐れていたことがあった。孝高が安岐城と富来城を落城させたので、今度は則慶が籠る日隈城に今日・明日にも攻撃を仕掛けてくると通告してきたのである。驚いた則慶は、九州にいる西軍勢力——毛利吉成・小早川秀秋・立花宗茂ら——に援軍を依頼した。もはや単独では、孝高の軍勢に太刀打ちできなかったのである。

則慶は書状のなかで、孝高と清正から無理難題を言われたようであるが、それを受け入れずに戦い抜くことを強く決意した様子がうかがえる。

怒濤の勢いで進撃を続ける孝高

その後の動きに関しては、『黒田家譜』に記述が見られる。日隈城と角牟礼《つのむれ》城（大分県玖珠《くす》町）は、高政が関ヶ原に出陣中であったため、留守居の者が守備していた。最初、孝高は家臣らを遣わせて、降参するように呼びかけた。

しかし、城中の者はこれに同意しなかったので、城近くの倉谷村に夜討ちをかけ、これを焼き払ったのである。勢いを得た孝高の軍勢が城近くまで迫ると、城中の者は降参を乞い、以後は孝高のために戦うことを誓ったという。落城した具体的な日付は不明であるが、九月二十八日より前であろう。

九月二十八日、家康は孝高に吉統を生け捕りしたことを賞するとともに、西軍方に与した毛利吉成を攻撃するように命じた（「黒田家文書」）。あわせて同日付で、孝高宛に井伊直政も書状を発給している（「黒田家文書」）。次のとおり、直政の書状の内容は実に興味深いところである。

吉成を攻撃せよとの家康の命を改めて伝えた直政は、続けて「ことに（豊前は孝高の）領分の内なので、その地（吉成の領した企救《きく》・田川《たがわ》の二郡）をお与えになると家康が仰せです」と述べている。豊前国は吉成が企救・田川の二郡、孝高が残りの六郡を領していた。二人で豊前を分割統

図10-2　近世の豊前8郡と豊後国速見郡(概図)

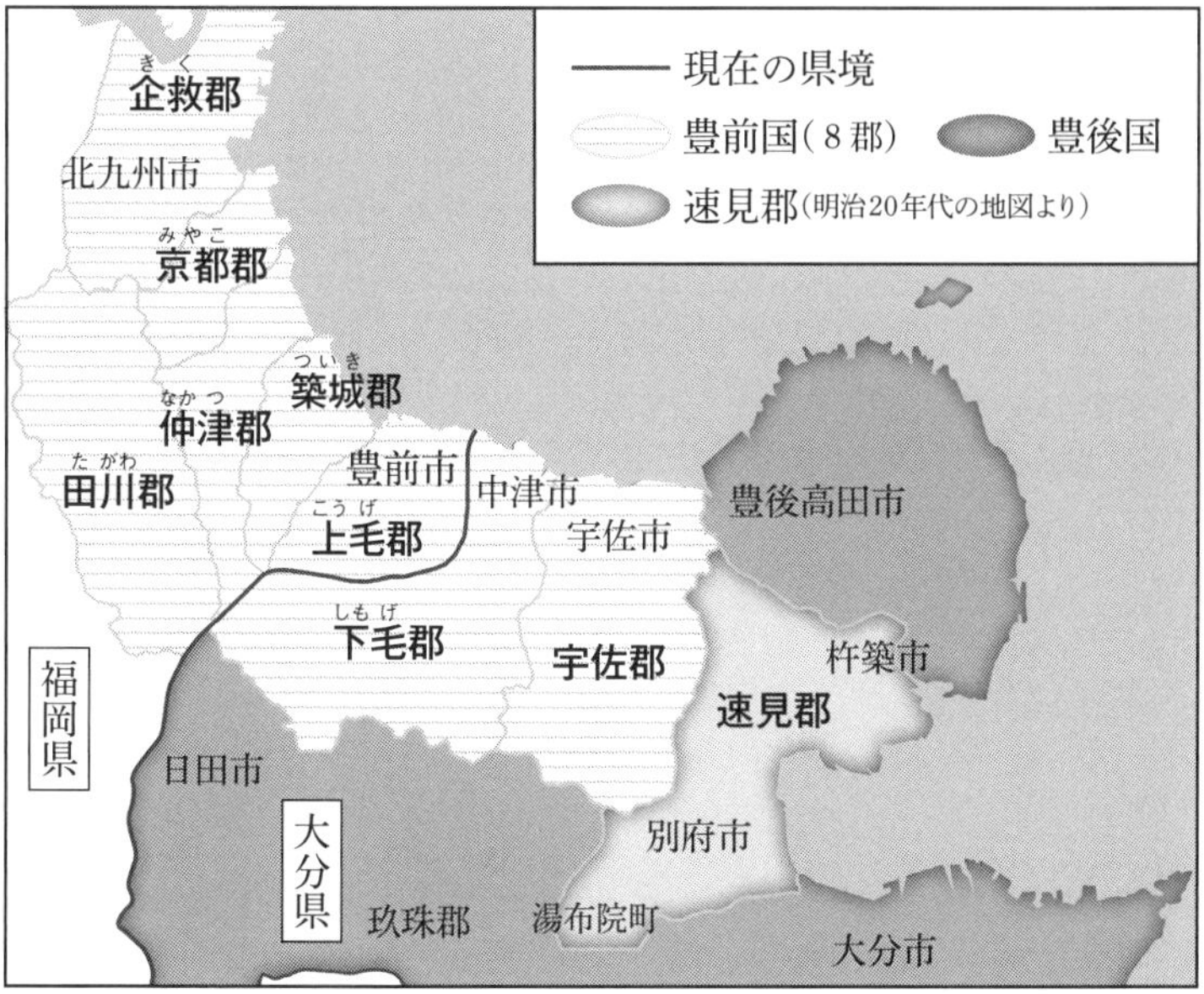

※現在の速見郡は2町(山香町、日出町)からなるが、近世の郡域は現杵築市、別府市、大分郡湯布院町を含み、北は国東郡、東は別府湾、南は大分郡、西は玖珠郡、豊前国宇佐郡に接していた。(『日本歴史地名体系』)

出所：『日本歴史地名体系』(平凡社)収載図をもとに作成

治していたのは明らかであるが、家康はあえて豊前一国を孝高の領分とし、吉成を討つ名分を与えたと考えられる。この頃になると、関ヶ原合戦で西軍が敗北した事実は豊前にも届いていた。

例のごとく孝高が小倉城の城兵に降参を呼びかけると、観念した城兵は従ったといわれている（『黒田家譜』）。

十月四日付の孝高の書状（吉川広家宛）によると、この時点で小倉城の接収に成功し、輝元が城の警護に加わり、決して吉成に渡さないように依頼している（「黒田家文書」）。少なくともこの段階で、孝高が小倉城を降参に追い込んだのはたしかである。また、この書状には、興味深いことが記されている。

孝高は関ヶ原合戦が十月末頃まで続いたならば、中国方面へ攻め上り一合戦しようと思ったが、家康の勝利が早々に決まり残念であると述べている。九州だけでなく、中国方面への進出までも企てていたのである。

中国方面というのは、西軍に属した備前・美作の宇喜多氏を示しているのであろうか。先に孝高は広島へ攻め上がると言っているので、あるいは中国地方を統一する意思があったのか。しかし、それが叶わないとなると、別にターゲットを定めた。それが、西軍方に与した立花宗茂と島津義久・義弘兄弟である。

孝高は、関ヶ原から逃げ帰った二人を討伐すると息巻いてみせたのである。十月十九日には、宗茂の領国である筑後に向けて進発し、同月中には薩摩へ侵攻しようとしたことがうかがえる（「旧記雑録後編」）。孝高の戦いは、まだはじまったばかりであった。

小西行景の宇土城を「はだか城」にする清正

ここで目を転じて、孝高の盟友である加藤清正の動向を確認しておきたい。清正もまた九州を席巻すべく、手始めに肥後の統一を目指していた。

改めて肥後の情勢を確認しておこう。関ヶ原合戦の時点において、加藤清正は肥後のおおむね北半分を支配し、熊本城（熊本市）を本拠とした。また、小西行長は肥後中部を支配し、宇土城《うと》（熊本県宇土市）を居城とした。鎌倉以来の伝統を持つ相良頼房は、球磨郡《くま》の人吉城（同人吉市）を本拠として支配を展開した。いうまでもなく、清正を除く二人は西軍に属していた。

しかし、清正は熊本にとどまっており、残る二人は関ヶ原の現地に赴いていたのである。ここまで述べてきたとおり、清正は孝高と連絡を密に取っており、同じ東軍の杵築城代の松井康之を気遣っていた。

九月十六日付の加藤清正の書状（松井康之など宛）によると、十三日に孝高が吉統と交戦したことを知った清正は、十五日に熊本を出発して救援に向かった（「松井家文書」）。しかし、合戦当日には、すでに吉統の敗北が決まっていた。十六日に孝高勝利の一報を手にした清正は、一転して熊本に引き返すことにした（「松井家文書」）。

吉統が負けたなら急行する必要はなく、むしろ西軍に属していた小西行長を討伐しようと考えたのである。むしろ、そちらのほうが重要であったに違いない。

清正が宇土城の攻撃を開始したのは、九月二十一日のことであった（「黒田家文書」）。当時、行長に代わって、宇土城を守っていたのは弟の行景《ゆきかげ》である。ところが、清正の攻撃は、激烈なものであった。清正は宇土城の外構えを押し破ると、町中をことごとく放火し、「はだか城」にしたという。

「はだか城」とは、防御施設である堀や塀を打ち払ったということを意味する。城を囲う物がなくなったので、まさしく「はだか城」である。行景は隣国からの応援もなく、兵糧も乏しいようなので、落城も時間の問題であると清正は豪語している。早くも楽勝ムードが漂っていた。

この間の九月二十四日、清正は態度が不鮮明な鍋島直茂に書状を送り、西軍・東軍のいずれに与するのか考えを問い質している（『鍋島直茂譜考補』）。この段階では東軍勝利の一報が伝わっておらず、直茂は考えあぐねていたのであろう。また、清正の立場に立って考えると、直茂が敵対勢力であるとするならば、討伐せざるを得ないと思ったに違いない。

持ちこたえた行景と、島津氏・相良氏の動き

しかし、清正軍に楽勝ムードが漂っていたのは最初だけであって、行景はよく持ちこたえた。九月二十八日付の加藤清正書状によると、清正は城へ押し寄せようとしたが、思いがけず雨に見舞われ、大軍を進めるには困難が伴ったようである（「松井家文書」）。この間、宇土城内では態勢を整えたようで、清正はその悔しさを文面に滲ませている。清正が東軍勝利を知ったのは、この日であった。

こうして戦いが膠着状態に入ると、思いがけず長期戦の様相を呈してきた。その間、動き出したのが島津氏と相良頼房であった。

実のところ、九月二十四日以降、清正の家臣・加藤重次《しげつぐ》が守る佐敷城《さしき》（熊本県芦北町《あしきたまち》）が島津

氏と頼房から攻撃を受けていたのである。ところが、ここで一つの疑問が生じる。実は、西軍として出陣した頼房は家康から赦免されていたのであるが、ここでは島津氏とともに佐敷城を攻撃していることである。

頼房にすれば、関ヶ原合戦と佐敷城攻撃は、まったくの別物と考えていたのであろうか。いずれにしても不本意であった清正は、怒りを抑えきれなかった。

実際、関ヶ原合戦が終了した翌日の九月十六日、大坂城二の丸にいた頼房は、同じ九州の秋月種長・高橋元種《たかはしもとたね》とともに、東軍への帰順を申し入れた（「相良家文書」）。この頼房らの申し出は受け入れられた。翌十七日、頼房は恭順の意を示すために、西軍に属していた熊谷直盛、垣見一直、木村由信《きむらよしのぶ》を討ち取り、水野勝成《みずのかつなり》に送ったのである（「相良家文書」）。

頼房の矛盾した行動は理解しがたいが、最終的には東軍に属していたのは事実である。頼房の軍功は家康に報告され、賞されるところとなった。

島津氏以外の西軍勢力の降伏

清正による宇土城の攻撃に対して、行景はよく持ちこたえたものの、最終的に開城せざるを得なくなった。開城の時期については諸説あったものの、近年、阿蘇品保夫氏によって新出史料が紹介され、十月十三日に行景が宇土城開城に合意し、翌十四日に実際に執り行われたのではないかと指摘されている（阿蘇品：二〇〇六）。十七日になると、清正は小西方の八代城《やつしろ》（熊本県八代市）を受け取った。こうして、清正は肥後統一を果たしたのである。

その後、孝高や清正のターゲットになったのは、関ヶ原から逃げて帰ってきた筑後柳川城（福岡県柳川市）主の立花宗茂であった。十月十九日に小倉城を受け取った孝高は、薩摩出水《いずみ》（鹿児島県出水市）に向かおうとしていた。また、八代城を接収した清正は、ただちに宗茂を討伐する予定であった。当初、西軍に属していた鍋島勝茂は、一転して東軍に属し、父・直茂とともに十月十九日に宗茂と交戦したのである（八院《はちいん》合戦）。

こうして八方塞がりになった宗茂は、十月二十四日に降伏した。すでに、十月十四日に久留米城（福岡県久留米市）主の毛利秀包が降伏していたので、九州の主な西軍勢力は一網打尽にされた。関ヶ原合戦が終了して一ヵ月あまりの間に、清正と孝高は九州をほぼ平定したのである。残りは、関ヶ原から首尾よく脱出した島津氏のみになったのである。

家康の薩摩への進軍計画

関ヶ原合戦では西軍に属しながらも、島津氏の態度は実にあいまいなものであった。結局、島津氏は戦いらしい戦いはせず、敵中を突破するという奇策を用いて、何とか本国である薩摩にたどり着いた。この見事なまでの敵中突破は、「島津退き口《のぐち》」と称され勇名を馳せた。しかし、ここから島津氏の苦難がはじまる（「島津退き口」は次章で取り上げる）。

這う這うの体で薩摩へ戻った義弘は、家康の襲来に備えて防備を固める一方、桜島に自ら蟄居して恭順の意を示した。九月十七日の段階で、石田三成、宇喜多秀家、島津義弘は探索の対象となっており、捕縛した者には「永代無役《えいたいむやく》（一生涯、役を課されないこと）」という恩典が与えられることになった。

仮に、生きたまま捕らえられずに討ち果たした場合でも、金子百枚が与えられる約束になっていたといわれている。しかし、万が一、彼らを匿った場合は、厳しい処分が科されることが取り決められた。関ヶ原合戦直後、島津氏は東軍を攻撃しなかったものの、西軍の一味と認識され、討伐の対象になったのである。

こうしたなかで、家康から一つの方針が黒田長政と福島正則に伝えられる（『江氏《こうし》系譜』）。それは、とりあえず赦免された毛利輝元を先鋒とし、薩摩へ送り込むという計画であった。あらかじめ輝元の妻を人質として差し出させ、自身に出陣を迫るという厳しい条件だった。家康はこれによって、輝元の態度を見極めようとしたのかもしれない。ところが、この作戦は現実的ではなかったようで、まずは輝元の処分が先決の問題と認識された。というのも、関ヶ原合戦後、輝元の非道がことごとく家康に露見し、問題視されたからである。この点は、次章で詳述する。

十月四日、孝高は吉川広家に宛てた書状のなかで、島津氏と立花氏が九州に逃げ帰ったこと、家康から両名を討ち果たすよう命じられたことなどを伝えている（「吉川家文書」）。豊後と肥後が争乱状態にあったことは、すでに述べたとおりで、十月二十五日に立花宗茂は降参に追い込まれた。

十月下旬まで、肥後・筑後方面の攻防により、孝高と清正は忙殺されたが、無事に平定がなった。残るターゲットは、島津氏に絞られたのである。

島津氏のなりふり構わぬ弁明

ところで、島津氏の意向は、いかなるところにあったのであろうか。

意外にも島津氏に手を差し伸べたのは、のちに関白を務める近衛信尹《のぶただ》であった（「島津家文書」）。十月七日、信尹は島津氏に対して、家康に申し開きをするように勧めている。近衛家と島津氏は長年にわたって友好的な関係にあり、信尹の父・前久《さきひさ》も薩摩に滞在したことがある。むろん、信尹と家康との関係も良好であり、そうした事情から斡旋を買って出たのであろう。島津氏にとっては、渡りに舟であった。

信尹からのありがたい提案を受け、島津氏が家康に申し開きをしたのは、十月十六日のことである。義久（義弘の兄）と忠恒《ただつね》（義弘の三男）の連署により、寺沢正成に書状が送られた（「島津家文書」）。その内容は、実に驚くべきものであった。今回、島津家が西軍に与したのは、一人義弘の独断であって、我々の与《あずか》り知らないところで行われたと釈明したのである。

そのうえで、家康に対して二心を抱いていないと表明し、許しを乞うたのである。もはや、生き残りをかけて、なりふり構わぬ作戦に出たことになろうか。とはいえ、徳川家と島津家が和睦を結んだのは、二年後の慶長七年（一六〇二）のことである。

余談ではあるが、このように島津家が対応に苦慮するなか、一人の男が薩摩へやってきた。その男こそ、関ヶ原から首尾よく脱出した宇喜多秀家である。この点は、次章で詳しく触れることにしよう。

黒田長政の仲裁と薩摩侵攻の中止

家康に申し開きを行ったのは、義久と忠恒であったが、実は義弘も別のルートから弁明を試みていた。その仲介を行ったのが、黒田長政である。

十一月四日、義弘は長政に対して、詳細を述べた書状を送っている(「黒田家文書」)。これがまた、大変興味深い内容となっている。そもそも義弘は今回の関ヶ原合戦について詳細を知らされておらず、家康の厚恩を忘れてはいないが、秀頼への忠節のため出陣したと弁明をした。秀頼の奉行衆から申し付けられた以上、君臣の道に背けなかったため、やむを得なかったとする。

つまり、義弘は事情をよく承知していなかったが、秀頼の命令であれば仕方がなかったとするのである。家康に敵対したのは本意でなかったと言いたいのだろうが、いささか苦し紛れの弁明といえよう。

この話を知ったのか、孝高は清正に対して、薩摩への攻撃を取りやめるように要請した(「黒田家文書」)。要請を受けた清正は、応じる旨を約束した。

こうした島津家の死に物狂いの努力は、ついに実った。十一月十二日、家康は孝高に対して、

「度々の注進の件、うかがっております。柳川で人質を受け取り、立花宗茂を召し連れて薩摩へ出陣し、加藤清正・鍋島直茂と相談して戦うとのこと。寒いこともありますので、まず年内は中止することがもっともなことです」という内容の書状を送った（「黒田家文書」）。

家康は島津を許すとは断言しないものの、いったん攻撃の中止を命じているのである。同様のことは、十一月十四日付の本多忠勝書状によっても、孝高に伝えられている（「黒田家文書」）。孝高が攻撃の中断を清正に要請した背景には、家康と交渉して攻撃の許可を得ようとしたが、得られなかったという理由があったと考えられる。

家康の決定に抗議する清正

ところが、こうした家康の決定に息巻いて反論したのが、孝高の盟友である清正であった。清正は家康の家臣・榊原康政に対して、十一月二十五日付で次のような書状を送っている（「黒田家文書」）。

家康に対して義弘が不始末を行ったのは、島津家の落ち度に過ぎません。義久と忠恒は、まったく存じませんでしたと言っているようですが、それは嘘でございます。その理由は、清正が宇土城（小西行長の居城）を攻撃した際、島津忠長《ただなが》（義久・義弘兄弟の従弟）らは佐敷城（清正方の城）を攻撃しましたが、結局攻め落とすことができず、水俣《みなまた》に戻って城を拵《こしら》えて、八代城（行長の家臣・小西行重《ゆきしげ》の居城）に加勢をしました。宇土城が落城すると、八代城主や加勢の者は舟で逃げ落ち、島津氏は水俣も放棄するに至りました。これでも義久と忠恒は、知らないというのでしょうか。

つまり、仮に百歩譲って、関ヶ原合戦で西軍に与したことが義弘の単独行動であったとしても、島津氏は小西氏を支援したのであるから、知らないとは言わせないということになろう。しかし、この懸命な清正の訴えは、ついに受け入れられなかった。むしろ、島津氏あるいは相良頼房のようにあいまいな行動を取ることは、さほど珍しいことではなかったのかもしれない。結局、島津氏は攻撃を免れることになった。

関ヶ原合戦の結果、長政が筑前一国を与えられ、また清正も肥後一国を与えられた。孝高と清正は、九州での「切り取り自由」を認められたが、それは空手形であった。ちょうど伊達政宗に与えられた「百万石のお墨付き」と同じである。「百万石のお墨付き」については、次章で詳しく述べることにしよう。

冷静に考えてみると、戦後の論功行賞は決して「切り取り自由」の原則で行われたわけではない。となると、家康が許可を与えたのは、最初からそういう考えはなく、空手形を連発することで各大名の奮起を促したに過ぎなかったのであろう。

こうして孝高の九州における戦いは、終わりを告げた。果たして、この結果が孝高にとって本望であったかは、今は知る由もない。

第十一章

戦後処理と大名配置

島津惟新らの関ヶ原からの脱出劇「島津退き口」

西軍は敗北を喫したが、敗北した諸大名の対応はさまざまだった。島津氏は、「島津退《の》き口《ぐち》」によって戦場から離脱した。

関ヶ原合戦当日の午後二時頃、西軍は総崩れとなり、敗北が決定的になった。西軍の主な諸大名が次々と戦線から落ち延びて行くなかで、驚くような手法で戦場を離脱したのが島津惟新（義弘）の行動であった。惟新らが関ヶ原から脱出した経路は、「島津退き口」と称されており、桐野作人氏が詳しく検証を行っている（桐野：二〇一〇）。以下、桐野氏の所論を参考にして、島津氏の逃走の経緯や経路を取り上げることにしよう。

西軍の敗北直後、惟新のもとにはわずか千余の軍勢しかいなかったという。一度は東軍の軍勢に攻め込もうとしたものの、結局は大垣城へ戻り籠城しようとした。ところが、惟新は大垣城が東軍によって火をかけられたことを知ると、伊勢を目指して逃走し、さらに本国の薩摩に向かうことを決意した。島津軍は島津豊久《とよひさ》（惟新の甥）と山田有栄《やまだありなが》を先手とし、本陣の惟新はあとから続いたといわれている。

敗走する島津軍の前方から、東軍の軍勢が攻め込んで来た。島津軍は東軍に鉄砲を撃ち込むが、もはや撃退することは不可能だった。やがて、東軍は笹尾山の石田三成、天満山の宇喜多秀家の陣に攻め込み、混戦状態になった。島津軍はその間隙を縫って、福島正則の軍勢の前を東にすり抜けることに成功した。こうして島津軍は、なんとか北国脇往還《ほっこくわきおうかん》に抜け出たのである。

北国脇往還とは、北国街道と中山道を連絡する脇街道のことである。関ヶ原で中山道から分岐し、滋賀県と岐阜県の境の伊吹山の南麓を通り抜け、伊部《いべ》、馬上《まけ》（以上、滋賀県長浜市）を経て、木之本《きのもと》（同上）で北国街道に合流するのである。むろん、島津氏は文字通り北を目指したのではなく、伊勢に行く計画だった。

「捨て奸」による逃亡

当初、家康は桃配山に本陣を置いていたが、やがて東軍の勝利を確信すると、関ヶ原盆地の中央に軍を進めた。そのとき島津軍と家康軍は交錯したが、何とか島津軍はその場を逃れたという。その直後、井伊直政らの率いる軍勢が島津軍と気づいて追尾したが、島津軍は鉄砲を放ちながら撃退することに成功した。

島津軍は中山道と北国脇往還の交差する場所を通過して、烏頭坂《うとうざか》（岐阜県大垣市）まで進んだ。ここで豊久が殿《しんがり》を務め、追撃する東軍に対峙したが、奮闘虚しく討ち死にした。豊久は自身がとどまることで敵の軍勢を食い止め、身代わりになることで、惟新と島津軍を逃がそうとしたのだ。牧田上野《まきだうえの》（岐阜県大垣市）では惟新の家老・長寿院盛淳《もりあつ》が殿を買って出た。盛淳は義弘の身代わりとなり、義弘が秀吉から拝領した白い鳳凰模様の陣羽織を着用し、石田三成が義弘に贈った金磨きの軍配と団扇を手にしていた。しかし、盛淳の奮闘も虚しく、最期は切腹をして果てた。そのうち、東軍は島津軍を追撃することを諦めたという。

このように最後尾の者が次々と犠牲となり敵軍を食い止める作戦を「捨て奸《がまり》」という。小部隊を次々と最後尾に止まらせて時間稼ぎをし、本隊がその間を利用して逃げ切るのである。しかし、「捨て奸」はあまりに劇的であるが、たしかな史料で裏付けが難しく、史実か否かは不明である。

惟新らの複数説ある逃亡ルート

島津軍は長束正家から案内者を付けられると、そのまま南下せず、遠回りして養老山地の駒野《こまの》峠（岐阜県海津市）を越えようとした。その理由は、高須《たかす》城（同上）の徳永寿昌《とくながながまさ》と長島《ながしま》城（三重県桑名市）の福島正頼（高晴《たかはる》。正則の弟）が待ち伏せしていると予想したからだと考えられる。ここから伊勢ではなく、西を目指した。

島津軍が駒野峠に到着したのは、九月十五日の午後十時頃だったといわれている。島津軍は追撃する東軍から逃れるため、かなりの距離を歩いたので、もはや疲労はピークに達していた。とはいいながらもゆっくりと休む暇もなく、翌十六日の明け方には三重県いなべ市田辺《たなべ》付近に達していたという。

通説に従うと、島津軍はいなべ市田辺を発つと、多良《たら》（岐阜県大垣市）から時山《ときやま》（同上）を経て五僧峠《ごそうとうげ》（滋賀県多賀町《たがちょう》）に至り、高宮宿《たかみやしゅく》（同彦根市）へ出たと推測されている。また、いったん高宮宿へ出てから、再び伊勢方面を目指したという説もあるが、桐野氏はルート的に考えて疑問視している。桐野氏は駒野峠を越えたのち、伊勢路を通ったと指摘する。

図11-1 「島津退け口」関連地名

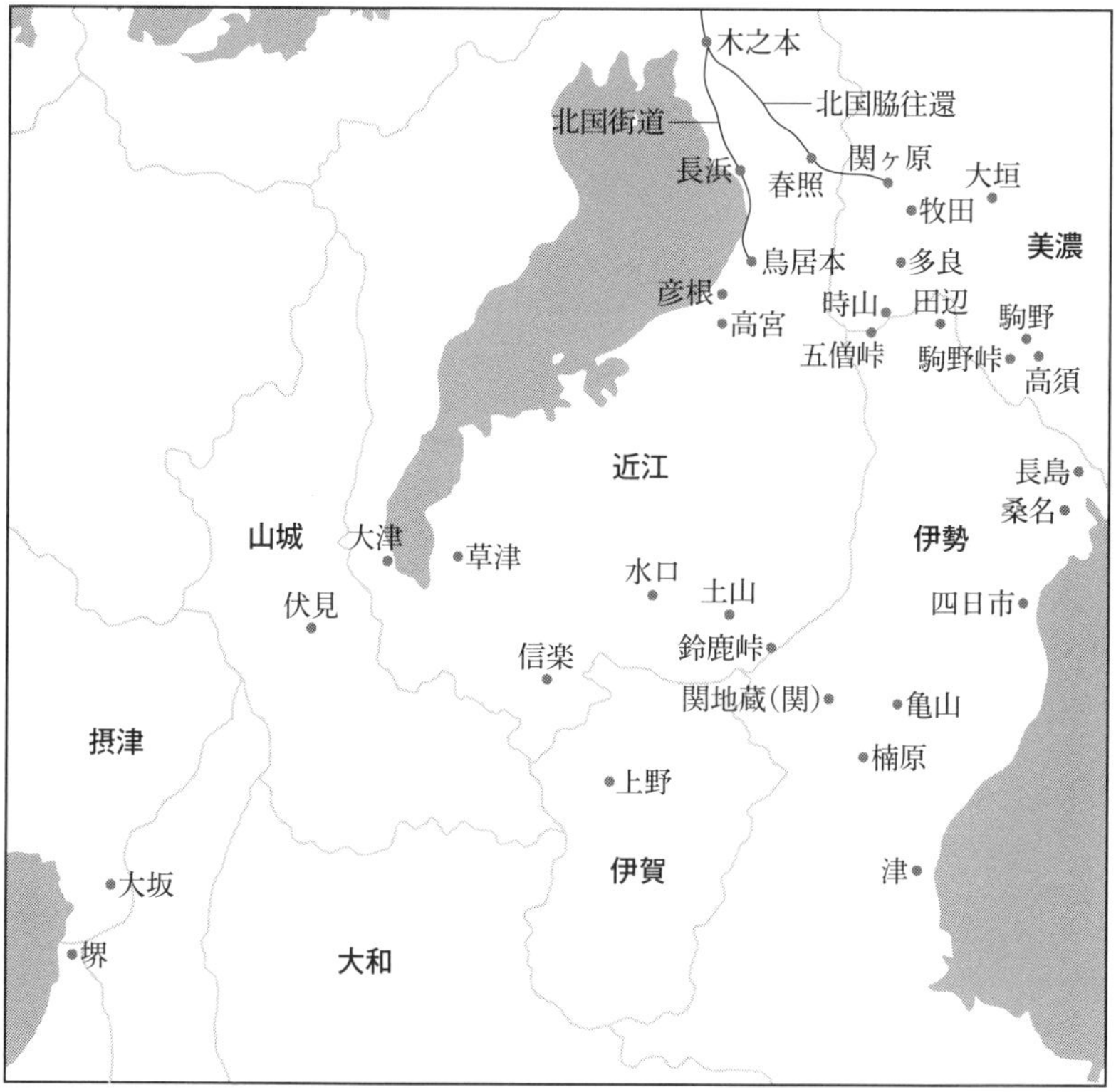

桐野氏は諸史料を検討し、伊勢路からどうやって信楽《しがらき》（滋賀県甲賀《こうか》市）に着いたのか、次の二つのルートを提示している。

①関地蔵《せきじぞう》（三重県亀山市）→鈴鹿（同鈴鹿市）→土山《つちやま》（滋賀県甲賀市）→水口《みなくち》（同上）→信楽（同上）

②関地蔵（三重県亀山市）→水口（滋賀県甲賀市）付近→楠原《くすわら》（三重県津市）→大山（同伊賀市）→信楽（滋賀県甲賀市）

①がもっとも合理的であるが、②は上野城（三重県伊賀市）の筒井定次を避けた迂回ルートになると指摘されている。桐野氏は、②で水口から楠原に反転した理由は、すでに京都方面に東軍が先んじていたという噂があったからだと指摘している。

苦難の末、薩摩に帰還

島津軍は信楽（滋賀県甲賀市）で一泊すると、大和《やまと》盆地（奈良県北西部）を通り抜け、摂津平野《ひらの》（大阪市平野区）に到着した。島津軍は疑われるのを避けるため、変装を行ったといわれている。この間、東軍から探索される島津軍は、大きな苦難の連続だった。とりわけ食糧不足に悩まされ、惟新でさえ食事に事欠く状況だった。

十九日の夜、惟新ら一向は平野から住吉（大阪市住吉区）に移動し、以前から懇意にしていた商人・田辺屋道与に匿ってもらった。翌二十日の夜になると、今度は堺（大阪府堺市）に移って商人・塩屋孫右衛門の家に匿われた。島津氏の逃亡劇には、匿ってくれる商人らの助力が必要だったのである。

そして、二十二日の朝、惟新らは堺から大坂へと船で向かった。大坂城内で人質として預けられていた惟新の妻、および忠恒（惟新の三男）の妻を取り戻す必要があったからである。当時、島津氏だけでなく、諸大名は大坂城下の周辺に屋敷を構え、妻子を住まわせていた。こうして惟新らは妻らを奪還すると、本国の薩摩へと向かったのである。

ところが、関ヶ原合戦が東軍の勝利に終わったとはいえ、九州では東軍に属した黒田如水（孝高）と加藤清正が西軍の残党を討伐していた。島津軍は大坂を発つと、兵庫（神戸市兵庫区）、明石（兵庫県明石市）などを経て、ようやく豊後守江《もりえ》（大分県杵築市）にたどり着いた。ところが、島津氏を待ち構えていたのは、黒田如水の軍勢だった。島津軍は黒田軍と交戦し、三十八人の兵卒を失ったという。

九月二十九日、島津軍は日向細島《ほそしま》（宮崎県日向市）に入港したが、伊東《いとう》氏旧臣の襲撃を避けて霧島（鹿児島県霧島市）に至った。こうして十月三日、惟新ら一行は島津竜伯（義久）の居城・富隈《とみくま》城（同上）に到着したのである。九月十五日に退却を開始したので、逃亡には十八日も要したのである。島津軍で生き残った者は、わずか八十人ほどだったといわれている。

このように薩摩島津氏は中途半端な形で関ヶ原合戦に出陣し、十分な成果を上げられないまま、這う這うの体で逃げ帰ったのである。

家康による時間をかけた領知配分決め

関ヶ原合戦後、東軍諸将の領知配分はどのように行われたのだろうか。この点については、家康の侍医・板坂卜斎《いたさかぼくさい》の手になる『慶長年中卜斎記』に記述が残っている。

領知配分は家康のもとで、家臣の井伊直政、本多忠勝らが中心となって原案が作成された。領知配分の原則は、あくまで軍功が基準だった。したがって、軍功の高い順から、領知を決定する方式をとったという。残念なことに、家康がどのようにして領知配分を行ったかという、明確な一次史料は残っていない。

『譜牒余録』によると、家康は慶長五年（一六〇〇）九月十八日付の書状によって、小早川秀秋に備前国を与えると記している。やがて秀秋は、美作もあわせて拝領することになった。備前・美作は、宇喜多氏の旧領である。秀秋が東軍に属したことは勝因の一つだったので、貢献度の高さがいかに評価されたかがわかるであろう。

ただし、領知配分が一気呵成に行われなかったことは、藤井讓治氏によって指摘されている（藤井：二〇〇八）。慶長五年十月十五日には、福島正則が備後・安芸《あき》の領国と広島城を拝領した（『義演准后日記』）。同年十月晦日、榊原康政の家臣・久代《くしろ》景備が下野黒羽《くろばね》城（栃木県大田原市）主の大関資増《すけます》に送った書状によると、国割はまだ半ばであると書かれている（『譜牒余録』）。十月末日に至っても、まだ全体の領知配分は決定していなかったのである。

同じく久代景備の書状によると、この時点で次のようなことが話し合われていたことがうかがえる。

①毛利輝元が領国をすべて返上し、改めて周防・長門の二ヵ国を拝領したこと。

②安芸・備後は、福島正則が拝領したこと。

③細川忠興には三十万石のつもりで豊前を与え、不足分は豊後国内で賄うこと。

④山内一豊には、伊予を居城にするよう命じたこと。

⑤島津氏は詫びを入れてきたので、間もなく解決するであろうこと。

⑥東国方面については、直江兼続に使者が派遣されたようなので、これも決着するだろうこと。

⑦前田利長には加賀二郡が遣わされるので、これで加賀一国が領知となること。

その後の措置と一致するものもあれば、そうでないものもある。玉突き的な要素もあったので、すぐには決められなかったのだろう。領知配分はさまざまな事情を考慮して、時間をかけて決定されたと考えられる。

家康が「領知宛行状」を発給しなかった理由

関ヶ原合戦において、勝者と敗者の差は非常に大きなものがあった。東軍で多大な加増(三十万石以上)がされた大名を順に列挙すると、次のようになろう。

①結城秀康――十・一万石(下総・結城) → 七十五万石(越前・福井)

②松平忠吉――十万石(武蔵・忍) → 五十二万石(尾張・清須)

②蒲生秀行――十八万石（下野・宇都宮）　→　六十万石（陸奥・会津）
④池田輝政――十五・二万石（三河・吉田）　→　五十二万石（播磨・姫路）
⑤前田利長――八十三・五万石（加賀・金沢）　→　百十九・五万石（同上）
⑥黒田長政――十八万石（豊前・中津）　→　五十二・三万石（筑前・名島《なしま》）
⑦加藤清正――十九・五万石（肥後・熊本）　→　五十一・五万石（同上）

家康による領知配分は、従来の形式と大きく違っていた。それは、領知宛行《あてがい》の判物もしくは朱印状（黒印状）の類が一切発給されていないことである。

通常、領知を宛がわれた証拠として、領知宛行状が発給される。各大名家に残っている文書の多くは、領知宛行状などの権利付与に関わるものであり、重要な証拠書類となった。それがないのだから、誠に不思議な話である。では、なぜ領知宛行状が発給されなかったのだろうか。

寛永九年（一六三二）、細川忠利《ただとし》が肥後熊本藩に領知替えになったとき、父の忠興に対して、豊前拝領の際に領知宛行状が発給されたのかを質問した（『細川家史料』）。その際、忠興は「家康様から豊前一国、豊後のうちを拝領した際、御書《ごしょ》は出なかった。私だけに限らず、いずれも同じ措置だった」と答えた。

忠興は家康の口頭によって、豊前一国、豊後のうちを拝領したという。口頭だったのは、ほかの大名も同じだった。土佐山内氏も、判物がないまま土佐を拝領したといわれている（『譜牒余録』）。決して細川家だけではなかったのだ。

領知配分は家康の手によって進められていたが、実際には豊臣公儀の主宰者である豊臣秀頼の存在を無視することはできなかった。関ヶ原合戦後においても、家康は豊臣公儀を支える大老の一人に過ぎなかった。それは、勝者の家康でさえ、政務の代行者、秀頼の補佐という立場に過ぎなかったことを示している。そのような政治的な事情もあって、家康は領知宛行状を発給できなかったと考えられている（笠谷：二〇〇七）。

領知をめぐり大名の意向を事前確認

ちなみに福島正則は、二十万石（尾張清須）から四十九万八千石へと、二十九万八千石も加増された。これは、決して家康の独断ではなく、あらかじめ正則の意向（広島への移封を了解するか、あるいはほかの封地を希望するか）を確かめていたことが明らかにされている。

『慶長年中卜斎記』によると、家康は本多忠勝と井伊直政の二人を正則のもとに遣わして、安芸・備後の領国を与えることを伝えた。忠勝と直政は正則から不足と思われているのではないかと思いつつ、家康の意向を伝えた。すると、正則は「過分である」と答え、この話はまとまった。家康が正則の意向に配慮したこと、二人の重臣を使者としたことが重要であると指摘されている（藤井：二〇〇八）。決して、徳川方の意向だけでは、決めることができなかったのだ。

黒田長政の場合も同じである。元和九年（一六二三）八月の長政の遺言状には、次のとおり書かれている（「黒田家文書」）。当初、家康は四国に二ヵ国か、筑前を長政に与えようと考えていた。

長政は筑前はかつて探題が置かれた格別な国なので、筑前を望んでいた。そこで、家康は長政のもとに本多忠勝を派遣し、長政の意向を尋ねた。

長政は四国の二ヵ国が良いとしながらも、①天下が治まって家康に歯向かう者がいないので奉公をする時節がないこと、②筑前は明《みん》（中国）への渡口《とこう》なので、明攻めの先手と考えてほしいこと、の二つの理由を挙げて、筑前を希望したといわれている。長政が家康の意向を受けて、筑前の位置付けを考慮して拝領を望んだこと、重臣の本多忠勝が派遣されたことが重要であるという。

以上は二次史料であったり、遺言が根拠ではあるが、①家康が各大名の意向を尊重したこと、②伝達に際しては重臣を派遣したことは、首肯してよいだろう。

慶長十九年（一六一四）三月二日、土佐山内氏から、徳川秀忠の年寄・本多正信に対して書状が送られた（「土佐山内家文書」）。内容で重要なことは、山内一豊が土佐を拝領した際、①榊原康政が取次を担当し、②家康の朱印状などが発給されていない事実である。やはり、家康の重臣が遣わされただけで、領知宛行状の判物などは発給されていなかったのである。

豊臣系武将の西国への配置

領知宛行に際しては、外様大名を含め、徳川家の一族と譜代も西軍から没収した所領を分け与えられた。このほかに態度があいまいであったため、現状維持のままであった大名や、かえって疑念をかけられる者などさまざまであった。それらを総合して領知配分をするのは、困難だったに違いない。慶長八年（一六〇三）二月に江戸幕府が成立するが、その磐石な体制はこのときに築かれたのである。

ところで、軍功によって取り立てられた豊臣系武将は、その多くが西国方面に配置されたことが指摘されている。

先に挙げた池田輝政以下（前田利長を除く）の三名は、山陽および九州方面に新たな領地を与えられている。ほかの豊臣系武将に目を転じてみても、細川忠興は丹後宮津から豊前中津へ、浅野幸長は甲斐府中から紀伊和歌山へ、山内一豊は遠江掛川から土佐浦戸《うらど》へ、それぞれが新しい領地を西国方面に与えられた。

これ以外にも、彼ら豊臣系武将が畿内周辺、中国、四国、九州方面に配置されたことを確認できる。逆に、徳川一門・譜代は、東国を中心に配置されていた。こうした配置には、何か意味があったのだろうか。

徳川一門・譜代への知行配分

豊臣系武将だけではなく、徳川一門と譜代の家臣も大幅な加増の恩恵に浴した。その点を確認しておこう。

家康の次男である結城秀康は、下総結城（茨城県結城市）十万千石から越前北庄（福井市）七十五万石へと大幅な加増となった。同じく家康の四男・松平忠吉は、武蔵忍（埼玉県行田市）十万石から尾張清須（愛知県清須市）の五十二万石へと加増となっている。秀康は七倍以上、忠吉は五倍以上もの大幅な加増となった。この事実は、単に家康の子だからという理由にとどまらないだろう。

この配置も大きな意味があり、秀康は加賀・前田家を牽制する役割を負ったという。当時、前田家は最大規模を誇る外様大名だった。いまだに徳川家は、外様大名に対する監視を必要としたのである。

わずかな知行しか持たなかった徳川家の譜代の家臣も、加増によって多くが国持大名に取り立てられた。しかし、豊臣系大名が西国方面に配置されたのとは異なり、彼らは関東から畿内周辺部にかけて新たな領地を与えられている。

井伊直政は近江佐和山（滋賀県彦根市）、本多忠勝は伊勢桑名（三重県桑名市）、奥平信昌《おくだいらのぶまさ》は美濃加納《かのう》（岐阜市）という具合である。こうした配置は、大坂の豊臣秀頼を牽制するとともに、西国に新たに入封した西国大名への対抗措置であったと考えられている。逆に、関東に配置されたのは、江戸を防備するためであろう。譜代の家臣が国持大名に取り立てられたのにも、大きな意味があったのだ。

豊臣秀頼は「摂河泉の一大名」に没落したのか

秀吉の遺領を受け継いだ秀頼のもともとの所領高は、全国各地に散在する蔵入地など二百二十万石あったという。もちろん、関ヶ原合戦がはじまるまでは、関東に基盤を置く徳川家康に比肩する大大名であった。

ところが、関ヶ原合戦後には、秀頼のお膝元である摂津、河内、和泉の三ヵ国・六十五万石がかろうじて認められ、所領高は約三分の一にまで激減したのである。これは豊臣家にとって、大きな痛手だったといえる。

秀頼から取り上げられた所領は、東軍の諸将の恩賞として配分された。六十五万石といえば、いまだ大身の大名クラスの地位にあったが、没落した感は否めない。というのも、家康を除いたとしても、秀頼よりも所領高の大きい大名がほかにも存在したからである（前田利長など）。これにより秀頼は、「摂河泉《せっかせん》（摂津、河内、和泉）の一大名」に転落したと指摘されてきた。しかし、この点については疑義が提示され、今では誤りとされている。

実は、秀頼が支配したとされる摂河泉の三ヵ国においては、幕府領、幕臣領およびその他の大名の所領が確認されている。その石高は不明であるが、一人当たり数百石から一万石程度まで相当広範に点在したことが明らかになっている（美和：一九九一）。つまり、摂河泉の三ヵ国は、まるまる豊臣家が支配していたわけではなかったのである。

一方で美和信夫氏は、摂河泉の三ヵ国以外にも豊臣領が存在したと指摘する。結論を言えば、豊臣家は讃岐国小豆島《しょうどしま》に蔵入地を保持し、備中、近江、大和、丹波、美濃、伊予などに豊臣家の家臣領が存在したという。つまり、豊臣領は摂河泉の三ヵ国だけでなく、各地に散在していたのである。この傾向から、幕府権力は浸透しやすく、豊臣権力は分散的だったと指摘されている。

こうして、秀頼は大幅な減封措置を受けたが、その地位はしばらくの間、比較的安定していたといってもよい。その理由は、東西両軍は名目であるかもしれないが、互いに豊臣公儀を奉じて戦っており、全面的に秀頼が責めを負ったわけではなかったからである。いかに所領高が減ったとはいえ、豊臣政権の威光は諸大名に対して影響力が残っていた。

伊達政宗書状に見る秀頼の威光

ところで、当時の有力大名たちは秀頼に対して、どのような考えを持っていたのであろうか。その点で重要なのが、伊達政宗の書状である（「観心寺《かんしんじ》文書」）。

慶長六年（一六〇一）四月、政宗は家康の側近で茶人の今井宗薫《そうくん》に書状を送った。関ヶ原合戦の翌年のことである。

その内容は、今後も幼い秀頼を擁立して挙兵する者が出てくる可能性が大いにあり、そのことが豊臣家にとって不幸なことであると指摘したうえで、家康が秀頼を引き取り養育すべきであると説いている。さらに、秀頼が日本を統治する能力に欠けると判断された場合、家康は秀頼に二、三ヵ国程度（あるいはそれ以下）を与え、末永く豊臣家を存続させるとよい、と政宗は述べている。

この書状からは、勢力が縮小したとはいえ、なお秀頼の地位が安定していたことをうかがうことができる。政宗が秀頼を擁立する諸大名の存在を恐れているのは、その証左といえよう。政宗が警戒していることから、潜在的にそのような勢力があったことをうかがわせる文面である。たとえば、秀頼を擁立しようとする大名たちとは、関ヶ原合戦で心ならずも東軍に与した諸大名が該当すると考えられる。

慶長十九年（一六一四）に大坂冬の陣が起きると、豊臣方は島津氏、蜂須賀氏、池田氏に味方になるように呼びかけた。関ヶ原合戦で島津氏以外は東軍に属したとはいえ、豊臣方が潜在的にこの三大名を味方にと期待していたのは事実であろう。ただし、結果的に彼らは豊臣家の呼びかけには応じなかった。

同時に、当時の家康の立場が、あくまで秀頼の後見人あるいは補佐役に過ぎなかった側面も看取できる。それは、豊臣政権の存在を認めざるを得ないという現実であり、磐石だった豊臣公儀の存在である。政宗の立場は親家康派であったが、彼でさえもそうした実態をひしひしと感じていた。

石田三成の最期

関ヶ原合戦での敗北後、石田三成は逃亡した。三成の捕縛を命じられたのは、田中吉政である。しかし、三成の捕縛状況については、信頼できる一次史料に明確に記されているわけではない。やや信頼度に欠ける二次史料に依拠することになる。

九月十九日付の家康の書状によって、吉政は三成の捕縛を命じられた（「早稲田大学図書館所蔵文書」）。九月二十二日に家康は吉政に対し、三成が北近江から越前方面に逃亡していること、また山城・丹波方面でも探索を行っていたことを知らせたが（「柳川古文書館所蔵文書」）、同日に吉政は三成を捕らえた。

では、三成はどのような形で生け捕られたのだろうか。『田中興廃記』によると、吉政は三成を捕まえるため、井口村《いのくち》（滋賀県長浜市）を拠点とし、周辺地域に探索部隊を派遣したという。一方、逃亡中の三成は腹痛を起こし、歩行が困難な状況に陥っていた。それでもようやく古橋村《ふるはし》（長浜市木之本町）に至り、村の与次郎太夫に匿ってもらったという。

三成はせっかく匿われたのであるが、累《るい》が及ぶことを恐れ、自身の居場所を吉政に伝えるよう与次郎太夫に命じた。最初、与次郎太夫は断ったものの、結局は断りきれず、吉政のもとに三成がいることを報告した。こうして捕らえられた三成は、吉政のいた井口村に連行されたのである。

『寛政重修諸家譜』によると、三成は近江国草野《くさの》（長浜市草野町）で樵《きこり》の姿をして隠れていたという。それを怪しいと感づいた田中吉政の家臣・田中正武は、その樵に尋問を行った。捕まえられたくない三成は、樵であると虚偽の回答をした。しかし、正武の率いる軍勢のなかに、三成の顔を知る者がいて、ついに捕まったという。

捕らえられた三成は「戦いに負けたことは言語道断、無念である。とはいうものの太閤（＝秀吉）への恩と思えば、今は後悔することもない。また、今日まで身から離さず秘蔵した脇差は、先年太閤（＝秀吉）から賜った貞宗という珍しいものである」と述べた。「貞宗」は「石田貞宗」

と名付けられ、現在は東京国立博物館に所蔵されている。

『常山紀談』によると、吉政は三成に対して「数十万の軍勢を率いたことは、智謀の優れたことと言えましょう。合戦の勝敗は天命にあるので、力が及びがたいことです」と慰める言葉をかけ、三成が所望した韮《にら》雑炊をふるまった。この間、二人は昔に戻って、親しく会話を交わしたという。

三成の捕縛された地は二説あり、ほかに脇坂村（長浜市小谷丁野町《おだにようのちょう》）、川合村《かわい》（長浜市木之本町）という説もあるが、古橋村とするのが妥当だろう。

九月二十四日、三成は家康が陣を敷いていた大津に連行された。家康は三成を手厚くもてなしたが、一方で小早川秀秋に対して「人を欺いて裏切ったのは武将の恥。末代まで語り継いで笑うであろう」と述べたと伝わる（『常山紀談』）。

捕縛された三成は、京都市中を引き回された。同年十月一日に六条河原《ろくじょうがわら》で斬首された。処刑の直前、三成は喉の渇きを癒すために干し柿を与えられた。しかし、三成は「痰《たん》の毒」であるとして、ついに食べなかったという（『茗話記《めいわき》』）。こうして三成は、処刑されたのである。

安国寺恵瓊の最期

次に、安国寺恵瓊を取り上げておこう。

西軍の敗北後、関ヶ原の南宮山を離れた恵瓊は、一路京都を目指したという。すでに六十歳を超えた恵瓊が、敵の目を逃れつつ道なき道を分け入ったことは、体力的にも大変厳しかったと想像される。その行路は近江佐和山（滋賀県彦根市）、坂本《さかもと》（同大津市）そして京都鞍馬《くらま》（京都市左京区）というものであった。当初、鞍馬の月性院《げっしょういん》に潜んでいたが、次に貴船《きぶね》（同上）を経て建仁寺《けんにんじ》（京都市東山区）に隠れた。このような経路を恵瓊が採用したのは、同じ仏教関係の僧侶との縁をたどったものであろうか。

しかし、いつまでも逃げ回っているわけにはいかない。徳川方でも、血眼になって恵瓊の行方を探していた。九月二十二日、恵瓊は六条付近で逃亡生活を送っていたが、京都所司代の奥平信昌によって捕らえられた。捕まった恵瓊は、坂本にいた家康のもとに送られた。恵瓊はある意味で西軍の中心的な役割を果たしており、罪を逃れることはできなかったのである。

恵瓊は石田三成、小西行長らとともに六条河原で処刑され、三条橋で梟首《きょうしゅ》となった。毛利家を心底支えようとした恵瓊にとっては、さぞかし無念だったに違いない。恵瓊処刑後の扱いについては、後日譚《たん》がある。西笑承兌《さいしょうしょうたい》は奥平信昌に対し、恵瓊の遺骸の受け取りを申し出た。ところが、信昌は奉行衆の副状がないので、恵瓊の死骸を渡すわけにはいかないと突っぱねた（『西笑和尚文案』）。西笑承兌は身寄りのない恵瓊を自らの手で葬ろうと考えたに違いないが、それすらも拒否されたのである。高僧でもあった恵瓊にとって、あまりに悲しい最期であった。

スケープゴートにされた三成、恵瓊、小西行長

石田三成、恵瓊、小西行長という三人が、同じ日に同じ場所で斬られたというのは、関ヶ原合

戦の締めくくりとして誠に象徴的なことであった。家康にとって、大身大名でない三人に権謀術策を駆使され翻弄されたことは、非常に気に障ったのかもしれない。逆に言えば、恵瓊ら三人は家康を相当苦しめたことになる。

三人が捕らえられると、家康は真っ先に彼らを処分したかったように思う。処刑の前に堺（大阪府堺市）などで引き回しにしたのは、家康の激しい怒りを示しているように感じられてならない。それほど憎いという感情だけではなく、見せしめとしての意味もあった。

また、関ヶ原合戦後に編纂された諸書は、彼らのことを悪者扱いにしている。三成についてはいうまでもないが、恵瓊の評価も実に手厳しい。たとえば、恵瓊の評価に関しては、『陰徳記』に「佞僧《ねいそう》（口先がうまくずる賢い僧侶の意）」とあり、『芸備国郡志』に「妖僧」とあって、地元でさえも評判が悪い。のちに家康に仕えた太田牛一《おおたぎゅういち》は、恵瓊を愚人としてあざ笑っている（『慶長記』）。まるで、それぞれの執筆者が口裏を合わせたかのごとくである。

確固たる証拠があるわけではないが、家康は関ヶ原合戦の全責任を彼らに押し付けることにより、その後の戦後処理を円滑に進めたかったのではないだろうか。大身である毛利輝元や上杉景勝を死罪にするのは、極めて困難である。彼ら三人にすべての罪を被せて、輝元や景勝には減封という措置を飲ませるほうが得策だったのであろう。そういう意味で、恵瓊ら三人はスケープゴートだったといえるのである。

毛利氏は減封になったことについて、悔やんでも悔やみきれなかったに違いない。それは、輝元や広家にも責任の一端がある。しかし、そのようなことを自ら口にすることはない。恵瓊に関する低い評価は、幕藩体制下において毛利氏や吉川氏が捏造した可能性が極めて高いのである。恵瓊を貶めて責任を負わせることによって、減封措置の弁解にしたのであろう。毛利氏の減封処分の経過については、次に触れることにしたい。

所領安堵を懇望する毛利輝元

黒田長政と吉川広家が奔走・尽力をしたにもかかわらず、もっとも悲惨な運命をたどったのが毛利輝元である。

結論からいえば、輝元は百十二万石（安芸広島）から二十九・八万石（長門萩）へ約八十二万石も減封された。これは、取り潰しになった宇喜多秀家（備前岡山）を除くと、上杉景勝が百二十万石（陸奥会津）から三十万石（出羽米沢）と約九十万石も減封されたのとほぼ等しい。なぜ、輝元はこのような憂き目に遭ったのであろうか。この点を少し考えてみよう。

関ヶ原合戦を終えた輝元は、九月十九日付で福島正則と黒田長政に書状を送った（『江氏系譜』所収文書）。輝元は二人に対して、家康への取り次ぎと斡旋を感謝するとともに、領国を安堵されたことを大変喜んでいるのである。少なくとも、この時点で輝元は厳しい処分を受けると思っていなかったようだ。しかし、ある意味で輝元は「西軍の敗軍の将」であり、そのことを多少なりとも自覚していたように思える。

同年九月二十二日、輝元は井伊直政と本多忠勝に対して起請文を送った（『江氏系譜』所収文書）。その内容を示すと次のようになる。第一の要点は毛利氏の領国が安堵されることであり、第二の要点は領国安堵を前提条件として、大坂城西の丸を明け渡すことにしているのである。そして、家康に対して二心のないことを誓った。

そして、ほぼ同内容の起請文は、長政と正則にも送られた（「吉川家文書」）。二通の起請文はともに輝元の血判が押されているので、相当な覚悟がうかがえる。輝元は領国安堵の確約を条件として提示し、大坂城を動かなかったのであるが、なお家康に全面的に信を置いておらず、警戒心を抱いていたようである。

関ヶ原合戦の前日、毛利氏は起請文を交わしていたが、慎重を期して所領安堵の確約を欲していた。

輝元の大坂城西の丸退去

大坂城の扱い——とりわけ輝元の西の丸退去——を担当したのが、長政と正則であった。二人が担当した理由は、これまでも輝元に折衝してきたからであろう。同年九月二十三日の家康書状によると、互いに起請文を交わしたこともあったのか、輝元の大坂城西の丸退去は円滑に進んだようである。

翌日の家康書状によると、西の丸には福島正則を入城させ、今までどおり法度を申し付けるように長政に命じたことを確認できる。同年九月二十四日の秀忠書状によると、この日のうちに輝元の西の丸退去は完了したようである（以上「黒田家文書」）。これで、すべてが落着したように思えた。

ところが、再び吉川広家と輝元には、各一通の起請文が捧げられた。これはおそらく、毛利方が求めたものだろう。輝元と広家はいまだ本領が安堵されるか否か、不安だったのであろうか。

一通目は、長政が広家に対して送った血判起請文である（「吉川家文書」）。全部で三ヵ条から成っており、概要は次のとおりである。

①家康は広家に対して、疎かにする気持ちがないこと。

②万が一、虚説を言う者がいれば、召し出して実否を追及し、理不尽なことがないようにすること。

③進退については、（長政と）井伊直政が相談するので、一切の心配がないこと。

このような起請文が長政から広家に捧げられたところを見ると、輝元の処遇が少なからず問題となっていた様子がうかがえる。同様の起請文は、長政や福島正則ら五名から輝元に送られている（『江氏系譜』所収文書）。内容は、井伊直政・本多忠勝の起請文は偽りがないこと、輝元が家康に敵対心を持たなければ、表裏の気持ちはないので奉公をすべきこと、輝元に対して家康が疎かにする気持ちがないこと、を伝えている。似たような内容の繰り返しである。

輝元の心中は穏やかではなく、約束を反故にされることを恐れたがゆえに何度も起請文の提出を求めたのであろう。

家康への背信を暴露された輝元

同年九月二十五日、輝元は広家に書状を送り、落ち着かない心境を率直に吐露している（「吉川家文書」）。内容は、まず徳川家との仲介役を担当する広家に労《ねぎら》いの言葉をかけている。隆景が亡くなり、輝元の嫡男で後継者の秀就《ひでなり》が若いことから、頼りになるのは広家ただ一人だったことが理解できる。

そして、輝元は長政や正則を通して家康に交渉しているが、それぞれの立場があるので頼りにならず、徳川方の井伊直政を当てにしているものの、いまだ調整がうまくいかないと述べている。輝元は書面だけではなく、家康への直談判をも辞さない態度すら表明している。その心中は穏やかではなかった。

同年九月末日には、榊原康政ら三名の連署書状により、輝元に薩摩島津氏を討伐させたらどうかとの提案が、長政と正則になされている（『江氏系譜』所収文書）。この案は実現しなかったが、その理由は徳川家が島津氏との戦いを回避し、交渉により解決しようとしたからだろう。

そもそも関ヶ原合戦が終結したことで、家康が島津氏を討伐する大義名分はなくなった。いずれにしても、島津氏を討つには相応の理由が必要だった。私的な島津氏への悪感情は戦う理由にならなかったのだ。同時に輝元だけではなく、各地の大名に軍事動員をかける必要があった。それだけの手間を要するのだから、戦いはできれば避けたかったはずである。

このように毛利氏の扱いが徳川方で検討される状況において、ついにある事実が暴露され、輝元は窮地に追い込まれた。その内容は、次に示す広家宛の長政書状によって明らかとなる（「吉川家文書」）。

①輝元の扱いについて相談しているが、石田三成ら奉行と共謀して大坂城の西の丸に移り、各地に味方を募る触状を送っており、四国に軍勢を送り込もうとしたことがわかった。これらのことは、どうしようもないことである。

②広家には、中国地方で一ヵ国か二ヵ国を家康の判物によって与える予定である。

暴露された事実とは、輝元は東軍に与することを約束しながら、一方で西軍への味方を募るという背信行為であった。輝元が阿波と伊予に侵攻し、一時は占領下に置いたことは、すでに取り上げたとおりである。

さすがの長政も、そこまではかばいきれなかった。そこで、輝元の代わりに広家を取り立てて、中国地方の一大名にすることを報告したのである。関ヶ原合戦では、諸大名が東西両軍くっきりと分かれて戦っていたとは必ずしもいえず、一方に与すると言いながらグレーゾーンに属する者もいた。

結論からいえば、輝元もその一人だったのである。家康がこうした事実を見逃すはずがなかった。

「内府ちがひの条々」をはじめとする家康弾劾の中心にあったのは、総大将に祭り上げられたとはいえ輝元とみなされた。実質的に石田三成が主導したとはいえ、その罪は免れがたかったと考えてよいであろう。ある意味で、輝元は家康に陥れられたのである。

毛利氏の処遇に苦悩する黒田孝高・長政父子

長政の書状に広家が驚天動地の念を抱いたことは、想像に難くない。広家は即座にこの問題に対応して、同年十月三日に長政と正則に起請文を提出した（「吉川家文書」）。

冒頭の第一条目では、長政と正則の骨折りに感謝の言葉を述べており、以下、広家の偽らざる気持ちが切々と綴られている。広家の言い分によれば、この度のことは安国寺恵瓊の考えを三成ら奉行衆の言うままに任せたことであり、輝元の本意でないことを強調している。つまり、毛利家が西軍に与したのは恵瓊の考えであって、輝元の本心ではないというのだ。そして、繰り返し述べられているのは、毛利本家を残すという一点であった。そのため、恵瓊にすべての責任を擦《なす》り付けているのだ。

長政は広家に対して、すぐさま返答を行った（「吉川家文書」）。長政が恐れたのは、何としても毛利本家を残そうとする広家の気持ちであった。万が一、広家が暴走すると、家康との抗争に至るなど事態はさらに悪化してしまう。そのような状況を避けるために、長政は万事を尽くして、中国方面に広家の知行地を確保した様子がうかがえる。

長政は、広家がこの時点で毛利本家の存続にこだわり続けるならば、本来広家に与えられる知行地さえ危うくなると考えた。それは、輝元のためにならないと、長政は広家に忠告しているのである。追伸部分で長政は、この度のことは長政・正則・直政の三人に任せるよりほかに手段はないと伝えた。

こうして長政は毛利家の一件で苦悩するのであるが、それは父である孝高も同じであった。同年十月四日、孝高は広家に書状を送りアドバイスを行っている（「吉川家文書」）。その前提として、孝高も今回のことは、安国寺恵瓊を中心とする家臣らの暴走と認識していたようである。次に、その内容を確認しておこう。

孝高は毛利家の扱いを長政と正則に任せているが、事がうまく運ばないとしながらも、やはり二人を頼りとするよう広家に意見をしている。ほかに交渉ルートがないからだ。広家は毛利家中の中心人物であり、孝高は自重を求めたと考えられる。まかり間違ってヤケを起こして挙兵をするならば、毛利家は消滅してしまう、そのことを危惧したのであろう。書状にあるとおり、孝高は小早川隆景や吉川元春とも昵懇の間柄であった。

毛利氏への裁定下る

毛利家の取り扱いについて裁定が下されたのは、同年十月五日のことであった（『譜牒余録』）。家康は今後の扱いについて、次のとおり輝元と秀就に伝えた。

①周防・長門の二ヵ国を与えること。
②輝元・秀就の両名の身命には異儀がないこと（命を助けること）。
③虚説がある場合は、究明を遂げること。

裁定の結果を受け、輝元は出家して「宗瑞《そうずい》」と名乗り隠退し、毛利家の家督を秀就に譲った。こうして毛利家は中国地方最大の大名から転落したのであるが、見方を変えれば、よく生き残ったと考えることもできる。同年十一月五日、出家した輝元は、井伊直政に起請文を送っている（『譜牒余録』）。

その内容たるや、寛大な措置を施してくれた家康への感謝の念を書き綴ったものであった。同時に、輝元は家康に対して忠節を誓い、直政に指南を請うという、ある意味で大変屈辱的な内容であったといえる。同年十一月には、毛利家と黒田家との間で起請文が取り交わされている（『江氏系譜』所収文書）。今回の措置に関して、嘘や偽りがないことを誓うものである。

これまでも起請文のなかで、「虚説を唱える者を追及せよ」との文言が頻出してきた。つまり、隆景、元春亡きあと、家臣団の統制が十分に行えず、また当主輝元もさほど求心力がなかった様子がうかがえる。広家だけが唯一の頼りであった。家康はその点を熟知し、最初から広家のみを許す気であったのかもしれない。

裏切りを恐れた孝高や長政は、毛利家の家名を残そうとする広家を側面支援し、それを実現したのである。その際、すべての責任を安国寺恵瓊に押し付け、家中の分裂を防ごうとした点は、誠に興味深いところである。毛利家が存続したのは、孝高や長政らのおかげであるといっても過言ではない。

とはいえ、無視できないのは、起請文という体裁だったことである。家康が一方的に宛がう所領を決めるのではなく、互いに主体性をもって交渉した結果、周防・長門を毛利氏に宛がうことを決定したということになる。したがって、知行宛行状ではなく、起請文を採用しているので、家康の優位性は見られないとする（藤井：二〇〇八）。

なお、一連の交渉の過程において、広家は自らの恩賞を返上して、毛利家の存続を願ったという。しかし、それは関ヶ原合戦後に毛利家中で優位に立つため、あえて創作した逸話に過ぎないといわれている。

幻となった「百万石のお墨付き」

関ヶ原合戦の終了後、伊達政宗への恩賞はどうなったのであろうか。問題となるのは、すでに触れた「百万石のお墨付き」の一件である。この約束では、刈田《かった》、伊達、信夫、二本松、塩松、田村、長井の七ヵ所（四十九万石強）が恩賞として政宗に与えられる予定であった。

ところが、この約束は最後まで守られることなく、わずかに刈田郡一万三千石が与えられたに過ぎなかった。そして、政宗は家臣で亘理《わたり》城（宮城県亘理町）主の片倉景綱を同郡白石（宮城県白石市）の地に移し（「片倉家文書」）、代わりに配下の伊達成実《しげざね》を亘理城主に据えた（「亘理伊達家文書」)。つまり当初の約束の約四十分の一しか与えられず、百万石の夢は露と消えたのである。

その後、伊達家には断続的に幕府から所領が与えられている。慶長十一年(一六〇六)三月三日、常陸国龍ヶ崎《りゅうがさき》(茨城県龍ヶ崎市)など二十六ヵ所に一万石が与えられた(「伊達家文書」)。また、寛永十一年(一六三四)八月二日には、近江国蒲生《がもう》郡内や野洲《やす》郡内に五千石を付与されている(「伊達家文書」)。これにもともと扶持されていた近江国蒲生郡内の五千石を加えても、たった二万石である。合計約六十二万石というのが、確定した伊達家の持高になった。

実のところ、十月十五日の段階において、政宗は茶人で家康の茶頭の今井宗薫に書状を送り、家康に恩賞の仲介を依頼している(『引証記』)。全部で十ヵ条の要望を記しているが、そのうち主だったものを掲出すると次のようになろう。

①政宗の次男・虎菊丸(のち忠宗《ただむね》)の縁組の斡旋。
②政宗の長男・兵五郎(のち秀宗《ひでむね》)の取り立て。
③会津に政宗の家臣を配置すること(=所領の給与)。
④上方に二十万石か十五万石の堪忍分(客分の者や討ち死にした家来の遺族などに給与する俸禄)を給与されること。

政宗は斡旋を宗薫に依頼するに際して、とりあえず千貫の知行を進上し、十ヵ条の要望が叶ったならば、さらに二千貫の知行を進呈すると誓った。

③④については、まったく実現しなかった。①は、慶長十二年に家康の娘・市姫《いちひめ》との婚約が実

現している。しかし、市姫は同年に生まれたばかりで、実際の結婚にまで至らなかった。三年後の慶長十五年二月、市姫はわずか四歳で夭折《ようせつ》したため婚約は解消され、秀忠の養女である振姫《ふりひめ》と結婚することになったのである。また、②は二年後の慶長七年九月、秀宗が人質になり江戸に送られ、その二年後に実現した。

つまり、関ヶ原合戦前に約束した百万石はもちろんのこと、その後の要望もほとんど実現しなかったのだ。それには、何か理由があったのだろうか。

「お墨付き」が反故にされた背景

「百万石のお墨付き」が反故にされた背景には、政宗が和賀一揆を扇動したからであるといわれている。では、和賀一揆とは、いかなるものなのであろうか。その前提となるのが、小田原北条氏滅亡後の東北における情勢である。

天正十八年（一五九〇）七月の小田原北条氏討伐後、豊臣秀吉は小田原に参陣しなかった白河（結城）義親《よしちか》、石川昭光《いしかわあきみつ》（政宗の家臣）、江刺重恒《えさししげつね》（葛西《かさい》氏の家臣）、寺池《てらいけ》城（宮城県登米《とめ》市）主の葛西晴信《はるのぶ》、中新田《なかにいだ》城（宮城県加美町《かみまち》）主の大崎義隆《おおさきよしたか》、陸奥国和賀《わが》郡に本拠を置く和賀義忠《よしただ》、陸奥国稗《ひえ》貫《ぬき》郡に本拠を置く稗貫広忠《ひろただ》（家法・重綱《しげつな》）らの所領を没収した。

稗貫氏が追放されたのち、居城である鳥谷ヶ崎《とやがさき》城（岩手県花巻市）には、浅野長政が入城した。

こうして組織された奥州仕置軍は諸将を引き従え、平泉（同平泉町）周辺まで進撃して和賀氏ら在地の勢力を制圧したのである。長政の家臣が代官として駐留し検地などを行うと、奥州仕置軍は引き上げることとなった。

しかし、所領を没収された大崎氏、葛西氏らの旧臣、農民たちは、検地を強行され強い不満を抱いていた。同年十月、蓄積した不満がとうとう爆発し、彼らは一揆を結んで各地で旗揚げしたのである。一揆軍は秀吉から派遣された木村吉清らの武将を放逐すると、和賀郡・稗貫郡においても、この動きに呼応して和賀義忠、稗貫広忠らが蜂起した。

同年十月二十三日、一揆勢は二子《ふたご》城（岩手県北上《きたかみ》市）の浅野長政の代官・後藤半七《ごとうはんしち》を攻撃すると和賀氏の旧領を奪回し、さらに鳥谷ヶ崎城を取り囲んだ。鳥谷ヶ崎城の代官・浅野重吉《しげよし》は少ない軍勢であったが、城が要害であるため落城は免れていた。南部信直《のぶなお》は軍勢を引き連れ、鳥谷ヶ崎城へ急行すると、浅野重吉らを救い出して南部氏の居城・三戸《さんのへ》城（青森県三戸町）に撤退した。戦いの結果、鳥谷ヶ崎城や稗貫氏の旧領も一揆勢の手に渡り、秀吉が派遣した郡代、代官らは、旧領主の軍勢に追い出されてしまった。

翌天正十九年、秀吉は奥州再仕置軍を編制し、一揆勢力の討伐を行った。総大将の豊臣秀次が約三万の兵を率い、徳川家康以下、東北の諸大名がこれに従った。奥州再仕置軍に対して、和賀氏らも必死の抵抗を試みたものの、ついに再仕置軍によって制圧された。しょせんは、多勢に無勢である。逃走した和賀義忠は、途中で土民に殺害されたという。その後、和賀、稗貫の両郡は南部信直に与えられたのである。

問題視された政宗の和賀一揆扇動

和賀氏・稗貫氏らの一揆が失敗に終わると、没収された領地は南部氏のものになった。その後、没落した和賀義忠の子・忠親《ただちか》は、伊達政宗の庇護下にあった。関ヶ原合戦がいよいよはじまろうとすると、政宗は忠親をそそのかして挙兵を促し、水沢城《みずさわ》（岩手県奥州市）主で伊達氏の配下にあった白石宗直《しろいしむねなお》に支援させることを約束した。こうして忠親は、和賀氏の旧臣や稗貫氏の残党を集めて蜂起すると、南部氏の諸城を攻撃して所領奪還を目論んだのである。

慶長五年（一六〇〇）九月二十日、忠親は敵対する南部氏の主力が伊達政宗の命に応じて出兵中の間隙を突き、花巻城や周辺諸城を急襲した（花巻城の夜討ち）。ところが、南部氏の配下の北《きた》信愛《のぶちか》、柏山明助《かしやまあきすけ》、北信景《のぶかげ》らの反撃により退けられた。旧稗貫家臣らは、伊達氏の支援を受け大迫《おおはさま》城（岩手県花巻市）を攻め、一時は城を制圧したが、やがて城を放棄して逃亡した。

以後、南部氏は反撃に転じると、一揆軍は敗北を重ね、ついに二子城も奪還された。一揆軍が岩崎城《いわさき》（岩手県北上市）に籠城すると、積雪の厳しい時期になり、戦いは中断した。翌慶長六年三月になると、南部軍は再び岩崎城の攻撃を開始した。南部軍は苦戦を強いられたが、四月二十六日に岩崎城を陥落させた。逃亡した和賀忠親は、伊達政宗に暗殺されたとも、自害して陸奥国分寺に葬られたともいわれている。

結果、忠親をそそのかした伊達政宗は、その態度が問題視され、徳川家康により「百万石のお墨付き」を反故にされたという。あまりに欲張りすぎたのが、結果として裏目に出たといえよう。

上杉氏の上洛と大減封

「東北の関ヶ原」で敗北した上杉家はいかなる運命をたどったのであろうか。それは、滅亡まではしなくても、名門としては誠に哀れな末路であった。

慶長六年（一六〇一）三月の段階において、伊達政宗は白石（宮城県白石市）方面への出陣を計画していた。実はそれ以前から上杉家の動向を強く警戒していたのであるが、景勝が上洛するとの話を聞き、自制していたのである（「千秋文庫所蔵文書」）。こうして、しばらくは静観する状況が続いたものの、四月になって事態は進展する。

政宗が今井宗薫に宛てた書状によると、近日中に徳川秀忠が関東に下向すること、そして会津に出陣する計画があることを伝えている（「大阪城天守閣所蔵文書」）。再び景勝は、討伐される予定だった。しかし、この話は立ち消えとなり、再度の会津出陣計画は実現しなかった。

一方の上杉家では、着々と和睦を結ぶため交渉を開始していた。慶長五年十二月、景勝は京都で留守を預かる配下の千坂景親《ちさかかげちか》に対して、本庄繁長《ほんじょうしげなが》を上洛させるので、よく相談するように命じた。その際、本多正信ら家康の側近に口添えを依頼しており、覚悟を決めていたことがわかる。同じ頃、直江兼続も上杉家の交渉窓口である榊原康政に書状を送っている。内容は、上杉家の実情を知らせるものであった。

上杉景勝の上洛が実現したのは、翌年になってからである。その後も兼続は家康の取り成しにより、その次男・結城秀康の音信を受けた西笑承兌を通じて、和睦の交渉を行っていた。ついに七月一日、景勝と直江兼続は会津を発って上洛した（『当代記』）。時間がかかったのは、雪深い時期を避けたからだろう。経路などはよくわかっていないが、到着したのは同月二十四日のことであった。そして、八月八日、景勝は結城秀康に伴われて、伏見の家康のもとに参上した。

同年八月二十四日、家康は景勝から会津百万石を取り上げ、米沢（山形県米沢市）の地に三十万石を与えると伝えた（『家忠日記追加』）。これまでの約三分の一にまで減らされたのであった。具体的には、置賜《おきたま》（長井）・信夫・伊達のわずか三郡に過ぎなかった。上杉領内の酒田城（山形県酒田市）は、最上義光により接収された。

代わりに会津に入封したのは、かつて会津九十二万石を領していた蒲生秀行（氏郷の子）であった。慶長三年（一五九八）三月、秀吉の指示により、いったん秀行は宇都宮十八万石に減封されていた。理由は、蒲生騒動という御家騒動にあった。今回、秀行はもともとの九十二万石から六十万石に減らされたものの、復帰を果たしたのである。

この余波は、むろん上杉家の家臣たちにも及んでいる。同年八月、兼続は五ヵ条の条書を定めたが、そのなかの一条に「知行はこれまでの三分の一にする」との規定がある。全体の所領が三分の一に減ったのであるから、当然の措置といえるかもしれない。以後、上杉家はこれ以上、知行地が増えることはなかった。こうして、上杉家の「関ヶ原合戦」は終わったのである。

宇喜多秀家の逃亡

西軍の首謀者で五大老の一人である宇喜多秀家は、どうなったのだろうか。

関ヶ原合戦後、家康は秀家への追及の手をまったく緩めなかった。関ヶ原から逃亡した秀家の動向に関しては、一次史料が乏しいため、質的に劣る近世の編纂物で足跡をたどるしかない。以下、『備前軍記』や『美濃国諸旧記』などによって、秀家の逃亡した事情や経路などを探ることにしよう。

実のところ、慶長五年九月十八日付の家康書状（黒田長政、福島正則宛）によると、家康は秀家に旧臣を添えて備前に蟄居させたらよいと考えていた（「鍋島文書」）。ただ、いずれにしても、秀家を捕まえないことには話にならなかった。家康が秀家の探索を申し付けたのは、田中吉政と西尾光教の二人だった。うち田中吉政については、同年九月十九日付の家康書状があり、家康は吉政に秀家、石田三成、島津義弘の三人を捕縛するよう命じている（「早稲田大学荻野研究室所蔵文書」）。

戦場を離脱した秀家の家臣は散り散りとなり、わずかに家臣の進藤三左衛門《しんどうさんざえもん》正次《まさつぐ》、黒田《くろだ》勘十《かんじゅう》郎《ろう》らが従うだけだった。かつて一万八千余人の軍勢を率いた秀家には、わずかな従者しか残されていなかったのである。秀家は彼らに供をされ、まずは石田三成らと同じく伊吹山方面へと逃れた。

伊吹山は、岐阜県揖斐川町《いびがわちょう》、関ケ原町から滋賀県米原市《まいばら》にまたがる伊吹山地の主峰（最高峰）で、千三百七十七メートルの標高を誇っていた。いったん秀家や三成は伊吹山に姿を隠し、機を見て京都あるいは大坂に帰還するか、残った反家康勢力で挙兵しようとしたのであろうか。

秀家一行は、そこから不破《ふわ》（岐阜県垂井町《たるいちょう》）を越え、美濃国池田《いけだ》郡粕川谷《かすがわだに》（岐阜県揖斐川町）へ出た。さらに、同地から中山《なかやま》、河合《かわい》、小神、上香六《かみこうろく》（同上）へ出て、結局、十六日の夜は河合村（同上）で過ごしたといわれている。つまり、秀家は伊吹山から北の方向に向かっていたが、その後は西の近江方面に転じようとしたようである。何か今後の展望があったのかは明らかではない。

逃亡中の秀家は、まったく安心できなかった。追いかけてくるのは徳川方の追手だけでなく、周囲では落武者狩りが行われていたからである。落武者狩りとは、敗北した兵らを捕らえ、金品や身に付けているものを強奪したり、殺害する行為である。落武者が名立たる武将の場合は、首を差し出すことにより、恩賞を与えられた。落武者狩りを行うのは土豪や百姓たちであり、軍事慣行になっていた。

秀家、薩摩で匿われる

その後の秀家の逃亡生活については不明な点が多く、二次史料に頼らざるを得ない。以降、秀家は伊吹山山中をさまよい続け、厳しい逃亡生活を強いられた。その際、秀家をサポートした家臣の一人が、難波助右衛門だった。

慶長六年（一六〇一）に推定される五月一日付の秀家の書状は、家臣の難波氏に送ったものである（『難波文書』）。書状の冒頭では、秀家自身の身上について難波氏が命を顧みず、伊吹山で奉公してくれたことに感謝の意を表している。そして、宇喜多家の再興が叶ったならば、「一角《ひとかど》の身体《しんてい》」（重臣として起用すること）に取り立てたいと述べている。この時点において、秀家はまだ宇喜多家再興の望みを持っており、楽観的と言えばそうなのかもしれない。

慶長六年六月、秀家は約九ヵ月の本土における潜伏期間を経て、薩摩国へ入国を果たした。秀家は矢野五郎右衛門とともに有馬《ありま》（神戸市北区）で湯治をし、その後、薩摩へ行こうと思いついたという。秀家は大坂の天王寺（大阪市天王寺区）で旧知の僧侶と会い、手配してもらった船で大隅に落ち延びた（『備前軍記』）。実際に秀家が海路でたどり着いたのは、薩摩半島の南端にある山川《やまがわ》港（鹿児島県指宿《いぶすき》市）だった。

かつての盟友だった薩摩の島津義弘は、秀家を温かく迎え入れ、子の忠恒に一刻も早く秀家と面会するように命じている。関ヶ原合戦以降、島津氏は徳川方と冷戦状態にあった。一時、家康は島津氏の討伐を目論んだが、それは諸大名の反発などを恐れ、回避したと伝わっている。反発した理由は、軍役の負担や島津氏を討つ大義名分がないということになろう。島津氏が秀家を快く引き入れた理由については、定かではない。

先述のとおり、秀家はいずれ家康から赦免されて、大名に復帰できると考えたのかもしれない。

同じように改易となった長宗我部盛親や立花宗茂も、いずれは許されると考えていたようである。つまり、秀家の薩摩滞在は家康から許されるまでの冷却期間であって、時間稼ぎだったのかもしれない。島津氏もそう考えていたのではないだろうか。

秀家が滞在した大隅郡牛根郷

後世の編纂物によると、秀家が在住したのは、大隅郡牛根郷《うしね》（鹿児島県垂水市）だった。牛根郷は桜島を一望できる位置にあった。最初に秀家がたどり着いた山川港からは、随分と離れた場所になる。島津氏が秀家を牛根に送り込んだ理由は、徳川家との交渉に多忙を極め、居城の鶴丸城《つるまる》（鹿児島市）に迎え入れる余裕がなかったからだと伝わっているに過ぎない。

牛根郷には、平氏の子孫の末裔である平野氏という豪族がいた。平野氏は水軍として相当な財を成しており、秀家の世話を島津氏から依頼された。平野氏は居住していた上屋敷を秀家に譲り、自らは下屋敷に移ったという。秀家が薩摩にいることが宇喜多氏旧臣に伝わると、百人ばかりの者が牛根の秀家のもとに訪れたため、島津氏は彼ら旧臣らも庇護したと伝わっている。

この地における秀家の動静は伝承レベルのものであるが、近くの居世《こせ》神社に参拝をしたり、晴耕雨読の日々を送っていたと伝わっている。「うたたねの　夢は牛根の　里にさえ　都忘れの菊はさきにけり」は、秀家が詠んだ歌として残されており、宇喜多秀家公潜居地展望所の看板にも記されている。

秀家が大隅国牛根に居住していたことは、年未詳ながら「難波経之《つねゆき》詠草案」が残っており、先に示した「うたたねの　夢は牛根の　里にさえ　都忘れの　菊はさきにけり」の歌が記載されている（「難波文書」）。難波経之は、宇喜多氏旧臣である。

このように、平穏無事に薩摩で過ごした秀家であったが、その生活もやがて終焉を迎えることになる。

助命を願う秀家

慶長七年（一六〇二）十二月、島津忠恒は伏見城（京都市伏見区）で徳川家康に謁見し、無事に領知安堵のお礼を済ませた（『舜旧記《しゅんきゅうき》』）。ここに至るまで、両者は和睦について長い話し合いを重ねたが、ついに島津氏は家康の許しを得たのである。こうして忠恒は島津家の家督を認められ、翌年の二月に薩摩へと戻った。

しかし、ここで問題となったのが、秀家をめぐる処遇であった。秀家の薩摩滞在が明らかになると、西軍の責任者であった秀家の責任は当然問われることになった。この状況のなかで、島津氏は秀家の助命嘆願に動いたのであるが、秀家の胸中を物語る史料がいくつか残っているので確認しよう。

慶長八年（一六〇三）五月、秀家は家臣の難波氏に書状を送っている（「難波文書」）。内容は別に変わったことはないので安心してほしいと書いている反面、なかなか率直に胸の内を吐露できない秀家の様子がうかがえる。追伸部分を見ると、一命を赦免されることを願っていることがわかる。この頃には、秀家も盟友だった石田三成、小西行長、安国寺恵瓊が処刑されたことを知っていたであろうから、命だけは助けてほしいと思ったのだろう。

慶長八年六月、秀家は義弘に書状を送った（「旧記雑録後編三」）。内容は自らの身上について、島津氏が奔走してくれていることへのお礼である。追伸部分では、それまで「成元」と名乗っていたが、以後は「休復《きゅうふく》」（「久福《きゅうふく》」とも）と名乗る旨を伝えている。いずれにしても、これ以前には出家していた可能性が高い。以後、秀家は「休復」と称されるが、煩雑さを避けるため、表記を秀家で統一する。

このように秀家は自らの処遇をめぐっては、赦免されることを願っていたが、もはや交渉は島津氏に委ねるしかなかったのである。

島津氏による秀家の助命嘆願運動

「島津家覚書」によると、徳川方の秀家に対する認識は、「反逆の棟梁」だった。それゆえ、「助け置くにあらず」という見解を提示していた。島津家が家康の言うがままに秀家を上洛させれば、死罪になるのが妥当だったと考えられる。ところが、島津家は秀家を決して見捨てなかった。

慶長八年（一六〇三）に推定される八月二十日付の島津忠恒書状は、徳川家康に重用された臨済宗相国寺（京都市上京区）の僧侶・西笑承兌に宛てられたものである（「前田文書」）。その書状の内容は、おおむね次のようになろう。

島津氏は不意に薩摩へ逃亡した秀家を匿ったが、詫び言をもって公儀（徳川氏）に披露することになった。秀家の罪は逃れがたいことであるが、家康の「広大な御慈悲」によって遠島・遠国に配流になっても、秀家の助命をお願いしたい、というものである。島津氏は、何とか秀家の死罪だけは回避すべく奮闘していた。

慶長八年八月、島津氏は家康配下の山口直友と和久《わく》甚兵衛《じんべえ》を本多正信のところに遣わすと、秀家を上洛させることに応じ、あわせて助命嘆願を行おうとした（「島津家覚書」）。そして、同年八月六日、秀家は桂太郎兵衛と僧の正興寺文之《しょうこうじぶんし》の供により、京都伏見を目指した。到着したのは、同月二十七日のことである。秀家は、伏見の山口直友の屋敷を宿にしたようである。その心中はうかがう由もない。

同年八月二十八日、秀家は西笑承兌に書状を送っている（『西笑和尚文案』）。内容は長らくお目にかかっていないことを述べ、目的は詫び言を申し述べたいということだ。詫び言とは、窮状を訴えること、嘆願することを意味する。

そして、秀家は家康との面会の取り成しを承兌に頼み込んだ。追伸部分では心の奥底のことは書状では尽くし難いので、お目にかかって直接お話ししたいと結ばれている。この段階で秀家は自身の処分を知らず、承兌を頼ったと考えられる。可能であれば、自ら家康に詫びを入れようと考えたのだろう。

この間も、島津氏による秀家の助命嘆願運動は、各方面で進められていた。結果、後述するとおり、死罪は免れて駿河国久能《くのう》（静岡市駿河区）へ流されたのである。

秀家、駿河国久能から、下田、八丈島へ

翌月、島津氏らの助命嘆願が功を奏し、秀家は切腹などの重科を科されず、駿河国久能に流されることになった（「島津家文書」）。当初、秀家は「奥州の果て」にでも流されるかと心配していたようであるが、「程近い」所で安心した様子がうかがえる。死罪や奥州への流罪などと比較すると、極めて寛大な措置と評価できるだろう。駿河国久能とは現在の静岡市駿河区であり、家康のお膝元だった。

ところで、一連の秀家の赦免に関する書状には、盛んに島津氏の手柄が強調されている。間を取り持った山口直友は、島津氏の外聞（名誉。面目）が保たれたとまで記している（「旧記雑録後編三」）。これはいったい、何を意味するのであろうか。

関ヶ原合戦後、何とか島津氏は本国に帰還することができたが、権威の失墜は免れ得なかったであろう。いまだに家中の不和が取り沙汰されていた。そこへ、不意に身を寄せたのが宇喜多氏であった。過去の経緯を見る限り、宇喜多氏は西軍の事実上の指揮者であり、死罪は免れ得ないところである。

島津氏は徳川方との交渉により、本領を安堵された。しかし、匿った秀家が死罪になれば、そ

れが島津家の権威がいっそう失墜させることにつながったのではないだろうか。それゆえに、命を賭して（という島津氏側の表現）、秀家の助命嘆願運動を展開したと考えられる。「外聞」という言葉は、その一端をあらわしているのではないか。

徳川方としては、島津氏との交渉をこれ以上面倒にしたくないと考えたのかもしれない。秀家さえ捕縛すれば、徳川方も体面が保たれるからである。あるいは、秀家の妻が前田利家の娘だった関係もあり、利家の子の利長への配慮もあった可能性も否定できないだろう（『徳川実紀』）。秀家を死罪にすると、前田家を刺激することになる。

家康が秀家を駿河国久能に送り込んだのは、最初から八丈島に流す考えがあったからだという。久能では、山本帯刀《やまもとたてわき》という古老が秀家の監視をしていたようである。駿河国久能で、秀家がいかなる生活を送ったかはほとんど知られていない。

翌慶長九年、秀家は下田《しもだ》（静岡県下田市）に移された。これが八丈島配流の布石だったようで、二年後の慶長十一年（一六〇六）四月に秀家は八丈島に流された。家康がなぜ八丈島を選んだのか、はっきりとした理由はわからない。ただ、八丈島への流罪によって、秀家は完全に再起の芽を摘まれたことになろう。

ところで、この間の秀家の官職については、不思議なことがある。『公卿補任』によると、秀家は慶長八年まで中納言のまま記載されている。これは単に『公卿補任』の問題なのか、家康に秀家の官職を取り消す権限がなかったのかは不明である。いずれにしても、秀家が捕縛されると、官職は剥奪された。

八丈島への同行者

慶長十一年(一六〇六)四月、秀家は八丈島へ配流された(『八丈島記事』)。駿河国久能で幽閉生活を送って、三年が経過してからの措置だった。なお、秀家の八丈島での生活については、一次史料が非常に少なく、二次史料に拠らざるを得ないので、あらかじめその点をお断りしておきたい。

駿河国久能から八丈島まで、直線距離で約二百五十キロメートルもある。先述のとおり、秀家は出発直前に下田に移され、同地から出航したと考えられる。今でこそ航空機などによる人や物資の往来が可能であるが、当時の航海術では八丈島への渡航は相当な困難を伴ったことだろう。八丈島は周囲約五十九キロメートル、面積約七十平方キロメートルの小島に過ぎない。

秀家に同行したのは、子の秀高《ひでたか》、秀継《ひでつぐ》を含め計十三名だけだった(『八丈島記事』)。『七島志髄』によると、秀家ら三人以外では、家臣の浮田次兵衛、田口太郎左衛門、寺尾久七、村田助六、乳母の「あい」の名が挙がっており、残りは「奴隷等」と書かれている。『流人御赦免幷《ならびに》死亡帳』には、もう少し具体的に名前が記されている。先述した面々を除くと、半十郎、中間《ちゅうげん》の弥助と市若、浮田次兵衛の下人の歳若、乳母の「あい」下女の「とら」である。

秀家が八丈島に流された際、上乗《うわの》りしたのが渡邊織部《わたなべおりべ》である(『譜牒余録後編』)。上乗りとは船に乗り組み、目的港まで積荷の管理に当たる荷主の代理人のことを意味する。織部はもと北条氏に仕官していたが、のちに家康に仕えたという。ただ、実際は織部が惣領の喜兵衛に命じて、伊豆七島の新島《にいじま》の者たちを召し連れ、秀家を八丈島に送り届けたようである。その際、船中で秀家から書写した詩文集『和漢朗詠集』（平安時代の歌人・藤原公任《きんとう》の選述）を贈られたと伝わる。

当時の八丈島は、米も収穫できないような非常に貧しい島であった。大名時代の秀家は、少なからず豊かな生活を享受していたはずである。したがって、島での生活は、経済的に大変厳しいものがあったと推測される。その点は、後世のエピソードになってしまうが、のちほど取り上げることにしたい。

秀家が暮らした八丈島大賀郷

秀家らは、八丈島の中央部の大賀郷《おおかごう》というところで生活を送ることとなった。宇喜多秀家の住居跡や秀家の墓は、今も観光地として人気のスポットである。ただ、大変残念なことであるが、今や秀家が生活をしていた痕跡は、ほとんど残っていない。

現在、秀家の墓は大賀郷にあり、東京都の文化財にも指定されている。もともと秀家の墓は、小さな卒塔婆《そとば》の形をした石塔に過ぎなかった。表面には「南無阿弥陀仏」と刻まれていたが、もはや判読が不可能なほど風化している。秀家は罪人だったため、幕府を憚り小さな墓しか建てられなかったのである。

天保十二年（一八四二）、墓は子孫の手で作り直され、表面に秀家の院号「尊光院殿秀月久福《そんこういんでんしゅうげつきゅうふく》大居士《だいこじ》」が刻まれた五輪塔になった。宇喜多一族の墓は低い石垣に囲まれており、墓地を囲む石垣の上には「岡山城天守閣礎石」と刻まれた石が設置された。このようにして、秀家の墓は建立されているのである。

大賀郷の海岸部には、宇喜多秀家と秀家の妻、豪姫の碑が建立されている。一説によると、豪姫は秀家とともに八丈島に行くことを希望したというが、それは叶わなかった。その意を汲んで、この碑は建てられたのであろう。

旧臣たちから秀家への仕送り

秀家に対しては、旧臣たちが気遣って書状などをたびたび送っている。その一部を紹介することにしよう。最初に取り上げるのは、関ヶ原合戦後の秀家の逃亡生活を手助けした、進藤三左衛門正次である。正次自身は江戸幕府に仕えたが、決してかつての主のことを忘れていなかった。

慶長十四年（一六〇九）に比定される秀家の書状は、正次に宛てたものである（「進藤文書」）。書状の冒頭で、秀家は正次が元気で暮らしていることを喜び、米二俵を届けてくれたことに丁重なお礼の言葉を述べている。しかし、秀家は島の生活での心細さや老病を患ったこと、そして病により臥せていることも切々と訴えている。

さらに秀家は、金子二、三両を送ってもらうよう正次に申し出ている。それは、飯米を借用するためのものだった。書状の追伸部分では、去年の手紙が手元に届いているのかを問い、また、いろいろと正次に伝えたいことがあるが、急いでいるので詳細は書けないと結ばれている。いずれにしても、秀家は心身ともに八丈島の生活になじめなかったと推測される。

かつての家臣である花房氏も、八丈島の秀家に仕送りをしていた一人である。秀家は二人の子と連署して、花房氏に仕送りに対するお礼をしている（「花房文書」）。米五斗が送られてきたのは、誠にありがたかったことだろう。一方で秀家は八丈島での生活が耐えがたいことを吐露し、花房氏が赦免の運動をしてくれていることに感謝の言葉を述べている。先述のとおり、花房氏とはかつて袂《たもと》を分かったのであるが、頼るべき大切な旧臣だった。

十八世紀初頭に成立した『落穂集』によると、秀家は赦免を願い、日本に戻ること（ふるさとの備前に戻るとの意と考えられる）を願っていたことがうかがえる。何よりも「米の飯を腹一杯食べて死にたい」という秀家の言葉は、後世の編纂物ではあるが、事実の一端を物語っていると考えられる。この言葉を伝え聞いた花房氏は、目に涙を溜め、白米二十俵を江戸幕府に申し出て贈ったという。後世の逸話とはいえ、あながち嘘とは決めつけられないようである。

難波氏も秀家を気遣った旧臣の一人である。年未詳の五月十三日付の秀家書状には、八丈島での生活がつらいこと、一命を許されて難波氏と面会を果たしたい旨が記されている。秀家の本土（備前岡山）に帰りたい気持ちは、相当に強かったようである（「難波文書」）。秀家の心情がうかがえる貴重な内容だ。

「難波経之詠草案」には八丈島へ備前西大寺《さいだいじ》船が向かったとき、秀家とお目通りが叶い、秀家が経之に与えた短冊が載せられている。その歌は「ふる里も　かわらさりけり　鈴虫の　なるをの野辺の　夕暮れの声」という、ふるさと備前岡山を思うものだった。

秀家の最期と、宇喜多一族のその後

秀家が八丈島へ流されたのは、慶長十一年(一六〇六)の三十五歳のときであった。前述のとおり、以来本土へ戻ることなく、秀家は厳しい生活を耐え忍んできた。その間、愛する秀家の妻子は、次々と亡くなっていった。

秀家には娘がおり、伏見宮《ふしみのみや》定清《さだきよ》のもとに嫁いでいた(『慶長日件録』など)。名前などはわかっていない。また、もう一人の娘・理松院《りしょういん》は加賀国前田氏を頼ったが、元和元年(一六一五)十月八日に亡くなっている(『公女伝』)。理松院は二度の結婚に破れるなど、薄幸であったといえるだろう。

長男の秀高は、天正十九年(一五九一)の誕生である。慶長二年(一五九七)、満六歳のときには従四位下・侍従となり、豊臣姓を賜っている。そのまま何事もなければ、順調に出世するはずだった。八丈島に流されたのは、秀高十六歳のときである。

慶安六年(一六四八)八月十八日、秀高は亡くなった。亡くなったのは父よりも早く、五十八歳のときだった。死因は不明で、法名は秀光院殿運照居士である。秀高は、八丈島代官である奥山縫殿助の娘を娶っており、以後も子孫が残っている。

秀家の妻豪姫は、秀家の流罪に伴い、金沢前田家に身を寄せていた。化粧料（持参金）として、千五百石を与えられている。しかし、寛永十一年（一六三四）五月二十二日、六十一歳で亡くなった（『前田家譜』）。法名は樹正院《じゅせいいん》である。位牌所は、金沢にある浄土宗大蓮寺に設けられ、境内には秀家の供養塔もある。夫秀家と離れた晩年は、きっと寂しかったに違いない。

秀家が亡くなったのは、明暦《めいれき》元年（一六五五）十一月二十日。死因は病死とだけあり、年齢は八十四歳という極めて高齢であった（『流人御赦免并死亡帳』）。八丈島での生活は、すっかり本土での生活期間よりも長くなっていた。『南方海島志』には、法名として「尊光院殿秀月久復（大）居士」とある。墓は先述のとおり、長らく秀家が生活基盤とした大賀郷に築かれている。

次男の秀継は、慶長三年（一五九八）の生まれであり、八丈島に流されたときは、わずか満八歳の子供だった。亡くなったのは、父の死の二年後である明暦三年（一六五七）二月五日。六十歳であった。法名は、秀源院殿浄雲居士である。秀継にも妻がおり、子孫を残している。

その後の宇喜多氏は前田氏らの支援を受けながら、幕末まで存続した。その間、「宇喜多」を「浮田」に改め、流人頭に任命されるなど、すっかり八丈島に根付いていた。ようやく本土に戻ったのは、明治維新後のことだった。ところが、本土の生活に慣れず、ほどなくして宇喜多一族は散り散りになったという。

第十二章

関ヶ原体制から徳川公儀の確立へ

家康の征夷大将軍就任と江戸幕府の成立

前章で関ヶ原合戦の戦後処理を取り上げたが、それですべてが終わったわけではない。大坂冬の陣開戦に至る政治過程を検証し、その後の政治体制を分析することが、最終的に関ヶ原合戦の意義を論じるということになろう。この間、問題となるのが、豊臣家と徳川家の両者の立場である。本章では、徳川家康の征夷大将軍就任や二重公儀体制などを取り上げ、関ヶ原合戦から大坂の陣終結に至るまでの政治体制を関ヶ原体制と規定したい。

関ヶ原合戦後、豊臣家が比較的安定を保つなか、家康は慶長八年（一六〇三）二月、征夷大将軍に任じられた。とはいえ、家康が征夷大将軍になる噂は、すでに二年前の慶長六年五月頃からあったという（福田：二〇一四）。その翌慶長七年二月、朝廷は家康に源氏長者《げんじのちょうじゃ》補任を打診したが、当年は慎みたいとの理由で辞退された（『言経卿記《ときつねきょうき》』）。一方で、慶長六年十二月から家康の二条邸の工事が開始され、慶長八年三月に完成した。これにより、家康が征夷大将軍に就任する環境が整った。

伏見城に勅使が携えた宣旨には、家康を従一位《じゅいちい》右大臣、源氏長者、淳和奨学《じゅんなしょうがく》両院別当に任じること、そして牛車《ぎっしゃ》、兵仗《ひょうじょう》の許可もなされていた。源氏長者とは、庶流さまざまある源氏一族の氏長者のことを意味する。淳和院は淳和天皇（七八六～八四〇）の離宮であり、奨学院は大学別曹《だいがくべっそう》（貴族がその氏族出身の子弟のために設置した学問所）の一つであった。源氏長者は、淳和奨学両院の別当（長官）を兼ねるのが通例だった。以後、徳川歴代将軍は征夷大将軍に任じられると、家康にならって源氏長者なども兼ねることになる。

いうまでもなく征夷大将軍は、武家社会の頂点に立つことを意味し、その意義は計り知れないほど大きなものがあった。その第一義たるものは、諸大名を配下に収める根拠になったことである。これにより家康は、横並びの五大老の地位から抜け出し、武家の棟梁としての確固たる地位を獲得した。

ところで、周囲の家康に対する歓迎ぶりは、慶長八年二月以降の様子からも読み取れる。家康は三月二十一日に二条城に入ると、二十五日には後陽成天皇に将軍拝賀の礼を行った。家康の二条城滞在中には征夷大将軍任官を祝うため、諸大名のみならず、親王、諸公家、諸門跡《もんぜき》が次々と訪れた。門跡とは、皇族・貴族などが出家して居住した特定の寺院やその住職のことで、一種の寺格である。豊臣公儀に代わって、まさしく徳川公儀が誕生した瞬間であったといえよう。

家康や諸大名は秀頼にどう対したか

こうして家康が征夷大将軍に任じられ、江戸幕府が成立した。いうまでもなく征夷大将軍は、武家の棟梁を指し示すものであった。家康が征夷大将軍に任官した事実は、豊臣方に計り知れないほど大きな衝撃を与えたであろう。そして、家康優位の立場が、徐々に鮮明になっていくのである。それは、諸大名の姿勢に如実にあらわれた。

家康の征夷大将軍任官以前、諸大名は歳首《さいしゅ》（年頭）を賀するため、大坂城（大阪市中央区）の秀頼と伏見城（京都市伏見区）の家康のもとに伺候《しこう》した。この段階において、訪問する順番はまだ幼少の秀頼のほうが先で、家康が後であった。つまり、諸大名の意識のなかでは、家康よりも豊臣公儀を重んじる空気が支配的だったのである。

それどころか、家康自身も歳首を賀するため、秀頼の居城する大坂へ伺候したのが実情だった。この事実は、家康が秀頼に臣下の礼を取っていたことを意味する。家康は関ヶ原合戦で勝利したとはいえ、形式的には秀頼の下に位置していた。実力は別として、豊臣公儀の存在意義はいまだに大きかったのである。

慶長八年（一六〇三）二月に家康が征夷大将軍に就任して以降、諸大名の姿勢はどのように変化したのであろうか。実は、諸大名が歳首を賀すため、秀頼のいる大坂城を訪問することは今まで通り継続された。それは、豊臣恩顧の加藤清正、福島正則らはもちろんのこと、島津家久、前田利長、上杉景勝といった外様大名も同様であった。

つまり、家康の将軍職就任時点においては、さほど優先して家康のもとに伺候するということは意識されていなかったと考えられる。諸大名からすれば、真っ先に秀頼のもとに訪問することはむしろ自然な形で行われたと考えてよい。また、念のために申し添えておくと、当時の家康と秀頼との間には対決姿勢がなかった。ところが、問題は家康自身が征夷大将軍に任官されて以降、秀頼のもとに伺候することがなくなったことである。

この事実は、家康が徳川公儀の確立を意識し、将軍になったことで新たな権威を獲得したことを意味しよう。家康は自身が将軍に任官した以上、もはや豊臣公儀の主宰者たる秀頼への伺候は不要と考えたのである。武家の棟梁の地位を獲得した家康の威光は、徐々に諸大名へ浸透することになる。そのことを決定付けたのは、家康の子・秀忠が二年後の慶長十年（一六〇五）四月に征夷大将軍に任官し、将軍職が徳川家によって世襲されたことにある。

秀忠の将軍就任の祝賀セレモニー

慶長十年（一六〇五）四月、家康はわずか二年余で三男の秀忠に将軍職を譲った。同時に秀忠は、正二位《しょうにい》・内大臣に任官した。秀忠による将軍職の継承は、徳川公儀の永続性が示されたことになり、とりわけ豊臣方には大きな衝撃だったに違いない。ちなみに官職では、右大臣に任官した秀頼のほうが秀忠より上位であったが、周囲の見方は大きな変化を遂げていた。そのことは、将軍任官のため、江戸から京都に向かう秀忠の軍勢にあらわれていたといえる。次に、その点を確認しておこう。

同年二月、秀忠は十万あるいは十六万といわれる軍勢を率いて、上洛の途についた。軍勢の陣容は、松平忠輝《ただてる》ら一門、榊原康政といった譜代大名はもちろんのこと、親家康派の伊達政宗を筆頭に東北・関東方面の有力な外様大名が従った。関東方面には家康に近しい大名が配置されていたが、彼らは家康の後継者たる秀忠に従っていたのである。軍勢の数もさることながら、多くの有力外様大名が秀忠に従ったことは注目される。威風堂々たる軍勢は同年三月に京都に入り、そのまま伏見城に入城した。

入京した壮麗なる秀忠の軍勢は、都の人々を驚かせた。わざわざ大坂から見物に訪れる者があったという。それほど市中では、秀忠の上洛する模様が大きな評判を呼んだのである。しかし、京都や大坂の人々よりも、一番驚いた（あるいはショックを受けた）のは、大坂城の秀頼だったに違いない。同時に、西国に拠点を持つ豊臣系の諸大名も、秀忠の率いる軍勢に圧倒されたことであろう。秀忠のパフォーマンスというべきものは、秀頼を威圧するのに十分な効果を発揮したと考えられる。

このとき家康は、故秀吉の妻である北政所を通して、秀忠の将軍職を祝うため、秀頼に上洛するよう促した。この報に接した秀頼の母・淀殿の態度は、激烈な怒りを帯びていたという。秀頼が上洛することは、秀忠の下に甘んじることを意味した。淀殿は秀頼が上洛するようなことがあれば、自ら秀頼を殺害し、自身も自害する覚悟であると、上洛の命令を拒否したのである。淀殿からすれば、到底許しがたいような大きな屈辱であったに違いない。とはいえ、これが事実かといえば、あまりに出来すぎた話であり、はなはだ疑わしいと思わなくもない。

結局、このときは家康の配慮により、家康の六男・忠輝を名代として大坂城に遣わすことで解決した。秀頼はこれを歓待し、事態は収拾したという。家康は名代を派遣することで、互いのメンツを保ったのである。

ところで、秀忠が将軍になって以降、諸大名が秀頼に伺候することを控えはじめた。諸大名がそうしたのは、家康から秀頼への伺候を止めるよう命令されたわけではない。空気を読み取って、自粛したと考えたほうがよい。徳川家と豊臣家との関係は、家康が秀頼に上洛を求めたことを豊臣家が拒絶した例もあるように、非常に難しいものがあった。

しかし、諸大名の捉え方では、明らかに将軍家たる家康が上位にあったのである。ただ、家康は秀頼を一気に潰すことなく、それなりの配慮を行いつつ対処した。慎重な姿勢は、一向に崩さなかったのである。

家康による鉱山直轄化と都市部への奉行配置

家康の豊臣家対策は極めて慎重なものだったが、政治の運営に関する政策は粛々と実行された。その政策は、前代の秀吉時代を継承したものもあったが、より徹底して推進された。そして、そうした諸政策の実行は、そのまま徳川公儀の確立を意味したのである。次に、関ヶ原合戦以降の諸政策を見ることにしよう。

その一つとして挙げられるのは、重要鉱山の直轄化である。佐渡金山（新潟県佐渡市）以下、石見《いわみ》の大森《おおもり》銀山（島根県大田《おおだ》市）、但馬の生野《いくの》銀山（兵庫県朝来《あさご》市）、甲斐の黒川《くろかわ》金山（山梨県甲州市）などの金山・銀山が対象となった。いうまでもなく、佐渡金山は慶長期以降、日本最大の金山として知られていた。大森銀山も、戦国期に毛利氏と尼子《あまご》氏が激しい争奪戦を繰り広げたほどで、銀の産出量は世界有数のものだった。これらの金山・銀山の経営を担当したのが、大久保長安《ながやす》である。

長安は天正十年（一五八二）三月の武田氏滅亡後、家康に取り立てられた。もとは猿楽師であったが、家康の家臣・大久保忠隣《ただちか》から大久保姓を与えられ、大久保十兵衛と名を改めた。天正十八年の小田原征伐後に家康が関東に入部すると、武蔵国八王子（東京都八王子市）に陣屋を構え、代官頭《だいかんがしら》（関東郡代の前身）を務めていた伊奈《いな》忠次《ただつぐ》とともに直轄地支配、知行割、検地などで頭角をあらわした。長安がもっとも得意としたのは、鉱山経営だった。

長安は甲州流の優れた採鉱技術を駆使し、配下の有能な山師を起用して、各地の鉱山の経営・開発を行った。さらに精錬の効率化のため、中国やメキシコから積極的に新しい技術を導入した。これにより徐々に徳川家の財政基盤は安定し、慶長八年（一六〇三）の江戸幕府開幕の下地となった。加えて家康は、重要都市（京都、伏見、堺、奈良、伊勢山田、長崎など）の掌握にも腐心し、それぞれの都市に奉行を置いた。都市と経済とは、非常に密接な関係にあるので当然の措置だったといえよう。大坂は片桐且元《かたぎりかつもと》と小出秀政《こいでひでまさ》、尼崎《あまがさき》郡代は建部《たけべ》高光《たかみつ》など豊臣方との関係が深い者を残したが、長崎の奉行を豊臣政権下の寺沢広高から小笠原一庵《いちあん》に交代させるなど、徐々に家康の息のかかった人物を登用していった。

とりわけ京都支配は朝廷が存在することもあり、重点的に進められた。関ヶ原合戦後、京都所司代に任命されたのは、家康と姻戚関係にあった奥平信昌であった。信昌は京都所司代に在任中、関ヶ原合戦後に逃亡した安国寺恵瓊を捕縛する功績を挙げたことで知られている。

京都所司代設置の意味

信昌の在任期間は、わずか数ヵ月にとどまった。翌慶長六年（一六〇一）九月、京都所司代に任じられたのは板倉勝重《いたくらかつしげ》である。もともと勝重は出家して僧侶になっていたが、兄らの戦死が続いたことによって、家康に還俗《げんぞく》を命じられたという。当初の勝重は一万石にも満たない所領にとどまっていたが、京都所司代を務めて八年後の慶長十四年には、一万六千石余の大名に出世した。

それまでの勝重は、天正十四年（一五八六）から駿府（静岡市葵区）の町奉行や江戸の町奉行を歴任するなど、行政のエキスパートとして知られていた。勝重が家康に重用された理由は、その豊富な行政手腕を評価したからで、京都所司代という重要な職務にふさわしいと考えたからだろう。

京都には朝廷や公家が居住しており、少し距離は離れているが、秀頼が本拠を構える大坂城もあった。何より京都は、古来、政治・経済・文化の中心地だった。家康も無視することができない重要な地域であった。それゆえに、勝重のようなベテランかつ実務に長けた人物が起用されたと考えられる。京都所司代の役割は、次の三点に集約することができる。

①京都支配に関すること（警備など）。
②朝廷・公家に関する政務の管掌。
③西国大名の監視。

いうなれば、京都所司代は西国支配の要であった。とりわけ③の役割は、徳川公儀を確立する意味で重要視された。先述のとおり、豊臣系の諸大名は、西国方面に数多く配置されていたからである。むろん、③には大坂城の豊臣秀頼の監視という役割も含まれていた。

関ヶ原合戦終了後のしばらくの間、諸大名は秀頼のもとへ一番に伺候していた。家康は、こうした情報を的確に把握する必要に迫られていたのである。同時に、将軍職が朝廷から授けられる以上、朝廷も無視できない存在であった。結果、勝重の在任期間は十九年の長きにわたり、京都所司代は老中に次ぐ重職となったのである。

こうして家康は経済的な利権を掌握するとともに、西国方面への注意を怠らなかった。家康は周囲から豊臣公儀の代行者として認識されていたかもしれないが、実際は早い段階から政権獲得への強い意欲を持っていたと考えられる。そして、それはやがて訪れる、大坂の陣への布石でもあった。

諸大名と姻戚関係を結ぶ家康

家康が諸大名と自身の子（実子・養子）との婚姻を通じて良好な関係を結んだことは、よく知られている。周知のとおり、家康は秀吉の死後、その遺命に背いて諸大名と婚儀を交わした。この婚儀をめぐって、家康は石田三成ら豊臣恩顧の武将から秀吉の遺命に背くと問責され、謝罪に追い込まれた。

このとき家康は、わざわざ諸家から養女を迎え、蜂須賀至鎮《よししげ》らと婚儀を執り行った。六男・忠輝には、伊達政宗の娘・五郎八《いろは》姫《ひめ》を妻として迎えている。家康は有力な大名たちと、姻戚関係を結ぶことによって、関係を強化したのである。そのためには、養女を迎えることも厭《いと》わなかった。

秀吉の死後、家康の婚姻政略はさらに加速した。家康の実子・養女であるかを問わず、姻戚関係を結んだ主な大名は次のとおりである。

①池田輝政――次女・督姫《とくひめ》
②真田信之――小松姫《こまつひめ》（本多忠勝の娘）
③加藤清正――清浄院《せいじょういん》（水野《みずの》忠重《ただしげ》の娘）
④福島正則――昌泉院《しょうせんいん》（牧野《まきの》康成《やすなり》の娘）

忠重、康成とも、家康の家臣である。とりわけ注目されるのが、池田輝政、加藤清正、福島正則ら豊臣恩顧の有力大名たちとの婚姻だ。輝政は信長の死後、秀吉に取り立てられ、文禄三年（一五九四）の段階で督姫と結婚していた。「西国の将軍」と称されたほどである。清正と正則は尾張国出身で、幼い頃から秀吉に目をかけられていた。

しかし、秀吉の死後、三人は石田三成の存在を嫌って、関ヶ原合戦では家康へとなびいた。有力な豊臣恩顧の大名と結ぶことは、家康にとって有利に作用した。特に、輝政は姫路、正則は広島と山陽道筋を押さえるためには、重要な存在だったと考えられる。

ここでは掲出しなかったが、家康は中小クラスの大名や配下の有力な家臣とも姻戚関係を取り結んだ。家康はいうなれば「血の結束」をフル活用したことになる。むろん、秀頼と千姫《せんひめ》（秀忠の娘）との結婚もその一つだったのであり、少なくとも家康は豊臣家と友好関係を保とうと配慮していたのである。

関白就任を取り沙汰された秀頼

このように秀頼の立場は、時間の経過とともに、少しずつ悪化していったと考えられる。ただ、秀頼は秀吉、秀次に次いで、関白職に就く可能性が残されていたという。仮に秀頼が関白職に就けば、家康との関係やその後の展開も違ったものになったと考える研究者も存在する。この点について、少し考えてみたいと思う。

秀頼は関白・秀吉の子ということもあって、その昇進スピードは摂関家とほぼ同じであった。慶長二年（一五九七）、わずか満四歳で従三位・左近衛権中将《さこのえごんのちゅうじょう》になると、以後は猛烈な勢いで昇進した。家康が征夷大将軍になった慶長八年の段階で、武家では家康に次ぐ正二位・内大臣という地位にあったのである。

慶長十年（一六〇五）四月になると、秀忠が第二代の征夷大将軍に就任した。しかし、先述のとおり秀頼の官職は、この段階で秀忠より上の右大臣であった（秀忠は内大臣）。まだ、家康による配慮があったのであろう。

こうした背景には、西軍が関ヶ原合戦で敗れたとはいえ、豊臣公儀としての地位がいまだ健在であったことを意味している。武家官位は実態を持たなかったかもしれないが、その権威には意味があったのだ。一方で、家康が征夷大将軍に任官された頃、秀頼が関白に任じられるとの噂がまことしやかに流れていた。

慶長七年十二月、醍醐《だいご》三宝院《さんぼういん》（京都市伏見区）で同寺の座主《ざす》を務めた義演《ぎえん》は、近く秀頼が関白に任官するという風聞を書き留めている（『義演准后日記』）。それだけではない。翌慶長八年一月、毛利輝元は国元に宛てた書状のなかで、秀頼が近々に関白になるであろうことを記しているのだ（『萩藩閥閲録』）。

また、相国寺（京都市上京区）の住持《じゅうじ》を務めた西笑承兌も、勅使が大坂城の秀頼に派遣されたことから、関白任官の件であろうと考えている（『鹿苑日録』）。いずれも風聞の域を出ていないが、少なからず秀頼が関白に任官するとの噂があったのは事実である。噂にはそれなりの根拠があったと推測され、根も葉もないことを書き記すとは考えにくい。

文禄四年（一五九五）七月に豊臣秀次が高野山（和歌山県高野町）で切腹して以降、関白は空席とされてきた。ようやく関白が任じられたのは、慶長五年十二月つまり関ヶ原合戦終了後三ヵ月を経てからであった。任じられたのは九条家当主の兼孝《かねたか》で、摂政・関白の職はもとの摂関家に戻ったのである。

以後、兼孝は慶長九年十一月まで関白の職にあった。兼孝の辞任後、関白は再び空席となった。しかし、約八ヶ月後の慶長十年七月、秀頼ではなく、近衛信尹《のぶただ》が任じられたのである。秀頼が関白に任じられなかった点について、どう考えるべきであろうか。

秀頼の関白就任を家康は妨害したか

徳川家康が征夷大将軍任官の内勅（内示）を得たのは、慶長八年（一六〇三）一月のことである（『御湯殿上日記』など）。むろん急に決まったことではなく、それ以前から打診があったことは、すでに述べたとおりである。家康が征夷大将軍になるという情報は、すぐさま豊臣家の耳に入ったと推測される。

となると、豊臣方では、必然的に秀頼の関白任官の交渉を行ったと考えて差し支えないであろう。秀頼が征夷大将軍になれない以上、残された道は関白任官のみであった。その任官運動は、周囲に漏れ伝わった可能性が十分にある。義演らの記述は、現実性を帯びていたと考えてよいはずである。

しかし、秀頼は結果的に関白に任じられなかった。家康が征夷大将軍に任官されるまで、秀頼が対等あるいはそれ以上の立場にあったことは、これまで述べてきたとおりである。したがって、秀頼が関白に就任することは、その地位を再び上昇させることになり、それは家康にとって極めて都合の悪いことであった。

そのような理由から、家康は秀頼の関白任官を妨げなくてはならなかった。妨害したという史料的な裏付けはないものの、のちに家康が武家官位の推挙権を掌握した事実をあわせて考えると、妨害した可能性は高いのではないか。一方で、家康は秀頼の官職を秀忠より高くして、豊臣方への配慮も怠らなかった。バランスを考えたのだ。

慶長五年十二月に九条兼孝が関白に就任した際は、後陽成天皇と家康の強い申し入れがあったという。その結果、兼孝は家康と秀頼に受諾の意向を伝えた。兼孝への関白宣下は、武家（＝豊臣家）から公家へ関白を返上するものであり、当時、内大臣だった家康の申し入れだった。やはり、これは秀頼への妨害だったと言えないか。

慶長十年（一六〇五）、家康は征夷大将軍の職を秀忠に譲るが、秀忠の官職は内大臣にとどまった。右大臣であった家康は辞任し、その地位は秀頼に与えられたのである。こうした官位の絶妙なバランスを取ることによって、家康は乗り切ろうとしたのではないだろうか。関白の職は信尹が辞任して以降、摂関家が代々引き継ぐことになる。慶長十年以降、秀頼が関白に就任する可能性は、完全に断たれたと見てよいであろう。また、慶長十二年になると、秀頼は右大臣職を辞しているのである。

家康による武家官位の推挙権の独占

慶長十年（一六〇五）の秀忠の征夷大将軍任官以降、家康は徳川公儀確立のため、周到に事を進めた。そのなかで重要な政策は、いうまでもなく諸国の大名統制であるが、同時に朝廷・公家の統制を進めることも重要な意味を持った。家康はいかなる手法によって、これを実現したのであろうか。

慶長十一年四月、家康は上洛して年賀の礼を執り行った。このとき家康は、武家伝奏《ぶけてんそう》（武家からの奏上を朝廷に取り次ぐ役職）と相談を行った。その結果、武家の官位については家康の推挙がなければ与えてはならない、と朝廷サイドに奏請《そうせい》し、勅許（天皇の許可）を得たのである（『慶長日件録』）。

このことによって、家康は武家官位の推挙権を獲得することになった。そして、家康は意気揚々と伏見城へと戻ったのであった。家康が武家官位の推挙権を獲得した事実は、いったい何を意味するのであろうか。

秀吉が独自の武家官位制を創出し、同時に「羽柴」「豊臣」姓を諸大名に与え、大名統制を図ったことは有名である。口宣《くぜん》案（辞令書）には、「羽柴」または「豊臣」姓が記された。秀吉は、武家の官位執奏権を完全に掌握していたのである。家康が秀吉の手法にならったことは、もはやいうまでもないであろう。

武家が官位を得ようとする際には、必然的に家康の推挙を得る必要が生じた。これは秀頼であっても同じで、家康の推挙を要した。官位授与の側面から見れば、秀頼は家康に従わなければならなかったのである。

もう少し具体的に見ておこう。慶長八年（一六〇三）三月、家康の推挙によって、山内一豊が従四位下・土佐守に任官された（『山内家史料』）。まだ、家康が武家官位執奏権を掌握する前の話である。

ところが、一豊に与えられた口宣案には、いまだ豊臣姓が記されていた。そもそも豊臣姓は、一豊が秀吉から授与されたものである。このほかに浅野幸長や福島正則の例を確認しても、慶長七・八年段階において、豊臣姓が使用されていたのである。この事実は、家康が豊臣家を憚ってのことと考えられる。

慶長十年に秀忠が征夷大将軍に就任すると、状況は大きく変化を遂げる。同年七月、一豊の跡を継いだ国松（忠義《ただよし》）は、従五位下・対馬守に任官された（『山内家史料』）。しかし、口宣案を確認すると、かつての豊臣姓ではなく、もとの藤原姓に戻っている。その五年後には、秀忠から「忠」の字を与えられて「忠義」と改名し、松平姓を授与された。慶長十年以降、一部の例外を除き、大名に与えられた口宣案に豊臣姓は見られなくなる。つまり、幕府による大名の官位統制は、慶長十年を一つの画期と捉えることが可能である。

ところで、秀吉は、武家官位を従来の体系のなかに押し込もうとした。これまでも公家の官位は不足していたのであるが、秀吉の政策によってさらに事態は深刻化した。公家は官位こそ与えられたものの、官位に見合った職に就けなかったのである。ところが、家康は武家官位について、画期的な対策を行っている。

慶長十六年（一六一一）、家康は武家官位を公家の員外にすることを奏請し、勅許を得たのである（『続史愚抄《ぞくしぐしょう》』）。平たく言えば、武家の官位は公家の官位と別個の体系にしたのである。このことによって、官位不足という問題を避けることが可能になった。武家官位を公家の員外にする措置は、元和元年（一六一五）に制定された「禁中並《ならびに》公家諸法度」に継承されている。これにより家康は、朝廷をもコントロール下に置いたのである。

こうした一連の手法は、本来官位を授与する朝廷の権限を大きく制約することになった。家康にとっては、一石二鳥ともいえる政策だった。

御前帳と国絵図の徴収

慶長九年（一六〇四）八月、家康は伏見城において、御前帳《ごぜんちょう》・国絵図《くにえず》を提出するよう求めた。御前帳は国家的な土地の帳簿のようなものであり、軍役の賦課基準にもなっていた。それは貴人に上納され、その座右に備えられたという意味で御前帳と称された。戦国大名後北条氏の場合は、当主決裁の所領役帳（『小田原衆所領役帳』）が該当する。国絵図とは、諸大名らにより作成・提出された一国ごとの絵図のことである。

天正十九年（一五九一）には豊臣政権下でも諸大名に提出が求められ、大坂城に保管されていたという。つまり、御前帳・国絵図を提出させることは、豊臣政権の専権事項でもあり、国家規模の土地を把握するのだから権力の源泉でもあった。なお、家康が提出期限としたのは、慶長十年九月までの約一年だった。

国絵図提出の対象となる地域は、越中・飛騨から伊勢・紀伊の間を境として、それより以西だった。これにより家康は西国諸大名の石高を把握し、来るべき江戸城などの天下普請《てんかぶしん》（後述）における負担の基準とした。それは同時に、戦争に際しての軍役賦課の基準となった。御前帳・国絵図の徴収もまた、幕府による豊臣政権の権限の吸収に位置付けられる。

江戸城の天下普請と秀頼の協力

家康の威勢が諸大名に浸透した例としては、天下普請を挙げることができる。家康は諸大名に協力を呼びかけ、諸城の普請を行った。その最初が二条城の普請である。

家康は二条城を大宮押小路《おおみやおしこうじ》に築城すると決めると、町屋の立ち退きを開始して準備を進めた。慶長六年（一六〇一）十二月、西国諸大名を工事に動員し、造営費用や労務の負担を求めた。そして、京都所司代・板倉勝重が造営総奉行を担当し、大工頭の中井正清《なかいまさきよ》が作事（建築）の大工棟梁に任じられた。これが、家康による天下普請の萌芽といえよう。

慶長七年六月には、伏見城を再建すべく、諸大名に修築を命じた（『当代記』など）。伏見城は関ヶ原合戦のときに攻撃を受け、相当傷んでいた。家康は諸大名を工事に動員し、再建を成し遂げたのである。こうして城下や大名屋敷も整備され、同年末に家康は伏見城に入った。伏見城再建も家康による畿内支配の布石だったと考えられる。

関東に本拠を置いた家康は、各地の大名に江戸城の普請を命じた。いわゆる天下普請である。天下普請も徳川公儀を権威付けるうえで、重要な意味を持った。慶長八年、家康は征夷大将軍に任官すると、手始めに江戸市街地の大規模な整備に着手した。家康は有力な外様大名、家門・譜代に命じて千石夫《せんごくふ》（千石に一人を割り当てた人夫）を徴発すると、神田山《かんだやま》（現在の千代田区神田駿河台付近）の台地を崩し、豊島洲崎《としますさき》（現在の中央区日本橋浜町から港区新橋にかけての地域）を埋め立てたのである。

こうして、日本橋から新橋に至る、広大な土地が造成されたのである。新市街地は碁盤目状の区画整理が実施され、町人地が生まれた。同時に東海道も付け替えられ、新しい町地を通過するようになり、日本橋が街道の起点となった。世界的な大都市・江戸の誕生であり、徳川家の権威の象徴でもあった。

やがて江戸城の大手やその周辺には、諸大名の邸宅が並ぶようになった。のちに江戸幕府によって、参勤交代制度や大名妻子の人質制度が行われると、江戸は名実ともに全国の総城下町として認識されたのである。江戸の整備は家康以降も続き、おおむね寛永十年（一六三三）にいったん終了した。寛永期における江戸の人口は、約十五万人であったという。当時、江戸は世界的な大都市であった。

江戸の整備が着々と進展するなかで、江戸城の大改築が計画されるようになった。家康にとって、江戸城は一大名の居城ではなく、政治・経済の中心地にふさわしい城でなくてはならないという意識が芽生えたのであろう。そのためには家康単独の事業ではなく、各地の諸大名の援助が必要である。計画が実際に着手されたのは、江戸整備がはじまった翌年の慶長九年（一六〇四）

のことであった。

江戸整備の計画はかなり大がかりなもので、西国方面の豊臣系諸大名を含む全国の諸大名を動員して推進された。加藤清正や福島正則といった、豊臣系諸大名の面々も例外ではない。家康は彼らに必要な資金を与えると、石材運搬用の石綱船を建造するよう命令した。完成した石綱船は三千艘に及ぶといわれ、伊豆から江戸へと切り出された石材が連日のように運ばれた。まさしく壮大な規模であった。こうして石材は次々と江戸に運搬され、慶長十一年(一六〇六)三月から江戸城普請が本格的に開始されたのである。

普請では築城のスペシャリストである藤堂高虎が基本設計を担当し、名だたる大名が動員された(『御手伝覚書』)。その大半に従事したのは、西国に本拠を置く外様大名たちであった。この点から、家康の諸大名に対する影響力は相当に高まっていたと見てよい。しかし、そのなかに豊臣秀頼の名前は確認できない。すでに指摘があるとおり、江戸城の普請奉行としては、八名が任命された。うち二名が家康付の幕臣、同じく四名が秀忠系の幕臣である。そして、残りの二名(水原吉勝、伏見貞元)が秀頼の家臣であると指摘されている。

この点について笠谷和比古氏は、秀頼の家臣が普請奉行を務めていたことに、深く重いものがあったと評価を行っている。それは、いかなる理由によるものか。江戸城普請は、全国の諸大名が動員されており、豊臣系の諸大名も例外ではなかった。秀頼は動員されなかったものの、逆に家臣を派遣し、幕府方で普請を差配する側にあった。

つまり、江戸城普請は徳川家の力だけではなく、秀頼の同意と協力を得て遂行されたという考え方である。江戸城普請で秀頼は幕府に従ったのではなく、対等な関係で協力したということになろう。

家康が征夷大将軍任官以降、大都市・江戸の整備を進め、天下人にふさわしく江戸城の大改築を行ったのは、秀頼の同意と協力があったのだろうか。家康が秀頼の存在に注意を払っていたのは、まず疑いないところであろう。江戸城普請に秀頼が動員されなかったのは、家康の配慮があったに違いない。秀頼は、孫娘・千姫の夫でもある。だが、水原吉勝、伏見貞元の二人は、摂津・和泉両国の慶長絵図の作成に関与したと指摘されており、つまりは測量の専門家として家康から豊臣方に派遣要請があったに過ぎない。

したがって、仮に水原吉勝、伏見貞元が派遣されなくとも、江戸城の普請は間違いなく執り行われたと考えられる。秀頼のほうとしても、派遣要請を断る理由は見当たらない。そこに対等であるとか、従属しているという関係を持ち出す必要があるのであろうか。形はどうであれ、秀頼の協力を取り付けたところに意義があるように思えてならない。

したがって、秀頼の二人の家臣が江戸城普請に奉行として関わっている点に関しては、いささか過大評価という印象を拭えないところである。

駿府城の普請と「五百石夫」というシステム

江戸城普請の翌年三月には、駿府城（静岡市葵区）の大改築工事が行われることになった。駿府城で、征夷大将軍を退いた家康が大御所政治（前将軍が隠退後も政治の実権を掌握すること）を行うべく、準備を進めていたのである。

ところで、先に触れた江戸城の改築については、天下普請という形で実施された。しかし、駿府城の改築の場合は、知行高五百石につき一人の人夫が課される、五百石夫《ごひゃっこくふ》というシステムが採用された。この場合は、幕領・私領の区別も一切関係なく、国役《くにやく》として平等に広く大名領国に賦課されるものである。

このときは、丹波、備中、近江、伊勢、美濃の五ヵ国に加え、畿内五ヵ国（山城、摂津、河内、和泉、大和）も対象となった（『当代記』）。このうち摂津、河内、和泉の三ヵ国は、秀頼が領有していた。

秀頼の所領に賦課された点については、どのように評価をされているのであろうか。笠谷和比古氏の見方を確認しておこう。

通例の普請役（天下普請など）は、軍役と同様に大名に課役が命じられる。命を受けた大名は、家臣団と人足を率いて当該普請に従事することになる。このことから、普請役は将軍―大名間の主従関係を前提とし、大名に対する普請役の賦課とその履行は、徳川将軍・幕府への服従を意味するものと指摘している。

一方、国役として賦課される五百石夫に関しては、将軍と大名間の主従関係に関わりなく、国家行政的な租税として捉えられており、幕領も私領（公家領、寺社領、大名領、旗本領）もまったく関係なく一律に賦課される。そして、公家や寺社の所領に国役が賦課されても、彼らが徳川将軍家の従臣でないのと同様に、豊臣家の所領の国役賦課は、秀頼が徳川家の従臣であることを意味しないとする。

秀頼に「普請役」を課さなかった家康

つまり、普請役は徳川将軍家との主従関係が濃厚であるが、国役として賦課される五百石夫には主従関係が希薄であるということになろう。五百石夫は、家康と秀頼との主従関係に基づき賦課されたのではないという考え方である。さらに、家康は豊臣家に五百石夫を課すことにより、主従関係を示す普請役を回避し、秀頼に臣従の強制を差し控えたと指摘している。

このことから、豊臣家は諸大名と違って別格な存在であり、徳川将軍と幕府の支配体制に包摂されない存在であるとする。

この指摘のうち、重要なのはあえて普請役を回避して、主従関係の希薄な五百石夫を課すことではなかったか。『当代記』にわざわざ「この五百石夫は、大坂城の秀頼公の所領へも同様に賦課されたところである」と記しているのは、その証左になろう。家康は普請役を回避しつつも、秀頼に何らかの形で負担させることを意識していたのである。

徳川公儀の確立過程において、豊臣家も例外なく駿府城の普請を負担させる必要があった。家康は五百石夫という巧妙な手法を用いることによって、秀頼の臣従化を徐々に進めようとしたのである。

慶長十二年（一六〇七）七月、駿府城は無事に完成し、家康は伏見城から移ることになった。いわゆる家康による大御所政治のはじまりであった。このとき、子の秀忠をはじめ諸大名は祝儀を献じて、これを祝った。秀頼も祝儀を献上したことがわかっている（『慶長見聞録案紙』）。むろん、家康が秀頼を意図的に軽んじることはなかったと思うが、秀頼を取り巻く環境は徐々に風向きが悪くなったといえよう。

筒井定次の改易と藤堂高虎の入封

家康の政権構想が着実に進展するなかで、関ヶ原合戦直後の大名配置も少しずつ姿を変えていった。大名配置の変化は、豊臣家への脅威になったといえる。すでに記したとおり、関ヶ原合戦後、豊臣系の諸大名は西国方面に多く配置され、徳川家の家門・譜代は逆に東国方面に配置された。ところが、こうした秩序は豊臣系の諸大名を改易し、代わりに徳川家の家門・譜代を配置することによって、大きく変化を遂げたのである。

慶長十三年（一六〇八）七月、伊賀上野城（三重県伊賀市）主の筒井《つつい》定次《さだつぐ》が改易された（『当代記』など）。理由は、家臣の中坊《なかのぼう》秀祐《ひですけ》が定次の不行状を告発することにより表面化した、家中の不和によるものである。定次は従兄の筒井順慶《じゅんけい》の養子となり、その死後に家督を継承した。秀吉から伊賀上野への転封を命じられたのは、天正十三年（一五八五）のことである。定次は上野台地に城郭を築くと、近辺の城下町化を推進し、河川を利用した流通網を整備した。そして、京都、大坂などの主要都市と結び、伊賀の経済発展を進めたといわれている。

定次の代わりに伊賀上野を与えられたのは、それまで伊予国半国を治めていた藤堂高虎であった。もともと高虎自身は豊臣恩顧の大名であったが、家康に急接近することにより、側近大名といえる立場を築いた。高虎が妻子を江戸に預け、江戸城普請を積極的に推進したことはよく知られている。また、伊賀上野は東国と西国を結ぶ地点にあり、京都・大坂にも近い所に位置し、政治経済の重要な拠点として認識されていた。家康がその地を高虎に与えることは、対豊臣家を意識したものであると考えてよい。

高虎が築城の手腕に優れていたことはよく知られており、以後も諸大名の改易に伴う天下普請に積極的に関わるところとなった。同時に、高虎は家康の期待に応えるがごとく、上野城の改修と城下町の移転を行った。この改修は、今後に予想される合戦に備えたものであった。慶長十六年（一六一一）のことである。

つまり、筒井定次の改易と藤堂高虎の入封は、来るべき豊臣方との戦いを念頭に置いたものとみなすべきであろう。家康はそのために、腹心である高虎をあえて配置したと考えられる。

前田茂勝の改易と松平康重の入封

改易については、もう一つ事例がある。慶長十三年（一六〇八）五月、丹波八上城《やかみ》（兵庫県丹波篠山市《ささやま》）主の前田茂勝《しげかつ》が改易処分を受けた（『当代記』など）。

茂勝は、京都所司代を務めた前田玄以の子であった。キリシタンとしても知られている。玄以は関ヶ原合戦で西軍に属していたが、戦闘に加わらなかったので処分されず、その遺領は茂勝に継承された。茂勝が改易の処分を受けた理由は、重臣である尾池氏を殺害するなど、当主としてふさわしくない行為があったからだった。また、日常的な行為にも、不可解なところがあったといわれている。

筒井定次もキリシタンであったといわれているので、キリシタン禁令も影響していると考えられているが、口実として作用していたことは否めない。

茂勝の代わりに八上城城主となったのは、常陸国笠間《かさま》（茨城県笠間市）の松平康重《やすしげ》である。康重は、家康の実子であるといわれた人物である（実際は康親の子）。また、慶長七年における佐竹氏の秋田転封に際しては水戸城（同水戸市）を守り、佐竹氏旧臣の反乱を鎮圧したことで知られる。それ以前から康重の軍功は目覚しく、西国方面を押さえるには最適な人物であったといえよう。こうした大名配置は、高虎の伊賀入封と同じく、西国方面つまり大坂の秀頼を意識したものになった。その点で、康重はうってつけの人物であったといえる。

最初、康重は八上城に入ったが、山城という立地条件が悪いと判断すると、平地の篠山（兵庫県丹波篠山市）へ移転することを決定した。この判断は、京都・大坂方面を強く意識したものがあったと考えられる。八上城は山城であり、さまざまな面で不便があると感じられていた。したがって、平地に築城を考慮するのは、必然的な流れだった。

篠山城の築城は天下普請として行われ、総奉行には池田輝政が、御縄張奉行《おんなわばり》には藤堂高虎がそれぞれ任命された。そして、普請役は西国十三ヵ国二十名の大名に賦課された。同時に篠山城下町の整備も進められ、経済圏の確立も意図されていた。

このように家康は、改易という手段を用いることによって、主要な地域に腹心の大名を配置することに成功した。改易の行われた前年、家康は駿府城を改修し、いわゆる大御所政治を展開している。既述した一連の改易は、全国支配へ向けた本格的な動きであるが、まだほんの序章に過ぎなかったのである。

西国への大名移封による豊臣包囲網の形成

関ヶ原合戦後、豊臣系大名が西国に重点的に配置されたと述べた。しかし、実際には家康を支持する大名や譜代クラスも置かれ、すでに手を打っていたのである。それらの面々を掲出すると、おおむね次のようになろう。

①慶長五年（一六〇〇）九月——池田輝政を播磨姫路（兵庫県姫路市）・五十二万石に移封。
②慶長六年一月——井伊直政を近江彦根（滋賀県彦根市）・十八万石に移封。
③慶長六年二月——戸田一西《かずあき》を近江膳所《ぜぜ》（滋賀県大津市）・三万石に移封。

④慶長十一年（一六〇六）四月——内藤信成《ないとうのぶなり》を近江長浜（滋賀県長浜市）・四万石に移封。

池田輝政は豊臣恩顧の大名であったが、関ヶ原合戦を機にして、家康に急接近した。慶長八年、家康が征夷大将軍に就任すると、輝政は少将に昇進している。また、慶長十四年（一六〇九）に西国における大型船の使用が禁止されるが、輝政は対象から除外された。輝政が家康から優遇されたことは、慶長十七年（一六一二）に松平姓を授与されたことからも看取される。つまり、輝政は家康の息のかかった有力な外様大名と考えてよいだろう。

戸田一西は、三河出身の家康譜代の家臣であり、その配下で数々の軍功を挙げた。井伊直政は父がもと今川氏の重臣であったが、家康に従うようになった。直政は「井伊の赤備《あかぞな》え」で知られ、家康の重臣そして「徳川四天王」の一人として有名である。内藤信成は家康の異母弟にあたり、早くから家臣として従っていた。やはり、家康の譜代といえよう。

このように数は少ないながらも、家康は有力な外様大名や譜代の家臣を西国に配置していたことを確認できる。絶妙な大名配置によって、着々と西国方面つまり豊臣方の包囲網が形成されたのである。

家康は自らの息のかかった大名を積極的に西国方面に配置したが、その一覧を時系列に掲出すると、次のようになる。

①慶長十二年（一六〇七）閏四月——松平定勝を京都伏見城代・五万石に移封。

②慶長十四年八月——岡部長盛《おかべながもり》を丹波亀山（京都府亀岡市）・二万石に移封。

③慶長十五年七月——松平忠明《ただあきら》を伊勢亀山（三重県亀山市）・五万石に移封。

松平定勝は家康の異父弟であり、のちに松平姓を授けられた人物である。家康譜代の家臣であった。松平忠明は奥平信昌の四男として誕生したが、のちに家康の養子になった。さらに秀忠から「忠」の字を与えられ、忠明と名乗っている。定勝も忠明も、松平姓を名乗る有力な家臣であるといえよう。一方の岡部長盛は外様大名であったが、小牧・長久手の戦い以来、家康に仕えていた信頼の置ける人物だった。

こうして家康は有力な大名を要所に配置し、丹波亀山城などは天下普請で改築がなされた。そして、多くの城郭の改築には、築城の名手・藤堂高虎が関与しているのである。また、慶長十五年に名古屋城の新築がはじまったが、西国・中部方面の大名が動員されており、最大規模の天下普請となった。このように西国方面への新たな大名配置や城郭の新改築は、豊臣方にとって大きな脅威となったはずである。

家康の上洛と後陽成天皇の譲位

秀頼は、徐々に家康の包囲網に囲まれつつあったが、慶長十六年（一六一一）に決定的な出来事があった。家康との二条城における引見である。

同年三月、家康は約四年ぶりに上洛をすることになった。三月六日、家康は駿府（静岡市葵区）を出発すると、同月十七日に無事上洛を果たした。家康はそのまま二条城に入ったが、途中の山《やま》科《しな》から西国の諸大名や公家らが出迎えており、その後も二条城を訪ねる者が後を絶たなかったという。

家康が天下人として豊臣家を凌いでいたことは、もはや誰の目にも明らかであった。そして、家康は新田《にった》氏（徳川氏の先祖とされる）の祖である義重《よししげ》を鎮守府将軍に、また父・松平広忠《ひろただ》に大納言を贈官するよう朝廷に奏請し、その申請は認められたのである。こうした行為も、徳川家の権威を高めることにつながった。

上洛の目的で重要だったのは、後陽成天皇から後水尾《ごみずのお》天皇へ天皇位が譲位され、即位の礼に参列することであった。実のところ、後陽成天皇は慶長三年八月の秀吉の死の直後と翌々年の関ヶ原合戦の直後の二度にわたって、譲位の意向を示していた。しかし、その希望は叶えられることがなかった。そして、慶長十五年二月になって、再び譲位の旨を家康に告げていた。家康はこれを了承し、政仁《ことひと》親王（のちの後水尾天皇）を元服させるよう求めた。譲位の予定日は、同年三月二十日頃であった。

ところが、このときは家康の五女の市姫が三歳で亡くなったため延期となり、譲位の日程を調整する必要が生じた。家康は武家伝奏を通じて朝廷とやり取りを行っていたが、譲位の際には自身か秀忠が上洛しなければならないであろうとした。そして、どうしても年内に実施ということならば、「勝手に行ってください」と返答した。この回答に、朝廷側は屈することとなった。譲位を行うには、家康の意向に配慮せざるを得なかったのである。後陽成天皇の譲位が行われたのは、翌慶長十六年三月二十七日のことであった。

　こうして徳川家の先祖への贈官が行われ、後陽成天皇の譲位にも参列が叶ったのであった。後水尾天皇が即位したのは、同年四月十二日のことである。家康の心中は満足であったに違いない。しかし、もう一つ大きな課題が残っていた。大坂の秀頼との面会である。すでに秀頼への上洛要請は、豊臣方の家臣・織田有楽斎長益《おだうらくさいながます》（信長の弟）を通じて行われていた。豊臣方には、もはや断る術はなかったであろう。

　秀頼の説得は、福島正則、加藤清正、浅野幸長が担当した。彼らは、事の重大さを十分認識していたのである。

家康への挨拶のため二条城に向かう秀頼

　家康からの上洛要請を許諾した秀頼は、譲位のあった二十七日に淀（京都市伏見区）に宿泊し、翌日の面会に備えた。二十八日には家康のいる二条城に向かったが、鳥羽（京都市南区・伏見区）まで迎えにいった徳川義直《よしなお》（家康の九男）には浅野幸長が、同頼宣《よりのぶ》（家康の十男）には加藤清正がそれぞれお供をした。池田輝政や藤堂高虎も出迎えているが、いずれもかつては豊臣恩顧の大名であった。こうした厳しい現実を見ると、まだ青年だった秀頼の心中がいかばかりのものであったか察せられる。

　秀頼が二条城に到着すると、家康は自ら庭中に出て丁重に迎え入れた。『当代記』に記されているとおり、家康は対等の立場で礼儀を行うよう促したが、秀頼は意外にもこれを固辞した。そして、家康が御成りの間にあがると、秀頼は先に礼を行ったのである。この点については、一般的に家康が秀頼を二条城に呼び出し、挨拶を強要して臣従化を行ったと指摘されている。

しかし、笠谷和比古氏が指摘するように、家康の丁寧な応対ぶりからして、秀頼に臣従を強制したとは考えがたいであろう。とはいいながらも、笠谷氏が指摘するところの挨拶が秀頼の自発的な行為であり、①孫婿・秀頼の舅・家康に対する、②朝廷官位で下位にある秀頼の従一位の家康に対する謙譲の礼であって、臣従の礼ではないという意見には首肯しがたい。

本多隆成氏は、本多正純《まさずみ》の「二条の御所にて、大御所様へ御礼仰せ上げられ候事」という言葉を引用して、次のように説明する。つまり、二人の会見の本質は家康が秀頼を二条城に迎えて挨拶を行わせたことにより、天下に徳川公儀が豊臣公儀に優越することを知らしめる儀式であったということである。筆者もこの意見に賛成である。これもまた、家康により巧妙に仕組まれたものであった。

一見して家康は秀頼に配慮を示しているが、秀頼は対等の立場でという家康の提案を受け入れるわけにはいかなかった。いうまでもなく、立場は家康のほうが上に位置していたからである。家康もその点は織り込み済みであったろう。こうした権力者としての狡猾さが家康の持ち味であって、秀頼に対して強制的に命じるのではなく、自発的に行うように仕向けているのである。

家康からすれば形はどうであれ、秀頼が二条城に来て、自分に挨拶をさせることに大きな意味があったのである。

家康が諸大名に誓約させた三ヵ条の法令

後水尾天皇が即位した慶長十六年（一六一一）四月十二日、家康によってもう一つの大きなセレモニーが実施された。家康は在京する諸大名に対して三ヵ条からなる法令を示し、誓詞を提出させる形で以下に示すことを誓約させたのである。

家康が定めた三ヵ条の法令は、第一に源頼朝以来の将軍の法式に触れ、以後徳川幕府の発布される法令を堅く守らせることにはじまっている。幕府の存在を強くアピールするものであった。そして、将軍の命令に背いた者を隠匿しないこと、謀反人・殺害人を隠匿しないことを遵守させているのである。この法令は、諸大名に幕府への忠誠を誓わせるものであり、その優位性を天下に知らしめるものであった。

これに同意した者は、北陸・西国方面の有力な諸大名二十二名にのぼった。その諸家とは、次の面々である。

細川忠興、松平忠直、池田輝政、福島正則、島津家久、森忠政、前田利光、毛利秀就、京極高知、京極忠高《ただたか》、池田輝直、加藤清正、浅野幸長、黒田長政、藤堂高虎、蜂須賀至鎮、山内忠義、田中忠政、生駒正俊、堀尾忠晴、鍋島勝茂、金森可重《かなもりよししげ》

このなかには、奥羽・関東の有力な諸大名たちが含まれていない。実はこのとき、奥羽・関東

の諸大名たちは江戸城の天下普請に従事しており、上洛していなかったのである。奥羽・関東の諸大名が三ヵ条の法令に誓約したのは、翌慶長十七年（一六一二）一月のことであった。誓約した十名の大名は、次の面々である。

上杉景勝、丹羽長重《にわながしげ》、伊達政宗、立花宗茂、佐竹義宣、蒲生秀行、最上義光、里見忠義、南部利直、津軽信枚《つがるのぶひら》

むろん、その他中小クラスの譜代・外様の大名ら五十名も、三ヵ条の法令に誓約するところとなった。こうして、家康は事実上、全国の大名を臣従化させたことになる。目論みどおりになったのだ。

三ヵ条の法令に唯一誓約しなかった秀頼

ところが、この三ヵ条の法令に誓約しない者があった。その人物こそ、豊臣秀頼であった。この点について、秀頼が三ヵ条の法令に誓約していないことに徳川公儀の限界性を認めたり、あるいは秀頼が徳川将軍に臣従化される存在ではなかったと指摘する向きもある。つまり、秀頼は諸大名と比較してまったく別格な存在であり、いまだ徳川公儀に包摂されていないということになろう。

こうした点を強調すれば、秀頼の自立性あるいは豊臣公儀は健在であるといえそうであるが、果たしてどう考えればよいのであろうか。

これまでも見てきたように、家康は秀頼に対して腫れ物に触るがごとく、さまざまな配慮をしてきた。この点において、秀頼は別格であり、諸大名との扱いと異なるという指摘には賛成である。しかし、三ヵ条の法令については、秀頼を臣従させるのが目的ではなく、全国の諸大名を臣従させるのが目的だった。そうすることによって、秀頼は間違いなく孤立する。婉曲的な方法ではあるが、効果は高かったと考えられる。ここにも秀頼を孤立させようとする、家康の周到な準備があったのである。

権力の行使方法は、もっとも簡単なのが力でもってねじ伏せるというやり方である。ところが、家康が採用した方法は、周囲をじわじわと既成事実で固めることによって、自発的に臣従化させる方法であった。あるいは、諸大名から秀頼を孤立させる戦術であったといってもよい。そのことによって、逆に秀頼の立ち位置は鮮明になった。

たしかに家康は、秀頼を天下普請にも従事させていないし、三ヵ条の法令にも誓約させていない。ただし、周囲の大名は、すべて家康に臣従化している。家康は狡猾かつ巧みな方法によって、心理的にも秀頼を追い詰めたことになろう。豊臣公儀は存在したものの、その威勢を徐々に削ごうとしたのである。

したがって、三ヵ条の法令に秀頼は誓約をしなかったが、これはこれで秀頼や豊臣家をさまざまな面で追い詰めたことになろう。

家康・秀頼は対等だったとする「二重公儀体制」説

これまで、関ヶ原合戦後における徳川家康と豊臣秀頼との関係は、秀頼が摂津、和泉、河内の三ヵ国の一大名に転落したとの認識から、政治過程が論じられてきた。しかし、こうした通説に疑問を投げかけ、新たに二重公儀体制を提唱したのが笠谷和比古氏である。氏の提唱は、従来説に修正を迫る重要な学説として知られている。笠谷氏によると、二重公儀体制とは次のように要約できるであろう。

関ヶ原合戦後の政治体制は、将軍職を基軸として天下を掌握しようとする徳川公儀と、将来における関白任官を視野に入れ、関白職を基軸として将軍と対等な立場で政治的支配を行おうとする潜在的可能性を持った豊臣公儀とが並存した。こうした両体制の並存を二重公儀体制という。

つまり、関ヶ原合戦後、豊臣公儀は急速に衰えたのではなく、徳川公儀との並存という形式で存続したのである。秀頼の関白任官もその可能性の一つであるが、西国に豊臣系の諸大名が配置されたことは、東国は家康が支配し、西国は秀頼が支配するという考え方に基づいている。東西拮抗する形で、両体制が並存したのである。豊臣公儀が健在だったことは、今では当たり前になっている。

さらに、笠谷氏は二重公儀体制の有効性を補強するために、次の八点を新たに指摘している。

①豊臣秀頼に対する諸大名伺候の礼

②勅使・公家衆の大坂参向
③慶長期の伊勢国絵図の記載
④大坂方給人知行地の西国広域分布
⑤秀頼への普請役賦課の回避
⑥慶長十一年の江戸城普請における豊臣奉行人の介在
⑦二条城の会見における冷遇
⑧慶長十六年の三ヵ条誓詞

この八項目のうち、①と⑤〜⑧については先述のとおりであるので繰り返さない。ここでは、②〜④について触れておきたい。なお、二重公儀体制に関しては、曽根勇二、藤田達生、本多隆成ら各氏の批判があるので、参考にさせていただいた。

二重公儀体制説への批判

最初は②である。家康が将軍職に就いた慶長八年（一六〇三）以降、引き続き朝廷から秀頼のもとに勅使が派遣されていた。また、親王、公家、門跡衆も、同じく秀頼のもとに参向した。勅使・公家衆の大坂参向は、慶長十六年（一六一一）に後水尾天皇が即位してからも継続され、大坂冬の陣が勃発する慶長十九年（一六一四）まで行われた。つまり、家康の将軍任官にもかかわらず、朝廷の秀頼に対する態度は変化しなかったということになろう。豊臣公儀が健在であった証左となされている。

しかし、秀頼は右大臣という地位まで上り詰めたが、関白に就任することはなかった。のちに官位授与には家康の推挙が必要になったため、その芽は完全に摘まれたといってもよい。また、先述のとおり、家康は天皇家の譲位問題に関与するほどの力を持っていたことから、勅使・公家衆の大坂参向にどれほどの意味があったのか疑問が残る。むしろ、勅使・公家衆の大坂参向は、慣例に過ぎなかったと言わざるを得ない。

したがって、②については形式的な問題であって、二重公儀体制の根拠にするにはいまだに疑義があるといえよう。

次に、③④に移ろう。③は慶長十年代に作成された慶長期の絵図（『桑名御領分村絵図』）に本多忠勝や伊勢亀山（三重県亀山市）の大名・関一政《せきかずまさ》の名前とともに、秀頼家臣の名前が散見されるという指摘である。この事実によって、本多忠勝らと対等に秀頼家臣の名前が記載されていることから、秀頼は家康と対等またはそれ以上の権威を有していたと指摘する。

また④の指摘は、秀頼家臣の知行地が摂津、和泉、河内の三ヵ国だけでなく、西国諸国に広範に分布していたであろうということである。こうした事例は伊勢と備中で確認されているが、両国が国奉行設置国であったことを勘案すると、残りの五畿内（山城、大和）、但馬、丹波、近江、美濃にも秀頼家臣の知行地があったのではないかと予測を行っている。

そして、秀頼の支配権は摂津、和泉、河内の三ヵ国を越えて、西国方面に広範に及んでいたと指摘する。つまり、秀頼の支配権は案外広かったということになろう。

二重公儀体制はいつまで続いたか

こうした発見の意義は大きいといえる。しかし、実際には裏付けとなる史料は乏しく、十分な確証は得られていない。知行地が広範に存在したと想定されるにしても、その実態がある程度実証されない限り、秀頼の支配権を強調するのは困難であるように思う。現状では、豊臣給人の知行地は関東周辺の旗本領ほどの広域性や密度はなかったであろうということ、摂津、和泉、河内は純粋な秀頼の直轄領でなく、大名領・寺社領が点在していたと指摘されている。

したがって、二重公儀体制の論拠とするには、いささか不足するところがあると感じられるのである。

家康が秀頼の扱いについて、相当な注意を払っていることは、筆者も同意するところである。いずれにしても、慶長八年（一六〇三）における家康の征夷大将軍任官が一つの契機であり、二年後に秀忠が将軍職を継承したことは決定的であった。以後、秀頼の権威は凋落《ちょうらく》した。家康は強大な権力で秀頼を服従させなかったが、狡猾な手法を用い、真綿で首を絞めるごとく、じわじわと追い詰めたのが実態であったと考える。したがって、仮に二重公儀体制を認めるにしても、せいぜい慶長八年から長くても慶長十年頃まであろうと考えられるのである。

以降、大坂の陣が勃発するまで、豊臣家は生殺しのような状態にあったのではないだろうか。

大坂の陣の直前、家康は秀頼に他国への移封を打診したが、それは受け入れられなかった。家康は豊臣家を滅亡させるというよりも、ほかの大名と同じ処遇にして、従ってくれたらよかったのだろう。結果的にそれは、受け入れられなかった。

関ヶ原体制の終焉

家康が秀頼を温存し、すぐさま成り代わって天下人になろうとしなかったのは事実である。それは、天正十年（一五八二）六月の本能寺の変で織田信長の横死後、豊臣秀吉が織田家の後継者である三法師《さんぼうし》（秀信《ひでのぶ》）を容認し、「織田体制」（信長時代の体制）を維持した例と酷似している。しかし、秀吉は実態として、着々と勢力の伸長を図っていたのは周知のことである。秀吉が天下人になるのには、敵対するライバル（柴田勝家など）を打ち倒すなど、いくつかのステップが必要だった。

家康の場合のステップは、慶長五年（一六〇〇）九月の関ヶ原合戦後から、慶長十九年（一六一四）十月の大坂冬の陣までの期間だった。家康はあからさまに豊臣公儀を打倒することはなく、その機会をうかがっていた。その画期は、慶長八年二月に家康が征夷大将軍に就任し、江戸幕府を開いたことだった。その後、征夷大将軍の職が徳川家に世襲されたことは、決定打になったのである。

この間、家康は秀頼を決して滅亡に追い込むことはなかったが、豊臣政権が掌握していた諸権限を徐々に吸収していった。秀頼を支えるということは、あくまで名目に過ぎなかった。関ヶ原合戦後、形式的には豊臣公儀は存在し、秀頼の官職は家康よりも上だった。しかし、重要なのは実態であろう。

これまで挙げた家康の政策のうち、京都など主要都市の支配、鉱山の直轄化、天下普請などは従来、おおむね豊臣政権で行っていたものである。同時に天下普請により、諸大名の動員権をも掌握した。むろん、ほかにも政策はあるが、まさしく豊臣公儀の権限を換骨奪胎しながら、骨抜きにしたのである。家康は関東を差配する一大名から、西国をも含めた支配を視野に入れたと考えてよいだろう。

この過程こそが関ヶ原体制なのである。関ヶ原体制とは、家康が豊臣公儀を温存し、徐々にその権限を吸収する過程であった。同時に独自の政策を実行し、江戸幕府の定着を図る期間でもあった。

関ヶ原合戦後も豊臣公儀は存続したが、一方の徳川家では家康が天下人、征夷大将軍となり、やがて征夷大将軍は徳川家の世襲となった。徐々に豊臣公儀の影響力は小さくなったが、決して無視しえない存在だった。大坂の陣は豊臣公儀の終焉であり、関ヶ原体制の終わりでもあった。大坂の陣の終結は関ヶ原体制の終焉を意味し、真の徳川公儀が確立したというべきなのである。

おわりに

関ヶ原合戦の本をこれまでも何冊か書いたが、全体にわたって書いたのは、これが初めてである。近年、関ヶ原合戦の研究が進み、個別の問題が詳細にわたって検討されてきたが、改めて政治史つまり豊臣政権の問題として捉える必要があると痛感する。

とはいいながらも、それは壮大なものであり、今後の課題として残しておきたい。ただ一つ言えることは、本書ではできるだけ二次史料の記述を排し、良質な一次史料に拠ったことである。関ヶ原合戦の史料は豊富であるが、反面、二次史料の記述に引きずられるきらいがある。家譜類などはユニークな記述が見られるが、一次史料と突き合わせて、蓋然性があるのか検証が必要である。

文書の写しも警戒しなくてはならない。本書では「直江状」を偽文書としたが、ほかにも類例は多い。十分な史料批判が必要である。吉川広家の書状は立派な一次史料であるが、戦後、自らが有利な立場に立つため、意図的に作成されたという指摘がある。一次史料であっても、鵜呑みにしないことが重要である。

ところで、本書では珍説、奇説の類はあえて取り上げなかった。それらは首を傾げざるを得ないもので、検討に値しないような説に過ぎない。

なお、本書は一般書であることから、本文では読みやすさを重視して、学術論文のように逐一、史料や研究文献を注記しているわけではない。執筆に際して多くの論文や著書に拠ったことについて、厚く感謝の意を表したい。また、関ヶ原合戦の研究文献は膨大になるので、参照した主要なものに限っていることをお断りしておきたい。

最後に、本書の編集に関しては、草思社の貞島一秀氏のお世話になった。貞島氏には原稿を丁寧に読んでいただき、種々貴重なアドバイスをいただいた。ここに厚くお礼を申し上げる次第である。

二〇二〇年十二月

渡邊大門

主要参考文献

芥川龍男　「「豊後国諸侍着到」の復原と伝存事情」（『大分県地方史』一〇八号、一九八三年）
芥川龍男　『豊後　大友一族』（新人物往来社、一九九〇年）
阿蘇品保夫　「宇土城開城に関する新出史料─慶長五年一〇月一三日付清正書状について─」（『熊本史学』八五・八六号、二〇〇六年）
朝尾直弘　『朝尾直弘著作集　三・四巻』（岩波書店、二〇〇四年）
跡部信　『豊臣政権の権力構造と天皇』（戎光祥出版、二〇一六年）
阿部勝則　「豊臣五大老・五奉行についての一考察」（『史苑』四九巻二号、一九八九年）
荒野泰典　「江戸幕府と東アジア」（同編『日本の時代史14　江戸幕府と東アジア』吉川弘文館、二〇〇三年）
池上裕子　「武士や被官のいる戦国の村」（同『日本中近世移行期論』校倉書房、二〇一二年）
今井林太郎　『石田三成』（吉川弘文館、一九六一年）
今福匡　『直江兼続』（新人物往来社、二〇〇八年）
太田浩司　『近江が生んだ知将　石田三成』（サンライズ出版、二〇〇九年）
笠谷和比古　『関ヶ原合戦と近世の国制』（思文閣出版、二〇〇〇年）
同　『戦争の日本史17　関ヶ原合戦と大坂の陣』（吉川弘文館、二〇〇七年）
同　『関ヶ原合戦─家康の戦略と幕藩体制─』（講談社学術文庫、二〇〇八年。初刊一九九四年）
北島正元　『江戸幕府の権力構造』（岩波書店、一九六八年）
北島万次　「義兵闘争の展開と侵略の挫折」（同『豊臣政権の対外認識と朝鮮侵略』校倉書房、一九九〇年）
同　『豊臣秀吉の朝鮮侵略』（吉川弘文館、一九九五年）
木村忠夫　「耳川合戦と大友政権」（明治大学内藤家文書研究会編『譜代藩の研究』八木書店、一九七二年）
桐野作人　「検証「直江状」の真偽─名門上杉氏の意気を示した本物─」（『新・歴史群像シリーズ⑰　直江兼続』学習研究社、二〇〇八年）
同　『謎解き 関ヶ原合戦─戦国最大の戦い、20の謎─』（アスキー新書、二〇一二年）

同　『関ヶ原　島津退き口―敵中突破三〇〇里―』（学研M文庫、二〇一三年）
桑田忠親　「関ヶ原の戦」（『日本の合戦　第七巻』（人物往来社、一九六五年）
石畑匡基　「秀吉死後の政局と大谷吉継の豊臣政権復帰」（『日本歴史』七七二号、二〇一二年）
下村信博　「松平忠吉と関ヶ原の戦い」（『名古屋市博物館研究紀要』三四巻、二〇一一年）
白峰旬　「関ヶ原の戦いに関する再検討」（『別府大学大学院紀要』一〇号、二〇〇八年）
同　「慶長5年の上杉景勝VS徳川家康・伊達政宗・最上義光攻防戦について―関ヶ原の戦いに関する私戦復活の事例研究（その1）―」（『史学論叢』四〇号、二〇一〇年）
同　「直江状についての書誌的考察」（『史学論叢』四一号、二〇一一年）
同　『新「関ヶ原合戦」論―定説を覆す史上最大の戦いの真実―』（新人物往来社、二〇一一年）
同　「フィクションとしての小山評定―家康神話創出の一事例―」（『別府大学大学院紀要』一四号、二〇一二年）
同　「慶長5年6月～同年9月における徳川家康の軍事行動について（その1）」（『別府大学紀要』五三号、二〇一二年）
同　「慶長5年6月～同年9月における徳川家康の軍事行動について（その2）」（『史学論叢』四二号、二〇一二年）
同　「慶長5年6月～同年9月における徳川家康の軍事行動について（その3）」（『別府大学紀要』五三号、二〇一二年）
同　「関ヶ原の戦いにおける9月15日当日の実戦の状況について（その1）」（『別府大学紀要』五四号、二〇一三年）
同　「関ヶ原の戦いにおける9月15日当日の実戦の状況について（その2）」（『史学論叢』四三号、二〇一三年）
同　「関ヶ原の戦いのとらえ方について」（『史学論叢』四三号、二〇一三年）
同　「フィクションとしての「問鉄砲」（パート1）家康神話創出の一事例（その2）」（『別府大学紀要』五四号、二〇一三年）
同　「フィクションとしての「問鉄砲」（パート2）家康神話創出の一事例（その2）」（『別府大学大学院紀要』一五号、二〇一三年）
同　「関ヶ原の戦いの布陣図に関する考察」（『別府大学大学院紀要』一五号、二〇一三年）
同　『新解釈　関ヶ原合戦の真実―脚色された天下分け目の戦い―』（宮帯出版社、二〇一四年）
同　「小山評定は歴史的事実なのか（その1）―拙論に対する本多隆成氏の御批判に接して―」（『別府大学紀要』五五号、二〇一四年）
同　「小山評定は歴史的事実なのか（その2）―拙論に対する本多隆成氏の御批判に接して―」（『別府大学大学院紀要』一六号、二〇一四年）

同　「小山評定は歴史的事実なのか（その3）―拙論に対する本多隆成氏の御批判に接して―」（『史学論叢』四四号、二〇一四年）

同　「「小山評定」の誕生―江戸時代の編纂史料における小山評定の記載内容に関する検討―」（『別府大学大学院紀要』一六号、二〇一四年）

同　「徳川家康の「問鉄炮」は真実なのか」（渡邊大門編『戦国史の俗説を覆す』柏書房、二〇一六年）

同　「関ヶ原の戦いにおける石田三成方軍勢の布陣位置についての新解釈　なぜ大谷吉継だけが戦死したのか」（『史学論叢』四六号、二〇一六年）

同　「豊臣公儀としての石田・毛利連合政権」（『史学論叢』四六号、二〇一六年）

同　「『関原首帳』（福嶋家）」について」（『史学論叢』四六号、二〇一六年）

同　「いわゆる小山評定についての諸問題―本多隆成氏の御批判を受けての所見、及び、家康宇都宮在陣説の提示―」（『別府大学大学院紀要』一九号、二〇一七年）

同　「慶長5年9月13日の大津城攻めについての立花宗茂発給の感状と軍忠一見状（合戦手負注文）に関する考察（その1）」（『別府大学紀要』五八号、二〇一七年）

同　「慶長5年9月13日の大津城攻めについての立花宗茂発給の感状と軍忠一見状（合戦手負注文）に関する考察（その2）」（『史学論叢』四七号、二〇一七年）

同　「慶長5年10月20日の江上合戦についての立花宗茂発給の感状と軍忠一見状（合戦手負注文）に関する考察（その1）」（『別府大学大学院紀要』一九号、二〇一七年）

同　「慶長5年10月20日の江上合戦についての立花宗茂発給の感状と軍忠一見状（合戦手負注文）に関する考察（その2）」（『史学論叢』四七号、二〇一七年）

同　「「伊勢国津城合戦頸注文」及び「尾張国野間内海合戦頸注文」に関する考察（その1）津城合戦（慶長5年8月）における毛利家の軍事力編成についての検討」（『別府大学紀要』五九号、二〇一八年）

同　「「伊勢国津城合戦頸注文」及び「尾張国野間内海合戦頸注文」に関する考察（その2）津城合戦（慶長5年8月）における毛利家の軍事力編成についての検討」（『別府大学大学院紀要』二〇号、二〇一八年）

同　「「伊勢国津城合戦頸注文」及び「尾張国野間内海合戦頸注文」に関する考察（その3）津城合戦（慶長5年8月）における毛利家の軍事力編成についての検討」（『史学論叢』四八号、二〇一八年）

同　「「伊勢国津城合戦手負討死注文」に関する考察（その1）津城合戦（慶長5年8月）における吉川家の軍事力編成についての検討」（『別府大学紀要』五九号、二〇一八年）
同　「「伊勢国津城合戦手負討死注文」に関する考察（その2）津城合戦（慶長5年8月）における吉川家の軍事力編成についての検討」（『別府大学大学院紀要』二〇号、二〇一八年）
同　「「伊勢国津城合戦手負討死注文」に関する考察（その3）津城合戦（慶長5年8月）における吉川家の軍事力編成についての検討」（『史学論叢』四八号、二〇一八年）
同　「豊臣七将襲撃事件（慶長4年閏3月）は「武装襲撃事件」ではなく単なる「訴訟騒動」である　フィクションとしての豊臣七将襲撃事件」（『史学論叢』四八号、二〇一八年）
同　「慶長五年九月十五日の関ヶ原の戦いの状況についての諸問題」（渡邊大門編『戦国・織豊期の諸問題』歴史と文化の研究所、二〇一八年）
同　「藤堂高虎隊は関ヶ原で大谷吉継隊と戦った　『藤堂家覚書』の記載検討を中心に」（『16世紀史論叢』九号、二〇一八年）
同　「「喜連川文書」における関ヶ原の戦い関係文書について」（『研究論集　歴史と文化』三号、二〇一八年）
同　『新視点関ヶ原合戦　天下分け目の戦いの通説を覆す』（平凡社、二〇一九年）
同　「江上八院の戦い（慶長5年10月20日）における鍋島家の頸帳に関する考察（その1）」（『別府大学紀要』六〇号、二〇一九年）
同　「江上八院の戦い（慶長5年10月20日）における鍋島家の頸帳に関する考察（その2）」（『別府大学大学院紀要』二一号、二〇一九年）
同　「慶長4年閏3月の反石田三成訴訟騒動に関連する毛利輝元書状（『厚狭毛利家文書』）の解釈について」（『別府大学大学院紀要』二一号、二〇一九年）
同　「関ヶ原の戦い関連の鍋島家関係文書についての考察」（『史学論叢』四九号、二〇一九年）
同　「「（慶長5年5月26日付）浅野長政宛浅野幸長書状写」について」（『史学論叢』四九号、二〇一九年）
同　「「（慶長5年）8月21日付山村良勝・千村良重宛大久保長安書状」について」（『別府大学紀要』六一号、二〇一九年）
曽根勇二　『片桐且元』（吉川弘文館、二〇〇一年）
高木昭作　『日本近世国家史の研究』（岩波書店、一九九〇年）
高橋　明　「会津若松城主上杉景勝の戦い・乾」（『福大史学』八〇、二〇〇九年）

同　「会津若松城主上杉景勝の戦い・坤」（『福大史学』八一、二〇一一年）
同　「奥羽越の関ヶ原支戦」（『直江兼続と関ヶ原―慶長五年の真相をさぐる―』福島県文化振興事業団、二〇一一年）
高橋　充　「直江兼続と関ヶ原合戦」（矢田俊文編『直江兼続』高志書院、二〇〇九年）
千々和到　「徳川家康の起請文」（『史料館研究紀要』三二号、二〇〇〇年）
外岡慎一郎　『大谷吉継』（戎光祥出版、二〇一六年）
同　「『関ヶ原』を読む―戦国武将の手紙―』（同成社、二〇一八年）
外山幹夫　『大友宗麟』（吉川弘文館、一九七五年）
鳥津亮二　『小西行長―「抹殺」されたキリシタン大名の実像―』（八木書店、二〇一〇年）
中村孝也　『新訂　徳川家康文書の研究　中巻』（日本学術振興会、一九八〇年）
中野等　『石田三成伝』（吉川弘文館、二〇一七年）
布谷陽子　「関ヶ原合戦の再検討―慶長五年七月十七日前後―」（『史叢』七三号、二〇〇五年）
同　「関ヶ原合戦と二大老・四奉行」（『史叢』七七号、二〇〇七年）
橋本操六　「関ヶ原合戦前後の豊後諸大名」（『大分県地方史』一二二号、一九八六年）
林　千寿　「慶長五年の戦争と戦後領国体制の創出―九州地域を素材として―」（『日本歴史』七二四号、二〇一〇年）
平野明夫　『徳川権力の形成と発展』（岩田書院、二〇〇七年）
平山優　『真田信繁　幸村と呼ばれた男の真実』（ＫＡＤＯＫＡＷＡ、二〇一五年）
福川一徳　「大友義統の家督相続をめぐっての一考察」（渡辺澄夫先生古稀記念事業会編刊『九州中世社会の研究』一九八一年）
福田千鶴　「江戸幕府の成立と公儀」（藤井譲治など編『岩波講座 日本歴史　第10巻　近世1』岩波書店、二〇一四年）
藤井譲治　『豊臣秀頼』（吉川弘文館、二〇一四年）
同　「家康期の領知宛行制」（同『徳川将軍家領知宛行制の研究』思文閣出版、二〇〇八年）
同　「前久が手にした関ヶ原情報」（田島公編『禁裏・公家文庫研究　第六輯』思文閣出版、二〇一七年）
同　「慶長五年の「小山評定」をめぐって」（『龍谷日本史研究』四二号、二〇一九年）
藤井治左衛門　『関ヶ原合戦史料集』（新人物往来社、一九七九年）
藤田達生　『日本近世国家成立史の研究』（吉川弘文館、二〇〇一年）

二木謙一『関ヶ原合戦―戦国のいちばん長い日―』（中公新書、一九八二年）
堀越祐一『豊臣政権の権力構造』（吉川弘文館、二〇一六年）
本多隆成『定本　徳川家康』（吉川弘文館、二〇一〇年）
同「小山評定の再検討」（『織豊期研究』一四号、二〇一二年）
同「「小山評定」再論―白峰旬氏のご批判に応える―」（『織豊期研究』一七号、二〇一五年）
水野伍貴『秀吉死後の権力闘争と関ヶ原前夜』（日本史史料研究会、二〇一六年）
同「石田三成襲撃事件の真相とは」（渡邊大門編『戦国史の俗説を覆す』柏書房、二〇一六年）
同「小山評定の歴史的意義」（『地方史研究』三八六号、二〇一七年）
同「関ヶ原の役と井伊直政」（『研究論集　歴史と文化』二号、二〇一七年）
同「関ヶ原の役と伊達政宗」（『十六世紀史論叢』一〇号、二〇一八年）
同「関ヶ原の役と真田昌幸」（『研究論集　歴史と文化』三号、二〇一八年）
同「秀吉死後における家臣間の対立構造と推移」（渡邊大門編『戦国・織豊期の諸問題』歴史と文化の研究所、二〇一八年）
同「加賀征討へ向かう動静の再検　―会津征討との対比を通して―」（『十六世紀史論叢』一一号、二〇一九年）
同「関ヶ原前夜の長岡氏」（『研究論集　歴史と文化』四号、二〇一九年）
同「長岡氏の関ヶ原　大坂玉造長岡邸の動きを中心に」（『研究論集　歴史と文化』五号、二〇一九年）
同「関ヶ原の役における吉川広家の動向と不戦の密約」（『研究論集　歴史と文化』五号、二〇一九年）
同「関ヶ原の役と本多忠勝」（『研究論集　歴史と文化』六号、二〇二〇年）
三鬼清一郎『織豊期の国家と秩序』（青史出版、二〇一二年）
同『豊臣政権の法と朝鮮出兵』（青史出版、二〇一二年）
光成準治『関ヶ原前夜―西軍大名たちの戦い―』（角川ソフィア文庫、二〇一八年。初出二〇〇九年）
同「軍事力編成からみた毛利氏の関ヶ原」（谷口央編『関ケ原合戦の深層』高志書院、二〇一四年）
同編『シリーズ・織豊大名の研究４　吉川広家』（戎光祥出版、二〇一六年）
同「毛利輝元、吉川広家、安国寺恵瓊の関係と関ケ原の戦い」（渡邊大門編『戦国史の俗説を覆す』柏書房、二〇一六年）
宮本義己「直江状の信憑性」（『歴史読本』四三巻八号、一九九八年）

同　「内府（家康）東征の真相と直江状」（『大日光』七八号、二〇〇八年）
同　「直江状研究諸説の修正と新知見」（『大日光』八二号、二〇一二年）
美和信夫　「慶長期江戸幕府畿内支配の一考察」（美和信夫教授遺稿集刊行会編『江戸幕府職制の基礎的研究』広池学園出版部、一九九一年）
盛本昌広　『境界争いと戦国諜報戦』（洋泉社歴史新書y、二〇一四年）
矢部健太郎　『豊臣政権の支配秩序と朝廷』（吉川弘文館、二〇一一年）
同　『敗者の日本史12　関ヶ原合戦と石田三成』（吉川弘文館、二〇一三年）
山本洋　「『陰徳太平記』の成立事情と吉川家の家格宣伝活動」（『山口県地方史研究』九三号、二〇〇五年）
同　「『関ヶ原軍記大成』所載の吉川家関連史料をめぐって」（『軍記物語の窓』第四集、二〇一二年）
山本博文　「直江状」の真偽」（同『天下人の一級史料―秀吉文書の真実―』柏書房、二〇〇九年）
渡辺三省　『直江兼続とその時代』（野島出版、一九八〇年）
拙著　『戦国の交渉人―外交僧・安国寺恵瓊の知られざる生涯―』（洋泉社歴史新書y、二〇一一年）
拙著　『宇喜多直家・秀家』（ミネルヴァ書房、二〇一一年）
拙著　『黒田孝高・長政の野望―もう一つの関ヶ原―』（角川選書、二〇一三年）
拙著　『謎とき東北の関ヶ原　上杉景勝と伊達政宗』（光文社新書、二〇一四年）
拙編　『家康伝説の嘘』（柏書房、二〇一五年）
拙編　『戦国史の俗説を覆す』（柏書房、二〇一六年）
拙稿　「関ヶ原合戦における小早川秀秋の動向」（『政治経済史学』五九九・六〇〇合併号、二〇一六年）
拙著　『宇喜多秀家と豊臣政権　秀吉に翻弄された流転の人生』（洋泉社・歴史新書y、二〇一八年）
拙著　『地域から見た戦国１５０年　７　山陰・山陽の戦国史』（ミネルヴァ書房、二〇一九年）
拙稿　「関ヶ原合戦における軍法について」（『十六世紀史論叢』一一号、二〇一九年）

※ここに挙げた主要参考文献は、ごく一部に過ぎない。関ヶ原合戦に関する研究は膨大なので、必要最小限に限らせていただいたことをご了解いただきたい。

著者略歴——
渡邊大門　わたなべ・だいもん
1967年、神奈川県生まれ。歴史学者。関西学院大学文学部史学科日本史学専攻卒業。佛教大学大学院文学研究科博士後期課程修了。博士(文学)。現在、株式会社歴史と文化の研究所代表取締役。著書に『光秀と信長 本能寺の変に黒幕はいたのか』、『奪われた「三種の神器」　皇位継承の中世史』(以上、草思社文庫)、『戦国大名の戦さ事情』(柏書房)、『清須会議　秀吉天下取りのスイッチはいつ入ったのか?』(朝日新書)、『本能寺の変に謎はあるのか?　史料から読み解く、光秀・謀反の真相』(晶文社)など。

関ヶ原合戦全史　1582-1615

2021年 1月28日　第1刷発行
2021年 2月26日　第2刷発行

著　者　渡邊大門
デザイン　あざみ野図案室
発行者　藤田　博
発行所　株式会社 草思社
〒160-0022　東京都新宿区新宿1-10-1
電話　営業 03(4580)7676　編集 03(4580)7680

本文組版　鈴木知哉
印刷所　中央精版印刷株式会社
製本所　大口製本印刷株式会社

ISBN978-4-7942-2493-4 Printed in Japan　検印省略